Copyright©2010 | Park Sun Ha Published by YBM

First edition : November 2010

TEL (02)2000-0515 | FAX (02)2271-0172 | www.ybmbooks.com | ISBN 978-89-17-19995-6

" 수능만점 을 위한 필수어휘를
한 그릇에 가득 담았다 "

WORD POT

01 | 좋은 점 훑어보기!!

✎ 수능·모의·전국연합 출제 어휘 철저 분석!

최근 10여 년간 대학수학능력 평가, 평가원 모의고사, 그리고
전국연합 학력평가에 출제된 어휘를 총정리 분석하였습니다.

🔖 기억주기를 이용한 반복·평가 시스템!

학습 직후, 1일 후 그리고 일주일 후 학습 내용을 반복했을 때 가장 오랫동안
기억을 유지합니다. 학습 직후 Test, 1일 후 Review, 그리고 일주일 후
숙어 꿀꺽을 통해 어휘를 반복 학습하도록 구성하였습니다.

✏ 철저한 수능 준비를 위한 must-have 단어장!

5회 이상 출제되어 반드시 외워야 할 **수능필수 핵심어휘**, 독해 실력을 향상시킬 수
있는 **수능 주제별 어휘**, 어휘 문제를 완벽 대비할 수 있는 **혼동어 및 다의어**,
고난도 독해 지문을 위한 **수능 고난도 어휘**를 수록,
수능 만점을 대비하였습니다.

02 | 구석구석 탐색하기!!

🔍 시작하기 전 반드시 알아야 할 우리끼리의 암호

ⓝ 명사	ⓥ 동사	ⓐ 형용사	⓪ 부사	ⓟ 전치사	ⓒ 접속사
= 동의어	↔ 반의어	ⓢ 숙어	cf 참고		

- 5개의 파트로 구분한 수능 맞춤 단어장
- 전날 학습을 Review하여 반복에 반복을
  더한 기억 시스템

- 50일 일정에 따라 공부하세요.
- 단어의 중요도를 ★로 나타냈습니다.
- 표제어와 관련 어휘를 제시하여 확장학습을 할 수 있습니다.
- 다양한 파생어, 동의어, 반의어, 관련 숙어 등을 제시합니다.
- 수능 수준에 한참 떨어진 예문이 아닌 수능 독해 수준으로
  예문을 Up! Up! Upgrade 했습니다.

Test
철자 쓰고! 뜻 쓰고!
기본 어휘 체크에
수능 유형별 문제까지,
이보다 더 좋을 수 없다.

어휘 더하기
표제어에서 못다 한
이야기를 주제별로 수록.
어원공식, 이어동사 등
단어 수준도 Upgrade!

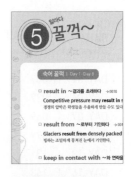

5일마다 숙어 꿀꺽
단어뿐만 아니라
숙어표현으로도 복습!
단어도 알고, 숙어도 알고,
꿩 먹고 알 먹고!!

Contents
in Word Pot

PART **1** 수능필수 핵심어휘 (0001~1000)

WORD POT

"수능 만점을 위한 필수어휘를
한 그릇에 가득 담았다"

DAY 01

01	02	03	04	05	06	07	08	09	10
11	12	13	14	15	16	17	18	19	20
21	22	23	24	25	26	27	28	29	30
31	32	33	34	35	36	37	38	39	40
41	42	43	44	45	46	47	48	49	50

어휘 더하기 : 어원공식 **1** 삶 · 죽음

50일.. 2000개의 단어
완전정복 !!!

START!

백만스물하나.
백만스물둘. 셋..

wow!!

★★★ **opportunity**
□ 0001
[àpərtjúːnəti]

ⓝ 기회

Parents have to provide their children the **opportunity** to learn.
부모들은 아이들에게 학습 기회를 제공해야 한다.

= **chance** n. 기회

★★ **mortal**
□ 0002
[mɔ́ːrtl]

ⓐ 죽을 운명의, 치명적인

We accept the fact that all humans are **mortal**.
모든 인간은 죽을 운명이라는 사실을 받아들인다.

mortality n. 죽음을 피할 수 없는 운명
↔ **immortal** a. 불멸의

★★ **academic**
□ 0003
[ækədémik]

ⓐ 학업의, 학문의, 학구적인

The ability to self-regulate is more important than intelligence for early **academic** success. ● 09 모의
스스로를 통제하는 능력은 초기 학업 성취에서 지능보다 중요하다.

academy n. 학교, 학술원

★★★ **comfort**
□ 0004
[kʌ́mfərt]

ⓝ 안락, 편안, 위로 ⓥ 편안하게 하다, 위로하다

All growth and meaningful change occur outside our **comfort** zone. ● 09 전국연합
모든 성장과 의미 있는 변화는 안락함의 지역 밖에서 일어난다.

comfortable a. 편안한

★★★ **lack**
□ 0005
[læk]

ⓝ 부족, 결핍 ⓥ ~이 없다, 부족하다

The **lack** of time for relaxation makes it more difficult to get the most out of your studies. ● 08 모의
휴식 시간의 부족은 학습 효과를 극대화시키는 것을 더욱 어렵게 한다.

㊙ **for lack of** ~이 부족하기 때문에

★★ **specific**
□ 0006
[spisífik]

ⓐ 명확한, 구체적인, 특별한

Be as **specific** as possible in setting a goal.
목표를 세울 때는 가능한 한 명확하게 세워라.

specifically ad. 명확히, 분명히
specification n. 설명서; 명확히 말하기

★★★ **confusion**
□ 0007 [kənfjúːʒən]

ⓝ 혼란, 당황

The whole nation plunged in **confusion** because of the flood. 홍수 때문에 온 나라가 혼란에 빠졌다.

confused a. 혼란스러운, 당황한　　**confusing** a. 혼란시키는, 헷갈리는
confuse v. 혼란시키다

★★ **process**
□ 0008 [práses]

ⓝ 절차, 과정　　ⓥ 가공하다

The televising of trials will serve to educate the public about the court **process**. ● 08 모의
재판의 TV 방송은 법정 소송 절차에 관하여 대중들을 교육시키는 데 보탬이 될 것이다.

= **procedure** n. 진행, 절차

★★★ **bold**
□ 0009 [bould]

ⓐ 대담한, 용감한; 뻔뻔스러운

Actions are better than **bold** intentions. ● 05 전국연합
행동하는 것이 대담한 의도를 품는 것보다 낫다.

---

 oom-in ㅣ 혼동하기 쉬운 bold vs. bald
　　　　　bold ⓐ 대담한, 용감한　　　　　bald ⓐ 대머리의

★★★ **result**
□ 0010 [rizʌ́lt]

ⓝ 결과, 결말　　ⓥ 결과가 되다, 기인하다

In this modern world, people are used to expecting immediate **results**. ● 10 수능
이 현대 사회에서, 사람들은 즉각적인 결과를 기대하는 데 익숙해져 있다.

㊟ **A result in B** A가 B의 결과를 초래하다
　　A result from B A가 B로부터 기인하다

★★★ **cause**
□ 0011 [kɔːz]

ⓥ 야기하다, 원인을 제공하다　　ⓝ 원인, 명분

Any food you give the animals might **cause** them serious diseases. ● 09 모의
동물들에게 주는 어떤 먹이가 그들에게 심각한 병을 야기할지도 모른다.

cf. **cause and effect** 원인과 결과

★★ **united**
□ 0012 [juːnáitid]

ⓐ 단결한, 연합한, 통합된

The ability to handle conflicts helps keep members **united**.
갈등을 다루는 능력은 구성원들이 단결하는 데 보탬이 된다.

unite v. 결합하다, 통합하다

★★ **contrast**
□ 0013 [kántræst]

ⓝ 차이, 대조, 대비　ⓥ 대조시키다, 대비시키다

There will be a **contrast** between what you want to do and what you will do.
네가 하고 싶은 일과 하게 될 일 사이에는 차이가 있을 것이다.

㊚ **by〔in〕contrast** 그에 반해, 그와 대조적으로
　in contrast with〔to〕 ~와 대조를 이루어, ~와는 대조적으로

★★ **peel**
□ 0014 [pi:l]

ⓝ (과일, 채소 등의) 껍질　ⓥ 껍질을 벗기다

Fruit **peel** has nutritious value and contains dietary fiber.
과일 껍질은 영양가가 있고 식이섬유를 포함하고 있다.　● 07 수능

★★★ **positive**
□ 0015 [pázətiv]

ⓐ 긍정적인, 명확한

A **positive** attitude causes a positive reaction from others.
긍정적인 태도는 다른 사람들로부터 긍정적인 반응을 유발한다.　● 05 전국연합

= **affirmative** a. 긍정적인　↔ **negative** a. 부정적인

★★★ **either**
□ 0016 [í:ðər]

ⓐ 어느 한쪽의　ⓐⓓ ~도 또한 (않다)

In order to operate a radio, you need **either** electricity or a battery. ● 09 모의
라디오를 작동시키기 위해서는 전기나 배터리 둘 중에 하나가 필요하다.

㊚ **either A or B** A와 B 둘 중에 하나
　cf. neither A nor B A도 B도 둘 다 아니다

★★ **urban**
□ 0017 [ə́:rbən]

ⓐ 도시의

Because most employment opportunities are in **urban** areas, people choose to live in the city. ● 09 전국연합
대부분의 고용 기회가 도시 지역에 있기 때문에, 사람들이 도시의 삶을 선택한다.

urbanize v. 도시화하다
↔ **rural** a. 전원의, 시골의

★★★ **contact**
□ 0018 [kántækt]

ⓝ 접촉, 연락　ⓥ 접촉하다, 연락을 취하다

The emperor penguin conserves heat through **contact** with its fellows in large groups. ● 10 모의
황제 펭귄은 큰 무리 속에서 동료들과 접촉함으로써 열을 보존한다.

㊚ **keep in contact with** ~와 연락을 유지하다
　lose contact with ~와 연락이 끊기다

★★★ **provide**
□ 0019 [prəváid]

ⓥ 제공하다, 공급하다

The charity **provides** free meals for the homeless every day.
그 자선단체는 매일 노숙자들에게 무료 급식을 제공한다.

provision n. 공급, 제공; 식량(~s)　　**provider** n. 공급자

★ **dispense**
□ 0020 [dispéns]

ⓥ 나누어주다, 분배하다, 제공하다

A growing number of Websites are **dispensing** information
and advice for free.
정보나 조언을 무료로 나눠주는 웹사이트가 점차 늘어나고 있다.

㊄ **dispense with** ~이 없이 지내다

★ **mass**
□ 0021 [mæs]

ⓐ 대량의, 대규모의　ⓝ 큰 덩어리; 대중; 다량

It is not desirable to seek security through means of **mass**
destruction.
대량 파괴의 수단을 통해 안보를 추구하는 것은 바람직하지 않다.

massive a. 큰 덩어리의, 육중한, 대규모의
cf. **mass production**(consumption) 대량 생산(소비)

★★ **mess**
□ 0022 [mes]

ⓝ 어질러놓은 것, 뒤죽박죽, 엉망진창

Before you go out, clean up the **mess** in your room.
밖에 나가기 전에 네 방에 어질러놓은 것을 치워라.

messy a. 어질러진, 지저분한
㊄ **in a mess** 뒤죽박죽이 되어, 곤경에 처한

★★★ **negative**
□ 0023 [négətiv]

ⓐ 부정적인, 비관적인

Accept new things without **negative** thoughts. ● 07 전국연합
부정적인 생각을 하지 말고 새 것을 받아들여라.

negativity n. 부정적 성향, 소극성　　↔ **positive** a. 긍정적인

★★★ **origin**
□ 0024 [ɔ́:rədʒin]

ⓝ 기원, 근원, 출신

The Big Bang Theory is the most widely accepted scientific
theory about the **origin** of the universe.
빅뱅 이론은 우주의 기원에 대해 가장 널리 인정받고 있는 과학 이론이다.

original a. 최초의, 원래의 n. 원형　　**originally** ad. 원래
originality n. 독창성

★★★ **indeed**
□ 0025 [indíːd]

ⓐⓓ 정말로, 참으로, 사실

Indeed, your letter has amazed and confused me.
정말로 네 편지를 받고 난 놀라고 당황했어.

★★ **output**
□ 0026 [áutpùt]

ⓝ 생산(량), 산출, 출력

The graph above shows the growth rate of total **output** in the U.S. since 1960. ●10수능
위 그래프는 1960년 이후 미국의 총생산 증가율을 보여준다.

↔ **input** n. 입력

★★ **aisle**
□ 0027 [ail]

ⓝ (극장, 버스 등의) 통로, 복도

The flight attendants made several trips up and down the **aisles**. ●06 전국연합
비행기 승무원들은 몇 번씩 통로를 오고갔다.

cf. aisle seat 통로 쪽 좌석(↔ window seat 창가 쪽 좌석)

★★ **various**
□ 0028 [vέəriəs]

ⓐ 다양한

For their own benefit, companies have **various** ways of offering lower prices. ●01수능
회사들은 자신의 이익을 위해 더 낮은 가격을 제시할 수 있는 다양한 방법이 있다.

vary v. 다양하게 하다   **variety** n. 다양성; 품종
variation n. 변화, 변종, 변이   **variable** a. 가변적인 n. 변수

★★★ **quality**
□ 0029 [kwáləti]

ⓝ 질, 품질

Buy Nothing Day asks us to think about whether buying more actually increases our **quality** of life. ●00수능
'아무것도 사지 않는 날'은 더 많이 사는 것이 실제로 우리 삶의 질을 향상시키는지 아닌지 생각해볼 것을 요구한다.

↔ **quantity** n. 양, 분량

★★ **similar**
□ 0030 [símələr]

ⓐ 비슷한, 유사한

The melodies of the two songs are somewhat **similar**.
두 노래의 멜로디는 약간 비슷하다.

similarity n. 유사성   **similarly** ad. 비슷하게, 유사하게

★★★ **otherwise**
□ 0031 [ʌ́ðərwàiz]

@d 다른 경우라면〔상황이라면〕, 그렇지 않다면

The combine enabled farmers to rescue crops which **otherwise** might have been lost. ● 05 모의

콤바인은 다른 경우라면 농부들이 잃어버릴 수 있는 작물을 구할 수 있게 해주었다.

★★ **strengthen**
□ 0032 [stréŋkθən]

ⓥ 강하게 하다, 튼튼하게 하다

To **strengthen** your memory, it is vital to get enough quality sleep.

기억력을 강화하기 위해서는 충분한 숙면을 취하는 것이 중요하다.

strong a. 강한   **strength** n. 힘, 강점

Ⓩoom-in | 〈명사 + -en → 동사〉 형태를 가진 어휘

strength +-en → strengthen ⓥ 강하게 하다
length +-en → lengthen ⓥ 길게 하다

★★ **electricity**
□ 0033 [ilèktrísəti]

ⓝ 전기, 전류

In summer, static **electricity** does not build up as much as during the winter. ● 09 전국연합

여름에는 정전기가 겨울동안 만큼 많이 생기지는 않는다.

electric a. 전기의, 전기로 작동하는

★★ **nerve**
□ 0034 [nəːrv]

ⓝ 신경, 신경 과민

Nerves serve as the "wires" of the body that carry information to and from the brain.

신경은 뇌로 출입하는 정보를 나르는 몸의 '전선'으로서 역할을 한다.

nervous a. 신경질적인, 초조한, 불안한
㊌ **get on one's nerves** ~의 신경을 건드리다

★★★ **concern**
□ 0035 [kənsə́ːrn]

ⓝ 걱정, 관심, 관계   ⓥ 관계가 있다, 걱정시키다

Oil prices are at record highs because of **concerns** over the security of supplies. ● 06 모의

유가가 안전한 공급에 대한 걱정 때문에 고공 행진을 계속하고 있다.

concerned a. 걱정하는; 관련된   **concerning** p. ~에 관하여
㊌ **be concerned with** ~와 관계가 있다
   be concerned about ~에 대해 걱정하다

★
□ 0036
tremendous
[triméndəs]

ⓐ 엄청난, 거대한, 무시무시한

Bad posture while sitting puts **tremendous** pressure on the spine. ● 06 전국연합
앉아 있을 때 나쁜 자세는 척추에 엄청난 압력을 가한다.

= **huge, enormous, massive** a. 엄청난, 거대한

★★★
□ 0037
cemetery
[sémətèri]

ⓝ 묘지

After the war ended, the site was converted to a **cemetery** and memorial park.
전쟁이 끝나고 나서, 그 장소는 묘지이자 기념 공원으로 바뀌었다.

= **graveyard** n. 묘지
cf. national cemetery 국립묘지

★★★
□ 0038
sudden
[sʌ́dn]

ⓐ 갑작스런, 뜻밖의, 불시의

You should be prepared for **sudden** changes in weather and temperature if you're going hiking.
등산을 간다면 날씨나 온도의 갑작스런 변화에 대비해야 한다.

suddenly ad. 갑자기(= all of a sudden)
cf. sudden death 연장전에서 어느 한 팀이 먼저 득점하면 경기가 끝나는 방식

★★★
□ 0039
encourage
[inkɔ́:ridʒ]

ⓥ 장려하다, 격려하다

The plan will **encourage** people to conserve energy in their homes.
그 계획은 사람들로 하여금 가정에서 에너지를 절약하도록 장려할 것이다.

encouragement n. 격려, 장려   **courage** n. 용기
↔ **discourage** v. 낙담시키다, 용기를 빼앗다

---

 oom-in | en- (~하게 만들다)이 포함된 어휘

encourage 장려하다	enable ⋯할 수 있게 하다
enlarge ⋯을 확대하다	enrich 부유하게 하다

★★★
□ 0040
condition
[kəndíʃən]

ⓝ 상황(~s), 상태, 조건   ⓥ ~을 알맞은 상태로 하다

Agriculture must adapt to changing **conditions** in the marketplace. ● 05 수능
농업은 시장의 변화하는 상황에 적응해야 한다.

conditional a. 조건부의
㊑ **on the condition that** ~라는 조건으로

TEST

A 다음 단어에 해당하는 영어 단어 또는 우리말을 쓰시오.

1. 학업의 _____
2. 명확한 _____
3. 대담한 _____
4. 껍질 _____
5. 나누어주다 _____
6. 어질러놓은 것 _____
7. 생산, 산출 _____
8. 강하게 하다 _____
9. 엄청난 _____
10. 갑작스런 _____

11. opportunity _____
12. process _____
13. positive _____
14. provide _____
15. origin _____
16. electricity _____
17. various _____
18. quality _____
19. cemetery _____
20. urban _____

B 빈칸에 알맞은 단어를 〈보기〉에서 골라 쓰되, 문맥에 맞게 변형하시오.

| mortal | urban | dispense | mass | contrast | tremendous |

1. Bad posture while sitting puts _____ pressure on the spine.

2. We accept the fact that all humans are _____.

3. It is not desirable to seek security through means of _____ destruction.

4. There will be a/an _____ between what you want to do and what you will do.

5. A growing number of Websites are _____ information and advice for free.

6. Because most employment opportunities are in _____ areas, people choose to live in the city.

Answer Keys _____

A 1. academic 2. specific 3. bold 4. peel 5. dispense 6. mess 7. output 8. strengthen 9. tremendous 10. sudden 11. 기회 12. 절차, 과정, 가공하다 13. 긍정적인, 명확한 14. 제공하다, 공급하다 15. 기원, 근원, 출신 16. 전기, 전류 17. 다양한 18. 질 품질 19. 묘지 20. 도시의   **B** 1. tremendous 2. mortal 3. mass 4. contrast 5. dispensing 6. urban

bio 생명 (life)

1243 **bio**logical 생물학의
biography 전기
biorhythm 생체 리듬
1132 anti**bio**tic 항생제
sym**bio**sis 공생
1016 **bio**degrade
생물 분해를 일으키다

viv/vit 살다 (live), 생명 (life)

vivid 생생한 0351
re**viv**e 되살리다 0832
sur**viv**e 살아남다 0642
vivacious 생기 있는, 쾌활한
vitality 활기, 생명력

삶·죽음

cide/cis 죽이다 (kill), 자르다 (cut)

sui**cide** 자살
insecti**cide** 살충제
herbi**cide** 제초제
geno**cide** 대량 학살
pesti**cide** 농약, 살충제 1013
pre**cis**e 정확한 1554
con**cis**e 간결한 1555

gen/gener 출생 (birth)

genetics 유전학
1432 in**gen**ious 독창적인
indi**gen**ous 토착의
1728 **gen**erate 생산하다

mort 죽음 (death)

0002 **mort**al 죽을 운명의
im**mort**al 불멸의

DAY 02

어휘 더하기 : 어원공식 ② 사람

01	02	03	04	05	06	07	08	09	10
11	12	13	14	15	16	17	18	19	20
21	22	23	24	25	26	27	28	29	30
31	32	33	34	35	36	37	38	39	40
41	42	43	44	45	46	47	48	49	50

Day 01 | Review

앞에서 학습한 단어를 얼마나 기억하는지 체크해 보세요.
기억이 나지 않는 단어는 다시 한 번 학습하세요.

☐ opportunity   ☐ provide

☐ mortal   ☐ dispense

☐ academic   ☐ mass

☐ comfort   ☐ origin

☐ lack   ☐ indeed

☐ specific   ☐ output

☐ confusion   ☐ aisle

☐ process   ☐ quality

☐ cause   ☐ similar

☐ united   ☐ otherwise

☐ contrast   ☐ nerve

☐ peel   ☐ concern

☐ positive   ☐ tremendous

☐ urban   ☐ cemetery

☐ contact   ☐ condition

wow!!

★★★
□ 0041 **approach**
[əpróutʃ]

ⓥ 다가가다, 접근하다　ⓝ 접근(법)

The days of the whale is rapidly **approaching** its end.

고래의 시대가 급속히 종말로 다가가고 있다.

approachable a. 가까이하기 쉬운, 사귀기 쉬운

★★
□ 0042 **trim**
[trim]

ⓥ 다듬다, 잘라내다　ⓝ 정돈

Didn't you say you were going to get your hair **trimmed** a little?　● 10 전국연합

머리를 조금만 다듬을 거라고 말하지 않았었니?

★
□ 0043 **enroll**
[inróul]

ⓥ 등록하다, (이름을) 명부에 올리다, 입학하다

Once you have decided on a course to **enroll** in, complete the enrollment form.

일단 등록할 코스를 결정했다면, 등록 신청서를 작성하세요.

enrollment n. 등록, 입학; 입대

★★
□ 0044 **valid**
[vǽlid]

ⓐ 유효한, 효력 있는, 타당한

The special 30% discount offer is **valid** for only 10 days!

30% 특별 할인 판매는 10일 동안만 유효합니다!

validate v. 정당성을 입증하다, 실증하다(↔ invalidate v. 무효로 하다)
↔ **invalid** a. 타당하지 않은

★★
□ 0045 **eventually**
[ivéntʃuəli]

ⓐⓓ 결국, 드디어, 마침내

Eventually I attained my dream of being a mountaineer.

결국 나는 산악인이 되고자 한 나의 꿈을 이뤘다.

= **finally, ultimately** ad. 결국, 궁극적으로

★★
□ 0046 **highly**
[háili]

ⓐⓓ 매우, 아주

This is the book that our teacher **highly** recommends.

이것이 우리 선생님이 매우 추천하는 그 책이다.

Ⓩoom-in | -ly가 붙어 의미가 달라지는 부사

high 높은 – highly 매우　　　　　near 가까이의 – nearly 거의
hard 힘든 – hardly 거의 ~ 않다　　late 늦은 – lately 최근에
bad 나쁜 – badly 몹시　　　　　　deep 깊은 – deeply 매우

★★
☐ 0047
introduction
[ìntrədʌ́kʃən]

ⓝ 도입, 소개

Because of the **introduction** of e-books, it is getting easier to read literature through the Internet. ● 07 전국연합
e-book의 도입 때문에 인터넷을 통해 문학 작품을 읽는 것이 더 쉬워지고 있다.

introduce v. 도입하다, 소개하다   **introductory** a. 소개의, 서론의

★★
☐ 0048
string
[string]

ⓝ 끈, 줄, (악기의) 현(줄)   ⓥ (줄, 끈으로) 묶다

The first balls were made of grass or leaves held together by **strings**. ● 08 수능
최초의 공은 풀 또는 나뭇잎을 모아 끈으로 묶어서 만들었다.

㉿ **with no strings attached** 아무 조건 없이

★★
☐ 0049
performance
[pərfɔ́ːrməns]

ⓝ 실적(성과), 수행, 공연

Stress has been the cause of many poor **performances** among athletes.
스트레스는 운동선수들 사이에서 부진한 실적의 원인이 되어왔다.

perform v. 수행하다, 연기하다   **performer** n. 수행자, 연기자

★★★
☐ 0050
favorite
[féivərit]

ⓐ 가장 좋아하는, 마음에 드는   ⓝ 좋아하는 것(사람)

I once got a chance to interview my **favorite** comedian, Mike Myers. ● 05 수능
예전에 나는 내가 가장 좋아하는 코미디언인 Mike Myers를 인터뷰할 기회가 있었다.

favor n. 호의, 은혜   **favorable** a. 호의적인, 찬성하는

★★★
☐ 0051
distance
[dístəns]

ⓝ 거리; 먼 곳(지점)

We should be grateful that the Earth is just the right **distance** from the Sun. ● 05 전국연합
우리는 지구가 태양에서 아주 적절한 거리에 있다는 것에 감사해야 한다.

distant a. 먼, 멀리 떨어진
㉿ **keep ~ at a distance** ~을 멀리하다

★★★
☐ 0052
individual
[ìndivídʒuəl]

ⓝ 개인   ⓐ 개인의, 개별적인

Some **individuals** sit and watch football games without cheering for any team. ● 09 수능
어떤 사람들은 특정 팀을 응원하지 않고 앉아서 축구 시합을 관람한다.

individualism n. 개인주의

★★ **moderate**
□0053 [mάdərət]

ⓐ (양, 정도가) 적당한, 보통의, 온건한
Moderate exercise can help lower your cholesterol levels.
적당한 운동은 콜레스테롤 수치를 낮추는 데 도움이 된다.
↔ **excessive** a. 과도한, 지나친

★★★ **attention**
□0054 [əténʃən]

ⓝ 주의, 관심, 배려
As you learn to bring your **attention** back to the here and
now, life will come alive again. ● 10 수능
현재의 시점으로 주의를 되돌리는 법을 배우면 인생은 다시 활기를 띨 것이다.
attentive a. 주의 깊은, 세심한(↔ **inattentive** a. 부주의한, 태만한)
㉵ **pay attention to** ~에 주의를 기울이다

★★★ **debate**
□0055 [dibéit]

ⓥ 논쟁하다, 토론하다 ⓝ 논쟁, 토론
Whether there is a real gender difference in math ability
has long been **debated**. ● 10 전국연합
성별간 수리 능력의 차이가 실제 존재하는지는 오랫동안 논쟁되어 왔다.
= **discuss, dispute** v. 논쟁〔논의〕하다

★★★ **advantage**
□0056 [ədvǽntidʒ]

ⓝ 이점, 장점, 이익
Traditional classrooms hold many **advantages** over online
classes. ● 02 수능
전통적인 교실은 온라인 수업보다 많은 이점을 가지고 있다.
advantageous a. 유리한 ↔ **disadvantage** n. 단점, 불이익
㉵ **take advantage of** ~을 이용하다

★★ **estate**
□0057 [istéit]

ⓝ 토지, 땅; 재산(권)
He made a fortune through stocks and real **estate**
investments. ● 07 모의
그는 주식과 부동산 투자를 통해 부자가 되었다.
cf. **real estate** 부동산 **personal estate** 동산

oom-in ㅣ 재산과 소유를 나타내는 어휘

| property 재산, 소유권 | asset 자산, 재산 | possessions 소유물, 재산 |
| belongings 소지품 | valuables 귀중품 | goods (부동산 외의) 재산〔동산〕 |

★★★
□0058
satisfy
[sǽtisfài]

ⓥ 만족시키다, (요구, 욕망 등을) 충족시키다

Even if your work does not **satisfy** you, it puts food on the table for your family. ● 07모의

당신의 일이 당신을 만족시키지 않더라도, 그것이 당신의 가족을 위해 식탁에 음식을 준다.

satisfied a. 만족한, 흡족한　　**satisfying** a. 만족감을 주는
satisfactory a. 만족스러운　　**satisfaction** n. 만족

★
□0059
merchandise
[mɔ́:rtʃəndàiz]

ⓝ (집합적) 상품, 제품

Department stores seem to have some of their **merchandise** on sale most of the time. ● 05전국연합

백화점은 상품 중 일부를 거의 항상 할인 판매하는 것 같다.

cf. general merchandise 잡화

★
□0060
phenomenon
[finámənàn]

ⓝ 현상; 경이적인 것〔사람〕

Aging in itself is not a disease or a sickness, but a natural **phenomenon**.

노화 그 자체는 질병이나 질환이 아니라 자연스런 현상이다.

phenomena n. phenomenon의 복수형
phenomenal a. 현상의; 경이적인

★
□0061
squeeze
[skwi:z]

ⓥ 짜내다, 압착하다　　ⓝ (짜내어 얻은 소량의) 즙

Squeeze out the lemon juice and mix it with soy sauce.

레몬즙을 짜서 그것을 간장과 섞어라.

★★
□0062
structure
[strʌ́ktʃər]

ⓝ 구조, 구조물, 건축물

You occupy several different positions in the complex **structure** of society. ● 01수능

당신은 사회의 복잡한 구조 속에서 여러 다양한 위치를 차지하고 있다.

cf. restructure v. 재구성하다, 재편성하다
　　infrastructure n. (사회의) 기본시설〔인프라〕

★★
□0063
cozy
[kóuzi]

ⓐ 편안한, 아늑한

I felt **cozy** sitting on a soft sofa by the fireplace.

나는 벽난로 옆 폭신한 소파에 앉아 편안함을 느꼈다.

= comfortable a. 편안한

★★★ **entire**
□ 0064 [intáiər]

ⓐ 전체의, 완전한

The artist had spent his **entire** life on the isolated island.
그 화가는 평생을 외딴섬에서 보냈다.

entirely ad. 완전히, 적적으로
❀ **not entirely ~** 전적으로 ~인 것은 아니다

★ **festive**
□ 0065 [féstiv]

ⓐ 축제의, 경축의

Balloons can be seen at birthday parties and other **festive** occasions. ● 08 전국연합
풍선은 생일 파티와 다른 축제 행사에서 볼 수 있다.

festival n. 축제

★★ **grocery**
□ 0066 [gróusəri]

ⓝ 식료품점, 식료 잡화점

For many people, a trip to the **grocery** store is a fun break in the day. ● 09 전국연합
많은 사람들에게는 식료품점에 가는 것이 그 날의 즐거운 휴식이다.

grocer n. 식료품 상인

★★★ **trouble**
□ 0067 [trʌ́bl]

ⓝ 고생, 문제점 ⓥ 괴롭히다, 걱정시키다

The adult forgets the **troubles** of his youth. ● 05 수능
어른들은 젊은 날의 고생을 잊어버린다.

❀ **have trouble〔difficulty〕-ing** ~하는 데 어려움을 겪다
cf. troublemaker n. 말썽꾸러기

★★ **accurate**
□ 0068 [ǽkjurət]

ⓐ 정확한

We conducted several tests to make sure if the theory is **accurate** or not.
우리는 그 이론이 정확한지 아닌지를 확실히 하기 위해 몇 가지 실험을 했다.

accurately ad. 정확하게　　**accuracy** n. 정확성
↔ **inaccurate** a. 부정확한

★★ **pressure**
□ 0069 [préʃər]

ⓝ 압력, 압박 ⓥ 압력을 가하다

Plants are known to react to environmental **pressures** such as wind and rain. ● 98 수능
식물은 바람과 비 같은 환경적 압력에 반응하는 것으로 알려져 있다.

press v. 누르다

★★★ **remove**
□ 0070 [rimú:v]

ⓥ 제거하다, 없애다

Don't try to **remove** something stuck between your teeth in front of others. ● 03 수능
다른 사람들 앞에서 치아 사이에 낀 것을 제거하려고 하지 마라.

removal n. 제거
= **eliminate, get rid of** 제거하다

★★ **solution**
□ 0071 [səlú:ʃən]

ⓝ 해결책, 해법, 해답; 용액

Water is a very simple **solution** to many everyday ills.
물은 많은 일상적인 질병의 매우 간단한 해결책이다. ● 01 수능

solve v. 풀다, 해결하다; 용해하다

★★ **mere**
□ 0072 [miər]

ⓐ 단지 ~에 불과한; 단순한

The closest beach is a **mere** 10 minute walk from the villa.
가장 가까운 해변은 빌라에서 도보로 불과 10분 거리에 있다.

merely ad. 단지, 그저, 다만

★★ **rarely**
□ 0073 [réərli]

ⓐⓓ 좀처럼 ~ 않다

People **rarely** get their best ideas at work. ● 07 수능
사람들은 좀처럼 직장에서는 가장 좋은 생각을 얻지 못한다.

rare a. 희귀한, 드문, 진기한

oom-in | **부정의 의미를 가진 부사**
형태상 not이 없어도 '좀처럼(거의) ~ 않다'는 부정의 의미를 가진 부사로는 **rarely, seldom, hardly, scarcely** 등이 있다.

★★ **particular**
□ 0074 [pərtíkjulər]

ⓐ 특별한, 특정한, 까다로운

One **particular** Korean kite is the rectangular "shield kite."
한국의 특별한 연 하나는 사각형의 '방패연'이다.

particularly ad. 특히   **particularity** n. 특수성, 독특함

★★★ **duty**
□ 0075 [djú:ti]

ⓝ 의무; 세금, 관세

Voting is a **duty** in many other countries. ● 07 전국연합
투표는 많은 다른 나라에서는 의무이다.

🅢 **on (off) duty** 당번(비번)으로   cf. **duty-free** 면세의

★★ **fund** □0076 [fʌnd]
ⓝ 기금, 자금   ⓥ 자금을 제공하다
I'm here today to ask for your donation to our disaster relief fund. ● 04수능
저는 오늘 여러분들에게 저희 재난 구호 기금에 기부를 부탁드리러 여기 왔습니다.
cf. fund raising 기금 모금 활동

★★★ **mathematics** □0077 [mǽθəmǽtiks]
ⓝ 수학
I think you should major in mathematics or computer science. ● 01수능
나는 네가 수학이나 컴퓨터 과학을 전공해야 한다고 생각한다.
mathematician n. 수학자

Zoom-in ǀ 학과목의 종류

physics 물리	geography 지리	biology 생물	philosophy 철학
calculus 미적분	economics 경제	chemistry 화학	earth science 지구과학
algebra 대수학	sociology 사회	history 역사	physical education 체육

★★ **essential** □0078 [isénʃəl]
ⓐ 필수적인, 본질적인
Patience is an essential attribute of good superiors.
인내심은 좋은 상사의 필수적인 자질이다. ● 07수능
essence n. (사물의) 본질, 정수   essentially ad. 본질적으로

★★★ **factor** □0079 [fǽktər]
ⓝ 요소, 요인
Trust is the most important factor in the child's developing personality. ● 04수능
신뢰는 아이의 성격 발달에 가장 중요한 요소이다.
= element n. 요소

★★ **peculiar** □0080 [pikjúːljər]
ⓐ 기묘한, 특이한, 독특한
One of the peculiar effects of formalizing giving is the sense of obligation. ● 06전국연합
선물 주기를 정식화할 때 나타나는 기묘한 효과 중의 하나는 의무감이다.
peculiarity n. 특성, 특색

TEST

A 다음 단어에 해당하는 영어 단어 또는 우리말을 쓰시오.

1. 다가가다 _____
2. 다듬다 _____
3. 끈, 줄 _____
4. 주의, 관심 _____
5. 토지, 땅 _____
6. 짜내다 _____
7. 축제의, 경축의 _____
8. 문제점 _____
9. 단지 ~에 불과한 _____
10. 기금, 자금 _____

11. introduction _____
12. highly _____
13. merchandise _____
14. cozy _____
15. accurate _____
16. rarely _____
17. entire _____
18. duty _____
19. factor _____
20. remove _____

B 빈칸에 알맞은 단어를 〈보기〉에서 골라 쓰되, 문맥에 맞게 변형하시오.

enroll	performance	debate
phenomenon	pressure	essential

1. Patience is a/an _____ attribute of good superiors.

2. Stress has been the cause of many poor _____ among athletes.

3. Once you have decided on a course to _____ in, complete the enrollment form.

4. Aging in itself is not a disease or a sickness, but a natural _____.

5. Plants are known to react to environmental _____ such as wind and rain.

6. Whether there is a real gender difference in math ability has long been _____.

Answer Keys

A 1. approach 2. trim 3. string 4. attention 5. estate 6. squeeze 7. festive 8. trouble 9. mere 10. fund
11. 도입, 소개 12. 매우, 아주 13. 상품, 제품 14. 편안한, 아늑한 15. 정확한 16. 좀처럼 ~ 않다 17. 전체의, 완전한
18. 의무; 세금, 관세 19. 요소, 요인 20. 제거하다, 없애다 **B** 1. essential 2. performances 3. enroll
4. phenomenon 5. pressures 6. debated

어휘 + 더하기 어원공식 ② 사람

dem(o) 사람들 (people)

1345 **demo**cracy 민주주의
demography 인구학
1189 epi**dem**ic 전염병

popul/publ
사람들 (people)

popular 인기 있는
population 인구 0361
populace 대중
public 공적인
re**publ**ic 공화국 1115

사람

citi/civi 시민 (citizen)

citizen 시민
civil 시민의
civilian 민간인
1323 **civi**lization 문명

nat 태어난 (born)

native 원주민의
natural 자연스러운
nationality 국적
in**nat**e 타고난 1280

DAY
03

어휘 더하기 : 어원공식 ❸ 인식 · 지각

01	02	03	04	05	06	07	08	09	10
●	●	●							

11	12	13	14	15	16	17	18	19	20

21	22	23	24	25	26	27	28	29	30

31	32	33	34	35	36	37	38	39	40

41	42	43	44	45	46	47	48	49	50

Day 02 | Review

앞에서 학습한 단어를 얼마나 기억하는지 체크해 보세요.
기억이 나지 않는 단어는 다시 한 번 학습하세요.

- ☐ approach
- ☐ trim
- ☐ enroll
- ☐ valid
- ☐ eventually
- ☐ introduction
- ☐ string
- ☐ performance
- ☐ distance
- ☐ individual
- ☐ moderate
- ☐ attention
- ☐ debate
- ☐ advantage
- ☐ estate

- ☐ merchandise
- ☐ phenomenon
- ☐ structure
- ☐ entire
- ☐ festive
- ☐ grocery
- ☐ accurate
- ☐ remove
- ☐ solution
- ☐ mere
- ☐ rarely
- ☐ particular
- ☐ mathematics
- ☐ factor
- ☐ peculiar

★★
□ 0081 **available**
[əvéiləbəl]

ⓐ 이용할 수 있는, 쓸모 있는; 시간이 있는

The amount of information **available** to children is hastening the beginning of adulthood. ● 99 수능
어린이들이 이용할 수 있는 정보량이 성인기의 시작을 앞당기고 있다.

avail v. 도움이 되다, 쓸모가 있다　　**availability** n. 유용성

★★
□ 0082 **committee**
[kəmíti]

ⓝ 위원회

The selection **committee** will evaluate your application materials. ● 08 모의
선발 위원회가 당신의 지원서를 평가할 것이다.

★★★
□ 0083 **focus**
[fóukəs]

ⓥ 초점을 맞추다, 집중하다　　ⓝ 초점

The most effective way to **focus** on your goals is to write them down. ● 05 수능
너의 목표에 초점을 맞추는 가장 효과적인 방법은 그것들을 적는 것이다.

= **concentrate** v. 집중하다　　㊂ **focus on** ~에 집중하다

★★
□ 0084 **optimistic**
[ùptəmístik]

ⓐ 낙관적인, 낙관하는

People who like yellow are open-minded and **optimistic**.
노란색을 좋아하는 사람들은 개방적이고 낙관적이다.　　● 05 전국연합

optimism n. 낙관론　　**optimist** n. 낙관론자
↔ **pessimistic** a. 염세적인

★★★
□ 0085 **neighbor**
[néibər]

ⓝ 이웃 사람

Teach kids to help their **neighbors** in need. ● 08 모의
아이들에게 어려움에 처한 이웃을 도우라고 가르쳐라.

cf. neighborhood n. 이웃 동네

★★★
□ 0086 **increase**
[inkrí:s]

ⓥ 늘리다, 증가(증대)하다　　ⓝ 증가, 상승

It is necessary to televise trials to **increase** the chance of a fair trial. ● 08 모의
공정한 재판의 기회를 늘리기 위해서는 재판을 TV로 방영하는 것이 필요하다.

increasingly ad. 점점, 점차
↔ **decrease** v. 줄이다, 감소시키다　n. 감소
㊂ **on the increase(decrease)** 증가하는(감소하는)

★★ **unique**
□ 0087 [juːníːk]

ⓐ 독특한, 특유의, 유일무이한

Teenagers are looking for **unique** ways to express themselves. ● 09 모의
10대들은 자신을 표현할 독특한 방식을 찾고 있다.

uniqueness n. 독특함
= **unusual** a. 특이한, 별난   ↔ **common, usual** a. 흔한, 일상적인

★★★ **situation**
□ 0088 [sìtʃuéiʃən]

ⓝ 상황, 사태, 처지

Some heroes perform amazing deeds in difficult **situations**.
어떤 영웅들은 힘든 상황에서도 놀랄 만한 공적을 세운다. ● 07 수능

situate v. (어떤 장소, 위치에) 놓다, 위치시키다(= locate)

★★★ **relieve**
□ 0089 [rilíːv]

ⓥ (고통, 긴장을) 덜다, 완화하다

Action **relieves** tensions and sets us free. ● 01 수능
행동은 긴장을 덜어주고 우리를 자유롭게 해준다.

relieved a. 안심(안도)하는   **relief** n. 완화, 안심; 구호(품)
= **ease, alleviate** v. 완화하다

★★★ **prefer**
□ 0090 [prifə́ːr]

ⓥ 선호하다, 더 좋아하다

Children **prefer** to talk to their other-sex parent. ● 97 수능
아이들은 성이 다른 부모에게 말하는 것을 선호한다.

preference n. 선호   **preferable** a. 더 좋은, 선호되는
㊞ **prefer A to B** B보다 A를 선호하다

★★ **background**
□ 0091 [bǽkgràund]

ⓝ 배경, 이력, 환경

Much **background** knowledge is the key ingredient to reading comprehension.
많은 배경 지식은 독해에 꼭 필요한 요소이다.

cf. **family background** 가정 환경
    academic(educational) background 학력

★★★ **confuse**
□ 0092 [kənfjúːz]

ⓥ 혼동하다, 혼동(혼란)시키다, 당황하게 하다

Inexperienced journalists are likely to **confuse** fact with opinion.
경험이 많지 않은 기자들은 사실과 견해를 혼동하기 쉽다.

confused a. 혼란스러운, 당황한   **confusing** a. 혼란시키는, 헷갈리는
confusion n. 혼란, 당황   = **puzzle** v. 당황하게 하다

★★ **reputation**
☐ 0093 [rèpjutéiʃən]

ⓝ 명성, 평판
Students sign up for his classes because of his **reputation**.
학생들은 그의 명성 때문에 그의 수업에 수강 신청을 한다. ● 05 전국연합

Ⓩoom-in Ⅰ 혼동하기 쉬운 reputation vs. refutation
reputation ⓝ 명성, 평판   refutation ⓝ 논박, 반박

★★★ **tend**
☐ 0094 [tend]

ⓥ ~하는 경향이 있다, ~하기 쉽다
People who prefer rock music **tend** to be active and
adventurous. ● 07 전국연합
록 음악을 좋아하는 사람들은 활동적이고 모험심이 많은 경향이 있다.
tendency n. 경향, 성향   = be apt(likely) to ~하기 쉽다

★ **pillar**
☐ 0095 [pílər]

ⓝ 기둥
I gasped in awe looking at the huge marble **pillars**.
나는 거대한 대리석 기둥을 보면서 경외감에 숨이 막혔다
= **column** n. 기둥, 원주; (신문의) 칼럼

★ **fiber**
☐ 0096 [fáibər]

ⓝ 섬유, 섬유질, 섬유 조직
Dietary **fiber** helps lower the level of blood sugar. ● 07 수능
식이 섬유는 혈당 수치를 낮추는 것을 돕는다.

★★★ **expensive**
☐ 0097 [ikspénsiv]

ⓐ 값비싼, 고가의
Please show me a less **expensive** model.
좀 덜 비싼 모델로 보여주세요.
expense n. 지출, 비용, 경비   **expend** v. (돈, 시간 등을) 들이다
↔ **cheap, inexpensive** a. 값싼

★★★ **blame**
☐ 0098 [bleim]

ⓥ ~의 책임으로 돌리다, 비난하다   ⓝ 책임; 비난
The driver argued that the careless pedestrian was to
blame for the accident. ● 97 수능
그 운전자는 부주의한 보행자에게 사고의 책임이 있다고 주장했다.
㊗ **A be to blame for B** B는 A의 탓(책임)이다
blame A for B B에 대해 A를 비난하다

★★
□ 0099
puzzle
[pʌ́zl]

ⓥ 당황하게 만들다　ⓝ 수수께끼
His rude behavior **puzzled** me.
그의 무례한 행동이 나를 당황하게 만들었다.

puzzled a. 당황한　**cf. crossword puzzle** 십자낱말 맞추기

★★★
□ 0100
edge
[edʒ]

ⓝ 가장자리, 끝, (칼의) 날
The **edge** of the sea is a strange and beautiful place.　● 94 수능
바닷가는 낯설고 아름다운 곳이다.

cf. cutting edge (기술, 유행 등의) 최첨단

★★★
□ 0101
gloomy
[glú:mi]

ⓐ 우울한, 음울한, 어둑어둑한
Isolation causes elderly people to feel **gloomy**.
고립감은 노인들에게 우울함을 느끼게 하는 원인이 된다.

gloom n. 우울, 침울, 어둠

★
□ 0102
grain
[grein]

ⓝ 곡물, 곡식; (곡식의) 낟알
The **grain** is put into the hole on the upper stone and
evenly milled grain comes out.　● 07 전국연합
곡물을 윗돌의 구멍으로 넣으면 고르게 갈려서 나온다.

Ⓩoom-in l **곡물(grain)의 종류**

rice ⓝ 쌀	barley ⓝ 보리	corn ⓝ 옥수수	soybean ⓝ 콩
rye ⓝ 호밀	wheat ⓝ 밀	millet ⓝ 수수	red bean ⓝ 팥

★★
□ 0103
inherit
[inhérit]

ⓥ 물려받다, 상속받다, 유전되다
A child's intellectual power is believed to be **inherited**
solely from the mother.
아이의 지적 능력은 오로지 어머니로부터 물려받는 것으로 생각된다.

inheritance n. 상속 재산, 유산

★★
□ 0104
philosophy
[filásəfi]

ⓝ 철학
Philosophy is, simply put, a way of thinking.　● 08 모의
철학은 간단히 말해서 사고방식이다.

philosopher n. 철학자

★★
□ 0105
trash
[træʃ]

ⓝ 쓰레기, 폐물

My class decided to pick up all the **trash** on the lakeside.
우리 학급은 호숫가에 있는 모든 쓰레기를 줍기로 결정했다.

= **rubbish, waste, garbage** n. 쓰레기　　**cf. trash can** 쓰레기통

★★★
□ 0106
medicine
[médsn]

ⓝ 약, 의학

Sinks and garbage cans are not the right places to dispose of unwanted **medicines**. ● 08 전국연합
싱크대와 쓰레기통은 쓸모없는 약을 처리하는 데 적당한 장소가 아니다.

medical a. 의학의　　**medicinal** a. 약의　　**medication** n. 약물

★★★
□ 0107
appear
[əpíər]

ⓥ 나타나다, 출현하다; ~처럼 보이다, ~인 것 같다

A rainbow **appeared** over the horizon when the sun came out.
해가 나자 무지개가 지평선 위로 나타났다.

appearance n. 출현, 외모, 겉모습　　↔ **disappear** v. 사라지다

★
□ 0108
intense
[inténs]

ⓐ 강렬한, 격렬한, 심한

The higher the temperature, the more **intense** the flavor.
온도가 높을수록 맛은 더 강렬하다.　　　　　　　● 11 모의

intensity n. 강도, 세기, 강렬　　**intensify** v. 강렬해지다, 심해지다

★★★
□ 0109
require
[rikwáiər]

ⓥ 필요로 하다, 필요가 있다, 요구하다

In general, every achievement **requires** trial and error.
일반적으로 모든 성취는 시행착오를 필요로 한다.　　● 01 수능

required a. (학과가) 필수의　　**requirement** n. 요구사항, 필수 조건

★
□ 0110
register
[rédʒistər]

ⓥ 등록하다, (출생, 혼인, 사망 등을) 신고하다　ⓝ 등록부, 명부

I'm going to **register** for the fitness center for three months.
나는 3달 동안 헬스클럽에 등록할 것이다.

registration n. 기재, 등록, 등기　　= **enroll** v. 등록하다
㊪ **register for** ~에 등록하다(= sign up for)

★★★ **reveal**
□0111 [rivíːl]

ⓥ 드러내다, 나타내다, 밝히다

Every tiny movement reveals your private thoughts.
작은 움직임 하나하나가 너의 개인적인 생각을 드러낸다.　● 08 모의

revelation n. 폭로
= **disclose** v. 드러내다, 폭로하다　↔ **conceal** v. 감추다, 숨기다

★★★ **tiny**
□0112 [táini]

ⓐ 매우 작은

Near my house is a tiny dry-cleaning shop run by two old ladies. ● 04 수능
우리집 근처에는 두 할머니가 운영하는 작은 세탁소가 있다.

↔ **enormous, huge, tremendous** a. 거대한

Ⓩoom-in | 혼동하기 쉬운 tiny vs. tidy

　　tiny ⓐ 매우 작은　　　　tidy ⓐ 정돈된, 깔끔한

★★ **excel**
□0113 [iksél]

ⓥ (남보다) 뛰어나다, 능가하다, 탁월하다

I propose that our children focus on areas in which they excel. ● 06 수능
나는 우리 아이들이 뛰어나게 잘 하는 분야에 집중해야 한다고 생각한다.

excellent a. 뛰어난, 훌륭한　　**excellence** n. 탁월함, 우수함
㊛ **excel oneself** 여느 때보다 잘하다

★★ **assign**
□0114 [əsáin]

ⓥ 맡기다, 할당하다, (임무, 직책에) 임명하다

Assigning chores to your kids can help foster responsibility.
아이들에게 허드렛일을 맡기는 것은 책임감을 길러주는 데 도움이 된다.

assignment n. 과제, 임무
= **allocate** v. 할당하다

★★★ **detailed**
□0115 [díːteild]

ⓐ 상세한, 자세한

Detailed knowledge of a single area once guaranteed success. ● 08 수능
어느 한 분야에 대한 상세한 지식이 한때는 성공을 보장했었다.

detail n. 세부, 세부 사항, 상세한 내용
↔ **brief** a. 간결한

★★★ **active**
□ 0116 [ǽktiv]

ⓐ 활동적인, 활발한, 적극적인

After-school programs require **active** student participation.
방과 후 학교 프로그램은 학생들의 적극적인 참여를 필요로 한다. ● 06 수능

activate v. 활성화시키다
↔ **inactive, passive** a. 활동하지 않는, 수동적인

 oom-in I **active의 두 명사형 activity vs. activeness**
activity ⓝ 활동　　　　　　activeness ⓝ 활발함, 적극성

★★ **purpose**
□ 0117 [pə́:rpəs]

ⓝ 목적, 의도, 취지

Sheets of paper exist almost entirely for the **purpose** of carrying information. ● 09 수능
종이는 거의 전적으로 정보를 전달하는 목적을 위해서 존재한다.

㊋ **for the purpose of -ing** ~할 목적으로
　　on purpose 고의로, 일부러

★★★ **labor**
□ 0118 [léibər]

ⓝ 노동(력), 근로　ⓥ 노동하다

Workers supply **labor** to firms in exchange for wages.
근로자들은 임금을 받는 대신 회사에 노동력을 공급한다.

laborer n. 노동자　　**laboring** a. 노동에 종사하는
cf. **Labor Party** 노동당

★★ **contrary**
□ 0119 [kántreri]

ⓐ ~와는 다른〔반대되는〕

Contrary to popular belief, most octopuses are poor swimmers. ● 08 전국연합
통념과는 달리, 대부분의 문어는 수영을 잘 못한다.

㊋ **on the contrary** 그와는 반대로

★★★ **familiar**
□ 0120 [fəmíljər]

ⓐ 잘 아는, 정통한; 친밀한

All of us are not **familiar** with the new computer system.
우리들 모두는 새로운 컴퓨터 시스템을 잘 알지 못한다.

familiarity n. 친숙함　　**familiarize** v. 친숙하게 하다
↔ **unfamiliar** a. 잘 모르는, 친숙하지 않은

TEST

A 다음 단어에 해당하는 영어 단어 또는 우리말을 쓰시오.

1. 이용할 수 있는 _____
2. 초점을 맞추다 _____
3. 늘리다 _____
4. 덜다, 완화하다 _____
5. 혼동하다 _____
6. ~하는 경향이 있다 _____
7. 책임; 비난 _____
8. 강렬한 _____
9. 뛰어나다 _____
10. 맡기다, 할당하다 _____

11. committee _____
12. neighbor _____
13. situation _____
14. reputation _____
15. pillar _____
16. philosophy _____
17. detailed _____
18. medicine _____
19. tiny _____
20. contrary _____

B 빈칸에 알맞은 단어를 <보기>에서 골라 쓰되, 문맥에 맞게 변형하시오.

| committee | background | tend | inherit | assign | purpose |

1. _____ chores to your kids can help foster responsibility.
2. People who prefer rock music _____ to be active and adventurous.
3. The selection _____ will evaluate your application materials.
4. Much _____ knowledge is the key ingredient to reading comprehension.
5. Sheets of paper exist almost entirely for the _____ of carrying information.
6. A child's intellectual power is believed to be _____ solely from the mother.

Answer Keys

A 1. available 2. focus 3. increase 4. relieve 5. confuse 6. tend 7. blame 8. intense 9. excel 10. assign
11. 위원회 12. 이웃 사람 13. 상황, 사태, 처지 14. 명성, 평판 15. 기둥 16. 철학 17. 상세한, 자세한 18. 약, 의학
19. 매우 작은 20. ~와는 다른　B 1. Assigning 2. tend 3. committee 4. background 5. purpose 6. inherited

어휘+더하기 어원공식 ❸ 인식·지각

cogn/gno/kno/not 알다 (know)

recognize 인식하다 0137
cognitive 인지적인 1375
diagnose 진단하다 1144
ignorance 무지
acknowledge 인정하다 0439
notice 주목하다, 공지 1615
notify 알리다 0740
notion 개념, 생각 1818

sci 알다 (know)

1073 **sci**entific 과학적인
1483 con**sci**ous 의식하고 있는
un**consci**ous 의식을 잃은
1484 con**sci**entious 양심적인
omni**sci**ent 박식한

인식·지각

wit/wis 알다 (know)

witty 재치 있는
1190 **wit**ness 목격자; 목격하다
wise 현명한
wisdom 지혜

rat/reas 추론하다 (reason)

rational 이성적인 1059
rationalize 합리화하다
reason 이유, 이성; 추론하다 1619
reasonable 합리적인 0501

DAY 04

어휘 더하기 : 어원공식 ❹ 시 · 공간

백만스물하나.
백만스물둘. 셋..

01	02	03	04	05	06	07	08	09	10
11	12	13	14	15	16	17	18	19	20
21	22	23	24	25	26	27	28	29	30
31	32	33	34	35	36	37	38	39	40
41	42	43	44	45	46	47	48	49	50

Day 03 | Review

앞에서 학습한 단어를 얼마나 기억하는지 체크해 보세요.
기억이 나지 않는 단어는 다시 한 번 학습하세요.

☐ available   ☐ blame

☐ committee   ☐ puzzle

☐ focus   ☐ edge

☐ optimistic   ☐ gloomy

☐ increase   ☐ grain

☐ unique   ☐ inherit

☐ situation   ☐ philosophy

☐ relieve   ☐ trash

☐ background   ☐ medicine

☐ confuse   ☐ appear

☐ reputation   ☐ intense

☐ tend   ☐ require

☐ pillar   ☐ register

☐ fiber   ☐ assign

☐ expensive   ☐ detailed

wow!!

★★★ **extremely**
□0121 [ikstrí:mli]

@ 극도로, 극히, 극단적으로

Teenagers are **extremely** self-conscious. ● 04 수능

10대들은 극도로 자의식이 강하다.

extreme a. 극단적인   **extremism** n. 극단주의

★ **appropriate**
□0122 [əpróupriət]

@ 적절한, 적당한, 알맞은

Parents need to constantly model **appropriate** behavior.

부모들은 끊임없이 적절한 행동을 본보기로 보여줄 필요가 있다.   ● 07 수능

= **suitable, proper** a. 적절한   ↔ **inappropriate** a. 부적절한

★★★ **behave**
□0123 [bihéiv]

ⓥ 행동하다, 처신하다

We take it for granted that people of different ages **behave** differently. ● 08 수능

우리는 다른 연령대의 사람들은 다르게 행동하는 것을 당연하게 여긴다.

behavior n. 행동, 행위   **behavioral** a. 행동의

★★★ **creature**
□0124 [krí:tʃər]

ⓝ 생물, 창조물

No living **creature**, plant or animal, can exist in complete isolation. ● 94 수능

식물이든 동물이든 어떤 살아있는 생물도 완전히 고립된 상태로 존재할 수 없다.

creation n. 창조(물), 창작(물)   **creator** n. 창조자, 조물주

★★ **monotonous**
□0125 [mənátənəs]

@ 단조로운, 지루한

Working on an assembly line can be extremely **monotonous**.

조립 라인에서 일하는 것은 지극히 단조로울 수 있다.

★★ **research**
□0126 [rísə:rtʃ]

ⓝ 연구, 조사   ⓥ 연구하다, 조사하다

Tonight, the Delta Foundation will help raise money for medical **research**. ● 05 수능

오늘밤, Delta 재단은 의학 연구를 위한 자금 모금을 도울 것이다.

researcher n. 연구자, 연구원

Ⓩoom-in l 연구 활동과 관련된 어휘

study ⓝ 연구	exploration ⓝ 탐구, 탐험	examination ⓝ 조사, 검사
analysis ⓝ 분석	discussion ⓝ 논의, 토의	investigation ⓝ 수사, 조사
inquiry ⓝ 탐구	scrutiny ⓝ 정밀 조사	

★
□0127 **tickle**
[tíkl]

ⓥ 간지럼을 태우다, 간질이다   ⓝ 간지럼

Why is it that if you tickle yourself, it doesn't tickle?
스스로를 간지럼을 태우면 왜 간지럼을 타지 않는 걸까?   ● 08수능

ⓩ oom-in ∣ **tickle vs. itch**

tickle 장난으로 태우는 '간지럼' 이나 '간지럼을 태우다'

itch 벌레에 물리거나 두드러기가 났을 때의 '가려움' 이나 '가려워서 긁다'

★★
□0128 **keen**
[ki:n]

ⓐ 날카로운, 예민한; 열심인

Her novel was acclaimed for its keen understanding of human nature. ● 07전국연합
그녀의 소설은 인간 본성에 대한 날카로운 이해로 호평을 받았다.

㊙ **keen on** ~에 열심인   cf. **keen-eyed** 통찰력이 날카로운

★★
□0129 **disturb**
[distə́:rb]

ⓥ 방해하다, 어지럽히다

Go to a quiet place where you are not likely to be disturbed. ● 05수능
네가 방해받지 않을 만한 조용한 곳으로 가라.

disturbance n. 소란, 혼란, 동요   = **bother, interrupt** v. 방해하다

★
□0130 **core**
[kɔ:r]

ⓐ 핵심의, 중심적인   ⓝ 핵심, 골자

Leakages of core technology are fatal. ● 07전국연합
핵심 과학기술의 유출은 치명적이다.

★
□0131 **bunch**
[bʌntʃ]

ⓝ (꽃, 열쇠 등의) 다발, (포도 등의) 송이, 묶음

An old teapot becomes an ideal container for a bunch of roses. ● 09수능
오래된 찻주전자는 장미 한 다발을 위한 아주 훌륭한 용기가 된다.

= **bundle** n. 묶음   ㊙ **a bunch of** 한 송이의 ~, 한 다발의 ~

★★
□0132 **aspect**
[ǽspekt]

ⓝ (상황, 문제 등의) 면, 측면, 국면

The most important aspect of success is to find a passion for something in life. ● 05모의
성공의 가장 중요한 면은 삶에서 무언가에 대한 열정을 찾아내는 것이다.

★★★ □0133 **replace** [ripléis]

ⓥ 대체하다, 대신하다

People say the Internet will **replace** paper-based books.
사람들은 인터넷이 종이책을 대체할 것이라고 말한다. ● 07 전국연합

replacement n. 교체, 대체, 후임자 = **substitute** v. 대체하다
㉿ **replace A with B** A를 B로 교체〔대체〕하다(= substitute B for A)

★★ □0134 **whereas** [wέərǽz]

ⓒ 반면에

To the passenger, the face of the water reflects beauty,
whereas to the pilot it reveals danger. ● 10 모의
승객에게 수면은 아름다움을 보여주지만, 반면 조종사에게는 위험을 나타낸다.

= **while** c. 반면에; ~ 하는 동안

★ □0135 **savage** [sǽvidʒ]

ⓐ 잔인한, 야만적인, 미개한 ⓝ 야만인

A **savage** animal attack has left five hikers severely
wounded.
잔인한 동물 공격으로 5명의 도보여행자가 중상을 입었다.

= **barbaric** a. 야만인의, 야만적인

★★ □0136 **survey** [səːrvéi]

ⓝ (설문) 조사, 측량 ⓥ 조사하다, 총괄적으로 보다

Responses to **survey** questions are influenced by events.
설문 조사에 대한 응답은 사건들의 영향을 받는다. ● 10 수능

cf. market survey 시장 조사

★★★ □0137 **recognize** [rékəgnàiz]

ⓥ 알아보다, 인정하다, 승인하다

A few people have **recognized** the value of wild plants.
소수의 사람들이 야생 식물의 가치를 알아보았다. ● 04 수능

recognition n. 인식, 인정, 승인 = **acknowledge** v. 인정하다

★★★ □0138 **ordinary** [ɔ́ːrdnèri]

ⓐ 평범한, 보통의, 일상의

A child dressed like a cowboy is louder than he is when
dressed in **ordinary** clothes. ● 10 모의
카우보이처럼 옷을 입은 아이는 평범한 옷을 입고 있을 때보다 더 시끄럽다.

= **normal** a. 보통의, 평범한 ↔ **extraordinary** a. 비범한, 기이한

★
□0139 **biased**
[báiəst]

ⓐ 편견을 지닌, 편향된
Westerners' view toward the distinctive behavior found in native cultures was biased. ● 08수능
토착 문화에서 발견되는 특이한 행동에 대한 서양인들의 관점은 편견에 사로 잡혀 있었다.
bias n. 편견 ↔ **unbiased, impartial, fair** a. 편견이 없는, 공정한

★★
□0140 **effort**
[éfərt]

ⓝ 노력, 수고
Efforts to change lead to improvement and growth in our lives. ● 00수능
변화하려는 노력은 우리의 삶에서 발전과 성장을 가져온다.
㊜ **make an effort to** ~하려고 노력하다
　with (an) effort 애써서, 간신히

★★★
□0141 **humanity**
[hju:mǽnəti]

ⓝ 인류, 인간, 인성
War seems to be part of the history of humanity. ● 10수능
전쟁은 인류 역사의 일부인 것 같다.
human a. 인간의, 인간다운 n. 인간 　**humanism** n. 인문주의, 인도주의
cf. humanities n. 인문학

oom-in I **human vs. humane**
　　human 인간 본연의 모습이라는 의미에서 '인간의, 인간다운'
　　humane 인도적이라는 의미에서 '자비로운, 인정 있는'

★★★
□0142 **suggest**
[səgdʒést]

ⓥ 제안(제의)하다; 암시(시사)하다
They suggested that we have a bake sale to raise money.
그들은 돈을 모금하기 위해 빵을 구워 파는 행사를 하자고 제안했다. ● 10모의
suggestion n. 제안, 암시 　**suggestive** a. 생각나게 하는, 암시하는
= **propose** v. 제안하다

★★
□0143 **concentrate**
[kánsntreit]

ⓥ 집중하다, 전념하다
Males can only concentrate on one thing at a time.
남자들은 한 번에 한 가지 일에만 집중할 수 있다. ● 06전국연합
concentration n. 집중
= **focus on** ~에 집중하다 ↔ **deconcentrate** v. 분산시키다

peak ★★
□0144 [pi:k]

ⓝ 산꼭대기, 절정　ⓥ 절정에 이르다

I finally put my step on the ice-covered **peak** of the mountain.

나는 마침내 얼음으로 뒤덮인 산꼭대기에 발을 내디뎠다.

㉿ **reach the peak** 절정에 이르다

---

emperor ★
□0145 [émpərər]

ⓝ 황제

Her thread was so beautiful that it was used to make clothes for **emperors**. ● 09 전국연합

그녀의 실은 매우 아름다워서 황제들의 옷을 만드는 데 사용되었다.

cf. empress n. 황후, 여제

 oom-in | 최고 통치자를 일컫는 어휘

king 왕	ruler 지배자, 통치자	crown head 국왕, 군주
sovereign 주권자	monarch 군주	lord 군주

---

enormous ★★
□0146 [inɔ́:rməs]

ⓐ 엄청난, 막대한, 거대한

Blaming others takes an **enormous** amount of mental energy. ● 08 전국연합

다른 사람을 비난하는 데는 엄청난 양의 정신적 에너지가 필요하다.

= **huge, tremendous, massive** a. 거대한, 엄청난

---

hatch ★
□0147 [hætʃ]

ⓥ (알이) 부화하다, 부화시키다

When the eggs start **hatching**, leave the incubator closed.

알이 부화하기 시작하면, 인공부화기를 닫아 놓으시오.

---

obtain ★★★
□0148 [əbtéin]

ⓥ 얻다, 손에 넣다, 획득하다

Among the many ways to **obtain** information, I prefer the newspaper. ● 06 모의

정보를 얻는 많은 방법 중에서 나는 신문을 선호한다.

obtainable a. 얻을 수 있는, 입수 가능한

---

throat ★★★
□0149 [θrout]

ⓝ 목, 목구멍

As voice actors, we have to keep our **throats** healthy.

성우로서, 우리는 목을 건강하게 유지해야 한다. ● 09 모의

㉿ **have a sore throat** 목이 아프다
　clear one's throat 목청을 가다듬다

★★ **vigorous**
□ 0150 [vígərəs]

ⓐ 활기찬, 정력적인, 원기 왕성한

Students who engaged in **vigorous** physical activity have higher academic scores.

활기찬 신체 활동에 참여했던 학생들이 학업 성적이 더 높다.

vigor n. 활기, 정력   = **energetic** a. 활기찬, 에너지가 넘치는

★★ **excess**
□ 0151 [ékses] ⓐ
[iksés] ⓝ

ⓐ 초과한, 과잉의   ⓝ (수, 양의) 초과; 과도, 과다

How much is the **excess** baggage charge?

짐의 초과분에 대한 요금은 얼마입니까?

exceed v. (수, 양 등이) 초과하다, 넘다   **excessive** a. 과도한, 지나친
㉑ **in excess** 과도하게

★★ **prohibit**
□ 0152 [prəhíbit]

ⓥ 금지하다, 금하다

Refund is **prohibited** by the company policy. ● 07 전국연합

환불은 회사 방침 상 금지되어 있다.

prohibition n. 금지   = **ban, forbid** v. 금지하다
㉑ **prohibit(ban) A from -ing** A가 ~하는 것을 금지하다(= forbid A to ~)

★ **prospect**
□ 0153 [práspekt]

ⓝ 전망, 가능성; 잠재 고객

The title of his article is "Population Decline: Its Reasons and **Prospect**."

그가 쓴 기사의 제목은 '인구 감소: 그 원인과 전망'이다.

prospective a. 기대되는, 장래의, 예상된

★★ **basis**
□ 0154 [béisis]

ⓝ 근거, 기초, 기준

Your past experience gives you the **basis** for judging whether you can be trusted. ● 06 수능

당신의 과거 경험이 당신을 신뢰할 수 있을지 판단하는 근거를 제공한다.

㉑ **on the basis of** ~을 근거로(기초로)
cf. **be based on** ~에 근거를 두다

★★★ **fantasy**
□ 0155 [fǽntəsi]

ⓝ 판타지, 환상, 공상

Often fashion ads, especially perfume ads, use **fantasy**.

종종 패션 광고, 특히 향수 광고는 판타지를 이용한다. ● 09 모의

fantastic a. 환상적인, 굉장한, 멋진

★★★ **discover**
□ 0156 [diskʌ́vər]

ⓥ 발견하다, 알아내다

Research has **discovered** that genetically modified crops were harming butterflies. ● 04 모의
연구는 유전자 변형 농작물이 나비에게 해를 끼치고 있었다는 것을 발견했다.

discovery n. 발견

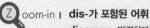

oom-in ┃ **dis-가 포함된 어휘**

discover 발견하다   disclose 폭로하다   discourage 낙담시키다
disagree 의견이 다르다   disappear 사라지다   disapprove 찬성하지 않다

★★ **marine**
□ 0157 [mərí:n]

ⓐ 해양의, 바다의   ⓝ 해병대

Many **marine** species have little tolerance for variations in water quality and temperature. ● 06 모의
많은 해양의 종들은 수질과 수온의 변화에 대해 내성을 거의 갖고 있지 않다.

maritime a. 바다의, 해양의   **cf. submarine** n. 잠수함

★★ **instant**
□ 0158 [ínstənt]

ⓐ 즉각적인, 즉시의   ⓝ 순간, 순식간

Its detailed description of characters made the book an **instant** success. ● 08 모의
인물들의 상세한 묘사로 그 책은 즉각적인 성공을 거두었다.

instantly ad. 즉시
㉴ **in an instant** 순식간에

★★★ **respond**
□ 0159 [rispánd]

ⓥ 반응하다, 대답〔응답〕하다

The power of music is diverse and people **respond** in different ways. ● 08 수능
음악의 힘은 다양하며, 사람들은 각양각색의 방식으로 반응한다.

response n. 반응, 대답   **respondent** a. 반응하는 n. 응답자

★★★ **reaction**
□ 0160 [ri:ǽkʃən]

ⓝ 반응, 반작용, 반발

Food allergies can trigger certain **reactions** in your body.
음식 알레르기는 당신의 몸에 어떤 반응을 일으킬 수 있다.   ● 09 전국연합

react v. 반응하다, 반작용하다   **reactionary** a. 반응의, 반동의

TEST

A 다음 단어에 해당하는 영어 단어 또는 우리말을 쓰시오.

1. 적절한 _____
2. 연구, 조사 _____
3. 간지럼을 태우다 _____
4. 다발, 송이 _____
5. 잔인한 _____
6. 조사, 측량 _____
7. 부화하다 _____
8. 활기찬 _____
9. 전망, 가능성 _____
10. 해양의 _____

11. creature _____
12. disturb _____
13. aspect _____
14. whereas _____
15. effort _____
16. concentrate _____
17. prohibit _____
18. basis _____
19. monotonous _____
20. core _____

B 빈칸에 알맞은 단어를 〈보기〉에서 골라 쓰되, 문맥에 맞게 변형하시오.

| extremely | keen | replace | biased | peak | reaction |

1. Teenagers are _____ self-conscious.

2. Food allergies can trigger certain _____ in your body.

3. People say the Internet will _____ paper-based books.

4. I finally put my step on the ice-covered _____ of the mountain.

5. Her novel was acclaimed for its _____ understanding of human nature.

6. Westerners' view toward the distinctive behavior found in native cultures was _____ .

terr 땅 (land)

1081 **terr**itory 영토, 지역

terrain 지형

terrestrial 지구(상)의

extra**terr**estrial
외계인(ET)

Medi**terr**anean 지중해

geo 땅, 지구 (earth)

geography 지리학 1014

geology 지질학

geometry 기하학

시·공간

ann/enn 1년, 해 (year)

anniversary 기념일 0942

annual 해마다의, 1년의 0877

annals 연대기

cent**enni**al 100년마다의

chron 시간 (time)

1151 **chron**ic 장기간에 걸친

chronicle 연대기

ana**chron**ism 시대착오

1989 syn**chron**ize
동시에 일어나게 하다

tempo(r) 시간 (time)

tempo 속도, 템포

0249 **tempor**ary 일시적인

temporal 시간의

1333 con**tempor**ary 동시대의, 현대의

DAY 05

어휘 더하기 : 어원공식 **5** 가다

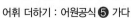

01	02	03	04	05	06	07	08	09	10
●	●	●	●	●					

11	12	13	14	15	16	17	18	19	20

21	22	23	24	25	26	27	28	29	30

31	32	33	34	35	36	37	38	39	40

41	42	43	44	45	46	47	48	49	50

Day 04 | **Review**

앞에서 학습한 단어를 얼마나 기억하는지 체크해 보세요.
기억이 나지 않는 단어는 다시 한 번 학습하세요.

☐ extremely   ☐ effort

☐ appropriate   ☐ suggest

☐ creature   ☐ concentrate

☐ monotonous   ☐ emperor

☐ research   ☐ hatch

☐ tickle   ☐ throat

☐ keen   ☐ vigorous

☐ disturb   ☐ excess

☐ core   ☐ prohibit

☐ aspect   ☐ prospect

☐ whereas   ☐ discover

☐ savage   ☐ marine

☐ survey   ☐ instant

☐ recognize   ☐ respond

☐ biased   ☐ reaction

Wow!!

★
☐ 0161
convention
[kənvénʃən]

ⓝ 대회, 집회, 총회; 관습

There was a women's rights **convention** in Ohio in 1851.
한 여성 인권 대회가 1851년 Ohio에서 열렸다.

conventional a. 전통적인, 관습적인

★★
☐ 0162
element
[élimənt]

ⓝ 요소, 성분, 원소

A film depends greatly on visual and other nonverbal
elements. ● 11모의
영화는 시각적 그리고 다른 비언어적 요소들에 크게 의존한다.

elementary a. 기초의, 초보의

★★★
☐ 0163
flood
[flʌd]

ⓝ 홍수 ⓥ 범람하다, 범람시키다

Floods have occurred throughout history. ● 05 전국연합
홍수는 역사를 통틀어 발생해왔다.

 oom-in **| 재난 관련 어휘**

drought ⓝ 가뭄   avalanche ⓝ 눈사태   landslide ⓝ 산사태
earthquake ⓝ 지진   tsunami ⓝ 해일   typhoon ⓝ 태풍
thunderbolt ⓝ 낙뢰, 벼락   el niño ⓝ 엘니뇨

★★
☐ 0164
envious
[énviəs]

ⓐ 부러워하는, 시샘하는

I'd like to see the **envious** looks on the other girls. ● 06 전국연합
나는 다른 여자애들이 부러워하는 표정을 보고 싶다.

envy n. 부러움, 선망   ㉠ **be envious of** ~을 부러워하다

★★
☐ 0165
sermon
[sə́ːrmən]

ⓝ 설교; 잔소리

The main point of his **sermon** is treat others as if they were
you.
그의 설교의 요점은 다른 사람들을 너 자신인 것처럼 대하라는 것이다.

★★
☐ 0166
property
[prápərti]

ⓝ 재산, 자산, 부동산; 특성

The government cannot take private **property** for public use.
정부는 공적인 이용을 위해 개인 재산을 취할 수 없다.

= **possessions, belongings** n. 재산, 소유물

★★ **install**
□0167 [instɔ́ːl]

ⓥ (기기 등을) 설치(설비)하다; 취임시키다

We cannot give you a refund once the product is **installed**.
일단 제품이 설치되면 환불을 해드릴 수 없습니다. ● 07 모의

installation n. 설치, 설비
installment n. 1회의 할부금, (연재물 등의) 1회분

★★★ **scared**
□0168 [skɛərd]

ⓐ 겁먹은, 무서워하는

The child often complains of a stomachache when he is **scared** to go to school.
그 아이는 학교 가는 게 겁이 날 때는 종종 배가 아프다고 투덜거린다.

scare v. 겁주다, 깜짝 놀라게 하다
scary a. 무시무시한, 무서운

★★★ **repair**
□0169 [ripέər]

ⓥ 수리하다, 보수하다 ⓝ 수리, 보수

It's hard to find someone reliable to **repair** my car. ● 09 전국연합
내 차를 수리해줄 믿을 만한 사람을 찾기가 어렵다.

repairman n. 수리공

★★ **ultimate**
□0170 [ʌ́ltimət]

ⓐ 궁극적인, 최종적인, 최고의

Young adults should ask themselves what their **ultimate** goal is.
젊은이들은 자신의 궁극적인 목표가 무엇인지 자문해봐야 한다.

ultimately ad. 궁극적으로, 마침내

★★ **nowadays**
□0171 [náuədèiz]

ⓐⓓ 요즘에는, 오늘날에는

Nowadays, many people seem to prefer surfing the Internet to reading books. ● 05 수능
요즘에는 많은 사람들이 독서보다는 인터넷 서핑을 선호하는 것 같다.

★★ **charity**
□0172 [tʃǽrəti]

ⓝ 자선 단체(시설), 자선

I want to donate the scholarship to **charity**. ● 09 전국연합
나는 자선 단체에 장학금을 기부하고 싶다.

cf. charity bazaar 자선 바자회
Charity begins at home. 자비는 집에서부터 시작된다. 〈속담〉

★★★ **explore**
□ 0173 [iksplɔ́ːr]

ⓥ 탐험[탐사]하다, 조사하다
Curious, active, and inventive, we humans constantly **explore**. ● 10 모의
호기심 많고, 활동적이고 창의력이 풍부한 우리 인간은 끊임없이 탐험한다.

exploration n. 탐험, 탐사   **explorer** n. 탐험가

★★ **vow**
□ 0174 [vau]

ⓝ 서약, 맹세   ⓥ 맹세하다
The couple said their marriage **vows** while jumping out of airplanes. ● 05 전국연합
그 커플은 비행기에서 뛰어내리면서 혼인서약을 했다.

㋐ **take[make] a vow** 맹세하다   cf. **marriage vows** 혼인서약

★★★ **irritate**
□ 0175 [írəteit]

ⓥ 짜증나게 하다, 성가시게 하다
The sound of a girl tapping her pencil on the desk continues to **irritate** him. ● 07 모의
한 소녀가 책상에 연필을 톡톡 두드리는 소리가 계속 그를 짜증나게 한다.

irritated a. 짜증난   **irritating** a. 짜증나게 하는
irritation n. 짜증, 염증

★★ **necessity**
□ 0176 [nisésəti]

ⓝ 필요(성), 필수품, 불가피한 것
Necessity is the mother of invention.
필요는 발명의 어머니다.

necessary a. 필요한, 필수적인   **necessitate** v. 필요로 하다

★★★ **prepare**
□ 0177 [pripέər]

ⓥ 준비하다, 마련하다, 대비하다
Have you **prepared** everything for my school trip, Mom?
엄마, 제 수학여행에 필요한 것 전부 준비하셨어요?   ● 07 모의
preparation n. 준비, 대비   ㋐ **in preparation for** ~에 대비하여

★★ **potential**
□ 0178 [pəténʃəl]

ⓝ 잠재력, 가능성   ⓐ 잠재의, 잠재력의
Most people realize only a small part of their **potential**.
대부분의 사람들은 잠재력의 아주 작은 부분만을 실현시킨다.   ● 01 수능
potentially ad. 잠재적으로

★★ **material** □0179 [mətíəriəl]

ⓝ 자료, 재료, 물질

While browsing through reading **materials**, he came across his picture in a journal.

읽기 자료를 훑어보는 동안, 그는 우연히 잡지에 실린 자신의 사진을 보았다.

= **substance** n. 재료, 물질　　**cf. raw material** 원자재, 원료

★ **fundamental** □0180 [fʌndəméntl]

ⓐ 근본적인, 기본적인

There are some **fundamental** differences in the ways that men and women think.

남성과 여성은 생각하는 방식에 있어서 몇 가지 근본적인 차이가 있다.

fundamentally ad. 근본적으로, 기본적으로
fundamentalism n. 근본주의

★★★ **rob** □0181 [rɑb]

ⓥ 강탈하다, 훔치다

When you download music illegally, you **rob** musicians of their income.

음악을 불법으로 다운로드하면, 당신은 음악가의 소득을 강탈하는 것이다.

robber n. 강도　　**robbery** n. 강도질, 도둑질
🔗 **rob A of B** A에게서 B를 강탈하다

 oom-in l 혼동하기 쉬운 **rob** vs. **rub** vs. **rib**

　　rob ⓥ 강탈하다, 훔치다　　rub ⓥ 문지르다, 비비다　　rib ⓝ 갈비(뼈), 늑골

★★★ **impressive** □0182 [imprésiv]

ⓐ 인상적인, 감명 깊은

The winner's speech was very **impressive**.　● 08 전국연합

수상자의 연설은 매우 인상적이었다.

impress v. 깊은 인상을 주다, 감동시키다　　**impression** n. 인상, 느낌

★★★ **shape** □0183 [ʃeip]

ⓥ ~의 모양으로 만들다　　ⓝ 모양, 체형; 상태

Shaped like a soccer ball, a globe represents Earth as round.　● 08 모의

축구공 모양을 한 지구본은 지구를 둥글게 나타낸다.

shapeless a. 무형의
🔗 **in good shape** 몸 상태가 좋은(↔ **out of shape** 몸이 안 좋은)

★★★ **reward**
□0184 [riwɔ́ːrd]

ⓝ 보상, 보수, 보상금　ⓥ 보상하다, 보답하다

Most animals prefer smaller **rewards** right now, rather than greater ones in the future. ● 06 전국연합

대부분의 동물들은 미래의 더 큰 보상보다는 당장의 더 작은 보상을 선호한다.

rewarding a. 보람 있는, 보답이 있는

★★ **intend**
□0185 [inténd]

ⓥ ~할 생각을 하다, ~할 작정이다, ~을 의도하다

I **intended** to get something hot to drink to warm myself, but now I hesitate.

나는 몸을 녹이기 위해 따뜻한 음료를 살 생각이었지만 지금은 망설여진다.

intention n. 의도, 의향　**intentional** a. 의도적인
intentionally ad. 의도적으로

★ **nevertheless**
□0186 [nèvərðəlés]

ⓐⓓ 그럼에도 불구하고, 그렇긴 하지만

Nevertheless, the kind of help that computers can provide is very limited. ● 10 모의

그럼에도 불구하고, 컴퓨터가 제공할 수 있는 도움이란 건 매우 제한적이다.

★★ **ignorant**
□0187 [ígnərənt]

ⓐ 무지한, 무식한

A survey found that teens are **ignorant** of our history.

조사에서 10대들이 우리의 역사에 무지한 것으로 드러났다.

ignorance n. 무지, 무식　**ignore** v. 무시하다, 모르는 체하다

★ **mow**
□0188 [mou]

ⓥ (풀을) 베다

On Sundays I **mow** the lawn as a condition of receiving an allowance.

나는 일요일마다 용돈을 받는 조건으로 잔디를 깎는다.

cf. lawn mower 잔디 깎는 기계

★★ **chemical**
□0189 [kémikəl]

ⓝ 화학 물질[제품]　ⓐ 화학의, 화학적인

Goats are very useful for controlling weeds without using **chemicals**. ● 00 수능

염소는 화학 물질을 사용하지 않고 잡초를 억제하는 데 매우 유용하다.

chemistry n. 화학　**chemist** n. 화학자

★★ **budget**
□0190 [bʌ́dʒit]

ⓝ 예산, 예산액, 예산안
It's time for the government to increase the budget for foreign language services online. ● 09 전국연합
정부가 외국어 온라인 서비스를 위한 예산을 늘려야 할 시기이다.
㊚ **on a tight budget** 예산이 빠듯한

★★★ **faith**
□0191 [feiθ]

ⓝ 신뢰, 믿음, 신념, 신앙
People have lost faith in almost all elected officials.
사람들은 선거로 뽑은 거의 모든 공직자들을 신뢰하지 않게 되었다.
faithful a. 성실한, 충실한

★ **consequently**
□0192 [kánsikwəntli]

ⓐⓓ 결과적으로, 그 결과
Consequently, pay toilets have been gradually fading out.
결과적으로, 유료 화장실은 점차 사라지고 있다. ● 07 모의
consequence n. 결과, 중요성　＝ **as a result** 그 결과

★★★ **annoy**
□0193 [ənɔ́i]

ⓥ 성가시게 하다, 짜증나게 하다
You should not annoy your customers as you gather information from them.
고객들로부터 정보를 수집할 때는 고객들을 성가시게 해서는 안 된다.
annoying a. 성가신, 귀찮은　**annoyed** a. 짜증난, 화난
annoyance n. 성가신 것, 골칫거리

★ **drain**
□0194 [drein]

ⓥ 배수하다; 소모시키다　ⓝ 배수구, 하수관
Draining wetlands to prevent floods is like eating ice cream to lose weight. ● 08 전국연합
홍수를 막기 위해 습지에서 물을 빼는 것은 체중을 줄이려고 아이스크림을 먹는 것과 같다.
drainage n. 배수, 배수시설

★★★ **impact**
□0195 [ímpækt]

ⓝ (강력한) 영향, 충돌, 충격
It is obvious that the Internet has had a tremendous impact on society.
인터넷이 사회에 엄청난 영향을 끼쳐온 것은 분명하다.
㊚ **have an impact(effect／influence) on** ~에 영향을 끼치다

emotion
★★★
□0196 [imóuʃən]

ⓝ 감정, 정서

Play relieves tensions as we share our **emotions** with others. ● 01수능
놀이는 다른 사람들과 감정을 공유할 수 있기 때문에 긴장을 완화시킨다.

emotional a. 감정의, 감정적인

---

destruction
★★
□0197 [distrʌ́kʃən]

ⓝ 파괴, 파멸

A tsunami is a huge wave that can cause terrible damage and **destruction**. ● 06 전국연합
쓰나미는 끔찍한 손해와 파괴를 일으킬 수 있는 거대한 파도이다.

destroy v. 파괴하다, 망치다   **destructive** a. 파괴적인
↔ **construction** n. 건설

---

constant
★★
□0198 [kánstənt]

ⓐ 불변의, 변함없는, 계속되는

The elements of nature are continually changing, but nature itself remains **constant**. ● 04수능
자연의 구성 요소들은 계속 변하지만, 자연 그 자체는 불변이다.

constantly ad. 끊임없이, 항상   **constancy** n. 불변성
= **continuous** a. 계속되는

---

drift
★★
□0199 [drift]

ⓥ 표류하다 ⓝ 표류, 흐름

The scent of hay **drifts** on the wind. ● 07 전국연합
건초 냄새가 바람에 실려 여기저기 날리고 있다.

㉿ **on the drift** 표류하는   cf. **adrift** a. 표류하는, 떠도는

---

lively
★★★
□0200 [láivli]

ⓐ 활기찬, 생기에 넘친 ⓓ 힘차게

People in the market are **lively**, so I feel energetic. ● 07모의
시장 사람들은 활기차다, 그래서 나는 힘이 넘친다.

cf. **live** a. 생생한, 살아 있는

---

 oom-in | 혼동하기 쉬운 live vs. living vs. alive

live	ⓐ (한정용법) 생생한, 살아 있는	a **live** TV broadcast TV 생방송
living	ⓐ (한정용법) 살아 있는	**living** creatures 살아 있는 생명체들
alive	ⓐ (서술용법) 살아남은	He's finally **alive**. 그는 마침내 살아남았다.

TEST

A 다음 단어에 해당하는 영어 단어 또는 우리말을 쓰시오.

1. 대회, 집회 _____
2. 재산, 자산 _____
3. 설치하다 _____
4. 파괴, 파멸 _____
5. 맹세 _____
6. 잠재력 _____
7. 보상, 보수 _____
8. 신뢰, 신념 _____
9. 불변의 _____
10. 표류하다 _____

11. sermon _____
12. envious _____
13. rob _____
14. impressive _____
15. mow _____
16. ignorant _____
17. consequently _____
18. impact _____
19. fundamental _____
20. emotion _____

B 빈칸에 알맞은 단어를 〈보기〉에서 골라 쓰되, 문맥에 맞게 변형하시오.

element	ultimate	explore	shape	reward	annoy

1. _____ like a soccer ball, a globe represents Earth as round.

2. Curious, active, and inventive, we humans constantly _____.

3. Young adults should ask themselves what their _____ goal is.

4. You should not _____ your customers as you gather information from them.

5. A film depends greatly on visual and other nonverbal _____.

6. Most animals prefer smaller _____ right now, rather than greater ones in the future.

Answer Keys _____

A 1. convention 2. property 3. install 4. destruction 5. vow 6. potential 7. reward 8. faith 9. constant 10. drift 11. 설교; 잔소리 12. 부러워하는 13. 강탈하다 14. 인상적인, 감명 깊은 15. (풀을) 베다 16. 무지한, 무식한 17. 결과적으로 18. 영향, 충돌, 충격 19. 근본적인, 기본적인 20. 감정, 정서　**B** 1. Shaped 2. explore 3. ultimate 4. annoy 5. elements 6. rewards

어휘+더하기 어원공식 ⑤ 가다

grad/gree/gress
걸어가다 (go, step), 단계 (degree)

0211 **grad**ual 점진적인
0445 up**grad**e 향상시키다
1698 de**gree** 정도, 학위
1045 pro**gress** 점진, 진보하다
re**gress** 퇴행하다
1637 ag**gress**ive 공격적인, 적극적인

vad/va 가다 (go)

in**vad**e 침입(침략)하다 0933
e**vad**e 회피하다 1977
per**vad**e 널리 퍼지다
per**va**sive 널리 퍼진

가다

cede/ceed/ceas/cess 가다 (go)

1481 pre**cede** 선행하다
re**cede** 물러나다
1482 pro**ceed** 계속하다, 나아가다
1800 suc**ceed** 성공하다; 계승하다
de**ceas**e 사망하다
suc**cess**or 후임자

pre**decess**or 선임자 1206
suc**cess**ive 연속적인 1572
ac**cess** 접근, 이용 1465
pro**cess** 진행, 과정 0008
ex**cess**ive 과도한, 지나친

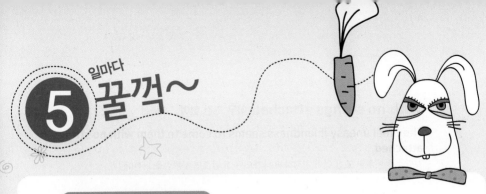

5 일마다
꿀꺽~

□ **result in** ~결과를 초래하다 → 0010

Competitive pressure may **result in** students becoming depressed.
경쟁의 압박은 학생들을 우울하게 만들 수도 있다.

□ **result from** ~로부터 기인하다 → 0010

Glaciers **result from** densely packed snow.
빙하는 조밀하게 뭉쳐진 눈에서 기인한다.

□ **keep in contact with** ~와 연락을 취하다 → 0018

I still **keep in contact with** the friends I met while traveling.
나는 여행하는 동안 만났던 친구들과 아직도 연락을 취하고 있다.

□ **get on one's nerves** ~의 신경을 건드리다 → 0034

He has a habit of shaking his legs, which always **gets on my nerves**.
그는 다리를 떠는 습관이 있는데, 그게 늘 내 신경을 건드린다.

□ **be concerned with** ~에 관심이 있다, ~에 관계가 있다 → 0035

Women **are** more **concerned with** expressing their goodness and love.
여자들은 친절과 사랑을 표현하는 것에 더 많은 관심을 갖는다.

□ **be concerned about** ~에 대해 걱정하다 → 0035

Parents **are** always **concerned about** the safety of their children.
부모는 언제나 자녀의 안전에 대해 걱정한다.

□ **with no strings attached** 아무 조건 없이　→ 0048

They feel uneasy if kindness seems to come to them **with no strings attached.**
사람들은 아무런 조건 없이 친절하게 다가오는 것 같으면 불편함을 느낀다.

□ **pay attention to** ～에 주의를 기울이다　→ 0054

Marketers must **pay attention to** every detail of their brand.
판매업자들은 그들의 상표의 모든 세세한 부분에 주의를 기울여야 한다.

□ **take advantage of** (기회·사람을) 이용하다　→ 0056

They **take advantage of** the television time to show off their talents.
그들은 자신들의 재능을 보여주려고 텔레비전 시간을 이용한다.

□ **have trouble〔difficulty/a hard time〕-ing**
～하는 데 어려움을 겪다　→ 0067

Schools **have trouble finding** enough qualified teachers.
학교는 충분한 자격을 갖추고 있는 교사들을 찾는 데 어려움을 겪고 있다.

□ **prefer A to B** B보다 A를 선호하다　→ 0090

In fact, goats **prefer** weeds **to** grass.
사실, 염소는 풀보다 잡초를 더 좋아한다.

□ **have a tendency to ～** ～하는 경향이 있다(= tend to ～)　→ 0094

People **have a tendency to want** more money.
사람들은 더 많은 돈을 원하는 경향이 있다.

□ **blame A for B** B 때문에 A를 비난하다　→ 0098

She was **blamed** by her boss **for** not being on time.
그녀는 제 시간에 오지 못해 상사에게 비난을 받았다.

DAY 06

어휘 더하기 : 어원공식 ❻ 이동

백만스물하나.
백만스물둘. 셋..

01	02	03	04	05	06	07	08	09	10
●	●	●	●	●	●				

11	12	13	14	15	16	17	18	19	20

21	22	23	24	25	26	27	28	29	30

31	32	33	34	35	36	37	38	39	40

41	42	43	44	45	46	47	48	49	50

Day 05 | Review

앞에서 학습한 단어를 얼마나 기억하는지 체크해 보세요.
기억이 나지 않는 단어는 다시 한 번 학습하세요.

□ convention
□ element
□ flood
□ envious
□ sermon
□ property
□ install
□ ultimate
□ nowadays
□ charity
□ vow
□ irritate
□ necessity
□ potential
□ material

□ rob
□ impressive
□ fundamental
□ shape
□ intend
□ ignorant
□ mow
□ chemical
□ budget
□ consequently
□ drain
□ impact
□ destruction
□ drift
□ lively

Wow!!

majority
★★ □0201
[mədʒɔ́:rəti]

ⓝ 대다수, 대부분, 과반수

The vast **majority** of people spent their entire lives close to home. ● 09 전국연합

대다수의 사람들이 그들의 전 생애를 집 근처에서 보냈다.

↔ **minority** n. 소수
㉿ **a majority of** 다수의　　cf. **majority rule** 다수결의 원칙

---

explain
★★★ □0202
[ikspléin]

ⓥ 설명하다, 해명하다

Greeks believed that all beauty could be **explained** with math. ● 04 모의

그리스 사람들은 모든 아름다움은 수학으로 설명될 수 있다고 생각했다.

explanation n. 설명　　**explainable** a. 설명할 수 있는

---

mixture
★★ □0203
[míkstʃər]

ⓝ 혼합(물)

Is honey a pure substance or **mixture**?

꿀은 순수 물질인가 아니면 혼합물인가?

mix v. 혼합하다　　**mixer** n. (반죽 등을 하는) 혼합기

---

device
★★ □0204
[diváis]

ⓝ (기계적) 장치, 고안물

There are a number of good, inexpensive car security **devices** available. ● 07 수능

구입 가능한 좋고 값싼 자동차 보안 장치들이 많이 있다.

devise v. (장치 등을) 고안하다, 창안하다

---

craft
★ □0205
[kræft]

ⓝ 공예(품); 솜씨, 기능; 술책

The old man devoted his life to making bamboo **crafts**.

그 노인은 대나무 공예품을 만드는 데 평생을 바쳤다.

crafty a. 교활한(= cunning)
cf. **craftsman** n. 장인, 공예가　　**craftsmanship** n. 장인 정신

---

consistent
★ □0206
[kənsístənt]

ⓐ 일관된, 일치하는, 변함없는

Habits are **consistent**, almost unconscious responses and behaviors. ● 06 전국연합

습관은 일관되면서도 거의 무의식적인 반응과 행동이다.

consistency n. 일관성　　↔ **inconsistent** a. 일치하지 않는, 모순된

★★
□ 0207 **challenge**
[tʃǽlindʒ]

ⓝ 도전   ⓥ 도전하다

One of the biggest **challenges** in the Internet world is security or safety. ● 01수능
인터넷 세상에서 가장 큰 도전 중의 하나는 보안 혹은 안전이다.

challenging a. 도전적인, 힘든, 까다로운

★★★
□ 0208 **enable**
[inéibl]

ⓥ 가능하게 하다, 할 수 있게 하다

Markets **enable** buyers and sellers to exchange goods and services. ● 05모의
시장은 구매자와 판매자가 재화와 용역을 교환하는 것을 가능하게 한다.

↔ **disable** v. 무능하게 하다
㊜ **enable A to ~** A가 ~하는 것을 가능하게 하다

★★
□ 0209 **disguise**
[disgáiz]

ⓥ 변장하다, 위장하다   ⓝ 변장

The top star **disguised** himself with a wig, sunglasses and various accessories.
그 톱스타는 가발, 선글라스, 그리고 여러 액세서리로 변장했다.

= **camouflage** v. 위장하다 n. 위장
cf. **a blessing in disguise** 불행처럼 보였으나 결국은 축복처럼 좋은 일

★★★
□ 0210 **insect**
[ínsekt]

ⓝ 곤충

Some **insects** use smells to tell others, "There's food over there." ● 07전국연합
몇몇 곤충들은 냄새로 다른 곤충들에게 "저 너머에 음식이 있다."고 말한다.

---

 oom-in Ⅰ **곤충(insect)의 종류**

butterfly 나비	dragonfly 잠자리	firefly 반딧불이
cricket 귀뚜라미	grasshopper 메뚜기	mosquito 모기
cockroach 바퀴벌레	moth 나방	flea 벼룩
dayfly 하루살이	ladybug 무당벌레	beetle 딱정벌레

★★
□ 0211 **gradual**
[grǽdʒuəl]

ⓐ 점진적인, 서서히 하는

Exercise can help prevent osteoporosis, a **gradual** process of bone loss. ● 95수능
운동은 뼈의 점진적인 손상 과정인 골다공증 예방에 도움을 줄 수 있다.

gradually ad. 점차, 차차   ↔ **sudden** a. 갑작스러운

★
□0212 **junk**
[dʒʌŋk]

ⓝ 못 쓰는 물건, 쓰레기, 폐물   ⓐ 쓸모없는

What appears to be a piece of worthless old junk may be quite valuable. • 06 수능

가치 없고 낡아 못 쓰는 물건으로 보이는 것이 대단히 귀중한 것일 수도 있다.

cf. junk food 정크 푸드(인스턴트 식품이나 패스트푸드)
　　junk mail 잡동사니 우편물(쓰레기로 취급되는 광고 우편물)

★★★
□0213 **fit**
[fit]

ⓥ 잘 맞다, 어울리다   ⓐ 적합한, 어울리는   ⓝ 발작

Selecting and assembling scenes, film editors cut out parts that don't fit in well. • 06 수능

영화 편집자들은 장면들을 고르거나 모으면서 잘 맞지 않는 부분들은 잘라낸다.

㊀ **fit in with** ~와 잘 맞다, ~와 어울리다
cf. an epileptic fit 간질 발작

★★★
□0214 **improve**
[imprúːv]

ⓥ 향상시키다, 개선하다

Casual joking at work may improve people's effectiveness in their tasks. • 03 모의

직장에서의 가벼운 농담은 업무 효율성을 향상시킬 수 있다.

improvement n. 향상, 개선   **= enhance, boost** v. 높이다, 향상시키다

★★
□0215 **shelf**
[ʃelf]

ⓝ 선반, 시렁

The batteries on this shelf are on sale. • 09 전국연합

이 선반에 있는 배터리는 판매하는 것이다.

cf. bookshelf n. 서가, 책꽂이

★★
□0216 **curse**
[kəːrs]

ⓝ 저주   ⓥ 저주하다

According to legend, a curse is attached to this rock.

전설에 따르면, 이 바위에는 저주가 붙어 있다.

↔ **blessing** n. 축복

★★★
□0217 **regular**
[régjələr]

ⓐ 정기적인, 규칙적인, 정규의

Everyone over the age of twenty-five should have a regular physical examination. • 05 수능

25세가 넘는 모든 사람들은 정기적인 신체검사를 받아야 한다.

↔ **irregular** a. 불규칙적인, 고르지 않은

★★ organization ⓝ 조직, 기구, 단체
□ 0218 [ɔ̀ːrɡənəzéiʃən]
The Fair Trade movement grows out of a variety of
European **organizations.** ● 10 전국연합
공정 무역 운동이 유럽의 다양한 조직들에서 일어나고 있다.

organize v. 조직하다, 체계화하다　**organized** a. 조직적인, 조직화된
cf. non-governmental organization 비정부 기구(NGO)

★ distinct ⓐ 독특한, 뚜렷한; 전혀 다른, 별개의
□ 0219 [distíŋkt]
Deep-sea fish have a few **distinct** characteristics that allow
them to flourish in the deep sea.
심해어는 깊은 바다에서 번성할 수 있게 해주는 몇몇 독특한 특징을 지니고 있다.

distinctly ad. 명백히　**distinction** n. 구별, 차이, 특징
↔ **indistinct** a. 희미한, 뚜렷하지 않은

★ meanwhile ⓐⓓ 그러는 동안, 그 사이에, 한편
□ 0220 [míːnwail]
Meanwhile, I felt as if he were my younger brother.
그러는 동안, 나는 그가 마치 내 남동생인 것처럼 느껴졌다. ● 07 전국연합

= **in the meantime** 그러는 동안, 그 사이에

★★★ support ⓝ 지원, 지지, 부양　ⓥ 지지하다, 부양하다
□ 0221 [səpɔ́ːrt]
Because of your financial **support,** I had the opportunity to
receive an education. ● 06 모의
귀하의 재정적 지원 덕분에 저는 교육을 받을 기회를 얻었습니다.

supporter n. 후원자, 지지자

★★ interpret ⓥ 해석하다, 설명하다, 통역하다
□ 0222 [intə́ːrprit]
Robots in the movie could **interpret** the emotions of the
human beings.
그 영화에 나오는 로봇들은 인간의 감정을 해석할 수 있었다.

interpretation n. 해석, 통역　**interpreter** n. 통역사

★★ separate ⓥ 분리하다, 헤어지다　ⓐ 분리된, 독립된
□ 0223 [sépəreit] ⓥ
[séprət] ⓐ
Call an antique dealer help you **separate** the valuable from
the junk. ● 06 수능
골동품 판매상에게 귀중품과 폐물을 분리하는 것을 도와달라고 전화해라.

separation n. 분리, 이별

★★ **rough**
□0224 [rʌf]

ⓐ 거친, 험한, 난폭한; 대략의

The captain could not continue the rescue operation due to the **rough** seas.

선장은 거친 바다 때문에 구조 활동을 계속할 수 없었다.

roughly ad. 거칠게; 대략

★★ **psychologist**
□0225 [saikálədʒist]

ⓝ 심리학자

According to **psychologists**, your physical appearance makes up 55% of a first impression. ●98수능

심리학자들에 따르면, 신체적인 외모가 첫 인상의 55%를 차지한다.

psychology n. 심리학　　**psychological** a. 심리학의, 심리적인

 oom-in I 혼동하기 쉬운 psychological vs. physiological
psychological ⓐ 심리학의, 심리적인　　physiological ⓐ 생리학적인, 생리적인

★★ **summarize**
□0226 [sʌ́məràiz]

ⓥ 요약하다

Most news magazines **summarize** the major world and national news stories. ●01수능

대부분의 뉴스 잡지들은 전 세계 및 국내의 주요 뉴스를 요약한다.

summary n. 요약, 개요

★★★ **customer**
□0227 [kʌ́stəmər]

ⓝ 손님, 고객

Despite the slow service, their shop is constantly packed with **customers**. ●04수능

느린 서비스에도 불구하고, 그들의 가게는 늘 손님으로 꽉 찬다.

cf. **regular customer** 단골 고객

★★★ **differ**
□0228 [dífər]

ⓥ 다르다, 틀리다

This article describes how tsunamis **differ** from other water waves.

이 기사는 쓰나미가 다른 파도와 어떻게 다른지를 설명하고 있다.

different a. 다른, 차이가 나는　　**difference** n. 차이(점)
⊛ **differ from** ~와 다르다

★★ **construct**
□0229 [kənstrʌ́kt]

ⓥ (건물 등을) 짓다, 세우다, (다리 등을) 건설하다

Traditionally, wood was used in **constructing** barns. ●08모의

전통적으로, 헛간을 짓는 데는 나무가 사용되었다.

construction n. 건설　　**constructive** a. 건설적인
↔ **destroy** v. 파괴하다

DAY
06

26 27 28 29 30 31 32 33 34 35 36 37 38 39 40 41 42 43 44 45 46 47 48 49 50

★★★ force
□0230 [fɔːrs]

ⓥ 어쩔 수 없이 ~하게 하다, ~하도록 강요하다   ⓝ 힘

Unpredictability of life can force you to change your future plans. ● 07모의
삶의 예측불가능성은 당신에게 어쩔 수 없이 미래계획을 바꾸게 할 수도 있다.

㊤ force A to ~   A가 ~하도록 강요하다

★★ advance
□0231 [ədvǽns]

ⓥ 진보시키다, 전진하다   ⓝ 진보, 향상

No matter how far we advance our technology, we must know how to think and read. ● 94수능
우리가 아무리 과학기술을 진보시킨다고 해도, 생각하고 읽는 법은 알아야 한다.

advanced a. 진보한, 고도의   advancement n. 전진, 진보

★★ argue
□0232 [ɑ́ːrgjuː]

ⓥ 논쟁하다, 논의하다, 주장하다

Nowadays all we seem to do is to argue.
요즘 우리가 하는 것 같은 모든 것은 논쟁이다.

argument n. 주장, 논의, 말다툼

★ barely
□0233 [bɛ́ərli]

⒜ 간신히, 가까스로; 거의 ~않다

He failed chemistry twice and barely passed his other classes. ● 05전국연합
그는 화학에서 두 번 낙제했고, 다른 수업들은 간신히 통과했다.

★★ belongings
□0234 [bilɔ́(ː)ŋiŋz]

ⓝ 소지품, 재산, 소유물

When my mother passed away, I had to go through her personal belongings. ● 05전국연합
어머니가 돌아가셨을 때, 나는 어머니의 유품을 정리해야 했다.

belong v. ~에 속하다(to)
= possessions, property n. 재산, 소유물

★ council
□0235 [káunsəl]

ⓝ (지방 자치단체의) 의회, 협의회, 평의회

Immediately, the embarrassed council called an urgent meeting. ● 05모의
즉시, 당황한 의회는 긴급회의를 소집했다.

cf. city council 시 의회

★★
□0236
harvest
[hάːrvist]

ⓝ 추수, 수확   ⓥ 추수하다, 수확하다

The combine relieved farmers of much of the burden of harvest. ● 05 모의

콤바인은 농부들이 추수 때 해야 하는 일의 부담을 크게 덜어주었다.

= **reap** v. 수확하다

★★
□0237
illustrate
[íləstrèit]

ⓥ 삽화를 넣다, (삽화, 도해 등으로) 분명히 보여주다, 설명하다

Glanzman **illustrated** numerous children's books, including the "Pippi Longstocking" series.

Glanzman은 〈피피 롱스타킹〉 시리즈를 포함 수많은 어린이 책의 삽화를 그렸다.

illustrated a. 삽화(도해)가 들어 있는   **illustration** n. 삽화, 설명
illustrator n. 삽화가

★
□0238
knit
[nit]

ⓥ 뜨다, 짜다

Knitting has become increasingly popular with the younger generation. ● 08 모의

뜨개질은 젊은 세대들에게 점점 인기를 얻게 되었다.

★★★
□0239
gender
[dʒéndər]

ⓝ 성(性), 성별

The authors have tried to eliminate traces of **gender** biased attitudes. ● 10 모의

작가들은 성차별적인 태도의 잔재를 제거하려고 애써왔다.

cf. gender equality 남녀평등

oom-in | **gender vs. sex**
　　gender 사회적으로 정의되는 성(性)으로 man(남자)과 woman(여자)으로 구별
　　sex 생물학적 차이를 지칭하는 성(性)으로 male(남성, 수컷)과 female(여성, 암컷)로 구별

★★
□0240
option
[άpʃən]

ⓝ 선택, 선택권

With oil prices high, alternative fuels are becoming a more realistic **option**. ● 07 모의

기름 값이 오르면서 대체 연료가 더욱 현실적인 선택이 되고 있다.

optional a. 선택 가능한, (과목이) 선택의(= elective)

TEST

A 다음 단어에 해당하는 영어 단어 또는 우리말을 쓰시오.

1. 대다수 _____
2. 공예품 _____
3. 소지품, 재산 _____
4. 변장하다 _____
5. 향상시키다 _____
6. 독특한, 뚜렷한 _____
7. 분리하다 _____
8. 짓다, 세우다 _____
9. 간신히 _____
10. 의회, 협의회 _____

11. device _____
12. challenge _____
13. curse _____
14. organization _____
15. summarize _____
16. differ _____
17. gender _____
18. knit _____
19. option _____
20. gradual _____

B 빈칸에 알맞은 단어를 〈보기〉에서 골라 쓰되, 문맥에 맞게 변형하시오.

explain	consistent	enable	regular	support	rough

1. Markets _____ buyers and sellers to exchange goods and services.

2. Greeks believed that all beauty could be _____ with math.

3. Habits are _____, almost unconscious responses and behaviors.

4. The captain could not continue the rescue operation due to the _____ seas.

5. Everyone over the age of twenty-five should have a/an _____ physical examination.

6. Because of your financial _____, I had the opportunity to receive an education.

Answer Keys _____

A 1. majority 2. craft 3. belongings 4. disguise 5. improve 6. distinct 7. separate 8. construct 9. barely 10. council 11. 장치, 고안물 12. 도전, 도전하다 13. 저주, 저주하다 14. 조직, 기구, 단체 15. 요약하다 16. 다르다, 틀리다 17. 성, 성별 18. 뜨다, 짜다 19. 선택, 선택권 20. 점진하는, 서서히 하는 **B** 1. enable 2. explained 3. consistent 4. rough 5. regular 6. support

mov/mob/mot
움직이다 (move)

movement 움직임, 운동

mobile 이동할 수 있는

0368 re**mote** (거리가) 먼

1236 **mot**ivate 동기를 부여하다

1221 pro**mote** 장려[촉진]하다

ven(t) 오다 (come)

pre**vent** 막다, 예방하다 0313

ad**vent**ure 모험 0737

ad**vent** 출현 1055

ventilate 환기하다

inter**vene** 개입[중재]하다 1938

a**ven**ue 길, 대로

이동

ped/pod/pus
발 (foot)

pedal (자전거 등의) 페달

1004 ex**ped**ition 탐험

1173 **ped**estrian 보행자

tri**pod** 삼각대

podium 연단, 연설대

octo**pus** 문어

mit/miss 보내다 (send)

trans**mit** 전송하다 1057

e**mit** 내뿜다 1405

o**mit** 생략하다 1406

sub**mit** 제출하다, 복종하다 1753

dis**miss** 해고하다 1232

missile 미사일

DAY 07

어휘 더하기 : 어원공식 **7** 이동

01	02	03	04	05	06	07	08	09	10
●	●	●	●	●	●	●			

11	12	13	14	15	16	17	18	19	20

21	22	23	24	25	26	27	28	29	30

31	32	33	34	35	36	37	38	39	40

41	42	43	44	45	46	47	48	49	50

Day 06 | **Review**

앞에서 학습한 단어를 얼마나 기억하는지 체크해 보세요.
기억이 나지 않는 단어는 다시 한 번 학습하세요.

- □ majority
- □ explain
- □ mixture
- □ device
- □ craft
- □ challenge
- □ disguise
- □ insect
- □ gradual
- □ junk
- □ fit
- □ improve
- □ shelf
- □ curse
- □ regular

- □ organization
- □ distinct
- □ support
- □ separate
- □ summarize
- □ customer
- □ differ
- □ construct
- □ force
- □ argue
- □ barely
- □ council
- □ harvest
- □ illustrate
- □ gender

Wow!!

pale
★★★
□ 0241
[peil]

ⓐ (얼굴 등이) 창백한, (빛깔 따위가) 연한

His face turned **pale** as if he had seen a ghost.
마치 유령을 봤던 것처럼 그의 얼굴이 창백해졌다.

liable
★
□ 0242
[láiəbəl]

ⓐ ~ 하는 경향이 있는; 책임져야 할

She is **liable** to get angry and get defensive when frustrated.
그녀는 좌절했을 때 화를 내고 방어적이 되는 경향이 있다.

liability n. (~의) 경향; 책임   ㉮ **be liable to** ~하는 경향이 있다

quantity
★★★
□ 0243
[kwántəti]

ⓝ 양, 분량

The quality of time is more important than **quantity**.
시간의 질이 양보다 더 중요하다.   ● 05 전국연합

= **amount** n. 양   ↔ **quality** n. 질
㉮ **a quantity of** 많은, 다량의

connect
★★★
□ 0244
[kənékt]

ⓥ 연결하다, 관련시키다

After successfully **connecting** the two computers, he pressed the power button.
두 컴퓨터를 성공적으로 연결한 후 그는 전원을 눌렀다.

connected a. 관계가 있는   **connection** n. 연결, 관계, 접속
↔ **disconnect** v. 연결〔접속〕을 끊다

self-esteem
★
□ 0245
[self istíːm]

ⓝ 자존심, 자부심

Don't let the actions of others destroy your own **self-esteem**.   ● 07 전국연합
다른 사람의 행동이 당신 자신의 자존심을 짓밟는 것을 묵인하지 마시오.

cf. high〔low〕self-esteem 높은〔낮은〕 자존심

spoil
★★★
□ 0246
[spɔil]

ⓥ 망치다, 못 쓰게 만들다, (음식물 등이) 상하다

Too many cooks **spoil** the broth.   ● 06 모의
요리사가 많으면 국을 망친다.(= 사공이 많으면 배가 산으로 간다.) 〈속담〉

spoiler n. 망쳐 버리는 것〔사람〕

★
☐ 0247
stock
[stɑk]

ⓝ 재고품, 비축물; 주식

Let me check if we have the item in **stock**. ● 09 전국연합
그 물건의 재고가 있는지 확인해 보겠습니다.

㈜ **in (out of) stock** 재고가 있는(없는)
cf. stockholder n. 주주

★★
☐ 0248
sweep
[swiːp]

ⓥ (빗자루로) 쓸다, 청소하다, (바람, 급류 등이) 휩쓸어버리다

Mrs. Smith sees Brian **sweeping** the snow. ● 03 수능
Smith 여사는 Brian이 눈을 쓸고 있는 모습을 본다.

sweeping a. 일소하는; 전면적인
cf. sweeping changes 전면적인 변화

★
☐ 0249
temporary
[témpərèri]

ⓐ 임시의, 잠정의, 일시적인

Where can I find a **temporary** shelter for me and my
friends?
어디서 나와 내 친구들을 위한 임시 피난처를 찾을 수 있을까?

↔ **permanent** a. 영구적인   **cf. temporary job** 임시직

★★★
☐ 0250
thoughtful
[θɔ́ːtfl]

ⓐ 사려 깊은, 생각이 깊은

Respect, good manners, and **thoughtful** behaviors are
keys to successful teamwork. ● 99 수능
존중, 훌륭한 매너, 그리고 사려 깊은 행동이 성공적인 협업의 비결이다.

= **considerate** a. 사려 깊은, 배려하는
↔ **thoughtless** a. 생각이 없는, 경솔한

★★
☐ 0251
threaten
[θrétn]

ⓥ 위협하다, 협박하다

Almost all insects will flee if **threatened**. ● 06 전국연합
거의 모든 곤충들은 위협을 당하면 달아날 것이다.

threat n. 위협, 협박   **threatening** a. 위협적인
= **intimidate** v. 위협하다, 협박하다

★
☐ 0252
yeast
[jiːst]

ⓝ 효모(균), 이스트   ⓥ 발효하다

Yeast is a living fungus that is often used in baking.
효모는 빵을 굽는 데 종종 사용되는 살아있는 균류이다. ● 05 전국연합

= **leaven** n. 효모

★★
□ 0253 **detect**
[ditékt]

ⓥ 탐지〔감지〕하다, 알아내다, 발견하다

Dogs hear sounds our ears can't detect. ● 08 모의
개는 우리의 귀가 탐지할 수 없는 소리를 듣는다.

detection n. 탐지, 발견　　detective n. 탐정

★★★
□ 0254 **graduate**
[grǽdʒuèit]

ⓥ 졸업하다　ⓝ 졸업생

After graduating from college, she spent more and more time climbing. ● 09 전국연합
대학을 졸업한 후에 그녀는 등반에 더욱 많은 시간을 소비했다.

cf. undergraduate n. 학부생, 대학생　　graduate school 대학원

★★★
□ 0255 **responsible**
[rispánsəbəl]

ⓐ 책임이 있는, 책임을 져야 할

Borrowers are responsible for returning items in good condition. ● 07 수능
차용인들은 물품을 양호한 상태로 반환해야 할 책임이 있다.

responsibility n. 책임　↔ irresponsible a. 무책임한
㊞ hold A responsible for B A에게 B에 대한 책임을 지우다

★★
□ 0256 **multiply**
[mʌ́ltiplai]

ⓥ 크게 증가〔증대〕시키다; 곱하다

The green revolution of the 1960s multiplied agricultural yields. ● 09 전국연합
1960년대의 녹색혁명은 농업 생산량을 크게 증가시켰다.

multiple a. 많은, 복합적인　　multiplication n. 증가, 증식

★
□ 0257 **hence**
[hens]

ⓐⓓ 그러므로, 그런 이유로

He went broke; hence he had to accept the offer.
그는 무일푼이 되었다. 그러므로 그 제안을 받아들여야만 했다.

= thus, therefore ad. 그러므로

★★
□ 0258 **indicate**
[índikèit]

ⓥ 나타내다, 가리키다, 표시하다

The study indicates that we unconsciously pursue goals.
그 연구는 우리가 무의식적으로 목표를 추구하고 있다는 것을 나타낸다.

indication n. 지시, 암시, 조짐　　indicator n. 지표, 지시하는 것〔사람〕

★★
□ 0259
shield
[ʃiːld]

ⓝ 방패, 방패 역할을 하는 것　ⓥ 보호하다, 가리다

The **shield** of Achilles in the Iliad was forged by the god of fire, Hephaestus.

일리아드에서 아킬레스의 방패는 불의 신 헤파이스토스가 만들었다.

 oom-in | 무기(arms) 관련 어휘

ax ⓝ 도끼	arrow ⓝ 화살	armor ⓝ 갑옷
spear ⓝ 창	sword ⓝ 검	dagger ⓝ 단도

★★★
□ 0260
political
[pəlítikəl]

ⓐ 정치의, 정치적인

A judge can make decisions without fear of being fired by **political** power.　● 09 전국연합

재판관은 정치 권력에 의해 해고당할 두려움이 없이 판결을 내릴 수 있다.

politician n. 정치가　　**politics** n. 정치학

★★★
□ 0261
promise
[prámis]

ⓝ 약속, 전망　ⓥ 약속하다

I can't keep the **promise** I made because I have something to do today.

오늘 할 일이 있어서 내가 한 약속을 지킬 수가 없다.

promising a. 전도유망한, 장래성 있는

★★
□ 0262
reverse
[rivə́ːrs]

ⓥ 거꾸로[반대로] 하다, 번복하다　ⓐ 거꾸로의, 반대의

Scientists are looking for ways to mitigate and **reverse** global warming.

과학자들은 지구온난화를 완화시키거나 거꾸로 되돌리는 방법을 찾고 있다.

reversal n. 전환, 반전

★★
□ 0263
expert
[ékspəːrt]

ⓝ 전문가　ⓐ 전문가의, 노련한

Some military **experts** predicted a fundamental change in the future form of warfare.

일부 군사 전문가들은 미래의 전쟁 방식에 근본적 변화가 있으리라고 예측했다.

expertise n. 전문적 지식　　= **specialist** n. 전문가

★★★
□ 0264
normal
[nɔ́ːrməl]

ⓐ 정상적인, 보통의, 표준의

Certain fears are **normal** during childhood.　● 09 전국연합

유년 시절에 어떤 두려움은 정상적인 것이다

norm n. 규준, 규범　　**normalize** v. 표준화하다, 정상화하다
↔ **abnormal** a. 비정상적인

★★
☐ 0265
rid
[rid]

ⓥ 없애다, 제거하다

You can **rid** cockroaches without using poisons.
여러분은 유독 물질을 사용하지 않고도 바퀴벌레를 없앨 수 있습니다.

= get rid of, eliminate 없애다, 제거하다
⑨ **rid A of B** A에서 B를 없애다

★★
☐ 0266
mostly
[móustli]

ⓐⓓ 주로, 대개

The visitors of the mountain cabin were **mostly** hunters and climbers.
산장 방문객들은 주로 사냥꾼과 등반가들이었다.

= mainly, primarily ad. 주로

> Ⓩoom-in ǀ **mostly vs. almost vs. most**
> mostly ⓐⓓ 대개   almost ⓐ 거의   most ⓐ 대부분의

★★
☐ 0267
urge
[ə:rdʒ]

ⓝ 충동, 욕망, 자극   ⓥ 강력히 권하다, 촉구하다

He had an irresistible **urge** to go to see his family.   ● 08 수능
그는 가족을 보러 가고 싶은 참기 힘든 충동을 느꼈다.

urgent a. 긴급한, 급박한   urgency n. 긴급, 급박
⑨ **have (feel) an urge to ~** ~하고 싶은 충동(유혹)을 느끼다

★★★
☐ 0268
frustrate
[frʌstreit]

ⓥ 좌절시키다, 좌절감을 안겨주다, 실망시키다

Deep-rooted poverty **frustrated** people's dreams of building a better future.
뿌리 깊은 가난은 더 나은 미래를 건설하려는 사람들의 꿈을 좌절시켰다.

frustrated a. 좌절한   frustration n. 좌절
= disappoint, discourage v. 좌절시키다, 실망시키다

★★★
☐ 0269
recommend
[rèkəménd]

ⓥ 추천하다, 권하다

Ancient Egyptians **recommend** garlic for headaches.
고대 이집트인들은 두통에 마늘을 추천한다.   ● 07 전국연합

recommendation n. 추천, 권고
cf. a letter of recommendation 추천서

★★ **sacred**
□0270 [séikrid]

ⓐ 신성한, 성스러운

Cows are considered a **sacred** animal in India.

인도에서 소는 신성한 동물로 여겨진다.

= holy a. 신성한 **cf. sacred book** 경전

Ⓩoom-in l **혼동하기 쉬운 sacred vs. scared**

sacred ⓐ 신성한, 성스러운   scared ⓐ 겁먹은, 겁에 질린

★★ **enhance**
□0271 [inhǽns]

ⓥ (질, 가치 따위를) 향상시키다, 강화하다

Eating a nutritious breakfast will **enhance** your alertness.

영양가 있는 아침 식사를 하는 것은 주의력을 향상시킬 것이다. ● 05 모의

= boost, improve v. 높이다, 향상시키다

★ **skeptical**
□0272 [sképtikəl]

ⓐ 회의적인, 의심 많은

Elites were **skeptical** of television, a messenger of mass culture. ● 09 수능

엘리트계층은 대중문화의 전령인 텔레비전에 대해 회의적이었다.

skepticism n. 회의론

★ **grant**
□0273 [grænt]

ⓥ 승인(허락)하다, 주다, 수여하다   ⓝ 보조금

Photography is not permitted inside museums unless permission is **granted**. ● 05 모의

승인을 받지 않으면, 박물관 내에서 사진을 찍는 것은 금지되어 있다.

㊵ **take A for granted** A를 당연한 것으로 받아들이다

★★ **decade**
□0274 [dékeid]

ⓝ 10년

For **decades**, critics have been predicting the death of classical music. ● 08 모의

수십 년 동안, 비평가들은 클래식 음악의 종말을 예언해 왔다.

★ **canal**
□0275 [kənǽl]

ⓝ 운하, 수로

In Venice, Italy, many people travel through the **canals** on gondolas. ● 05 전국연합

이탈리아 베니스에서는 많은 사람들이 곤돌라를 타고 운하를 여행한다.

= waterway n. 수로

★★
□0276

organic
[ɔ:rgǽnik]

ⓐ 유기농의, 유기체의, (화학) 유기의

Organic farming has long-term health benefits.
유기 농업은 장기적인 건강상의 이점을 가지고 있다.

organism n. 생물, 유기체

★
□0277

duration
[djuréiʃn]

ⓝ (시간의) 지속〔계속〕, 지속 기간

For the **duration** of last Saturday's soccer match, Alex sprained his right ankle.
지난 토요일 축구 시합을 하는 동안 Alex는 오른쪽 발목을 삐었다.

durability n. 내구성　　**durable** a. 내구성 있는, 오래 가는

★★
□0278

properly
[prápərli]

ⓐ적절하게, 적당하게, 알맞게

If **properly** stored, broccoli will stay fresh for up to four days.　● 09 전국연합
적절하게 보관하기만 하면, 브로콜리는 4일까지 신선함을 유지할 것이다.

proper a. 적당한, 적절한, 알맞은

★★
□0279

refrigerator
[rifrídʒərèitər]

ⓝ 냉장고

It is not recommended to keep coffee in the **refrigerator**.
냉장고 안에 커피를 보관하는 것은 바람직하지 못하다.　　● 06 수능

oom-in ㅣ 가전 제품(home appliances) 관련 어휘

air purifier 공기청정기	microwave oven 전자레인지
humidifier 가습기	washing machine 세탁기(= washer)
gas stove 가스레인지	air-conditioner 에어컨
dishwasher 식기세척기	vacuum cleaner 진공청소기

★★★
□0280

admit
[ædmít]

ⓥ 입학〔입회, 입장〕을 허락하다, 인정하다, 받아들이다

Having a good grade point average is necessary for being **admitted** to law school.　● 05 전국연합
로스쿨 입학 허가를 받기 위해서는 좋은 평점을 받는 것이 필요하다.

admission n. 입학, 입장　　**cf. admission fee** 입장료

TEST

A 다음 단어에 해당하는 영어 단어 또는 우리말을 쓰시오.

1. 창백한 _____
2. 자존심 _____
3. 망치다 _____
4. 탐지하다 _____
5. 책임이 있는 _____
6. 거꾸로 하다 _____
7. 충동, 욕망 _____
8. 유기농의 _____
9. 좌절시키다 _____
10. 지속, 지속 기간 _____

11. quantity _____
12. threaten _____
13. mostly _____
14. political _____
15. expert _____
16. temporary _____
17. decade _____
18. canal _____
19. sacred _____
20. connect _____

B 빈칸에 알맞은 단어를 〈보기〉에서 골라 쓰되, 문맥에 맞게 변형하시오.

| liable   thoughtful   multiply   reverse   recommend   enhance |

1. Ancient Egyptians _____ garlic for headaches.

2. She is _____ to get angry and get defensive when frustrated.

3. Eating a nutritious breakfast will _____ your alertness.

4. The green revolution of the 1960s _____ agricultural yields.

5. Scientists are looking for ways to mitigate and _____ global warming.

6. Respect, good manners, and _____ behaviors are keys to successful teamwork.

Answer Keys

A 1. pale 2. self-esteem 3. spoil 4. detect 5. responsible 6. reverse 7. urge 8. organic 9. frustrate
10. duration 11. 양, 분량 12. 위협하다, 협박하다 13. 주로, 대개 14. 정치의, 정치적인 15. 전문가, 노련한
16. 임시의, 잠정의 17. 10년 18. 운하, 수로 19. 신성한, 성스러운 20. 연결하다, 관련시키다
B 1. recommend 2. liable 3. enhance 4. multiplied 5. reverse 6. thoughtful

어휘＋더하기 | 어원공식 ⑦ 이동

fer 나르다 (carry)

ferry 나룻배, 페리
1521 con**fer**ence 협회, 회의
1786 re**fer** 언급하다, 참조하다
1384 in**fer** 추론하다
1200 trans**fer** 갈아타다

gest 나르다 (carry) 가져오다 (bring)

gesture 제스처
di**gest** 소화하다 1141
indi**gest**ion 소화불량
sug**gest** 암시하다 0142
con**gest**ion 밀집, 혼잡 1192
in**gest** 성취하다

이동

port 나르다 (carry) 항구 (harbor)

im**port** 수입(하다)
ex**port** 수출(하다)
1162 trans**port** 수송(운송)하다
0978 **port**able 휴대용의
pass**port** 여권

car/char 달리다 (run)

cart 수레
career 경력 1202
carriage 마차
carrier 운반인
chariot 이륜전차

DAY
08

어휘 더하기 : 어원공식 ❽ 시 · 청각

백만스물하나.
백만스물둘. 셋..

01	02	03	04	05	06	07	08	09	10
●	●	●	●	●	●	●	●	●	

11	12	13	14	15	16	17	18	19	20

21	22	23	24	25	26	27	28	29	30

31	32	33	34	35	36	37	38	39	40

41	42	43	44	45	46	47	48	49	50

Day 07 | Review

앞에서 학습한 단어를 얼마나 기억하는지 체크해 보세요.
기억이 나지 않는 단어는 다시 한 번 학습하세요.

- □ pale
- □ liable
- □ quantity
- □ connect
- □ spoil
- □ stock
- □ sweep
- □ threaten
- □ yeast
- □ detect
- □ graduate
- □ responsible
- □ multiply
- □ hence
- □ indicate

- □ shield
- □ political
- □ reverse
- □ expert
- □ rid
- □ urge
- □ frustrate
- □ recommend
- □ sacred
- □ enhance
- □ skeptical
- □ grant
- □ decade
- □ canal
- □ admit

Wow!!

★
□0281
architecture
[ɑ́ːrkitektʃər]

ⓝ 건축

The church's design is based mainly on Gothic architecture.

그 교회의 디자인은 주로 고딕 건축에 기초를 두고 있다.

architect n. 건축가

★★
□0282
superior
[suːpíəriər]

ⓐ 우수한, 우월한

Nature has created many products superior to what humans have created. ● 08 전국연합

자연은 인간이 만들어낸 것보다 더 우수한 많은 생산물들을 창조해냈다.

superiority n. 우수, 우월   ↔ **inferior** a. 질 낮은, 열등한

---

 oom-in ǀ **superior(inferior) to ~ : ~보다 더 우수한(열등한)**

No one is **inferior** or **superior** to anyone else.

어느 누구도 다른 사람보다 더 열등하거나 우수하지 않다.

★★★
□0283
judgment
[dʒʌ́dʒmənt]

ⓝ 판단(력); 재판

The more situations you observe, the more accurate your judgment is. ● 06 전국연합

네가 더 많은 상황을 관찰하면 할수록, 네 판단은 더 정확해진다.

judge v. 판단하다; 재판하다 n. 판사, 재판관
㊀ **judging from** ~로 판단해 보건대

★★★
□0284
anticipate
[æntísipeit]

ⓥ 기대하다, 예상하다

How good it is to anticipate tea by a cottage fire! ● 07 전국연합

오두막집의 화롯불 곁에서 차를 기대하고 있는 건 얼마나 좋은가!

anticipation n. 기대, 예상   = **expect** v. 기대하다

★★
□0285
soak
[souk]

ⓥ 흡수하다, 적시다, 젖어들다

Humans do not simply soak up knowledge like sponges.

인간은 스펀지처럼 단순히 지식을 흡수하지는 않는다.   ● 94 수능

★
□0286
scatter
[skǽtər]

ⓥ 흐트러뜨리다, 흩뿌리다

Mom got angry with me scattering books on the floor.

엄마는 내가 책을 바닥에 여기저기 흐트러 놓은 것에 화가 났다.

= **dissipate, disperse** v. 흩어지게 하다

★★★ **tough**
□ 0287 [tʌf]

ⓐ 힘든, 어려운; 질긴, 튼튼한

I heard that the competition is pretty tough. • 06모의

나는 그 경쟁이 매우 힘들다고 들었다.

= **demanding** a. 힘든

★ **nasty**
□ 0288 [nǽsti]

ⓐ 역겨운, 끔찍한; 심술궂은

Some butterflies are brightly colored, but they taste nasty.

몇몇 나비들은 밝은 색을 가졌지만, 역겨운 맛이 난다. • 09전국연합

disgusting a. 역겨운 ㊟ **cheap and nasty** 값싸고 질이 나쁜

★★ **error**
□ 0289 [érər]

ⓝ 잘못, 실수

Everyman undergoes trial and error.

인간은 누구나 시행착오를 겪는다.

err v. 잘못하다 ㊟ **trial and error** 시행착오

★ **camouflage**
□ 0290 [kǽməflɑ̀:ʒ]

ⓝ 위장, 변장 ⓥ 위장하다

Seahorses rely on camouflage for protection because they are not fast.

해마는 빠르지 않기 때문에 보호를 위해서는 위장에 의존한다.

= **disguise** v. 변장시키다 n. 변장

★★ **extend**
□ 0291 [iksténd]

ⓥ 연장하다, 뻗다, 넓히다

If I am elected, I will work on extending the library hours.

내가 선출된다면, 도서관 시간을 연장하는 데 힘쓰겠습니다. • 04모의

extension n. 연장, 확장; (전화의) 내선(內線) **extent** n. 넓이, 범위
extensive a. 넓은, 광대한

★★★ **reduce**
□ 0292 [ridjú:s]

ⓥ 줄(이)다, 축소하다

Drinking lots of water reduces your chance of catching a cold. • 06모의

물을 많이 마시는 것은 네가 감기에 걸릴 가능성을 줄여준다.

reduction n. 감소, 축소 **reducible** a. 축소시킬 수 있는
= **decrease, diminish** v. 줄(이)다

mechanical ★★
□0293 [məkǽnikəl]

ⓐ 기계의, 기계적인

Mechanical clocks started appearing on towers in Italy in the 14th century. ● 05 수능

기계로 움직이는 시계는 14세기에 이탈리아의 탑에서 나타나기 시작했다.

mechanic n. 기계공, 수리공　　**mechanism** n. 기계 (장치); 구조

---

destroy ★★★
□0294 [distrɔ́i]

ⓥ 파괴하다, 망치다

Energy can neither be created nor **destroyed**. ● 08 모의

에너지는 만들어지거나 파괴될 수 없다.

destruction n. 파괴　　**destructive** a. 파괴적인
↔ **construct** v. 건설하다

---

ridiculous ★★★
□0295 [ridíkjuləs]

ⓐ 터무니없는, 우스꽝스러운

Everyone laughed at the **ridiculous** offer. ● 05 전국연합

모든 사람들이 그 터무니없는 제안을 비웃었다.

ridicule n. 조롱, 조소　　= **absurd, silly** a. 어리석은, 터무니없는

---

freedom ★★★
□0296 [fríːdəm]

ⓝ 자유

Exercise and **freedom** from worry are the two most important secrets of a long life. ● 07 전국연합

운동과 걱정으로부터의 자유가 장수의 가장 중요한 두 가지 비밀이다.

---

oom-in l **-dom**(~의 상태)이 포함된 어휘

wisdom 지혜　　　　**boredom** 권태　　　　　　**kingdom** 왕국
officialdom 공무원 집단　　**stardom** 스타덤, 스타의 지위

---

primary ★★
□0297 [práimeri]

ⓐ 주요한, 첫째의, 초급의

The **primary** use of calendars is to identify days. ● 08 전국연합

달력의 주된 용도는 날짜를 확인하는 것이다.

primarily ad. 주로, 첫째로　　= **main, chief** a. 주요한

---

participate ★★★
□0298 [pɑːrtísəpèit]

ⓥ 참여〔참가〕하다

Those who pass the interview will **participate** in the World Leader Contest. ● 08 모의

면접에 통과한 사람들은 세계 지도자 대회에 참가할 것이다.

participation n. 참여, 참가　　**participant** n. 참가자
= **take part in** 참여〔참가〕하다

★★★
□ 0299
crop
[krɑp]

ⓝ 농작물(~s), 수확량

Through the train window, I could see **crops** ripening in the fields. ● 03 수능

기차 창밖을 통하여, 나는 들판에 농작물이 익어가는 것을 볼 수 있었다.

= **harvest** n. 수확(량)

★★★
□ 0300
military
[mílitèri]

ⓐ 군대의, 군사의 ⓝ 군(대), 군사

The Mongol Empire was a vast collection of territories held together by **military** force. ● 07 모의

몽골 제국은 군사력에 의해 하나로 통합된 방대한 영토의 집합체였다.

Ⓩoom-in Ⅰ 군대 관련 어휘

| military service 병역 | the draft 징병 | discharge 제대 |
| retirement 퇴역 | veteran 퇴역(재향) 군인 | |

★
□ 0301
overall
[óuvərɔ̀ːl]

ⓐ 전체의, 전체적인 ⓐⓓ 전반적으로

There is no reduction in **overall** amount of living organisms.

살아 있는 유기체의 전체 양에는 감소가 없다.　　　　● 08 전국연합

★★★
□ 0302
convenient
[kənvíːnjənt]

ⓐ 편리한

Money is merely a **convenient** medium of exchange. ● 98 수능

돈은 단지 교환의 편리한 수단일 뿐이다.

convenience n. 편리, 편리한 것　　↔ **inconvenient** a. 불편한
cf. convenience store 편의점

★★
□ 0303
series
[síəriːz]

ⓝ 일련, 연속, 시리즈

Architects must pass a **series** of exams to be licensed.

건축가들은 면허를 따기 위해 일련의 시험을 통과해야 한다. ● 09 전국연합

serial n. 연속물, 연재물 a. 연속적인
= **sequence, succession** n. 연속　　㉚ **in a series** 연속하여, 시리즈로

★★
□ 0304
immigrant
[ímigrənt]

ⓝ 이민자, (타국에서 온) 이주자

Immigrant parents should teach children their ethnic language. ● 08 전국연합

이민자 부모들은 아이들에게 그들의 민족 언어를 가르쳐야 한다.

immigration n. 이민, 이주　　**immigrate** v. (타국에서) 이민 오다
↔ **migrant** n. (다른 지역으로의) 이주자

★★
□ 0305 **grateful**
[gréitfəl]

ⓐ 감사하는, 고마워하는

I was very **grateful** to that man for saving my husband's life. ● 09 전국연합
나는 내 남편의 목숨을 구해준 것에 대해 그 남자에게 깊이 감사했다.

gratitude n. 감사(↔ ingratitude n. 배은망덕)
= **thankful** a. 감사하는

Ⓩoom-in | **thankful vs. grateful**

thankful 일어나거나 일어나지 않은 일에 대해 감사하다 **thankful** for everything
grateful 누군가에게 입은 은혜에 대해 감사하다 **grateful** to him for his help

---

★★
□ 0306 **visible**
[vízəbəl]

ⓐ 눈에 보이는

Two or three farmhouses were **visible** through the mist.
안개 속에서 두세 채의 농가가 보였다. ● 06 수능

vision n. 시력, 시각 ↔ **invisible** a. 눈에 보이지 않는

★★
□ 0307 **burden**
[bə́:rdn]

ⓥ 짐을 지우다 ⓝ 무거운 짐

Jealousy is one of those unnecessary evils we **burden** ourselves with. ● 06 전국연합
질투는 우리가 스스로에게 짐을 지우는 불필요한 악들 중의 하나이다.

burdensome a. 부담이 되는, 성가신

★★
□ 0308 **quote**
[kwout]

ⓥ 인용하다

Many people **quote** from Socrates' "Know yourself."
많은 사람들이 소크라테스의 '네 자신의 알라' 라는 말을 인용한다.

quotation n. 인용(문)

★★
□ 0309 **contest**
[kántest] ⓝ
[kəntést] ⓥ

ⓝ 경연대회, 경쟁 ⓥ 논쟁하다

Let me explain briefly how to apply for the **contest**. ● 08 모의
경연대회에 지원하는 방법을 간단히 설명하겠습니다.

contestant n. 경쟁자 ⓢ **close contest** 접전, 막상막하

★★
□ 0310 **boredom**
[bɔ́:rdəm]

ⓝ 지루함, 권태

Look at your job and find ways to minimize **boredom**.
너의 일을 보고 지루함을 최소화할 수 있는 방법을 찾아라. ● 03 모의

boring a. 지루하게 하는 **bored** a. 지루한
bore v. 지루하게 하다

★
□ 0311 **exotic**
[igzátik]

ⓐ 이국적인, 외래의

Stunned by **exotic** fish stocks, he launched a classic eco-tourism company. ● 09 전국연합

이국적인 물고기 떼에 매료돼서, 그는 전통 방식의 생태관광 회사를 설립했다.

exoticism n. 이국정서, 이국풍   = **foreign, alien** a. 외래의

★★
□ 0312 **foretell**
[fɔːrtél]

ⓥ 예언하다, 예고하다

Moles, dark spots on human skin, are believed to **foretell** the future. ● 05 수능

사람의 피부에 생기는 검은 점인 반점은 미래를 예언한다고 여겨진다.

= **predict** v. 예언하다

 oom-in | fore-(= before)가 포함된 어휘

foresee ⓥ 예견[예지]하다   **forecast** ⓥ 예보[예상]하다   **forehead** ⓝ 이마
forefather ⓝ 선조, 조상   **foremost** ⓐ 으뜸가는, 중요한

★★★
□ 0313 **prevent**
[privént]

ⓥ 막다, 방해하다

Looking at a picture actively **prevents** children from creating a mental image. ● 10 전국연합

그림을 보는 것은 어린이가 머릿속에 이미지를 만드는 활동을 적극적으로 막는다.

preventive a. 예방의   **prevention** n. 예방, 방지
= **inhibit** v. 막다

★★★
□ 0314 **disappoint**
[dìsəpɔ́int]

ⓥ 실망시키다, 좌절시키다

I **disappointed** him, the man who loved me like a father.

나는 그를, 아버지처럼 나를 사랑한 그 사람을 실망시켰다. ● 03 수능

disappointing a. 실망스러운   **disappointed** a. 실망한
disappointment n. 실망, 좌절   = **let down** 실망시키다

★★★
□ 0315 **influence**
[ínfluəns]

ⓥ 영향을 끼치다   ⓝ 영향력

Mathematics definitely **influenced** Renaissance art.

수학은 분명히 르네상스 예술에 영향을 끼쳤다. ● 05 수능

influential a. 영향력 있는   = **affect** v. 영향을 끼치다
㊛ **have an influence(effect / impact) on** ~에 영향을 끼치다

★★★ **frighten**
□ 0316 [fráitn]

ⓥ 겁주다, 깜짝 놀라게 하다

The boy **frightened** a big dog away.
소년이 큰 개를 겁주어 도망가게 했다.

frightened a. 겁먹은　　**frightening** a. 깜짝 놀라게 하는

★★ **owe**
□ 0317 [ou]

ⓥ 빚지다, ~의 은혜를 입다

Are you kidding? You **owe** me an apology! ● 10 모의
장난해? 넌 나한테 사과해야 해!

㊚ **owing to** ~ 때문에(= due to, thanks to, on account of)

 oom-in | owe, attribute, ascribe의 구문 형식

　owe A B (= owe B to A) A에게 B를 빚지고 있다(신세지고 있다)
　　He **owes** me two hundred dollars. 그는 내게 200달러를 빚지고 있다.
　　= He **owes** two hundred dollars **to** me.
　attribute(ascribe) A to B A를 B의 덕(탓)으로 돌리다
　　She **attributed**(ascribed) her success **to** her husband's help.
　　그녀는 자신의 성공을 남편의 도움 덕으로 돌렸다.

★★ **institution**
□ 0318 [ìnstitjú:ʃən]

ⓝ (공공) 기관(시설), 제도, 설립

As a learning **institution,** the college has to offer its students the best education.
학문 기관으로서 대학은 학생들에게 최고의 교육을 제공해야 한다.

institute n. 협회, 연구소　v. 설립(제정)하다

★★ **abandon**
□ 0319 [əbǽndən]

ⓥ 버리다, 포기하다

You should **abandon** those old school ideas.
너는 그런 구식적인 사고를 버려야 한다.

= **give up** 포기하다

★★ **clue**
□ 0320 [klu:]

ⓝ 단서, 실마리

Clients send a steady stream of **clues** through their facial expression. ● 10 모의
고객들은 얼굴 표정을 통해 일련의 단서를 지속적으로 보낸다.

= **cue, hint** n. 힌트, 단서

TEST

A 다음 단어에 해당하는 영어 단어 또는 우리말을 쓰시오.

1. 흡수하다, 적시다 _____
2. 기대하다 _____
3. 흐트러뜨리다 _____
4. 힘든, 어려운 _____
5. 망치다 _____
6. 군대의 _____
7. 이민자 _____
8. 감사하는 _____
9. 이국적인 _____
10. 빚지다 _____

11. architecture _____
12. judgment _____
13. mechanical _____
14. freedom _____
15. convenient _____
16. participate _____
17. visible _____
18. boredom _____
19. quote _____
20. clue _____

B 빈칸에 알맞은 단어를 〈보기〉에서 골라 쓰되, 문맥에 맞게 변형하시오.

| superior extend ridiculous series quote foretell |

1. Everyone laughed at the _____ offer.

2. If I am elected, I will work on _____ the library hours.

3. Many people _____ from Socrates' "Know yourself."

4. Moles, dark spots on human skin, are believed to _____ the future.

5. Architects must pass a _____ of exams to be licensed.

6. Nature has invented many products _____ to what humans have created.

Answer Keys _____

A 1. soak 2. anticipate 3. scatter 4. tough 5. destroy 6. military 7. immigrant 8. grateful 9. exotic
10. owe 11. 건축 12. 판단, 재판 13. 기계의, 기계적인 14. 자유 15. 편리한 16. 참여(참가)하다 17. 눈에 보이는
18. 권태, 지루함 19. 인용하다 20. 단서, 실마리 **B** 1. ridiculous 2. extending 3. quote 4. foretell 5. series
6. superior

어휘＋더하기 어원공식 ⑧ 시·청각

spect 보다 (look)

- 0132 a**spect** 측면, 면
- in**spect** 조사(검사)하다
- 0153 pro**spect** 전망
- 1805 retro**spect** 회고, 회상
- 1765 **spect**acle 구경거리, 장관
- 1091 su**spect** 용의자
- 1367 per**spect**ive 관점

phon 소리 (sound)

- tele**phon**e 전화
- cell **phon**e 휴대폰
- sym**phon**y 교향곡
- **phon**etics 음성학
- **phon**ograph 축음기

시·청각

aud 듣다 (listen)

- **aud**io 오디오
- **aud**ible 들을 수 있는
- 1291 **aud**ience 청중, 관객
- **aud**ition 오디션
- **aud**itorium 강당

vis/vid/view 보다 (see)

- **vis**ion 시력, 비전 1299
- re**vis**e 수정(교정)하다 0555
- super**vis**ion 관리, 감독 1084
- e**vid**ence 증거 1111
- inter**view** 면접
- re**view** 재검토하다 0452

DAY 09

어휘 더하기 : 어원공식 ❾ 기록 · 말

01	02	03	04	05	06	07	08	09	10
●	●	●	●	●	●	●	●	●	

11	12	13	14	15	16	17	18	19	20

21	22	23	24	25	26	27	28	29	30

31	32	33	34	35	36	37	38	39	40

41	42	43	44	45	46	47	48	49	50

Day 08 | Review

앞에서 학습한 단어를 얼마나 기억하는지 체크해 보세요.
기억이 나지 않는 단어는 다시 한 번 학습하세요.

□ superior   □ military
□ judgment   □ overall
□ anticipate   □ convenient
□ soak   □ series
□ scatter   □ immigrant
□ tough   □ visible
□ nasty   □ burden
□ error   □ quote
□ camouflage   □ contest
□ extend   □ exotic
□ reduce   □ foretell
□ destroy   □ influence
□ ridiculous   □ frighten
□ primary   □ owe
□ participate   □ abandon

Wow!!

★
□0321
compensate
[kámpenseit]

ⓥ 보상하다, 벌충하다

Most young Korean men want to be **compensated** for their military service.

대부분의 한국 젊은이들은 군복무에 대한 보상을 받고 싶어한다.

compensation n. 보상, 벌충

㉿ **compensate for** ~을 보상하다(= make up for)

★★★
□0322
method
[méθəd]

ⓝ 방법

Violence is now unsuitable, and nonviolence is the preferred **method**. • 10 수능

폭력은 이제 적절하지 않으며, 비폭력이 선호되는 방법이다.

methodology n. 방법론

 oom-in | '방법, 방식'의 뜻을 가진 어휘

method 체계적이고 논리적으로 조직된 방법 a **method** of teaching English

manner 개인만의 독특한 방식 have a unique **manner** of greeting

way '방식, 방법'을 나타내는 가장 일반적인 말 live in a simple **way**

★★
□0323
insert
[insə́:rt]

ⓥ 끼워 넣다, 삽입하다

The chimpanzee **inserted** a twig into the entrance to eat the ants.

침팬지는 개미를 잡아먹으려고 가지 하나를 입구에 끼워 넣었다.

insertion n. 삽입

★★★
□0324
sorrow
[sá:rou]

ⓝ 슬픔, 슬픈 일

There'll be troubles and **sorrows**, but there'll also be happy days. • 05 전국연합

괴로움과 슬픔도 있겠지만, 행복한 날도 있을 것이다.

sorrowful a. 슬픈   = **grief** n. 비탄, 슬픔

★★
□0325
decorate
[dékərèit]

ⓥ 장식하다

The hat is **decorated** with flower and bird patterns. • 07 수능

그 모자는 꽃과 새 문양으로 장식되어 있다.

decoration n. 장식, 훈장   **decorative** a. 장식용의

★★★ **jealous**
□ 0326 [dʒéləs]

ⓐ 시샘하는, 질투하는

In Korean, *kkotsaemchuwi* means "the cold is **jealous** of the flowers."

한국어로, 꽃샘추위는 '추위가 꽃을 시샘한다' 는 뜻이다.

jealousy n. 질투, 시샘

 oom-in ㅣ 혼동하기 쉬운 jealous vs. zealous

　　jealous ⓐ 질투하는, 시샘하는　　　zealous ⓐ 열심인, 열성적인

★★ **neutral**
□ 0327 [njúːtrəl]

ⓐ 중립적인, 중립의

In **neutral** context, a more valid survey can be conducted about an organization's reputation. ● 10 수능

중립적인 상황에서 한 조직의 명성에 대해 보다 타당성 있는 조사가 실시될 수 있다.

neutrality n. 중립　　　**neutralize** v. 중립화하다

★★★ **passive**
□ 0328 [pǽsiv]

ⓐ 수동적인, 소극적인

People feel relaxed, **passive**, and less alert while watching television. ● 09 전국연합

사람들은 TV를 보는 동안 느긋하고 수동적이며 방심한다.

↔ **active** a. 적극적인

★★★ **miserable**
□ 0329 [mízərəbəl]

ⓐ 불행한, 비참한

People often feel **miserable** because they compare themselves with others. ● 06 전국연합

사람들은 종종 자신을 다른 사람들과 비교하기 때문에 불행하다고 느낀다.

misery n. 불행, 비참함

★★★ **embarrassed**
□ 0330 [imbǽrəst]

ⓐ 당황한, 난처한

He seemed **embarrassed** by the compliment but soon smiled with happiness. ● 07 전국연합

그는 칭찬에 당황하는 것처럼 보였지만 곧 행복감에 미소를 지었다.

embarrass v. 당황〔난처〕하게 하다　　　**embarrassment** n. 당황

★ **behalf**
□ 0331 [bihǽf]

ⓝ 이익, 원조, 지지

They have taken troubles in **behalf** of me and my family.

그들은 나와 내 가족을 위해 수고해 왔다.

⊛ **in behalf of** ~을 위하여　　　**on behalf of** ~을 대표〔대신〕하여

★★★ **religious**
□ 0332 [rilídʒəs]

ⓐ 종교의, 종교적인

His whole family fled Russia to look for **religious** freedom.
그의 가족 전체는 종교의 자유를 찾아 러시아를 떠났다. ● 10 전국연합

religion n. 종교

oom-in ㅣ 세계의 대표적인 종교
Christianity 기독교	Buddhism 불교	Islam 이슬람교
Hinduism 힌두교	Confucianism 유교	Catholicism 천주교

★★ **mature**
□ 0333 [mətʃúər]

ⓐ 성숙한 ⓥ 성숙해지다

Young people believe smoking makes them appear
mature and independent. ● 06 전국연합
젊은이들은 흡연이 성숙하고 독립적인 사람처럼 보이게 한다고 믿는다.

↔ **immature** a. 미숙한
cf. premature a. 너무 이른, 시기상조의

★★ **smooth**
□ 0334 [smuːð]

ⓐ 부드러운, 매끄러운

Smooth sailing after the storm, the aircar arrived at the
island. ● 08 수능
비행선은 폭풍우가 지나간 후에 순항을 하여 그 섬에 도착하였다.

★★ **conserve**
□ 0335 [kənsə́ːrv]

ⓥ 보호 (보존)하다, 절약하다

These people have striven to **conserve** the wild plants
growing in Korea. ● 04 수능
이 사람들은 한국에 자생하는 야생 식물을 보호하려고 노력해왔다.

conservation n. 보호, 보존 **conservative** a. 보수적인

★★ **version**
□ 0336 [və́ːrʒən]

ⓝ 버전, 판(版); (원형에 대한) 변형, 이형

There are different **versions** of the same story in many
cultures. ● 08 전국연합
많은 문화에는 똑같은 이야기의 여러 다른 버전들이 있다.

★ **solitary**
□ 0337 [sάlətəri]

ⓐ 고독한, 혼자의

One reason why I like the beach is its **solitary** atmosphere.
내가 해변을 좋아하는 한 가지 이유는 그 고독한 분위기 때문이다. ● 95 수능

solitude n. 고독

★★ **popularity**
□ 0338 [pàpjulǽrəti]

ⓝ 인기, 유행

These days SNS(Social Network Service) like Twitter is gaining **popularity**.
요즘에는 트위터같은 SNS가 인기를 얻고 있다.

popular a. 인기 있는   **popularize** v. 대중화하다

★★★ **mysterious**
□ 0339 [mistíəriəs]

ⓐ 이해할 수 없는, 신비한, 불가사의한

For **mysterious** reasons, the boat began to sink. ● 07 수능
알 수 없는 이유로 배가 가라앉기 시작했다.

mystery n. 신비, 미스터리

★★ **announce**
□ 0340 [ənáuns]

ⓥ 발표하다, 알리다

Prize winners will be **announced** on our Website in three days. ● 10 전국연합
수상자들은 3일 후에 우리 웹사이트에 발표될 것입니다.

announcement n. 발표, 공고   **announcer** n. 통보자, 아나운서

★★★ **aim**
□ 0341 [eim]

ⓝ 목표, 목적 ⓥ 목표 삼다, ~하려고 노력하다

Now my **aim** is to get back to as normal a life as possible.
이제 나의 목표는 가능한 한 일상적인 삶으로 돌아가는 것이다.

= **goal, end, objective** n. 목표, 목적

★★ **chore**
□ 0342 [tʃɔːr]

ⓝ (집안의) 잡일, 허드렛일

One grandmother hires her grandchildren to help with gardening **chores**. ● 09 수능
어떤 할머니는 손자를 시켜서 정원 일을 돕도록 한다.

---

 oom-in | 혼동하기 쉬운 chore vs. choir

chore ⓝ 허드렛일   choir ⓝ 성가대

★★★ **pursue**
□ 0343 [pərsúː]

ⓥ 추구하다; (일, 연구에) 종사하다

In a capitalist society, individuals can **pursue** their own interests as they wish.
자본주의 사회에서 개인들은 원하는 대로 자기 이익을 추구할 수 있다.

pursuit n. 추구, 추적
㉛ **in pursuit of** ~을 추구하여

★ **vast**
□0344 [væst]

ⓐ (수, 양 등이) 막대한, 광대한

The **vast** majority of Americans remain stubbornly monolingual. ● 06 수능

대다수의 미국인들이 고집스럽게 하나의 언어만을 쓰고 있다.

= enormous, immense, massive, tremendous a. 막대한, 거대한

★ **saddle**
□0345 [sǽdl]

ⓝ 안장 ⓥ 안장을 얹다

The rider sits on a **saddle** and steers by turning handlebars.

자전거를 타는 사람은 안장에 앉아 핸들을 돌리면서 조종한다. ● 08 모의

↔ unsaddle v. 안장을 벗기다

★ **plenty**
□0346 [plénti]

ⓝ 많음

The vineyard needs **plenty** of exposure to the sun. ● 06 수능

포도밭은 태양에 많이 노출될 필요가 있다.

plentiful a. 많은, 풍부한 (↔ scarce a. 부족한)

㊏ **plenty of** 많은

★ **loan**
□0347 [loun]

ⓝ 대출, 대부, 대여

Households' ability to repay their **loan** interest is expected to weaken.

대출 이자를 갚을 가계의 능력이 약화될 것으로 예상된다.

Zoom-in | **대출과 관련된 경제 용어**

mortgage 담보 대출 | student loan 학자금 대출 | repayment 상환
debt 빚, 부채 | interest rate 이율, 금리 | commission 수수료

★★ **immediate**
□0348 [imíːdiət]

ⓐ 즉각의, 당장의, 즉시의

The volcano victims had an **immediate** need for help.

화산 희생자들은 즉각적인 도움을 필요로 했다.

immediately ad. 즉시(= at once)

★★★ **advertise**
□0349 [ǽdvərtàiz]

ⓥ 광고하다

What is the best way to **advertise** this new MP3 player?

이 새로운 MP3 플레이어를 광고할 수 있는 가장 좋은 방법은 무엇인가?

advertisement n. 광고 **advertiser** n. 광고주

★★★ **apologize** ⓥ 사과하다
□ 0350 [əpɑ́lədʒàiz]

The boys brought the girl flowers and **apologized** for hurting her. ● 10 모의
소년들은 그 소녀에게 꽃을 가져가서 그녀를 다치게 한 일에 대해 사과했다.

apology n. 사과, 사죄　㊜ **make (offer) an apology** 사과하다

★ **vivid** ⓐ 선명한, 생생한
□ 0351 [vívid]

The far-reaching plain was **vivid** green. ● 08 전국연합
멀리 펼쳐져 있는 평원은 선명한 초록빛이었다.

↔ **vague** a. 흐릿한, 희미한

★★★ **intelligent** ⓐ 영리한, 총명한
□ 0352 [intélidʒənt]

Wolves are very **intelligent** and social animals. ● 06 전국연합
늑대는 매우 영리하고 사회적인 동물이다.

intelligence n. 지능, 지성　　**intellect** n. 지성, 지식인

oom-in ㅣ 혼동하기 쉬운 intelligent vs. intellectual vs. intelligible
intelligent ⓐ (타고난 머리가 있어서) 영리한, 총명한
intellectual ⓐ (교육·훈련을 통하여) 지적인, 지성의
intelligible ⓐ 이해할 수 있는, 의미가 명료한

★★ **crucial** ⓐ 결정적인, 중대한
□ 0353 [krúːʃəl]

Your information can be **crucial** to arresting the criminals.
당신의 제보가 범죄자를 체포하는 데 결정적일 수 있습니다. ● 08 전국연합

= **vital, critical** a. 중대한

★★★ **theory** ⓝ 이론, 학설
□ 0354 [θíəri]

The evolutionary **theory** accounts for differences in sleep among creatures well. ● 07 전국연합
진화론은 동물들 간의 수면의 차이점을 잘 설명해준다.

theorize v. 이론화하다　　cf. **theory and practice** 이론과 실천

★ **encyclopedia** ⓝ 백과사전
□ 0355 [insàikləpíːdiə]

Why don't you find some information from the **encyclopedia**?
백과사전에서 정보를 찾아보는 게 어때? ● 09 수능

★★★ **importance**
□ 0356 [impɔ́:rtəns]

ⓝ 중요성

We have begun to appreciate the importance of emotional intelligence. ● 07 모의

우리는 감정 지능의 중요성을 인정하기 시작했다.

important a. 중요한, 중대한 = **significance** n. 중요성

★★ **depression**
□ 0357 [dipréʃən]

ⓝ 우울(증); 불황

Tears can drive us still deeper into depression. ● 09 수능

눈물이 우리를 훨씬 더 깊은 우울증으로 몰고 갈 수 있다.

depress v. 우울하게 하다; (경기를) 나쁘게 하다
depressed a. 우울한, 낙담한
cf. the Great Depression (1929년 미국에서 비롯한) 대공황

★★ **gap**
□ 0358 [gæp]

ⓝ 차이, 틈, 격차

There is a gap between the labor supply and demand in the e-business industry. ● 03 수능

인터넷 사업에서는 노동의 수요와 공급 간에 차이가 있다.

㊨ **bridge a gap** 격차를 줄이다
cf. generation gap 세대차이 **gender gap** 남녀차이

★ **reproduce**
□ 0359 [rì:prədjú:s]

ⓥ 복제하다, 재생하다, 생식하다

The fine art object is also valued because it can be reproduced for popular consumption. ● 09 수능

미술품도 대중의 소비를 위해 복제될 수 있기 때문에 귀중하게 여겨진다.

reproduction n. 재생, 복제, 생식

★★ **ceremony**
□ 0360 [sérəmòuni]

ⓝ 식, 의식

The graduation ceremony will be held next Friday in Hutt High School's Assembly Hall. ● 08 수능

졸업식은 다음 주 금요일에 Hutt 고등학교 강당에서 열릴 것이다.

Zoom-in | 기념식의 종류

entrance ceremony 입학식	graduation ceremony 졸업식
wedding ceremony 결혼식	funeral ceremony 장례식
opening ceremony 개회식, 개막식	closing ceremony 폐회식, 폐막식
awards ceremony 시상식	coming-of-age ceremony 성인식

TEST

A 다음 단어에 해당하는 영어 단어 또는 우리말을 쓰시오.

1. 보상하다, 벌충하다 _____
2. 슬픔 _____
3. 중립적인 _____
4. 이익, 원조 _____
5. 성숙한 _____
6. 끼워넣다, 삽입하다 _____
7. 보호(보존)하다 _____
8. 안장 _____
9. 결정적인 _____
10. 차이, 틈 _____

11. method _____
12. decorate _____
13. embarrassed _____
14. solitary _____
15. chore _____
16. plenty _____
17. encyclopedia _____
18. advertise _____
19. depression _____
20. ceremony _____

B 빈칸에 알맞은 단어를 〈보기〉에서 골라 쓰되, 문맥에 맞게 변형하시오.

| method   passive   pursue   loan   intelligent   reproduce |

1. Wolves are very _____ and social animals.

2. People feel relaxed, _____, and less alert while watching television.

3. Households' ability to repay their _____ interest is expected to weaken.

4. In a capitalist society, individuals can _____ their own interests as they wish.

5. Violence is now unsuitable, and nonviolence is the preferred _____.

6. The fine art object is also valued because it can be _____ for popular consumption.

Answer Keys

A 1. compensate 2. sorrow 3. neutral 4. behalf 5. mature 6. insert 7. conserve 8. saddle 9. crucial
10. gap 11. 방법 12. 장식하다 13. 당황한, 난처한 14. 고독한, 혼자의 15. 잡일, 허드렛일 16. 많음 17. 백과사전
18. 광고하다 19. 우울, 불황 20. 식, 의식   **B** 1. intelligent 2. passive 3. loan 4. pursue 5. method
6. reproduced

scrib 쓰다 (write)

de**scrib**e 묘사하다
1538 pre**scrib**e (약을) 처방하다
in**scrib**e 새기다
tran**scrib**e 옮겨 적다
scribble 낙서하다
1539 sub**scrib**e 정기구독하다

graph/gram
그리다 (draw), 쓰다 (write)

para**graph** 문단 0411
photo**graph** 사진 1293
auto**graph** 서명 1318
calli**graph**y 서예
tele**gram** 전보

기록·말

dict/dic 말하다 (say, speak)

dictate
받아쓰게 하다, 명령하다 1720
contra**dict** 반박하다 1843
pre**dict** 예언하다 1064
ver**dict** 평결
in**dic**ate 가리키다, 나타내다 0258

man(u)/mani 손 (hand)

0664 **man**ual 손의, 매뉴얼
1386 **man**uscript 원고
0623 **man**ufacture 제조하다
1871 **man**ipulate 조종[조작]하다

DAY 10

어휘 더하기 : 어원공식 ⑩ 문자 · 소리

백만스물하나..
백만스물둘, 셋..

01	02	03	04	05	06	07	08	09	10
11	12	13	14	15	16	17	18	19	20
21	22	23	24	25	26	27	28	29	30
31	32	33	34	35	36	37	38	39	40
41	42	43	44	45	46	47	48	49	50

Day 09 | Review

앞에서 학습한 단어를 얼마나 기억하는지 체크해 보세요.
기억이 나지 않는 단어는 다시 한 번 학습하세요.

□ compensate   □ announce
□ method   □ aim
□ insert   □ chore
□ sorrow   □ pursue
□ jealous   □ saddle
□ neutral   □ loan
□ passive   □ immediate
□ miserable   □ vivid
□ embarrassed   □ crucial
□ behalf   □ encyclopedia
□ mature   □ depression
□ conserve   □ gap
□ version   □ reproduce
□ solitary   □ importance
□ mysterious   □ ceremony

wow!!

★★
□0361
population
[pɑ̀pjuléiʃən]

ⓝ 인구, 주민

The global **population** is expected to rise to 9 billion within 50 years. ● 04 모의

전 세계 인구는 50년 내에 90억 명까지 늘어날 것으로 예상된다.

populate v. 살다, 거주하다

★
□0362
prior
[práiər]

ⓐ 이전의, 앞선, 우선하는

Much of the culture of Alaska's Natives disappeared with the great plagues **prior** to the 1950s. ● 06 모의

알래스카 원주민들의 문화의 많은 부분이 1950년대 이전에 큰 역병이 닥치면서 사라졌다.

priority n. 우선권, 우선순위　　**prioritize** v. 우선순위를 매기다
㈜ **prior to** ~에 앞서, 이전에　　**cf. top priority** 최우선 사항

★★
□0363
float
[flout]

ⓥ (물 위에) 뜨다, 띄우다

The mountain tops looked like islands in the fog that **floated** below us. ● 08 모의

산꼭대기들은 우리 밑에 떠 있는 안개 속의 섬들처럼 보였다.

★★★
□0364
purchase
[pə́:rtʃəs]

ⓥ 사다, 구입하다　　ⓝ 구입, 구매

When consumers are in a store to buy a product, they may feel pressured to **purchase** immediately. ● 08 전국연합

소비자들이 물건을 사려고 가게에 있을 때, 즉시 사야 한다는 압박감을 느낀다.

purchaser n. 구매자　　↔ **sell** v. 팔다
㈜ **make a good purchase** 싸게 구매하다

★★★
□0365
position
[pəzíʃən]

ⓝ 위치, 자세, 입장

Point at the **position** of the heart in this picture.

이 사진에서 심장의 위치를 가리켜봐.

pose v. 자세, 자세를 취하다

★
□0366
crude
[kru:d]

ⓐ 천연 그대로의, 미가공의; 조잡한

The price of **crude** oil is not the only factor that contributes to the changes in that of gasoline. ● 08 전국연합

원유 가격은 휘발유의 가격 변화에 영향을 미치는 유일한 요인은 아니다.

cf. crude oil 원유　　**crude rubber** 천연 고무

★★ **convince**
□0367 [kənvíns]

ⓥ 확신〔납득〕시키다
To persuade people means to **convince** them. ● 05 전국연합
사람을 설득한다는 것은 그들을 확신시키는 것을 의미한다.

conviction n. 납득, 설득; 유죄 판결
㊀ **convince A of B** A에게 B를 확신시키다

 oom-in ㅣ **convince vs. convict**
   convince ⓥ 확신〔납득〕시키다 → conviction ⓝ 납득, 설득
   convict ⓥ ~에게 유죄를 선고하다 → conviction ⓝ 유죄 판결

★★ **remote**
□0368 [rimóut]

ⓐ 외진, 먼, 멀리 떨어진
Tristan da Cunha is a group of **remote** volcanic islands
in the south Atlantic Ocean. ● 08 전국연합
Tristan da Cunha는 남대서양의 외진 화산 군도이다.

= **distant** a. (거리가) 먼   **cf. remote control** 원격 조작, 리모컨

★★ **absence**
□0369 [ǽbsəns]

ⓝ 부재, 결석
True friendship occurs when information is conveyed by
the **absence** of words. ● 08 모의
진정한 우정은 정보가 말이 없는 상태로 전달될 때 생긴다.

absent a. 부재의 v. 결석하다   ↔ **presence** n. 존재, 출석
cf. absent-minded 멍한, 넋이 나간

★★★ **harmful**
□0370 [hɑ́ːrmfl]

ⓐ 해로운, 유해한
Unexpressed feelings are **harmful**. ● 04 모의
표현되지 않은 감정은 해롭다.

harm n. 해, 손해 v. 해를 끼치다
= **detrimental** a. 해로운   ↔ **harmless** a. 무해한

★★ **hardly**
□0371 [hɑ́ːrdli]

ⓐ�d 거의 ~ 않다
We can **hardly** expect to learn without making mistakes
in the process. ● 01 수능
우리는 그 과정에서 실수를 저지르지 않고 배우기를 기대할 수는 없다.

= **rarely, seldom, scarcely** ad. 거의 ~ 않다

★★
□ 0372 **personality**
[pə̀:rsənǽləti]

ⓝ 성격, 개성

Many social scientists have believed birth order directly affects **personality**. ● 09 수능
많은 사회과학자들은 출생 순서가 성격에 직접 영향을 미친다고 믿어 왔다.

personalize v. 인격화하다, 개인화하다

Ⓩoom-in | 혼동하기 쉬운 **personality** vs. **personnel**

personality ⓝ 성격, 개성　　　　　**personnel** ⓝ (집합적) 전직원, 총인원

★★★
□ 0373 **departure**
[dipá:rtʃər]

ⓝ 출발

Most people pack in the hectic hours before **departure**.
대부분의 사람들이 출발 전 한창 바쁜 시간에 짐을 꾸린다.

depart v. 떠나다, 출발하다　　↔ **arrival** n. 도착
㊜ **depart for** ~로 떠나다　　**depart from** ~에서 출발하다

★★
□ 0374 **significant**
[signífikənt]

ⓐ 중요한, 의미 있는

Unquestionably, the arts play a **significant** role in any society. ● 09 전국연합
의심할 여지없이, 예술은 어느 사회에서나 중요한 역할을 한다.

significance n. 중요성, 의미　　**signify** v. 의미하다, 나타내다

★
□ 0375 **anchor**
[ǽŋkər]

ⓥ 정박하다, 닻을 내리다, 고정시키다　　ⓝ 닻; (뉴스의) 앵커

The yachts will **anchor** in the dock after the morning sail.
요트들은 아침 항해 후 그 부두에 정박할 것이다.

★★
□ 0376 **tempt**
[tempt]

ⓥ 유혹하다, 부추기다

We are **tempted** to ignore opportunity costs altogether in making decisions. ● 09 모의
우리는 결정을 내릴 때 기회비용을 완전히 무시하고 싶은 마음이 든다.

tempting a. 유혹하는, 구미가 당기는　　**temptation** n. 유혹
㊜ **be tempted to** ~하고 싶은 마음이 들다

★★★
□ 0377 **breathe**
[bri:ð]

ⓥ 숨 쉬다, 호흡하다

I gave her an oxygen mask to help her **breathe**. ● 08 모의
나는 그녀가 숨을 원활하게 쉴 수 있도록 산소마스크를 주었다.

breath n. 숨, 호흡　　**breathless** a. 숨이 가쁜, 숨이 막힐 듯한

★★ **flush**
□ 0378 [flʌʃ]

ⓥ (얼굴이) 붉어지다, 붉히다; (변기의) 물을 내리다

She **flushed** with shame.

그녀는 부끄러워서 얼굴이 붉어졌다.

ⓢ **flush with** ~로 얼굴을 붉히다　　**cf. flush toilet** 수세식 화장실

★★ **ripen**
□ 0379 [ráipən]

ⓥ 익다, 원숙해지다

With too little water, the grape skins become too tough and they fail to **ripen**. ● 06수능

너무 물이 적으면, 포도 껍질이 너무 질겨져 익지 못한다.

ripe a. 익은, 원숙한

★★★ **afford**
□ 0380 [əfɔ́:rd]

ⓥ ~할 형편이〔여유가〕 되다

She could not **afford** to pay the hospital expenses.

그녀는 병원비를 지불할 형편이 되지 못했다.　　● 07전국연합

affordable a. (가격이) 적절한, 알맞은
ⓢ **cannot afford to** ~할 형편이 못 되다

★★ **tense**
□ 0381 [tens]

ⓐ 팽팽한, 긴장된　ⓝ 시제

Up to 75 percent of the pain which exists when a person is **tense** disappears when he relaxes. ● 05전국연합

사람이 긴장했을 때 생기는 고통의 75퍼센트까지는 휴식을 취할 때 사라진다.

cf. intense a. 강렬한, 격렬한

★★ **furious**
□ 0382 [fjúəriəs]

ⓐ 몹시 화난, 격노한

Henry glanced at his coach who looked **furious** as he screamed at him. ● 08모의

Henry는 몹시 화난 얼굴로 자신에게 소리를 지르는 코치를 흘끗 쳐다보았다.

fury n. 격노, 분노　　= **indignant** a. 분노한

Ⓩoom-in ┃ '격노, 분노'의 뜻을 가진 어휘

indignation ⓝ 분개, 적개	**fury** ⓝ 격노, 분노	**anger** ⓝ 노여움, 화
resentment ⓝ 분개, 원한	**rage** ⓝ 격노, 분노	**wrath** ⓝ 격노, 분노

★★★ **athlete**
□ 0383 [ǽθli:t]

ⓝ 운동선수

Positive thinkers are like **athletes** who, through practice, build inner energy. ● 07전국연합

긍정적으로 생각하는 사람은 훈련을 통해 내면의 힘을 키우는 운동선수와 같다.

athletic a. 경기의, 선수의　　**cf. athlete's foot** 무좀

★★★ **besides**
□ 0384 [bisáidz]

ⓐ 게다가, 더욱이　ⓟ ~외에, ~에 더하여

The boat already left. **Besides**, we didn't make a reservation. ● 06수능

배는 이미 떠났다. 게다가 우리는 예약도 하지 않았다.

= **furthermore, in addition** 게다가

oom-in | 혼동하기 쉬운 besides vs. beside

besides ⓟ ~외에, ~에 더하여　　beside ⓟ ~의 곁에

★★ **arise**
□ 0385 [əráiz]

ⓥ 생기다, 일어나다

Two-thirds of CO_2 emissions **arise** from transportation and industry. ● 05수능

이산화탄소 배출의 3분의 2는 교통과 산업에서 생긴다.

㋐ **arise from** ~에서 생기다, 비롯되다

oom-in | 혼동하기 쉬운 rise vs. arise vs. arouse vs. raise

rise ⓥ (사람이) 일어서다, (해가) 뜨다　　arise ⓥ (문제, 일 등이) 생기다

arouse ⓥ ~을 일깨우다, 자극하다　　raise ⓥ ~을 들어올리다, 기르다

★★ **capture**
□ 0386 [kǽptʃər]

ⓥ 붙잡다, 포획하다

Air filters in most airplanes can **capture** up to 99.9% of small bacteria and viruses. ● 08전국연합

대부분의 비행기에 있는 공기 필터는 작은 박테리아와 바이러스를 99.9퍼센트까지 잡아낼 수 있다.

captive n. 포로 a. 사로잡힌　　**captivate** v. ~의 마음을 사로잡다

★ **chamber**
□ 0387 [tʃéimbər]

ⓝ 방, 실(室), 회의소

The energy from the food heats the water surrounding the **chamber**. ● 07모의

음식에서 나온 에너지는 방을 둘러싸고 있는 물을 덥힌다.

cf. the Korean Chamber of Commerce 대한상공회의소

★ **coordinate**
□ 0388 [kouɔ́ːrdinèit] ⓥ
[kouɔ́ːrdinət] ⓐ

ⓥ 조정하다, 정리하다　ⓐ 동등한

A good leader has the ability to **coordinate** different opinions.

훌륭한 리더는 여러 의견들을 조정할 능력을 갖고 있다.

coordination n. 조정　　**coordinator** n. 조정자, 코디네이터

★★ **damp** □0389 [dæmp]

ⓐ 축축한 ⓝ 습기

When it becomes **damp**, yeast grows very quickly.
효모는 축축해지면 아주 빨리 자란다. ● 05 전국연합

dampen v. 축축하게 하다; 기를 꺾다   = moist, wet a. 축축한

★ **drastic** □0390 [drǽstik]

ⓐ 과감한, 급격한, 격렬한

I firmly believe **drastic** measures should be taken before it's too late. ● 97 수능
나는 너무 늦기 전에 과감한 조치가 취해져야 한다고 굳게 믿는다.

drastically ad. 과감하게, 대폭

★★★ **eager** □0391 [íːgər]

ⓐ 간절히 원하는, 열망하는

Bankers are not **eager** to lend money to new firms.
은행가들은 신생 회사에게 선뜻 돈을 빌려주고 싶어 하지 않는다. ● 08 전국연합

eagerness n. 열망, 열성   ㉔ **be eager to** ~을 열망하다

★ **era** □0392 [érə]

ⓝ 시대, 시기

Some of the works of art were arranged sequentially by **era**.
일부 예술 작품들은 시대에 의해 연속적으로 정리되었다.

Ⓩoom-in l 시대를 나타내는 어휘

period	'시대'를 뜻하는 가장 일반적인 표현	the postwar **period** 전후 시대
era, epoch	앞 시대와 구분되는 근본적이고 중요한 변화가 일어난 시대	
	an **era** of information 정보의 시대	
age	어떤 큰 특색으로 대표되는 시대	the Middle **Ages** 중세 시대

★★ **existence** □0393 [igzístəns]

ⓝ 존재, 생존

There are many people who question the **existence** of God.
신의 존재를 의심하는 사람들이 많다.

exist v. 존재하다, 생존하다   **existing** a. 기존의, 현재 있는
cf. **coexistence** n. 공존

★★ **fame** □0394 [feim]

ⓝ 명성, 평판

I moved to New York in search of **fame** and fortune.
나는 부와 명성을 좇아 뉴욕으로 거처를 옮겼다.

famous a. 유명한   cf. **Hall of Fame** 명예의 전당

★★
□0395 **fascinate**
[fǽsineit]

ⓥ 매혹〔매료〕시키다

As Dora Maar spoke Spanish fluently, Picasso was even more **fascinated**. ● 08 전국연합

Dora Maar가 스페인어를 유창하게 했기 때문에, Picasso는 더욱 매혹되었다.

fascination n. 매혹, 매료   **fascinating** a. 매혹적인

★★
□0396 **foul**
[faul]

ⓐ 악취가 나는 ⓝ 반칙 ⓥ 반칙을 범하다, 더럽히다

A **foul** odor filled the classroom, grabbing our attention.

악취가 교실에 가득 찼고 우리의 주의를 끌었다.   ● 10 전국연합

★★
□0397 **fulfill**
[fulfíl]

ⓥ 수행하다, 이행하다, 달성하다

The ability to decide what to do in what order is an essential skill to **fulfill** multiple social roles. ● 01 수능

어떤 순서로 무엇을 할 것인지를 결정하는 능력은 다양한 사회적 역할을 수행하기 위한 필수적인 기술이다.

fulfillment n. 이행, 달성
= **accomplish, achieve** v. 성취하다, 달성하다

★★★
□0398 **ashamed**
[əʃéimd]

ⓐ 부끄러운, 수치스러운

As youth, we need not feel **ashamed** of making mistakes.

우리는 젊은이로서 실수하는 것을 부끄러워할 필요가 없다.   ● 01 수능

= **shameful** a. 부끄러운
㉦ **be ashamed of** ~을 부끄러워 하다   cf. **shame** n. 수치, 부끄러움

★★
□0399 **furthermore**
[fə́:rðərmɔ̀:r]

ⓐ 게다가, 더욱이

The cockroach can be found in many homes. **Furthermore,** its survival capability is incredible.

바퀴벌레는 많은 가정에서 발견될 수 있다. 게다가 생존 능력은 믿기 힘들 정도다.

= **besides, moreover, in addition** 게다가

★★★
□0400 **handle**
[hǽndl]

ⓥ 처리하다, 다루다, 취급하다 ⓝ 손잡이, 핸들

Steve's good record at work proved he could **handle** the job. ● 98 수능

Steve의 훌륭한 근무 기록은 그가 그 일을 잘 처리할 수 있음을 입증했다.

= **deal with** 다루다

TEST

A 다음 단어에 해당하는 영어 단어 또는 우리말을 쓰시오.

1. 이전의, 앞선 _____
2. 뜨다, 띄우다 _____
3. 천연 그대로의 _____
4. 확신시키다 _____
5. 중요한 _____
6. 유혹하다 _____
7. ~외에 _____
8. 수행하다 _____
9. 과격한 _____
10. 악취가 나는 _____

11. population _____
12. absence _____
13. personality _____
14. departure _____
15. athlete _____
16. damp _____
17. era _____
18. fame _____
19. fascinate _____
20. existence _____

B 빈칸에 알맞은 단어를 〈보기〉에서 골라 쓰되, 문맥에 맞게 변형하시오.

purchase	remote	anchor	furious	coordinate	handle

1. Steve's good record at work proved he could _____ the job.

2. The yachts will _____ in the dock after the morning sail.

3. A good leader has the ability to _____ different opinions.

4. Henry glanced at his coach who looked _____ as he screamed at him.

5. Tristan da Cunha is a group of _____ volcanic islands in the south Atlantic Ocean.

6. When consumers are in a store to buy a product, they may feel pressured to _____ immediately.

Answer Keys

A 1. prior 2. float 3. crude 4. convince 5. significant 6. tempt 7. besides 8. fulfill 9. drastic 10. foul 11. 인구, 주민 12. 부재, 결석 13. 성격, 개성 14. 출발 15. 운동선수 16. 축축한, 습기 17. 시대, 시기 18. 명성, 평판 19. 매혹시키다 20. 존재, 생존 **B** 1. handle 2. anchor 3. coordinate 4. furious 5. remote 6. purchase

liter 글자 (letter)

1563 **liter**al 글자 그대로의
1565 **liter**ate 글을 읽고 쓸 수 있는
il**liter**ate 문맹의
1564 **liter**ary 문학의
1398 **liter**ature 문학

log 말 (literal)

logical 논리적인 0406
apo**log**ize 사과하다 0350
mono**log**ue 독백
dia**log**ue 대화
pro**log**ue 머리말
epi**log**ue 맺음말
ideo**log**y 이념 0444
ana**log**y 유추 1394

문자·소리

voc/vok/vow
부르다 (call), 목소리 (voice)

vocal 목소리의
1418 **voc**ation 천직, 직업
1392 **voc**abulary 어휘
1935 ad**voc**ate 옹호자, 옹호하다
1939 e**vok**e 일깨우다, 불러내다
1979 pro**vok**e 유발하다, 화나게 하다
vowel 모음

cit 부르다 (call)

cite 소환하다, 인용하다
re**cit**e 낭송하다 1314
in**cit**e 자극하다
soli**cit** 간청하다

숙어 꿀꺽 | Day 6-Day 10

□ **make a difference** 영향을 미치다, 차이가 생기다　→ 0228

Heroes **make a difference** in the lives of other people.
영웅들은 다른 사람들의 삶에 영향을 미친다.

□ **in〔out of〕stock** 재고가 있는〔없는〕　→ 0247

Sorry, the size you want is currently **out of stock**.
죄송합니다만, 원하시는 사이즈는 현재 재고가 없습니다.

□ **keep〔break〕one's promise** 약속을 지키다〔어기다〕　→ 0261

I couldn't **keep my promise** as my car broke down on the highway.
차가 고속도로에서 고장이 나는 바람에 나는 약속을 지킬 수가 없었다.

□ **get rid of** ~을 제거하다(= eliminate), ~을 처분하다　→ 0265

My mom wants me to **get rid of** things that I don't use.
엄마는 내가 사용하지 않는 것들을 없애기를 원한다.

□ **take ~ for granted** ~을 당연한 것으로 받아들이다　→ 0273

Friendships are often **taken for granted**.
우정은 종종 당연한 것으로 받아들여진다.

□ **participate in** ~에 참여하다(= take part in)　→ 0298

You have to pay $10 to **participate in** the chess game.
체스 게임에 참여하기 위해서는 10달러를 내야한다.

☐ **have an influence〔effect/impact〕on** ~에 영향을 끼치다 → 0315

Sociability has a determining **influence on** health.
사교성이 건강에 결정적인 영향을 끼친다.

☐ **on behalf of** ~을 대표하여 → 0331

On behalf of all the executives, I'd like to thank every one of you for your hard work.
모든 임원들을 대표해서, 저는 여러분 모두의 노고에 대해 감사드리고 싶습니다.

cf. in behalf of ~을 위하여

☐ **in pursuit of** ~을 추구하여 → 0343

Sri Lanka for many decades has been **in pursuit of** peace and justice.
스리랑카는 수십 년 동안 평화와 정의를 추구하여 왔다.

☐ **prior to** ~에 앞서서 → 0362

There are lots of things to be investigated **prior to** writing essays on education.
교육에 관한 에세이를 쓰기에 앞서 조사해야할 것들이 많이 있다.

☐ **convince A of B** A에게 B를 확신시키다 → 0367

He failed to **convince** the audience **of** his capabilities.
그는 청중에게 자신의 능력을 확신시키는 것에 실패했다.

☐ **can't afford to ~** ~할 형편이 못되다 → 0380

I **can't afford to donate** money. 나는 돈을 기부할 형편이 못된다.

☐ **arise from** ~에서 생기다, 비롯되다 → 0385

Color preference **arose from** the division of labor between men and women in the prehistoric period.
색깔의 선호는 선사시대의 남녀 간 분업에서 비롯되었다.

DAY
11

어휘 더하기 : 어원공식 **⑪** 형성 · 변화

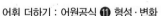

01	02	03	04	05	06	07	08	09	10
●	●	●	●	●	●	●	●	●	●

11	12	13	14	15	16	17	18	19	20
●									

21	22	23	24	25	26	27	28	29	30

31	32	33	34	35	36	37	38	39	40

41	42	43	44	45	46	47	48	49	50

Day 10 | Review

앞에서 학습한 단어를 얼마나 기억하는지 체크해 보세요.
기억이 나지 않는 단어는 다시 한 번 학습하세요.

- □ prior
- □ float
- □ purchase
- □ crude
- □ convince
- □ remote
- □ personality
- □ departure
- □ significant
- □ anchor
- □ tempt
- □ breathe
- □ ripen
- □ afford
- □ tense

- □ furious
- □ athlete
- □ besides
- □ arise
- □ capture
- □ coordinate
- □ damp
- □ drastic
- □ eager
- □ era
- □ existence
- □ fame
- □ fascinate
- □ furthermore
- □ fulfill

wow!!

★★
☐ 0401
filter
[fíltər]

ⓝ 여과장치, 필터 ⓥ 여과하다, 스며들다
When we look at the world and ourselves, we do it through a set of **filters**. ● 10 모의
우리는 세상과 자신을 바라볼 때, 일련의 여과장치들을 통해 보게 된다.
⊛ **filter into** ~로 스며들다   cf. **air filter** 공기 여과기

★★
☐ 0402
inferior
[infíəriər]

ⓐ 열등한, 하위의
A large number of females still feel **inferior** to males in modern society.
현대 사회에서 많은 여성들이 여전히 남성보다 열등하다고 느낀다.
inferiority n. 열등, 하위   ↔ **superior** a. 우월한, 뛰어난

★★
☐ 0403
initial
[iníʃəl]

ⓐ 초기의, 처음의 ⓝ 머리글자
It is desirable to let children experience success after **initial** difficulties. ● 08 전국연합
아이들이 초기의 어려움을 겪은 후 성공을 경험하게 하는 것이 바람직하다.
initiate v. 시작하다   **initiative** n. 시작, 주도권

★★★
☐ 0404
lecture
[léktʃər]

ⓝ 강의 ⓥ 강의를 하다
One of the skills for giving efficient **lectures** is to speak clearly and directly to people. ● 08 전국연합
효과적인 강의 기술 중의 하나는 사람들에게 명확하게, 직접적으로 말하는 것이다.
lecturer n. 강사

★
☐ 0405
leftover
[léftòuvər]

ⓝ 남은 음식, 남은 것 ⓐ 남은, 나머지의
The strong pig can push the weak pig aside to claim the **leftovers**. ● 10 모의
힘이 센 돼지는 남은 음식을 차지하기 위해 약한 돼지를 밀쳐낼 수 있다.

★★★
☐ 0406
logical
[láʤikəl]

ⓐ 논리적인
Using celebrities' opinions may not be **logical**. ● 10 전국연합
유명한 사람들의 의견을 이용하는 것은 논리적이지 않을 수 있다.
logic n. 논리, 논리학   ↔ **illogical** a. 비논리적인

★
☐ 0407 **mainstream**
[méinstrì:m]

ⓝ 주류, 대세

The **mainstream** media is unfair in dealing with many subjects. ● 06 전국연합

주류 언론은 많은 주제를 다루는 데 공평하지 못하다.

↔ **nonmainstream** n. 비주류

★★
☐ 0408 **memorize**
[méməràiz]

ⓥ 암기하다, 기억하다

To **memorize** a word, connect the word to words you already know. ● 05 전국연합

한 단어를 암기하려면, 그 단어를 이미 알고 있는 단어들과 연관시켜라.

memory n. 기억   **memorable** a. 기억할 만한
memorial n. 기념비 a. 기념의

★★
☐ 0409 **minimize**
[mínəmàiz]

ⓥ 최소화하다

Look at your job and find ways to **minimize** boredom and routine. ● 03 모의

당신의 일을 보고 권태와 판에 박힌 일을 최소화하는 방법을 찾아라.

minimum a. 최소의 n. 최소 한도   ↔ **maximize** v. 극대화하다

★
☐ 0410 **paragraph**
[pǽrəgrὰef]

ⓝ 단락, 절

The main idea of this **paragraph** is that familiarity breeds contempt.

이 단락의 요지는 친밀함이 경멸을 낳는다는 것이다.

★★
☐ 0411 **obligation**
[ὰbləgéiʃən]

ⓝ 의무, 책임, 구속

Humans have the moral **obligation** to protect all other forms of life. ● 08 모의

인간은 다른 모든 생명체를 보호할 도덕적 의무를 지니고 있다.

oblige v. ~하도록 의무를 지우다, ~에게 은혜를 베풀다
obligatory a. 의무적인, 강제적인

---

 oom-in ǀ **noblesse oblige**

프랑스어로 높은 사회적 신분(noblesse)에 상응하는 도덕적 의무(oblige)를 뜻하는 말이다. 초기 로마제국 귀족들의 솔선수범하는 모범적 생활과 도덕의식에서 비롯된 용어이다. 우리말로는 '사회지도층의 책무' 라고 번역할 수 있는데, 흔히 '노블레스 오블리주' 라고 한다.

★
□ 0412 **representative**
[rèprizéntətiv]

ⓝ 대표, 대표자   ⓐ 대표하는

Governments have a responsibility as **representatives** of society to support the arts. ● 08 모의

정부는 사회의 대표로서 예술을 후원할 책임을 지니고 있다.

represent v. 대표하다, 나타내다, 상징하다(= stand for)

★★★
□ 0413 **daydream**
[déidrì:m]

ⓥ 몽상(공상)에 잠기다   ⓝ 몽상, 공상

Instead of **daydreaming** like other people, this man decided to exercise. ● 07 전국연합

다른 사람들처럼 몽상에 잠기는 대신, 이 사람은 운동을 하기로 결심했다.

 oom-in l day(낮, 하루)가 포함된 어휘

| day care center 탁아소 | daybreak 새벽녘 | day labor 날품 |
| day trip 당일치기 여행 | dayfly 하루살이 | |

★★
□ 0414 **penalty**
[pénəlti]

ⓝ 벌, 형벌; 벌금

Play allows individuals to try out new things because they can make mistakes without **penalty**. ● 10 전국연합

놀이를 할 때는 실수를 해도 벌을 받지 않기 때문에 사람들은 새로운 것들을 시도할 수 있다.

penal a. 처벌의, 형벌의

★★
□ 0415 **proverb**
[právə:rb]

ⓝ 속담, 격언

Despite cultural differences, some **proverbs** are strikingly identical throughout the world. ● 06 모의

문화적 차이에도 불구하고 몇몇 속담들은 전 세계적으로 놀랍도록 동일하다.

= saying, maxim n. (짧은) 격언

★★★
□ 0416 **quarter**
[kwɔ́:rtər]

ⓝ 4분의 1, 15분, 25센트

They are going to find out why a **quarter** of the women turned out to be overweight.

그들은 그 여성들의 4분의 1이 과체중으로 드러난 이유를 알아볼 것이다.

★★ **parcel**
□0417 [páːrsəl]

ⓝ 소포, 꾸러미

Please deliver the **parcel** to my office sometime later.

그 소포를 나중에 내 사무실로 배달해 주세요. ● 07 모의

= package n. 소포

★ **retreat**
□0418 [riːtríːt]

ⓝ 후퇴, 퇴각, 철수 ⓥ 물러서다, 후퇴하다

Those ill-fated children had no idea what the sea's strange **retreat** meant. ● 09 모의

그 불운한 아이들은 바닷물이 이상하게 물러가는 것이 무엇을 의미하는지를 몰랐다.

↔ advance n. 전진 v. 전진하다

★ **revenge**
□0419 [rivéndʒ]

ⓝ 복수 ⓥ 복수하다

A theme in many Hong Kong historical movies is a desire for **revenge**. ● 07 전국연합

많은 홍콩 역사 영화의 주제는 복수에 대한 열망이다.

revengeful a. 복수심에 불타는 = avenge v. 복수하다

★ **riddle**
□0420 [rídl]

ⓝ 수수께끼

Oedipus solved the **riddle** of the Sphinx and became king of Thebes. ● 03 수능

오이디푸스는 스핑크스의 수수께끼를 풀고 테베의 왕이 되었다.

★ **sequence**
□0421 [síːkwəns]

ⓝ (사건, 행동의) 순서, 연속(물)

A 'schema' is a structured **sequence** of events that we already understand. ● 08 전국연합

'스키마' 란 우리가 이미 이해하고 있는 사건들의 체계화된 순서이다.

ⓢ in sequence 순서대로(= in order)

★ **soar**
□0422 [sɔːr]

ⓥ (새 등이) 높이 날다, (물가가) 급등하다

Soaring eagles have the incredible ability to see a mouse in the grass from a mile away. ● 08 모의

높이 나는 독수리는 1마일 떨어진 풀밭의 쥐를 보는 놀라운 능력을 가지고 있다.

= surge, skyrocket v. (물가가) 급등하다

ⓩoom-in | 발음이 같은 soar vs. sore

soar [sɔːr] ⓥ 높이 날다　　　　sore [sɔːr] ⓐ 아픈, 쓰린

★★
□ 0423
souvenir
[sùːvəníər]

ⓝ 기념품, 선물
Let's drop by the **souvenir** shop for my parents. ● 09 모의
부모님을 위해 기념품 가게에 들르자.

★
□ 0424
statistics
[stətístiks]

ⓝ 통계, 통계 자료, 통계학
According to **statistics**, 90 percent of worldwide Internet
traffic was in English. ● 05 전국연합
통계에 따르면, 전 세계 인터넷 교류의 90퍼센트는 영어로 이루어졌다.

oom-in ┃ **statistics**는 '통계학'의 뜻일 때는 단수취급, '통계, 통계 자료'의 뜻일 때는 복수취급한다.

★
□ 0425
weird
[wiərd]

ⓐ 이상한, 기묘한
The **weird** thing is that I didn't watch TV at all last night.
이상한 것은 어젯밤에 나는 TV를 전혀 보지 않았다는 점이다. ● 08 모의
= **odd, strange** a. 이상한, 괴상한

★
□ 0426
surge
[səːrdʒ]

ⓝ 큰 파도 ⓥ 갑자기 밀려오다, 밀어닥치다
An impending **surge** appeared ready to overwhelm the ship.
곧 닥칠 듯한 큰 파도가 그 배를 덮칠 준비가 되어 있는 것 같았다. ● 09 전국연합
ⓢ **feel a surge of anger (resentment)** 울화가 치밀어 오르다

★★
□ 0427
trace
[treis]

ⓝ 흔적, 자취 ⓥ 추적하다
My bicycle had vanished without **trace**.
내 자전거는 흔적도 없이 사라져 버렸다.
= **track** n. 자취 v. 추적하다
ⓢ **trace back to** ~까지 거슬러 올라가다

★
□ 0428
trivial
[tríviəl]

ⓐ 사소한, 하찮은
My girlfriend easily gets annoyed at **trivial** things, which
wears me out.
내 여자 친구는 사소한 일에 쉽게 짜증을 내는데, 그것이 나를 지치게 한다.
trivia n. 사소한 일 ↔ **important** a. 중요한

★
☐0429 **polish**
[páliʃ]

ⓥ 닦다, 윤내다
Can you polish the top of the desk?
책상 위 좀 닦아줄래?
cf. apple-polish v. 비위를 맞추다, 아첨하다　　　Polish a. 폴란드의

★★★
☐0430 **selfish**
[sélfiʃ]

ⓐ 이기적인
It is very selfish of him to park in the reserved for
handicapped spot.
장애인을 위한 전용 구역에 주차를 하다니 그는 매우 이기적이다.
selfless a. 사심 없는
↔ altruistic a. 이타적인

★★
☐0431 **steady**
[stédi]

ⓐ 꾸준한, 한결같은, 안정된
Since the mid-1990s, teaching Korean to foreigners has
made steady progress. ●01수능
1990년대 중반 이후로, 외국인에 대한 한국어 교육은 꾸준히 발전해왔다.
㉦ go steady with ~와 정식으로 교제하다

★
☐0432 **metropolitan**
[mètrəpálitən]

ⓐ 수도권의, 대도시의
Seoul and other metropolitan areas are expected to
receive three to eight centimeters of snow today.
서울과 다른 수도권 지역은 오늘 3~8cm의 눈이 내릴 것으로 예상된다.
cf. cosmopolitan a. 세계적인

★★
☐0433 **split**
[split]

ⓥ 나누다, 쪼개다, 찢다
The meal is expensive. Let's split the bill. ●09전국연합
음식이 비싸네요. 각자 나눠 냅시다.

★★
☐0434 **aid**
[eid]

ⓝ 도움, 원조　ⓥ 돕다
To become a rock climber, he had to learn to walk first
without the aid of crutches. ●95수능
암벽 등반가가 되기 위해서 그는 우선 목발의 도움 없이 걷는 법을 배워야만 했다.
= help, assist v. 돕다, 원조하다
cf. first aid 응급치료

★
□ 0435
fortress
[fɔ́:rtris]

ⓝ (대규모의) 요새

Jaisalmer is the only **fortress** city in India still functioning. ● 11 모의
Jaisalmer는 여전히 기능을 하는 인도의 유일한 요새 도시이다.

= fort, citadel n. 요새

★
□ 0436
certificate
[sərtífəkət]

ⓝ 증서, 자격증   ⓥ ~에게 증명서를 주다

Now your sons and daughters will proudly receive their graduation **certificates**. ● 08 수능
이제 여러분의 아들과 딸들이 자랑스럽게 졸업장을 받을 것입니다.

★
□ 0437
pros and cons

찬반양론

They argued the **pros and cons** of an easy death.
그들은 안락사에 관해 찬반양론을 벌였다.

 oom-in | **pros and cons**는 라틴어로 for(찬성)를 뜻하는 pro와, against(반대)를 뜻하는 con에서 나왔다.

★★
□ 0438
eliminate
[ilímənèit]

ⓥ 없애다, 제거하다, 삭제하다

School uniforms **eliminates** the need to compete with peers by dressing fashionably. ● 07 전국연합
교복은 옷을 멋지게 차려 입는 것으로 또래들과 경쟁할 필요성을 없애준다.

elimination n. 제거, 삭제
= get rid of, do away with ~을 제거하다

★★
□ 0439
acknowledge
[æknάlidʒ]

ⓥ 인정〔승인〕하다, 감사하다

Many fathers are afraid of **acknowledging** the realities of their kids' psychological health. ● 06 모의
많은 아버지들이 자식들의 정신 건강의 실상을 인정하기를 두려워 한다.

acknowledg(e)ment n. 승인, 감사(의 표시)

★★
□ 0440
estimate
[éstəmèit]

ⓥ 추정〔추산〕하다, 평가하다   ⓝ 견적서

It is **estimated** that bio-fuel is decreasing the consumption of fossil fuel. ● 08 전국연합
생물 연료가 화석 연료의 소비를 감소시키고 있다고 추정된다.

estimation n. 평가, 판단, 추정
cf. underestimate 과소평가하다   overestimate 과대평가하다

TEST

A 다음 단어에 해당하는 영어 단어 또는 우리말을 쓰시오.

1. 대표자, 대표하는 　＿＿＿＿＿＿
2. 사소한 　＿＿＿＿＿＿
3. 요새 　＿＿＿＿＿＿
4. 초기의, 머리글자 　＿＿＿＿＿＿
5. 수수께끼 　＿＿＿＿＿＿
6. 없애다, 제거하다 　＿＿＿＿＿＿
7. 이상한, 기묘한 　＿＿＿＿＿＿
8. 큰 파도, 밀어닥치다 　＿＿＿＿＿＿
9. 이기적인 　＿＿＿＿＿＿
10. 암기하다, 기억하다 　＿＿＿＿＿＿

11. leftover 　＿＿＿＿＿＿
12. sequence 　＿＿＿＿＿＿
13. certificate 　＿＿＿＿＿＿
14. revenge 　＿＿＿＿＿＿
15. obligation 　＿＿＿＿＿＿
16. polish 　＿＿＿＿＿＿
17. statistics 　＿＿＿＿＿＿
18. soar 　＿＿＿＿＿＿
19. split 　＿＿＿＿＿＿
20. estimate 　＿＿＿＿＿＿

B 빈칸에 알맞은 단어를 〈보기〉에서 골라 쓰되, 문맥에 맞게 변형하시오.

souvenir	metropolitan	representative
revenge	logical	obligation

1. Using celebrities' opinions may not be ＿＿＿＿＿＿.

2. Governments have a responsibility as ＿＿＿＿＿＿ of society to support the arts.

3. Humans have the moral ＿＿＿＿＿＿ to protect all other forms of life.

4. Seoul and other ＿＿＿＿＿＿ areas are expected to receive three to eight centimeters of snow today.

5. A theme in many Hong Kong historical movies is a desire for ＿＿＿＿＿＿.

6. Let's drop by the ＿＿＿＿＿＿ shop for my parents.

fac(t)/fec(t)/fic(t)
만들다 (make)

0623 manu**fac**ture 제조하다

1654 **fac**ility 시설, 재능

0741 **fac**ulty 학부, 교수단; 능력

1401 e**ffec**t 효과, 결과

0660 de**fec**t 결함

1546 e**ffic**ient 능률적인

1549 pro**fic**ient 능숙한

vert/vers(e) 돌리다 (turn)

con**vert** 전환시키다 0512

extro**vert**ed 외향적인

version 판(版), 버전 0336

versatile 다재다능한 1906

di**vers**ity 다양성 1473

re**vers**e 반대(의) 0262

con**vers**e 대화하다

형성·변화

form 형태, 구성 (form, shape)

1209 **form**al 형식(공식)적인

uni**form** 제복; 한결같은

1523 in**form** 알리다

1524 re**form** 개정(개선)하다

1080 trans**form** 변형시키다

1436 con**form** 순응하다

0979 de**form** 변형시키다

1044 **form**ula 방식, 공식

DAY 12

어휘 더하기 : 어원공식 **⑫** 취득 · 유지

백만스물하나. 백만스물둘. 셋..

01	02	03	04	05	06	07	08	09	10
●	●	●	●	●	●	●	●	●	●

11	12	13	14	15	16	17	18	19	20
●	●								

21	22	23	24	25	26	27	28	29	30

31	32	33	34	35	36	37	38	39	40

41	42	43	44	45	46	47	48	49	50

Day 11 | Review

앞에서 학습한 단어를 얼마나 기억하는지 체크해 보세요.
기억이 나지 않는 단어는 다시 한 번 학습하세요.

- □ filter
- □ inferior
- □ initial
- □ leftover
- □ logical
- □ mainstream
- □ minimize
- □ obligation
- □ paragraph
- □ representative
- □ penalty
- □ proverb
- □ quarter
- □ parcel
- □ retreat

- □ revenge
- □ sequence
- □ soar
- □ statistics
- □ weird
- □ surge
- □ trace
- □ trivial
- □ polish
- □ steady
- □ metropolitan
- □ split
- □ souvenir
- □ certificate
- □ eliminate

Wow!!

★★
□0441 **combat**
[kámbæt]

ⓝ 전투 ⓥ 퇴치하다, 싸우다

He came across a pair of male giraffes locked in **combat**.
그는 전투 중인 수컷 기린 한 쌍을 만났다. ● 06 수능

combatant n. 전투원, 전투 부대

★★
□0442 **footstep**
[fútstèp]

ⓝ 발소리, 발자국

Her heart beat faster as the **footsteps** passed the window.
발소리가 창문을 지나면서 그녀의 심장은 더 빨리 뛰었다. ● 06 수능

㊿ **follow in one's footsteps** ~의 발자취를 따라가다

★
□0443 **approximately**
[əpráksəmətli]

ⓐⓓ 대략, 거의

A full factory tour takes **approximately** 75 minutes.
공장 전역의 견학은 대략 75분이 걸린다. ● 07 전국연합

approximate a. 대략의 v. ~에 가까워지다

★
□0444 **ideology**
[àidiáləhʒi]

ⓝ 이념, 이데올로기

The tragedy in Korean Peninsula was attributed to different political **ideologies**.
한반도의 비극은 서로 다른 정치적 이념 때문이었다.

Ⓩoom-in | 인류 사회를 지배하는 ideology
capitalism 자본주의 communism 공산주의 dictatorship 독재주의
democracy 민주주의 fascism 파시즘 socialism 사회주의

★★★
□0445 **upgrade**
[ápgrèid]

ⓥ 향상시키다, 개량(개선)하다

The workers need to **upgrade** their skills to find a new job.
노동자들은 새 일자리를 찾기 위해서는 그들의 기술을 향상시켜야 한다.

↔ **downgrade** v. (가치, 품질을) 떨어뜨리다

★★
□0446 **pack**
[pæk]

ⓥ 짐을 싸다, 가득 채우다 ⓝ (개, 늑대 등의) 떼, 무리

I forgot to **pack** my camera. ● 10 모의
난 내 카메라를 챙기는 것을 깜빡 했어.

package n. 꾸러미, 소포

★
□0447 **index**
[índeks]

ⓝ 색인, 목록

An **index** is created to enable searchers to find specific information. ● 07 전국연합
색인은 검색자가 구체적인 정보를 찾는 것을 돕기 위해 만들어진다.

cf. index finger 집게 손가락

★★★
□0448 **mention**
[ménʃən]

ⓥ 언급하다

As **mentioned** earlier, frustration is a universal experience.
앞서 언급된 것처럼, 좌절은 보편적인 경험이다. ● 07 전국연합

㊡ **not to mention** ~은 말할 것도 없고

★★
□0449 **orbit**
[ɔ́ːrbit]

ⓝ 궤도 ⓥ 궤도를 그리며 돌다

A solar year is the time it takes the Earth to complete its **orbit** around the Sun. ● 07 전국연합
태양년은 지구가 태양 주위를 도는 궤도를 완주하는 데 걸리는 시간이다.

㊡ **out of orbit** 궤도를 벗어나서

★★
□0450 **grace**
[greis]

ⓝ 품위, 우아, 은총

I wonder how she could handle the situation with such **grace** and dignity.
그녀가 어떻게 그 상황에 그렇게 품위 있고 위엄 있게 대처할 수 있는지 궁금하다.

graceful a. 우아한, 품위 있는 ↔ **disgrace** n. 치욕, 불명예
㊡ **say grace** 식전에 감사 기도를 하다

★
□0451 **suburb**
[sʌ́bəːrb]

ⓝ 교외, 시외

Cities in Western Europe tend to be economically healthy compared with their **suburbs**. ● 09 수능
서유럽의 도시들은 교외 지역과 비교해보면 경제적으로 건실한 경향이 있다.

suburban a. 교외[시외]의

★★★
□0452 **review**
[rivjúː]

ⓥ 복습하다; 재검토하다, 비평하다 ⓝ 복습, 비평

All you have to do to get a good grade is to **review** what is covered in class.
좋은 성적을 얻기 위해서 너는 수업 시간에 다룬 것을 복습하기만 하면 된다.

cf. book review 서평

★★★ **signal**
☐0453
[sígnəl]

ⓥ 신호를 보내다 ⓝ 신호

Lanternfish use their lights to **signal** one another and to help them catch food. ● 08 전국연합

샛비늘치는 서로에게 신호를 보내고 먹이를 잡는 데 자신의 빛을 이용한다.

★★ **standard**
☐0454
[stǽndərd]

ⓝ 표준, 기준 ⓐ 일반적인, 표준의

In America, thin women have been considered the **standard** of beauty. ● 09 전국연합

미국에서는 날씬한 여자들이 미의 표준으로 여겨져왔다.

standardize v. 표준화하다   **standardization** n. 표준화

★★ **cope**
☐0455
[koup]

ⓥ 대처하다, 잘 처리하다

Children taught that loss is terrible are ill-prepared to **cope** with it. ● 10 전국연합

패배가 끔찍한 것이라고 배운 아이들은 패배에 대처하는 준비가 되어 있지 못하다.

㊝ **cope with** ~에 대처하다

★★★ **moral**
☐0456
[mɔ́(:)rəl]

ⓐ 도덕의, 도덕적인

Every mother and father wants to raise a child with strong **moral** character. ● 07 수능

모든 어머니와 아버지는 아이가 강한 도덕성을 갖추며 자라기를 원한다.

morality n. 도덕, 윤리   ↔ **immoral** a. 부도덕한

Ⓩoom-in l **혼동하기 쉬운 moral vs. morale**

moral ⓐ 도덕적인   morale ⓐ 사기, 의욕

★★ **internal**
☐0457
[intə́:rnəl]

ⓐ 내부의, 내면적인

Most fish have a special **internal** organ which is called a swim bladder. ● 07 전국연합

대부분의 물고기들은 부레라고 불리는 특별한 내부 기관을 가지고 있다.

internalize v. 내면화하다   ↔ **external** a. 외부의, 외면적인

★★ **stir**
☐0458
[stə:r]

ⓥ 휘젓다, 움직이다

The woman **stirred** the soup and scooped up lots of meat for me. ● 07 모의

그 여자는 수프를 휘젓더니 내게 고기를 듬뿍 퍼 주었다.

★★★ **expectation**
□ 0459 [èkspektéiʃən]

ⓝ 기대, 예상, 기대(예상)되는 것(~s)

His achievement fell short of our **expectation**.
그의 성과는 우리의 기대에 미치지 못했다.

expect v. 기대(예상)하다
⊛ **meet(live up to) one's expectations** ~의 기대를 충족시키다

★ **abstract**
□ 0460 [ǽbstrækt] ⓐ
[æbstrǽkt] ⓥ

ⓐ 추상적인   ⓥ 추출하다

Whether concrete or **abstract**, markets help people exchange goods and services. ● 05 모의
구체적이든 추상적이든, 시장은 사람들이 재화와 용역을 교환하는 것을 돕는다.

↔ **concrete** a. 구체적인

★★ **despite**
□ 0461 [dispáit]

ⓟ ~에도 불구하고

Despite no maps and terrible weather, Shackleton's small boat reached the island. ● 10 전국연합
지도도 없고 지독한 날씨에도 불구하고, Shackleton의 작은 배는 섬에 도착했다.

= **in spite of, with(for) all, in the face of** ~에도 불구하고

★★ **profound**
□ 0462 [prəfáund]

ⓐ 엄청난, 깊은, 심오한

Railroads had a **profound** effect on the economic development in the nineteenth century. ● 05 전국연합
철도는 19세기의 경제 발전에 엄청난 영향을 끼쳤다.

↔ **superficial** a. 표면적인, 피상적인

★★★ **remind**
□ 0463 [rimáind]

ⓥ 생각나게 하다, 상기시키다

Her voice **reminded** me of my mother. ● 07 모의
그녀의 목소리는 나의 어머니를 생각나게 했다.

⊛ **remind A of B** A에게 B를 생각나게 하다

★★ **frank**
□ 0464 [fræŋk]

ⓐ 솔직한

We'd like to seek your **frank** opinions on lip-syncing singers.
우리는 립싱크 가수들에 관한 여러분의 솔직한 의견을 듣고자 합니다.

= **candid, straightforward, outspoken** a. 솔직한
⊛ **to be frank with you** 솔직히 말해서

★★
□0465
quarrel
[kwɔ́:rəl]

ⓥ 싸우다, 다투다   ⓝ 말다툼

Greek gods, like human beings, married, had children and often **quarreled**. ● 06 전국연합

그리스의 신들은 인간들처럼 결혼하고 아이를 낳고 종종 싸우기도 했다.

㊑ **quarrel with** ~와 싸우다

★★★
□0466
recipe
[résəpì:]

ⓝ 조리법; 비결

Tofu is an excellent substitute for meat in many vegetarian **recipes**. ● 06 전국연합

두부는 많은 채식 조리법에서 고기의 훌륭한 대용품이다.

★
□0467
grind
[ɡraind]

ⓥ 갈다, 빻다, 찧다

A *maetdol* is used to **grind** grains like rice or beans into flour or paste. ● 07 전국연합

맷돌은 쌀이나 콩 같은 곡물을 갈아서 가루나 반죽을 만드는 데 사용된다.

ground a. 갈은, 빻은   **grinder** n. 분쇄기, (칼 따위를) 가는 사람

★★★
□0468
opinion
[əpínjən]

ⓝ (개인의) 생각, 의견, 견해

In my **opinion**, bloggers already have changed the world!

내 생각으로는, 블로거들은 이미 세상을 바꿨다! ● 06 전국연합

opinionated a. 완고한
㊑ **in one's opinion** ~의 생각으로는   cf. **public opinion** 여론

★★
□0469
region
[rí:dʒən]

ⓝ 지역, 지방

Eating insects is encouraged in some tropical **regions**.

어떤 열대 지역에서는 곤충을 먹는 것이 권장된다. ● 06 전국연합

regional a. 지역의

★★
□0470
reluctant
[rilʌ́ktənt]

ⓐ 주저하는, 꺼리는, 마음이 내키지 않는

Many of us are **reluctant** to request aid when we need it.

우리 대부분은 도움이 필요할 때 도움을 요청하는 것을 주저한다. ● 09 전국연합

= **hesitating** a. 망설이는, 주저하는
㊑ **be reluctant to** ~하기를 주저하다

★★
□ 0471
subtle
[sʌ́tl]

ⓐ 미묘한, 교묘한, 예리한

By contrasting light and dark, Rembrandt created **subtle** moods on canvas. ● 08 전국연합
Rembrandt는 빛과 어둠을 대조시켜 화폭에 미묘한 분위기를 연출했다.

subtlety n. 미묘함, 교묘함, 신비 ↔ **obvious** a. 분명한

★
□ 0472
seemingly
[síːmiŋli]

ⓐⓓ 외견상으로는, 겉보기에는

Creative people connect one idea to **seemingly** unrelated ideas.
창조적인 사람들은 어떤 개념을 외견상 관계없어 보이는 개념과 연관시킨다.

= **apparently** ad. 외견상으로는

 oom-in Ⅰ '-ingly'로 끝나는 부사
amazingly 놀랄 만큼   increasingly 점점
accordingly 따라서   surprisingly 놀랍게도

★★
□ 0473
attempt
[ətémpt]

ⓥ 시도하다 ⓝ 시도

Tim grabbed the struggling Bill and **attempted** to pull him toward shore. ● 08 모의
Tim은 허우적거리는 Bill을 부여잡고 해안 쪽으로 끌어당기려고 시도했다.

㊛ **make an attempt to** ~을 시도하다

★★
□ 0474
beforehand
[bifɔ́ːrhæ̀nd]

ⓐⓓ 미리, 사전에

Make up a shopping list **beforehand** before going to the grocery store.
식료품점에 가기 전에 미리 구입품 목록을 작성하시오.

= **in advance** 미리

★★
□ 0475
creep
[kriːp]

ⓥ 살금살금 걷다, 기다

It was so dark that I **crept** along the hallway. ● 07 전국연합
너무 어두워서 나는 복도를 살금살금 걸어갔다.

= **crawl** v. 기어가다, 서행하다

★★ dynamic
□0476 [dainǽmik]

ⓐ 역동적인, 역학의

Our mind is strengthened by contact with **dynamic** and well-ordered minds. ● 08 모의
우리의 정신은 역동적이고 질서정연한 정신과 접촉함으로써 강화된다.

dynamics n. 역학
= **vigorous, energetic** a. 활기찬   ↔ **static** a. 정적인

★ errand
□0477 [érənd]

ⓝ 심부름

The women of the village used to count on him to run their **errands**. ● 04 모의
마을 여자들은 그에게 심부름을 시키곤 했다.

㊅ **run an errand** 심부름을 하다
cf. fool's errand 헛걸음, 헛수고

★★ border
□0478 [bɔ́ːrdər]

ⓝ 경계, 국경 ⓥ 접경하다, 인접하다

Industrial society set a clear **border** between life at home and life on the job. ● 09 전국연합
산업 사회는 가정 생활과 직장 생활 사이에 분명한 경계를 설정해 주었다.

= **boundary, frontier** n. 경계
cf. border line 국경선

★★ swift
□0479 [swift]

ⓐ 빠른, 신속한

The bird's wings are so **swift** that we can't hardly recognize them. ● 07 모의
그 새의 날개는 너무 빨라서 우리가 그것을 알아보기 힘들다.

★ pledge
□0480 [pledʒ]

ⓝ 맹세, 서약 ⓥ 맹세하다, 서약하다

He made a **pledge** to never tell a lie.
그는 거짓말을 하지 않겠다고 맹세했다.

= **vow, oath** n. 맹세
㊅ **make(take) a pledge** 맹세하다

TEST

A 다음 단어에 해당하는 영어 단어 또는 우리말을 쓰시오.

1. 솔직한 _____
2. 지역, 지방 _____
3. 역동적인 _____
4. 교외, 시외 _____
5. 대략, 거의 _____
6. ~에도 불구하고 _____
7. 미묘한, 교묘한 _____
8. 살금살금 걷다 _____
9. 도덕의, 도덕적인 _____
10. 발소리 _____

11. reluctant _____
12. beforehand _____
13. index _____
14. expectation _____
15. abstract _____
16. seemingly _____
17. errand _____
18. combat _____
19. review _____
20. pack _____

B 빈칸에 알맞은 단어를 〈보기〉에서 골라 쓰되, 문맥에 맞게 변형하시오.

| creep | internal | remind | quarrel | profound | mention |

1. Greek gods, like human beings, married, had children and often _____ .

2. Her voice _____ me of my mother.

3. Railroads had a/an _____ effect on the economic development in the nineteenth century.

4. As _____ earlier, frustration is a universal experience.

5. It was so dark that I _____ along the hallway.

6. Most fish have a special _____ organ which is called a swim bladder.

Answer Keys

A 1. frank 2. region 3. dynamic 4. suburb 5. approximately 6. despite 7. subtle 8. creep 9. moral 10. footstep 11. 주저하는, 꺼리는 12. 미리 13. 색인 14. 기대, 예상 15. 추상적인; 추출하다 16. 외견상으로는 17. 심부름 18. 전투, 싸우다 19. 복습하다, 비평하다 20. 짐을 싸다, 떼, 무리 **B** 1. quarreled 2. reminded 3. profound 4. mentioned 5. crept 6. internal

어휘＋더하기 어원공식 ⑫ 취득·유지

tain/ten/tin 잡다, 쥐다 (hold)

- 0148 **ob**tain 획득하다
- 0926 **at**tain 달성하다
- 1750 **main**tain 유지(지속)하다
- 0793 **sus**tain 유지(지속)하다
- 0792 **re**tain 보유하다
- 1658 **con**tent 내용(물); 만족한
- 0695 **con**tinent 대륙

serv 지키다 (keep)

- **de**serve ～을 받을 가치가 있다 1412
- **ob**serve 관찰하다, 준수하다 1629
- **re**serve 보존하다; 예약하다 1411
- **con**serve 보존(보호)하다 0335
- **con**servative 보수적인
- **pre**serve 보존(보호)하다 1033
- **pre**servative 방부제

취득·유지

cept/ceive/ceit/cap 취하다 (take, hold)

- **ac**cept 받아들이다
- 1770 **con**ceive 생각해내다
- 1550 **per**ceive 인지하다
- **con**ceit 자만심
- 1740 **cap**acity 수용량; 재능
- 0386 **cap**ture 포획(하다)

- **de**ception 속임수
- **re**ceive 받다
- **de**ceive 속이다 1551
- **de**ceit 사기, 기만
- **cap**ital 수도; 자본 1697
- **cap**tivate 마음을 사로잡다

DAY 13

어휘 더하기 : 어원공식 ⑬ 마음 · 신념

01	02	03	04	05	06	07	08	09	10
●	●	●	●	●	●	●	●	●	●

11	12	13	14	15	16	17	18	19	20
●	●	●							

21	22	23	24	25	26	27	28	29	30

31	32	33	34	35	36	37	38	39	40

41	42	43	44	45	46	47	48	49	50

Day 12 | Review

앞에서 학습한 단어를 얼마나 기억하는지 체크해 보세요.
기억이 나지 않는 단어는 다시 한 번 학습하세요.

□ combat   □ stir
□ footstep   □ expectation
□ approximately   □ abstract
□ ideology   □ despite
□ pack   □ profound
□ index   □ frank
□ mention   □ quarrel
□ orbit   □ recipe
□ grace   □ grind
□ suburb   □ reluctant
□ signal   □ subtle
□ standard   □ seemingly
□ cope   □ attempt
□ moral   □ creep
□ internal   □ pledge

★
□ 0481 **federal** [fédərəl]

ⓐ 연방의, 연방 정부의

Federal government enacted a law prohibiting smoking in public places.

연방 정부는 공공장소에서 흡연을 금지하는 법을 제정했다.

federation n. 연합, 동맹

---

oom-in l 미국 역사 속의 Federal과 Confederate

Federal은 미국 남북전쟁 당시 북부연방 지지자를, Confederate는 남부 11개주로 구성된 남부연합 지지자를 의미한다. 남북 전쟁은 링컨 대통령이 이끄는 북부연방이 승리했다.

★★
□ 0482 **irrelevant** [iréləvənt]

ⓐ 관계없는, 무관한, 부적절한

Robots often collect data that are unhelpful or **irrelevant**.

로봇은 종종 도움이 안 되거나 관계없는 자료를 수집한다. ● 10 수능

irrelevance n. 무관함, 무관한 것 ↔ **relevant** a. 관련된, 적절한

★★
□ 0483 **undergo** [ʌndərgóu]

ⓥ (변화 등을) 겪다; (검열, 수술 등을) 받다

The automobile industry is **undergoing** great technological developments. ● 07 전국연합

자동차 산업은 기술적으로 엄청난 발전을 겪고 있다.

= **go through** ～을 겪다

★★★
□ 0484 **aware** [əwéər]

ⓐ 알고 있는, 눈치 채고 있는

Be **aware** of what is going on in the world. ● 09 모의

세상에 무슨 일이 일어나고 있는지 알도록 해라.

awareness n. 의식, 인식 ↔ **unaware** a. ～을 알지 못하는

ⓢ **be aware of** ～을 알고 있다

★★
□ 0485 **thrill** [θril]

ⓥ 감동(감격, 흥분)시키다 ⓝ 스릴, 설렘, 전율

The actor's look and lines will **thrill** all audiences.

그 배우의 표정과 대사가 모든 관객을 감동시킬 것이다.

thrilled a. 흥분한, 감동한 **thrilling** a. 오싹하게 하는, 감동시키는
thriller n. 스릴을 주는 것, 스릴러물

★★ carve □0486 [kɑːrv]

ⓥ 조각하다, 새기다

He **carved** a life-sized image of a bear from a tree.

그는 나무로 실물크기의 곰 형체를 조각했다. ● 05 전국연합

carving n. 조각, 조각물   **carver** n. 조각가

Ⓩoom-in ㅣ 혼동하기 쉬운 carve vs. crave

carve ⓥ 조각하다, 새기다   crave ⓥ 열망하다, 갈망하다

★★★ achieve □0487 [ətʃíːv]

ⓥ (목적을) 이루다, 성취하다, 달성하다

It takes effort to **achieve** the desired outcome.

원하는 결과를 이루기 위해서는 노력이 필요하다.

achievement n. 성취, 업적   = **accomplish** v. (노력하여 목표를) 달성하다

★★ function □0488 [fʌ́ŋkʃən]

ⓝ 기능   ⓥ 기능을 하다

Jokes serve an important social **function** in strengthening bonds between people. ● 02 모의

농담은 사람들 사이의 유대를 강화시키는 데 중요한 사회적 기능을 한다.

cf. dysfunction n. 기능 장애, 역기능   **malfunction** n. 고장

★ naive □0489 [nɑːíːv]

ⓐ 순진한, 천진난만한

It's very **naive** of you to believe in the dream.

꿈을 믿다니 너도 참 순진하다.

★★★ swallow □0490 [swɑ́lou]

ⓥ 삼키다   ⓝ 제비

Thousands of birds die each year by **swallowing** plastic rings. ● 05 전국연합

해마다 수천 마리의 새들이 플라스틱 고리를 삼켜 죽고 있다.

★★ outdated □0491 [àutdéitid]

ⓐ 구식의, 진부한

They need to reform their **outdated** and undemocratic voting system. ● 03 수능

그들은 구식이고 비민주적인 투표제도부터 개혁해야 한다.

= **obsolete, out of date** 구식의, 쓸모없는

★
□0492 **vibration**
[vaibréiʃən]

ⓝ 진동, 떨림; (마음의) 동요

Light waves are characterized by different frequencies of **vibration**. ● 08 수능

빛 파장은 서로 다른 진동의 주파수가 특징이다.

vibrate v. 진동하다, (목소리가) 떨리다

★★★
□0493 **revolution**
[rèvəlúːʃən]

ⓝ 혁명, 대변혁; (천문) 공전

Social isolation may be an unexpected cost of the computer **revolution**. ● 06 전국연합

사회적 고립은 컴퓨터 혁명의 예기치 않은 대가일 수도 있다.

revolutionary a. 혁명의   **revolutionize** v. 혁명을 일으키다

 oom-in | 혼동하기 쉬운 revolution vs. resolution

revolution ⓝ 혁명, 대변혁   resolution ⓝ 결의(문), 결정

★★
□0494 **perfume**
[pəːrfjúːm]

ⓝ 향기, 향수

The **perfume** of wild flowers fills the air as the grass dances upon a gentle breeze. ● 08 수능

잔디가 산들바람에 춤을 추는 동안 들꽃의 향기가 대기를 가득 채운다.

= **fragrance** n. 향기

★★★
□0495 **yell**
[jel]

ⓥ 고함을 지르다, 크게 소리치다   ⓝ 고함 소리

He used to **yell** at his children for no reason at all.

그는 아이들에게 아무런 이유 없이 고함을 지르곤 했다.

= **shout, cry out** 소리치다

★★
□0496 **enlarge**
[inláːrdʒ]

ⓥ 크게 하다, 확대하다

When children drew frontal views of the adults, the size of the heads was markedly **enlarged**. ● 08 모의

아이들이 어른의 앞 얼굴을 그렸을 때, 머리 크기가 현저히 커졌다.

enlargement n. 확대, 확장

★
□0497 **lessen**
[lésn]

ⓥ 줄이다, 적게 하다, 줄다

Fiber helps to **lessen** calorie intake. ● 08 수능

섬유질은 칼로리 섭취를 줄이는 것을 돕는다.

= **reduce, decrease, diminish** v. 줄이다, 감소하다

★★★ **hesitate**
□ 0498 [hézitèit]

ⓥ 주저하다, 망설이다

If your feet tire easily, don't **hesitate** to consult with your physician. ● 10 전국연합

발이 쉽게 피로해진다면, 주저 없이 의사와 상의하십시오.

hesitation n. 주저, 망설임

★★ **recall**
□ 0499 [rikɔ́:l]

ⓥ 떠올리다, 상기하다, 기억하다

When painful changes came along in later life, I always **recalled** my mother's words. ● 04 모의

만년에 고통스런 변화가 찾아왔을 때, 나는 늘 어머니의 말씀을 떠올렸다.

= **remember, recollect** v. 생각해내다, 회상하다

★★★ **rude**
□ 0500 [ru:d]

ⓐ 무례한, 버릇없는

I tried to talk to you but I was afraid of sounding **rude**.

당신에게 말을 걸어보려고 했지만, 무례하게 들릴까봐 걱정했습니다.

= **ill-mannered, impolite** a. 무례한, 버릇없는

↔ **polite, respectful** a. 예의바른, 공손한

★★★ **reasonable**
□ 0501 [rí:zənəbəl]

ⓐ 합리적인, 이성적인, 적절한

This seemingly **reasonable** explanation is probably wrong.

합리적인 것처럼 보이는 이 설명은 틀린 것 같다. ● 06 수능

reason n. 이성, 이유 v. 추론하다   **reasoning** n. 추론

↔ **unreasonable** a. 불합리한, (가격이) 터무니없는

★★★ **persuade**
□ 0502 [pəːrswéid]

ⓥ 설득하다, 납득시키다

Gathering data helped me **persuade** my boss to give me a 20% raise in pay. ● 07 전국연합

자료 수집 덕분에 나는 임금을 20% 인상시켜 달라고 상사를 설득할 수 있었다.

persuasion n. 설득   **persuasive** a. 설득력 있는

★★★ **forgive**
□ 0503 [fərgív]

ⓥ 용서하다

To err is human, to **forgive** is divine. ● 09 전국연합

실수는 사람의 일이고 용서는 신의 일이다. (= 인간은 누구나 실수를 하기 마련이다.)

forgiveness n. 용서

★
□0504 **compact**
[kəmpǽkt]

ⓐ 소형의, 조밀한, 빽빽한

This is a **compact** smart phone giving you access to e-mail and Web browser.
이것은 이메일과 웹브라우저에 접속할 수 있는 소형 스마트폰이다.

★★
□0505 **vital**
[váitl]

ⓐ 필수적인, 매우 중요한; 생명 유지에 필요한

Until the early 1900s horses were a **vital** part of everyday life. ● 06 모의
1900년대 초까지 말은 일상생활에 필수적인 부분이었다.

vitality n. 활기, 생명력   = **crucial, essential** a. 매우 중요한

★
□0506 **trustworthy**
[trʌ́stwə̀:rði]

ⓐ 믿을 수 있는, 신뢰할 수 있는

A mole on one's nose means that he or she is strong-willed and **trustworthy**. ● 05 수능
코에 난 점은 의지가 강하고 믿음직하다는 것을 의미한다.

= **reliable, credible** a. 신뢰할 수 있는
↔ **untrustworthy** a. 신뢰할 수 없는

★★
□0507 **whisper**
[hwíspər]

ⓥ 속삭이다   ⓝ 속삭임

"Good luck to you," I **whispered** as he opened the door and vanished in the fog. ● 06 전국연합
"행운을 빌겠네." 그가 문을 열고 안개 속으로 사라질 때 나는 이렇게 속삭였다.

㊇ **in a whisper** 낮은 목소리로

★★
□0508 **imprison**
[imprízən]

ⓥ 투옥하다

Two young people were **imprisoned** for robbing the jewelry shop.
두 젊은이가 보석상을 턴 죄로 투옥되었다.

imprisonment n. 투옥

★★★
□0509 **charm**
[tʃɑːrm]

ⓝ 매력   ⓥ 매혹하다

The **charm** of this river helped me forget all of my worries.
이 강의 매력은 내가 모든 시름을 잊도록 도와주었다.   ● 03 모의

charming a. 멋진, 매력적인   = **allure** v. 매혹하다

★★
□ 0510

forbid
[fərbíd]

ⓥ 금지하다, 불가능하게 하다

In my childhood, we were **forbidden** to play with food.
어린 시절, 우리는 음식으로 장난치는 것이 금지돼 있었다.

cf. forbidden fruit 금단의 열매

---

oom-in ㅣ **forbid, ban, prohibit으로 금지를 나타내는 구문**

forbid + 사람 + to부정사 = ban (prohibit) + 사람 + from -ing
My parents **forbid me to go** outside late at night.
= My parents **ban (prohibit) me from going** outside late at night.
부모님께서는 내가 밤 늦게 밖에 나가는 것을 금지하신다.

★★★
□ 0511

amateur
[ǽmətʃùər]

ⓐ 아마추어의   ⓝ 아마추어, 비전문가

Amateur photographers are not close to their subjects.
아마추어 사진가들은 사진을 찍는 대상에게 가까이 가지 않는다.   ● 06 수능

= **nonprofessional**   n. 비전문가
↔ **professional**   n. 전문가(프로)

★★
□ 0512

convert
[kənvə́ːrt]

ⓥ 전환시키다, 개조하다, 개종시키다

The food we eat is **converted** to muscle and other types of
tissues in our bodies.
우리가 먹는 음식은 우리 몸 속의 근육이나 다른 여러 조직으로 전환된다.

conversion n. 전환, 개조, 개종   **converter** n. 변환기
convertible a. 개조할 수 있는 n. (지붕을 접을 수 있는) 오픈 카

★★
□ 0513

luxury
[lʌ́kʃəri]

ⓝ 사치(품)   ⓐ 사치(품)의, 고급의

He had no problem obtaining either necessities or **luxuries**.
그는 생필품이나 사치품을 얻는 데 아무 문제가 없었다.   ● 05 전국연합

luxurious   a. 호화로운   **luxuriant**   a. 무성한, 풍부한, 다산의

★★★
□ 0514

despair
[dispέər]

ⓝ 절망   ⓥ 절망하다

After the accident, he was filled with **despair**.   ● 09 전국연합
사고를 당한 후, 그는 절망에 사로잡혔다.

= **desperation**   n. 절망, 자포자기   ㊚ **in despair**   절망하여

★★★ **demand**
□ 0515 [diménd]

ⓥ 요구하다, 필요로 하다 ⓝ 요구, 수요

Television viewing does not **demand** complex mental activities. ● 97수능
TV 시청은 복잡한 정신 활동을 요구하지 않는다.

demanding a. 요구가 지나친, (일이) 힘든(= tough)

Ⓩoom-in | 〈동사 + -ing〉인 현재분사가 형용사로 정착한 어휘

demanding 요구가 많은 → 힘든　　misleading 잘못 이끄는 → 오해를 불러일으키는
rewarding 보답하는 → 보람 있는　　convincing 확신시키는 → 설득력 있는

★★ **assure**
□ 0516 [əʃúər]

ⓥ 보증〔보장〕하다, 장담하다, 안심〔납득〕시키다

I can **assure** you that this product is as good as the sample, if not better.
이 제품이 샘플보다 낫다고 할 수는 없어도 그 정도는 된다는 것을 보증합니다.

assurance n. 보증, 확신　　**assuredly** ad. 확실히

★★ **sore**
□ 0517 [sɔːr]

ⓐ 아픈; 슬픔에 잠긴

You'd better see a doctor for your **sore** throat. ● 09모의
목이 아프니까 병원에 가보는 게 좋겠다.

cf. eyesore n. 눈엣가시

★★★ **independent**
□ 0518 [ìndipéndənt]

ⓐ 독립적인, 독립한

The eldest children become **independent** at an early age.
맏이들은 이른 나이에 독립적이 된다. ● 09전국연합

independence n. 독립, 자주 ↔ **dependent** a. 의존적인
ⓢ **independent of** ~와는 관계없이, ~와는 별도로

★★★ **remain**
□ 0519 [riméin]

ⓥ 여전히〔계속〕 ~이다, 남다 ⓝ 유해(~s)

Their passion assures that these fans **remain** loyal. ● 02수능
그들의 열정은 이 팬들이 여전히 최고라는 것을 보여준다.

★★★ **staff**
□ 0520 [stæf]

ⓝ (전체) 직원, 사원

He has a **staff** of 10 workers helping him with the catering.
그는 음식 제공을 도와줄 10명의 종업원이 있다.

= **personnel** n. 전체 직원

TEST

A 다음 단어에 해당하는 영어 단어 또는 우리말을 쓰시오.

1. 진동, 떨림 _____
2. 투옥하다 _____
3. 절망 _____
4. 순진한 _____
5. 연방의 _____
6. 요구하다 _____
7. 구식의, 진부한 _____
8. 기능 _____
9. 조각하다, 새기다 _____
10. 비전문가 _____

11. convert _____
12. forbid _____
13. lessen _____
14. rude _____
15. undergo _____
16. irrelevant _____
17. persuade _____
18. assure _____
19. enlarge _____
20. reasonable _____

B 빈칸에 알맞은 단어를 〈보기〉에서 골라 쓰되, 문맥에 맞게 변형하시오.

undergo	forgive	convert	thrill	forbid	hesitate

1. To err is human, to _____ is divine.

2. In my childhood, we were _____ to play with food.

3. If your feet tire easily, don't _____ to consult with your physician.

4. The actor's look and lines will _____ all audiences.

5. The food we eat is _____ to muscle and other types of tissues in our bodies.

6. The automobile industry is _____ great technological developments.

Answer Keys

A 1. vibration 2. imprison 3. despair 4. naive 5. federal 6. demand 7. outdated 8. function 9. carve 10. amateur 11. 전환시키다 12. 금지하다 13. 줄이다 14. 무례한 15. 겪다, 받다 16. 관계없는, 부적절한 17. 설득하다 18. 보증하다, 안심시키다 19. 크게 하다 20. 합리적인, 적절한 **B** 1. forgive 2. forbidden 3. hesitate 4. thrill 5. converted 6. undergoing

cord/co(u)r
마음 (heart)

0991 ac**cord** 일치, 협정
dis**cord** 불일치
cordial 마음에서 우러난
0130 **cor**e 핵심
0039 en**cour**age 용기를 북돋다

path/pass
겪다 (suffer), 느끼다 (feel)

sym**path**ize 동정하다 1226
em**path**y 감정이입, 공감
anti**path**y 반감
pathos 비애
passion 열정 0930
com**pass**ion 동정 0658

마음·신념

cred/creed
믿다 (believe)

credit 신용; 학점 1647
in**cred**ible 믿을 수 없는 1573
credential 신임장,
성적 증명서
creed 신조

sens/sent 느끼다 (feel)

1562 **sens**itive 민감한
non**sens**e 말도 안 되는 생각
0905 **sent**iment 감정, 감상
1119 con**sent** 동의(하다)
0819 re**sent**ment 분노, 원망

jus/ju(r)
법 (law), 올바른 (right)

ad**jus**t 조정하다 0532
justice 정의
justify 정당화하다 0551
pre**ju**dice 편견
jury 배심원

DAY 14

어휘 더하기 : 어원공식 ⑭ 선도 · 유도 · 강요

백만스물하나.
백만스물둘. 셋..

01	02	03	04	05	06	07	08	09	10
●	●	●	●	●	●	●	●	●	●

11	12	13	14	15	16	17	18	19	20
●	●	●	●						

21	22	23	24	25	26	27	28	29	30

31	32	33	34	35	36	37	38	39	40

41	42	43	44	45	46	47	48	49	50

Day 13 | Review

앞에서 학습한 단어를 얼마나 기억하는지 체크해 보세요.
기억이 나지 않는 단어는 다시 한 번 학습하세요.

□ federal   □ persuade
□ irrelevant   □ compact
□ undergo   □ vital
□ thrill   □ trustworthy
□ achieve   □ whisper
□ function   □ imprison
□ swallow   □ charm
□ outdated   □ amateur
□ vibration   □ convert
□ revolution   □ despair
□ enlarge   □ assure
□ lessen   □ demand
□ hesitate   □ independent
□ recall   □ remain
□ reasonable   □ staff

Wow!!

★★ **sacrifice**
□ 0521 [sǽkrəfàis]

ⓝ 희생, 제물   ⓥ 희생하다, 제물로 바치다

The glory of heroes lies not in their achievements but in their **sacrifices**. ● 07수능
영웅들의 영광은 그들의 업적이 아니라 그들의 희생에 있다.

㊀ **sacrifice oneself[one's life] to** ~에 자신[자신의 삶]을 희생하다

★★ **nourish**
□ 0522 [nə́:riʃ]

ⓥ 영양분을 공급하다, 자양분을 주다

The dead bodies of organisms turn into soil and **nourish** other organisms. ● 04수능
유기체의 사체는 흙으로 변해 다른 유기체들에게 영양분을 공급해준다.

nourishment n. 영양(분), 자양물(= nutrition)

★ **impulse**
□ 0523 [ímpʌls]

ⓝ 충동, 추진; 충격

The psychoanalyst helps the patients be aware of their unconscious **impulses**. ● 05 전국연합
정신분석 전문의는 환자들이 무의식적인 충동을 인식하도록 도와준다.

impulsive a. 충동적인, 추진력이 있는
= **stimulus, urge** n. 충동, 자극
㊀ **on impulse** 충동적으로

★ **persist**
□ 0524 [pəːrsíst]

ⓥ 지속되다, (집요하게) 계속하다

If your symptoms **persist** for more than two days, then contact your doctor for advice. ● 03수능
증세가 이틀 이상 지속되면 의사와 상담하세요.

persistent a. 지속적인, 고집 센   **persistence** n. 끈기, 고집

Ⓩoom-in l 혼동하기 쉬운 persistence vs. insistence
persistence ⓝ 끈기   insistence ⓝ 주장

★ **worthwhile**
□ 0525 [wə́:rθhwail]

ⓐ 가치[보람] 있는

The beautiful view made the hard climb **worthwhile**. ● 01수능
아름다운 경관은 힘든 산행을 가치 있는 것으로 만들었다.

㊀ **be worthwhile -ing/to 부정사** ~할 가치가 있다

★★ **decay**
□ 0526 [dikéi]

ⓥ 부식〔부패〕하다, 쇠퇴하다   ⓝ 부식, 쇠퇴

In the 1650s, people believed that flies formed naturally from **decaying** meat.   ● 09 전국연합

1650년대에, 사람들은 파리가 부패하는 고기에서 자연적으로 생긴다고 믿었다.

㊉ **fall into decay** 붕괴하다, 썩다   **cf. decayed tooth** 충치(= cavity)

★★★ **curiosity**
□ 0527 [kjùəriásəti]

ⓝ 호기심

Teachers love questions because they show your interest and **curiosity**.   ● 07 전국연합

선생님들은 너의 관심과 호기심을 보여주기 때문에 질문을 좋아한다.

curious a. 호기심이 강한   ㊉ **out of curiosity** 호기심에서

★★★ **illegal**
□ 0528 [ilí:gəl]

ⓐ 불법의, 위법의

We are working to make it **illegal** to catch dolphins.

우리는 돌고래를 잡는 것을 불법화하기 위해 노력하고 있다.   ● 08 전국연합

= **illegitimate** a. 불법의   ↔ **legal, legitimate** a. 합법적인

★★ **tease**
□ 0529 [ti:z]

ⓥ 놀리다, 희롱하다, 괴롭히다

He **teased** me saying, "Wow, you look like you're 11."

"와, 11살처럼 보여." 그는 이렇게 말하며 나를 놀렸다.   ● 05 수능

 oom-in I **'놀리다'의 뜻을 가진 어휘**

tease ⓥ (웃거나 농담을 하면서) 놀리다   mock ⓥ (상대방을 흉내 내며) 놀리다

ridicule ⓥ (비웃으며) 놀리다   taunt ⓥ (비아냥거리며) 놀리다

★★ **frequent**
□ 0530 [frí:kwənt]

ⓐ 빈번한, 자주 일어나는   ⓥ 자주 가다

The most **frequent** cause of death in Korean is cancer.

한국인에게서 가장 빈번한 사망 원인은 암이다.

frequently ad. 자주, 종종   **frequency** n. 빈번함, 빈도, 주파수

★★★ **equality**
□ 0531 [i(:)kwáləti]

ⓝ 평등, 동등

Gender **equality** in Korea has a long way to go.

한국에서 남녀평등은 아직 갈 길이 멀다.

equal a. 평등한, 같은   ↔ **inequality** n. 불평등

★★
□ 0532
adjust
[ədʒʌst]

ⓥ 조정〔조절〕하다; 적응하다

Whenever I **adjust** volume on speakers, they make a crackling sound.
내가 스피커의 볼륨을 조정할 때마다 치직거리는 소리가 난다.

adjustment n. 조정, 조절; 적응
㊜ **adjust (oneself) to** ~에 적응하다

★
□ 0533
coherent
[kouhíərənt]

ⓐ 조리 있는; 일관성 있는

Who can give a **coherent** explanation of why he went bankrupt?
그가 파산한 이유를 조리 있게 설명할 수 있는 사람 있나요?

coherence n. 일관성
= **consistent** a. 일관된

---

oom-in ㅣ 혼동하기 쉬운 coherent vs. cohesive

coherent ⓐ 조리 있는; 일관성 있는   cohesive ⓐ 결합력 있는, 점착력 있는

★★
□ 0534
demonstrate
[démənstrèit]

ⓥ (실례를 들어) 보여주다, 증명하다; 시위하다

Figures A and B **demonstrate** how dew point is measured.
그림 A와 B는 이슬점이 어떻게 측정되는지를 보여준다.   ● 10 수능

demonstration n. 입증, 설명; 시위
demonstrator n. 시연자; 시위자

★★
□ 0535
establish
[istǽbliʃ]

ⓥ 설립하다, 제정하다

Osler **established** a public library with the books he read.
Osler는 그가 읽은 책으로 공공 도서관을 설립했다.   ● 03 모의

establishment n. 설립, 제정, 기관
= **set up, found** 세우다, 설립하다

★★★
□ 0536
weak
[wi:k]

ⓐ 약한, 나약한

Macbeth is ambitious but **weak**; Hamlet cannot make up his mind. ● 10 모의
Macbeth는 야망이 있지만 약하고, Hamlet은 결단력이 없다.

weakness n. 결함, 약점   **weaken** v. 약화시키다

★
□ 0537
shrine
[ʃrain]

ⓝ 성지, 신전

I'll make a pilgrimage to the saint's **shrine** in Santiago de Compostela.
나는 Santiago de Compostela에 있는 성자의 성지까지 순례할 것이다.

= **sanctuary** n. 신성한 장소, 신전
cf. enshrine v. 신전에 모시다; 소중히 간직하다

★
□ 0538
warranty
[wɔ́(:)rənti]

ⓝ 보증, 보증서

No fee is charged during the one-year **warranty** period.
1년의 보증 기간 동안에는 수수료가 전혀 청구되지 않습니다.

warrant v. 보증하다 n. 보증, 영장
⊛ **under warranty** 보증 기간 중인

★★
□ 0539
emphasize
[émfəsàiz]

ⓥ 강조하다, 역설하다

Parents should **emphasize** the unique beauty each child possesses. ● 08 전국연합
부모들은 각각의 아이들이 가지고 있는 고유한 아름다움을 강조해야 한다.

emphasis n. 강조, 중요성
= **stress** v. 강조하다

---

 oom-in ㅣ 혼동하기 쉬운 emphasize vs. sympathize

emphasize ⓥ 강조하다　　　sympathize ⓥ 공감하다, 동정하다(with)

★★★
□ 0540
delay
[diléi]

ⓥ 지연시키다 ⓝ 지체, 지연

The flight was **delayed** because of fog. ● 07 전국연합
안개 때문에 비행이 지연되었다.

★★★
□ 0541
theft
[θeft]

ⓝ 도둑질, 절도

Car alarms do nothing to stop **theft**. ● 07 수능
자동차 경보장치는 도둑질을 막는 데 아무런 역할도 못한다.

thieve v. 훔치다   **thief** n. 도둑, 절도범

★★★
□ 0542
brief
[bri:f]

ⓐ 짧은, 잠시의, 간결한

Each of us has probably wanted to live another life even if only for a **brief** time. ● 02 수능
우리 각자는 짧은 시간이나마 다른 삶을 살아보고 싶어했던 것 같다.

brevity n. 짧음, 간결   ⊛ **in brief** 요컨대

★★ **destination** [dèstənéiʃən]
□0543

ⓝ 목적지, 행선지

I believe that success is a journey, not a **destination**.

나는 성공이란 목적지가 아니라 여정이라고 믿는다. ● 01 수능

destine v. 미리 정해두다, (수동형으로) 운명짓다

Zoom-in | 동사 destine의 두 명사형 destination vs. destiny

destination ⓝ 목적지 destiny ⓝ 운명

★★ **bump** [bʌmp]
□0544

ⓥ 부딪치다, 충돌하다 ⓝ 충돌

I **bumped** the wall while parking the car. ● 10 전국연합

나는 주차를 하다가 벽에 부딪쳤다.

㊕ **bump into** ~와 우연히 만나다

cf. bumper-to-bumper (자동차가) 꼬리를 물고, 교통이 정체된

★★ **cherish** [tʃériʃ]
□0545

ⓥ 소중히 하다〔간직하다〕, (소망, 신앙 등을) 품다

I'll **cherish** the happy times we had together. ● 07 전국연합

나는 우리가 함께 했던 행복한 시간을 소중히 간직할 것이다.

= enshrine v. (기억 등을) 간직하다

★★★ **absolute** [ǽbsəlùːt]
□0546

ⓐ 절대적인, 완전한

A fire chief needs to issue his orders with **absolute** clarity.

소방서장은 절대적으로 명료하게 명령을 내릴 필요가 있다. ● 10 수능

absolutely ad. 절대적으로; (대답으로) 그렇고말고

= complete a. 완전한

★★ **distort** [distɔ́ːrt]
□0547

ⓥ (사실, 진실 등을) 왜곡하다, 곡해하다

Counselors need to learn how to read the messages without **distorting**. ● 10 모의

상담가들은 왜곡하지 않고 메시지들을 읽어내는 방법을 배워야 한다.

distortion n. 왜곡, 곡해

★★ **chew** [tʃuː]
□0548

ⓥ 씹다; (문제 등을) 곰곰이 생각하다

Don't bite off more than you can **chew**.

씹을 수 있는 것 이상을 베어 물지 마라. (= 지나친 욕심을 부지리 마라.)

★
□ 0549
dimensional
[diménʃənəl]

ⓐ 차원의; 치수의

Picasso took three-**dimensional** objects and tried to make them look flat. ● 10 전국연합
Picasso는 3차원의 물체를 채택해 그것들을 평면적으로 보이게 하려고 했다.

dimension n. 차원; 치수, 넓이(~s)

★★
□ 0550
clap
[klæp]

ⓥ 박수〔손뼉〕를 치다, 가볍게 두드리다

She applauded his passionate performance and **clapped** for a long time. ● 98 수능
그녀는 그의 열정적인 연주에 갈채를 보내고 오랫동안 박수를 쳤다.

★★
□ 0551
justify
[dʒʌ́stifài]

ⓥ 정당화하다

He never admits his mistakes and always tries to **justify** his behaviors.
그는 결코 자신의 실수를 인정하지 않고 늘 자신의 행동을 정당화하려고 한다.

justice n. 정의   **just** a. 올바른, 정당한
justification n. 정당화

★
□ 0552
overlap
[òuvərlǽp]

ⓥ 겹치다   ⓝ 중복

If their geographical market areas **overlap** with yours, they may be your competitors. ● 07 전국연합
그들의 지리적 시장 지역이 당신과 겹친다면, 그들이 당신의 경쟁자일 수도 있다.

★
□ 0553
membership
[mémbərʃìp]

ⓝ 회원 자격〔신분〕, 회원

Can I get 20% off with my **membership** card?
회원 카드로 20퍼센트 할인을 받을 수 있습니까?

Ⓩoom-in ǀ -ship(상태, 자격, 정신)이 포함된 어휘

| friend**ship** 우정 | relation**ship** 관계 | leader**ship** 지도력 |
| citizen**ship** 시민권 | scholar**ship** 학문, 장학금 | censor**ship** 검열 (제도) |

★★★
□ 0554
guilty
[gílti]

ⓐ 유죄의, 죄를 범한

A trial is a legal process to decide if someone is **guilty**.
재판은 어떤 사람이 죄가 있는지 없는지를 결정하는 법적 절차이다.

guilt n. 유죄   ↔ **innocent** a. 무죄의, 결백한
㊗ **plead (not) guilty** 유죄를 인정하다 (인정하지 않다)

★★ revise
□ 0555 [riváiz]

ⓥ 개정하다, 수정하다
Flight safety codes should be **revised**. ● 08 전국연합
비행 안전 규정은 개정되어야 한다.
revision n. 개정, 수정

 oom-in l 혼동하기 쉬운 revise vs. devise vs. advise
　　　　revise ⓥ 개정하다　　devise ⓥ 고안하다　　advise ⓥ 조언하다

★ simplify
□ 0556 [símpləfài]

ⓥ 단순화하다
The first step to happiness is to **simplify** your way of living.
행복으로 향하는 첫 단계는 삶의 방식을 단순화시키는 것이다.
simplified a. 단순화된　　**simplicity** n. 단순성
↔ **complicate** v. 복잡하게 하다

★★★ stare
□ 0557 [stɛər]

ⓥ 빤히 쳐다보다, 응시하다
I **stared** at her as we were alone in the room. ● 07 전국연합
우리만 방에 남게 되었을 때, 나는 그녀를 빤히 쳐다보았다.
㉿ **stare at** ~을 응시하다

★★★ height
□ 0558 [hait]

ⓝ 높이, 신장
If I drop this feather and apple from the same **height**, the apple hits the ground first. ● 10 모의
내가 같은 높이에서 이 깃털과 사과를 떨어뜨리면, 사과가 먼저 땅에 떨어진다.

★ rectangular
□ 0559 [rektǽŋgjulər]

ⓐ 직사각형의
The **rectangular** "shield kite" has a unique hole at its center. ● 06 수능
직사각형의 '방패연'은, 가운데 특이한 구멍이 있다.
rectangle n. 직사각형　　**cf. square** n. 정사각형 a. 정사각형의

★★★ punish
□ 0560 [pániʃ]

ⓥ 벌주다, 처벌하다
Zeus is known to **punish** those who lie.
Zeus는 거짓말을 하는 사람들에게 벌을 준다고 알려져 있다.
punishment n. 처벌, 형벌
㉿ **punish A for B** B 때문에 A를 (처)벌하다

TEST

A 다음 단어에 해당하는 영어 단어 또는 우리말을 쓰시오.

1. 보증, 보증서 _____
2. 강조하다, 역설하다 _____
3. 지속되다 _____
4. 희생, 제물 _____
5. 차원의; 치수의 _____
6. 회원 자격 _____
7. 벌주다, 처벌하다 _____
8. 왜곡하다 _____
9. 놀리다, 괴롭히다 _____
10. 충동, 추진 _____

11. coherent _____
12. nourish _____
13. destination _____
14. justify _____
15. revise _____
16. adjust _____
17. theft _____
18. rectangular _____
19. curiosity _____
20. simplify _____

B 빈칸에 알맞은 단어를 〈보기〉에서 골라 쓰되, 문맥에 맞게 변형하시오.

adjust	distort	cherish	justify	revise	bump

1. I _____ the wall while parking the car.

2. Whenever I _____ volume on speakers, they make a crackling sound.

3. He never admits his mistakes and always tries to _____ his behaviors.

4. Flight safety codes should be _____.

5. I'll _____ the happy times we had together.

6. Counselors need to learn how to read the messages without _____.

duc(t) 이끌다 (lead)

1364 e**duc**ation 교육
intro**duce** 소개하다
1025 in**duce** 권유하다, 야기하다
1661 con**duct** 수행하다
de**duct** 공제하다
ab**duct** 유괴하다

pel/puls 몰다 (drive)

com**pel** 강요하다 1557
pro**pel** 추진하다 1002
ex**pel** 추방하다 1556
re**pel** 물리치다
pulse 맥박 1147
im**puls**e 충동 0523

선도·유도
강요

press 누르다 (press)

0069 **press**ure 압력, 압박
ex**press** 표현하다
de**press** 우울하게 하다
0938 com**press** 압축하다
1851 sup**press** 억압하다
1861 op**press** 억압하다

trud/thrust 밀다 (push, press)

in**trude** 참견하다, 침입하다 1964
in**trud**er 침입자
ex**trude** 밀어내다
pro**trude** 튀어나오다
thrust 세게 밀다

DAY 15

어휘 더하기 : 어원공식 ⑮ 두다 · 달다 · 던지다

01	02	03	04	05	06	07	08	09	10
●	●	●	●	●	●	●	●	●	●

11	12	13	14	15	16	17	18	19	20
●	●	●	●	●					

21	22	23	24	25	26	27	28	29	30

31	32	33	34	35	36	37	38	39	40

41	42	43	44	45	46	47	48	49	50

Day 14 | Review

앞에서 학습한 단어를 얼마나 기억하는지 체크해 보세요.
기억이 나지 않는 단어는 다시 한 번 학습하세요.

□ sacrifice   □ theft

□ nourish   □ brief

□ impulse   □ destination

□ persist   □ bump

□ worthwhile   □ cherish

□ decay   □ absolute

□ illegal   □ distort

□ frequent   □ dimensional

□ equality   □ clap

□ adjust   □ justify

□ coherent   □ overlap

□ establish   □ guilty

□ shrine   □ revise

□ warranty   □ stare

□ delay   □ rectangular

★★
□ 0561 **imply**
[implái]

ⓥ 의미하다, 암시하다, 넌지시 비치다

Democracy does not **imply** a limitless diversity within society.

민주주의가 사회 내부의 무제한적인 다양성을 의미하는 것은 아니다.

implication n. 함축, 암시　= **hint, indicate** v. 암시하다

★★
□ 0562 **complicated**
[kámpləkèitid]

ⓐ 복잡한

These days people are feeling the pressure to live a **complicated** lifestyle. ● 07 전국연합

요즘 사람들은 복잡한 생활양식에 맞춰 살아야 하는 압박감을 느끼고 있다.

complicate v. 복잡하게 하다　**complication** n. 복잡, 복잡한 상태

 oom-in ㅣ **'복잡한'의 뜻을 가진 어휘**

complicated　많은 것이 서로 연결되어 있어 이해하기 힘들 정도로 복잡하다는 의미

sophisticated　기계나 기술 등이 정교하다는 면에서 복잡하다는 의미

★★
□ 0563 **flexible**
[fléksəbəl]

ⓐ 유연한, 구부리기 쉬운, 융통성이 있는

Stretching is a natural way to keep your muscles and joints **flexible**. ● 07 전국연합

스트레칭은 근육과 관절을 유연하게 유지시키는 자연스러운 방법이다.

flexibility n. 유연성, 융통성

↔ **inflexible, stiff, rigid** a. 뻣뻣한, 경직된

★★
□ 0564 **dominate**
[dáminèit]

ⓥ 지배하다

Your thoughts and feelings usually **dominate** your perceptions of the outer world. ● 07 전국연합

너의 생각과 감정이 대체로 외부 세계에 대한 너의 인식을 지배한다.

dominance n. 지배, 우세　**dominant** a. 지배적인

★
□ 0565 **accompany**
[əkʌ́mpəni]

ⓥ 동행하다, 동반하다, 수행하다

Children under 12 must be **accompanied** by an adult at all times. ● 09 모의

12세 이하 어린이는 항상 어른과 동행해야 한다.

㊕ **be accompanied by** ~와 동행하다, ~을 동반하다

★★
□ 0566
diminish
[dimíniʃ]

ⓥ 줄(이)다, 감소시키다

The technology revolution has not **diminished** our need for the elders' wisdom. ● 09 전국연합
과학기술 혁신은 연장자들의 지혜에 대한 우리의 필요성을 감소시키지는 않았다.

diminutive a. 소형의　　**diminution** n. 감소
= **reduce, decrease** v. 줄(이)다

★★
□ 0567
definite
[défənit]

ⓐ 명확한, 확실한

There are **definite** patterns in people's behavior depending on where they sit on a bus. ● 09 전국연합
버스에서 어디에 앉느냐에 따른 사람들의 행동에 명확한 패턴이 있다.

definition n. 정의　　↔ **indefinite** a. 분명치 않은, 막연한

oom-in l 혼동하기 쉬운 definite vs. infinite
definite ⓐ 명확한, 확실한　　　　infinite ⓐ 무한한

★
□ 0568
depict
[dipíkt]

ⓥ 묘사하다, 그리다

The body of the screaming person is **depicted** in curved lines. ● 07 전국연합
절규하는 사람의 몸이 곡선으로 묘사되어 있다.

depiction n. 묘사, 기술, 서술

★★★
□ 0569
consider
[kənsídər]

ⓥ 고려하다, 숙고하다; 간주하다

Mary invests in company A and **considers** switching to company B. ● 10 모의
Mary는 A 회사에 투자했다가 B 회사로 바꿔 투자할 것을 고려한다.

considerate a. 사려 깊은　　**considerable** a. 상당한

★★
□ 0570
encounter
[inkáuntər]

ⓥ (우연히) 만나다, 부딪히다　　ⓝ 마주침

I **encountered** a large dog without an owner when I was walking in the park.
나는 공원을 걷다가 주인 없는 큰 개를 우연히 만났다.

★
□ 0571
fake
[feik]

ⓐ 가짜의, 위조의　　ⓥ 위조하다

He purchased Manet's work, but it turned out to be **fake**.
그는 Manet의 작품을 구매했는데 가짜로 밝혀졌다.

= **counterfeit** a. 위조의 v. 위조하다　　↔ **genuine, authentic** a. 진짜의

★★
□ 0572 **ambitious**
[æmbíʃəs]

ⓐ 야망을 품은, 야심 찬

He must be an **ambitious** politician that has his eye on being president. ● 03 수능
그는 대통령이 되는 것을 염두에 두고 있는 야망 있는 정치가임이 분명하다.

★★★
□ 0573 **gaze**
[geiz]

ⓥ 응시하다, 뚫어지게 보다

He was **gazing** at the high waves.
그는 높은 파도를 응시하고 있었다.

Ⓩoom-in l '응시하다'의 뜻을 가진 어휘

stare 눈을 움직이지 않은 채 오랫동안 응시하다
gaze 관심·놀람·애정 등의 감정을 실어 오랫동안 응시하다
glare 화가 나서 누구를 노려보다

★★★
□ 0574 **wipe**
[waip]

ⓥ 닦다, 문지르다

Use a soft cloth to **wipe** away dirt and dust from the camera body.
카메라 본체의 흙먼지를 닦아내기 위해서는 부드러운 천을 이용해라.

㉀ **wipe out** ~을 없애다   cf. **windshield wiper** (자동차) 와이퍼

★★
□ 0575 **attach**
[ətǽtʃ]

ⓥ 붙이다, 첨부하다

When the spider is pregnant, she **attaches** the egg sac to herself. ● 06 모의
거미는 새끼를 배면 알주머니를 자신의 몸에 붙인다.

attachment n. 부착; 애착   ↔ **detach** v. 떼다
㉀ **attach A to B** A를 B에 붙이다

★
□ 0576 **crooked**
[krúkid]

ⓐ 구부러진, 기형의

Your leg appears **crooked** in a bathtub full of water.
너의 다리는 물이 가득 찬 욕조에서는 구부러진 것처럼 보인다.

= **bent, curved** a. 굽은, 구부러진   ↔ **straight** a. 곧은, 똑바른

★★★
□ 0577 **accomplish**
[əkámpliʃ]

ⓥ 이루다, 성취하다

Poor countries should **accomplish** the economic independence.
가난한 나라들은 경제적 독립을 이뤄야 한다.

accomplishment n. 업적, 성취   = **achieve** v. 이루다

★
□0578 **breeze**
[briːz]

ⓝ 산들바람, 미풍

Nothing but the rustling sound of leaves by the gentle **breeze** is heard. ●07 전국연합

부드러운 산들바람 때문에 잎사귀들의 부스럭거리는 소리만이 들린다.

★★★
□0579 **alternative**
[ɔːltə́ːrnətiv]

ⓐ 대체의, 양자택일의   ⓝ 대안, 양자택일

The government is trying hard to find **alternative** energy sources.

정부는 대체 에너지원을 찾기 위해 노력하고 있다.

alternate a. 교대의 v. 번갈아 나오다
alternation n. 교체, 교대

> **Z**oom-in I 혼동하기 쉬운 alternation vs. alteration
> alternation ⓝ 교체, 교대   alteration ⓝ 변경, 개조

★★★
□0580 **exclude**
[iksklúːd]

ⓥ 제외하다, 배제하다

When you photograph people, remember to **exclude** unwanted objects. ●06 수능

인물 사진을 찍을 때는 불필요한 대상들을 제외하는 것을 잊지 마시오.

exclusion n. 제외, 배제   **exclusive** a. 독점적인, 배타적인
exclusively ad. 배타적으로   ↔ **include** v. 포함하다

★
□0581 **lifelong**
[láiflɔ̀(ː)ŋ]

ⓐ 평생의, 일생의

There is a high correlation between **lifelong** education and income.

평생 교육과 수입 사이에는 높은 상관관계가 있다.

= **lifetime** a. 일생의   cf. **lifelong education** n. 평생 교육

★★★
□0582 **congratulate**
[kəngrǽtʃulèit]

ⓥ 축하하다

We **congratulate** you on your remarkable achievements in college. ●03 수능

대학에서 뛰어난 성적을 받은 것을 축하해.

congratulation n. 축하
㊗ **congratulate A**(사람) **on B** B에 대해 A를 축하하다

★★★ **fuel**
□ 0583 [fjúːəl]

ⓝ 연료　ⓥ ~에 연료를 공급하다
Investors are betting big on alternative fuels.　● 06 모의
투자자들은 대체 연료에 큰돈을 투자하고 있다.

★ **magnify**
□ 0584 [mǽgnəfài]

ⓥ 확대하다, 과장하다
His invention made it possible to magnify living tissues
up to 25,000 times.
그의 발명품으로 생체 조직을 최고 25,000배까지 확대할 수 있게 되었다.

magnificent a. 굉장한, 훌륭한　　**magnitude** n. 거대함, 중요성
cf. magnifying glass 확대경, 돋보기

★★ **incident**
□ 0585 [ínsidənt]

ⓝ 사건, 분쟁
One particular incident caused his personality change.
한 특정 사건이 그의 성격을 변하게 했다.

incidence n. 발생, 발병　　**incidental** a. 부수적인
incidentally ad. 부수적으로, 우연히

★ **await**
□ 0586 [əwéit]

ⓥ 기다리다
Thousands of soccer fans are awaiting the finals.
수천 명의 축구 팬들이 결승전을 기다리고 있다.

= wait for 기다리다

ⓩoom-in ǀ **await vs. wait**
　두 어휘는 의미상 차이는 없지만, await는 타동사로 뒤에 바로 목적어를 취하고 wait는 자동사로
뒤에 전치사 for를 쓴다.

★★ **vague**
□ 0587 [veig]

ⓐ 희미한, 모호한
Out of the dark came a vague voice, "Who's there?"　● 02 수능
어둠 속에서 "거기 누구요?"라는 희미한 목소리가 들렸다.

vagueness n. 막연함, 모호함　　↔ **vivid** a. 생생한, 선명한

★★★ **ideal**
□ 0588 [aidíːəl]

ⓐ 이상적인　ⓝ 이상
Becoming a physician seemed to be an ideal way to
explore the human mind.　● 06 모의
정신과 의사가 되는 것이 인간의 마음을 탐구하는 데 이상적인 방법 같았다.

idealistic a. 이상주의적인　　**idealist** n. 이상주의자

★★ **knee**
□ 0589 [niː]

ⓝ 무릎

The snow in the driveway was already halfway to his **knees**.
마당의 차량 진입로에는 눈이 벌써 그의 무릎 절반 높이까지 쌓여 있었다. ● 10 수능

kneel v. 무릎을 꿇다

Ⓩoom-in | **다리 각 부분의 명칭**

knee ⓝ 무릎, 무릎 관절   thigh ⓝ 넓적다리, 허벅지   shin ⓝ 정강이
calf ⓝ 종아리, 장딴지   ankle ⓝ 발목

★★★ **fortunate**
□ 0590 [fɔ́ːrtʃənit]

ⓐ 운이 좋은, 행운의

We are not always **fortunate** enough to enjoy a work
environment free of noise pollution. ● 06 수능
우리는 소음 공해가 없는 근로 환경을 누릴 만큼 늘 운이 좋은 것은 아니다.

fortune n. 재산; 행운   ↔ **unfortunate** a. 불운한, 불행한

★★ **nap**
□ 0591 [næp]

ⓝ 낮잠, 선잠

In Greece, they take a **nap** from 2 to 3:30 p.m. ● 06 전국연합
그리스에서는 오후 2시에서 3시 30분까지 낮잠을 잔다.

㉿ **take〔have〕a nap** 낮잠을 자다

★★★ **mood**
□ 0592 [muːd]

ⓝ 기분, 심기, 변덕(~s)

She has the natural ability to put people in a good **mood** by
telling them jokes.
그녀는 농담으로 사람들의 기분을 좋게 하는 타고난 능력을 갖고 있다.

㉿ **be in the mood for〔to〕** ~하고 싶은 기분이다

★★★ **shave**
□ 0593 [ʃeiv]

ⓥ 면도하다, 깎다   ⓝ 면도

This morning I cut myself while **shaving**, which left me a scar.
오늘 아침 나는 면도를 하다가 베었는데 흉터가 남았다.

★★ **vacuum**
□ 0594 [vǽkjuəm]

ⓝ 진공   ⓐ 진공의

The **vacuum** cleaner automatically recharges itself after
cleaning the entire floor. ● 07 전국연합
그 진공청소기는 바닥 전체를 청소한 후 자동으로 재충전된다.

★
□ 0595
likewise
[láikwàiz]

ⓐⓓ 마찬가지로

Likewise, we must occasionally call a timeout in life. ● 08 모의
마찬가지로, 우리는 때때로 인생에서 타임아웃을 외쳐야 한다.

---

 oom-in | -wise(방향, 방면, 방식)가 포함된 어휘

otherwise 그렇지 않으면   likewise 마찬가지로
clockwise 시계 방향으로   sidewise 옆으로

★★
□ 0596
vertical
[vɔ́ːrtikəl]

ⓐ 수직의

Wave height is the **vertical** distance between a crest and a trough. ● 09 전국연합
파고는 마루와 골 사이의 수직 거리이다.

cf. horizontal a. 수평(선)의   **diagonal** a. 대각선의

★★
□ 0597
vehicle
[víːikəl]

ⓝ 차(량), 탈것; 매개물, 매체

Hybrid **vehicles** are a growing trend. ● 06 전국연합
하이브리드 차량이 증가 추세이다.

★
□ 0598
airtight
[ɛ́ərtàit]

ⓐ 밀폐된; 기밀의

Householders want to cut down on heating bills, so they make their homes **airtight**. ● 07 전국연합
집주인들은 난방비를 줄이고 싶은 마음에 집을 밀폐시킨다.

★★★
□ 0599
servant
[sɔ́ːrvənt]

ⓝ 봉사자, 하인, 종

A wise man will cultivate a **servant's** spirit. ● 07 모의
현명한 사람은 봉사자의 정신을 연마할 것이다.

↔ **master** n. 주인   **cf. public servant** 공무원

★★
□ 0560
awesome
[ɔ́ːsəm]

ⓐ 아주 멋진, 굉장한, 경탄할 만한

For a while everybody was speechless because the scenery was **awesome**.
경치가 아주 멋졌기 때문에 모든 사람들이 잠시 할 말을 잃었다.

awe n. 경외(심)

TEST

A 다음 단어에 해당하는 영어 단어 또는 우리말을 쓰시오.

1. 유연한, 융통성 있는 _____
2. 확대하다 _____
3. 희미한, 모호한 _____
4. 밀폐된, 기밀의 _____
5. 가짜의, 위조하다 _____
6. 구부러진, 기형의 _____
7. 복잡한 _____
8. 사건, 분쟁 _____
9. 야망을 품은, 야심 찬 _____
10. 고려하다, 숙고하다 _____

11. depict _____
12. likewise _____
13. awesome _____
14. accompany _____
15. dominate _____
16. alternative _____
17. await _____
18. encounter _____
19. lifelong _____
20. vertical _____

B 빈칸에 알맞은 단어를 〈보기〉에서 골라 쓰되, 문맥에 맞게 변형하시오.

| attach | imply | mood | dominate | accompany | depict |

1. The body of the screaming person is _____ in curved lines.

2. Democracy does not _____ a limitless diversity within society.

3. She has the natural ability to put people in a good _____ by telling them jokes.

4. Children under 12 must be _____ by an adult at all times.

5. When the spider is pregnant, she _____ the egg sac to herself.

6. Your thoughts and feelings usually _____ your perceptions of the outer world.

Answer Keys _____

A 1. flexible 2. magnify 3. vague 4. airtight 5. fake 6. crooked 7. complicated 8. incident 9. ambitious
10. consider 11. 묘사하다 12. 마찬가지로 13. 아주 멋진, 굉장한 14. 동행하다, 수행하다 15. 지배하다 16. 대체의,
양자택일의 17. 기다리다 18. (우연히) 만나다 19. 평생의 20. 수직의   **B** 1. depicted 2. imply 3. mood
4. accompanied 5. attaches 6. dominate

어휘＋더하기

어원공식 15 두다·달다·던지다

sert/ser 놓다 (put)

0323 in**sert** 삽입하다
1777 de**sert** 버리다; 사막
0601 as**sert** 단언하다
serve 제공하다

pos/pon 놓다 (put, place)

de**pos**it 예금하다 1732
im**pos**e 부과하다 1559
pur**pos**e 목적 0117
post**pon**e 연기하다 0772
com**pon**ent 구성 요소 1511
op**pon**ent 반대하는 사람 1512

두다·달다
던지다

pend/pens/pond
매달다 (hang), 무게를 달다 (weigh)

1686 sus**pend** 매달다, 중지하다
1500 ex**pend** 소비하다
ap**pend**ix 부록
0020 dis**pens**e 분배하다
0321 com**pens**ate 보상하다
1933 **pond**er 숙고하다

ject 던지다 (throw)

in**ject** 주사하다 0862
pro**ject** 계획(하다) 1794
re**ject** 거절하다 0613
ob**ject** 물건, 목표, 대상 1608
sub**ject** 주제, 학과 1612

5 일마다 꿀꺽~

숙어 꿀꺽 | Day 11 - Day 15

□ **go steady with** ~와 정식으로 교제하다 → 0431

Robert was **going steady with** Susan.
Robert는 Susan과 정식으로 교제 중이었다.

□ **not to mention** ~은 말할 것도 없고(= let alone) → 0448

Even elementary school children carry cell phones, **not to mention**
middle and high school students.
중고등학생은 말할 것도 없고, 초등학생들조차도 휴대폰을 가지고 다닌다.

□ **cope with** ~에 대처하다 → 0455

She thought about how to **cope with** this trouble.
그녀는 이 문제에 어떻게 대처해야 할지를 생각했다.

□ **be aware of** ~을 알고 있다 → 0484

We need to **be aware of** the importance of family meals.
우리는 가족이 함께 하는 식사의 중요성을 알아야 한다.

□ **forbid A to ~** A가 ~하는 것을 금지하다 → 0510

The king strictly **forbade** people **to look** at his daughter.
왕은 사람들이 그의 딸을 보는 것을 엄격히 금지시켰다.

□ **be worthwhile -ing/to** 부정사 ~할 가치가 있다 → 0525

It **is worthwhile watching** (**to watch**) the documentary entitled
"Tears in the Amazon."
'아마존의 눈물' 이라는 제목의 다큐멘터리는 볼 만한 가치가 있다.

□ **take ~ into consideration〔account〕** ~을 고려하다 → 0569

You should take a few things into consideration before leaving home.
당신은 집을 떠나기 전에 몇 가지를 고려해야만 한다.

□ **be in the mood to ~** ~하고 싶은 기분이다 → 0592

The landscape was beautiful but I was not in the mood to enjoy anything.
경치는 아름다웠지만, 나는 어떤 것도 즐기고 싶은 기분이 아니었다.

□ **play a part〔role〕in** ~의 역할을 하다

A patient's mood may play an important part in the recovery.
환자의 기분이 회복에 중요한 역할을 할 수 있다.

□ **have no choice but to ~**
~하는 것 외에 선택의 여지가 없다(= cannot help -ing)

We had no choice but to take a detour because of construction.
우리는 공사 때문에 우회로를 택하는 것 외에 선택의 여지가 없었다.

□ **keep〔stop/prevent/prohibit〕A from -ing**
A가 ~하는 것을 막다〔방해하다〕

Being disabled has stopped Julian from being a painter.
불구가 된 것이 Julian이 화가가 되는 것을 막지 못했다.

□ **rob A of B** A에게서 B를 빼앗다〔강탈하다〕 → 0181

The stress and strains will rob us of joy and happiness.
스트레스와 긴장이 우리에게서 기쁨과 행복을 빼앗을 것이다.

DAY 16

어휘 더하기 : 어원공식 ⑯ 가치 · 평가

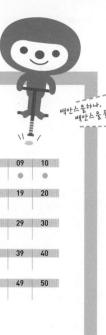

01	02	03	04	05	06	07	08	09	10
●	●	●	●	●	●	●	●	●	●

11	12	13	14	15	16	17	18	19	20
●	●	●	●	●	●	●			

21	22	23	24	25	26	27	28	29	30

31	32	33	34	35	36	37	38	39	40

41	42	43	44	45	46	47	48	49	50

Day 15 | Review

앞에서 학습한 단어를 얼마나 기억하는지 체크해 보세요.
기억이 나지 않는 단어는 다시 한 번 학습하세요.

- □ imply
- □ complicated
- □ flexible
- □ dominate
- □ accompany
- □ definite
- □ depict
- □ encounter
- □ fake
- □ gaze
- □ wipe
- □ attach
- □ crooked
- □ alternative
- □ exclude

- □ congratulate
- □ fuel
- □ magnify
- □ incident
- □ vague
- □ ideal
- □ nap
- □ shave
- □ vacuum
- □ likewise
- □ vertical
- □ vehicle
- □ airtight
- □ servant
- □ awesome

Wow!!

★
□ 0601
assert
[əsə́:rt]

ⓥ 주장하다, 단언하다

That person **asserted** that astrology is not only unscientific but also illogical. ● 07 전국연합

그 사람은 점성술이 비과학적일 뿐만 아니라 논리적이지도 못하다고 주장했다.

assertive a. 단정적인, 독단적인　　**assertion** n. 단언, 단정
cf. self-assertive a. 자기주장이 강한　　**self-assertion** n. 자기주장

★★
□ 0602
mentor
[méntər]

ⓝ 멘토, 조언자, 스승

Each new employee will be assigned to a **mentor**. ● 05 전국연합

각각의 신입사원에게는 멘토가 배정될 것이다.

cf. sage n. 현자　　**guru** n. 영적인 스승

★★
□ 0603
bargain
[bá:rgən]

ⓝ 싼 물건; 거래　ⓥ 흥정하다

For travelers, farm-stays can be a real **bargain** over hotels.

여행자들에게 농장체험 민박은 호텔에 비해 진짜 특가(싼 가격)일 수 있다.

cf. bargain sale 할인 판매, 바겐세일

---

oom-in ㅣ '정말 싸다' 는 표현으로는 It's a real bargain. / It's a steal. / It's a good buy. 등이
있다. 반대로 '바가지를 썼다' 는 표현은 That's a rip-off.라고 한다.

★★★
□ 0604
delighted
[diláitid]

ⓐ (사람이) 기쁜, 즐거운

I'm **delighted** to share all this with my readers. ● 03 수능

나는 이 모든 것을 독자들과 함께하게 되어 기쁩니다.

delightful a. 기쁨을 주는, 즐거운
delight n. 기쁨, 즐거움　v. 매우 기쁘게 하다

★★★
□ 0605
donate
[dóuneit]

ⓥ 기부〔기증〕하다

You can also **donate** your time and efforts. ● 07 전국연합

여러분은 시간과 노력도 기부할 수 있습니다.

donation n. 기부　　**donor** n. 기부자
cf. blood donation 헌혈

★★
□ 0606
browse
[brauz]

ⓥ (상품을) 둘러보다; (인터넷을) 검색하다

On Websites prospective customers can **browse** the company's merchandise. ● 06 전국연합

잠재 고객들은 웹사이트에서 그 회사의 상품들을 둘러볼 수 있다.

㊙ **browse through** ~을 여기저기 훑어보다

★
□ 0607
flatter
[flǽtər]

ⓥ 기쁘게 생각하다; 아첨하다

I am **flattered** to have been chosen to receive this scholarship. ● 06 모의
이 장학금 수령자로 뽑히게 되어 기쁘게 생각합니다.

flattery n. 아첨
flattering a. 아첨하는; (실제보다) 돋보이는

 oom-in ┃ '칭찬하다'의 뜻을 가진 어휘
  flatter 듣는 사람의 기분을 좋게 하기 위해 비위를 맞추듯 하는 칭찬
  compliment, praise 마음에서 우러나와 감탄이나 찬미와 더불어 하는 칭찬

★★
□ 0608
found
[faund]

ⓥ 설립하다, 창시하다; ~에 기반을 두다

In 1969, Tabei **founded** a women's climbing club. ● 09 전국연합
1969년에 Tabei는 여성 산악회를 설립했다.

foundation n. 기초, 설립
= **set up, establish** 세우다, 설립하다

★★
□ 0609
neglect
[niglékt]

ⓥ 소홀히 하다, 무시하다 ⓝ 태만, 소홀

The desire to be successful at work may cause people to **neglect** home life. ● 05 전국연합
직장에서 성공하려는 욕망 때문에 사람들은 가정생활을 소홀히 할 수도 있다.

neglectful a. 태만한, 무관심한   **negligible** a. 무시해도 좋은, 하찮은
= **ignore, disregard** v. 무시하다

★★
□ 0610
comprehend
[kɔ̀mprihénd]

ⓥ 이해하다, 파악하다

Selfish people couldn't **comprehend** that someone might see the world differently.
이기적인 사람들은 누군가는 세상을 다르게 볼 수도 있다는 것을 이해하지 못한다.

comprehensive a. 이해하는   **comprehension** n. 이해(력)

★★★
□ 0611
endure
[indúər]

ⓥ 견디다, 인내하다, 참다

Shackleton's group had to **endure** temperatures as low as twenty degrees below zero. ● 10 전국연합
Shackleton의 대원들은 영하 20도까지 내려가는 온도를 견뎌야만 했다.

endurance n. 인내력, 참을성   **endurable** a. 참을 수 있는
= **stand, bear, tolerate** v. 참다, 견디다

★★
☐0612
stuff
[stʌf]

ⓝ 물건, 재료, 자료   ⓥ 채우다, 채워 넣다

We have to get rid of some **stuff** because we're going to move. 우리는 이사할 계획이라 몇 가지 물건을 버려야 한다.

stuffy a. 통풍이 안 되는, 숨 막히는   **stuffed** a. 속을 채운, 박제한

★★
☐0613
reject
[ridʒékt]

ⓥ 거절하다, 거부하다, 퇴짜 놓다

Fear of being **rejected** can keep us from seeking help. ● 09 전국연합
거절당할지도 모른다는 두려움 때문에 우리는 도움을 청하지 못할 수도 있다.

rejection n. 거절, 거부
= **refuse, decline** v. 거절하다

Ⓩoom-in | 혼동하기 쉬운 rejection vs. dejection vs. injection vs. objection

rejection ⓝ 거절, 거부   dejection ⓝ 낙담, 실의
injection ⓝ 주입, 주사   objection ⓝ 반대

★★★
☐0614
virtue
[vә́ːrtʃuː]

ⓝ 덕목, 선행, 장점

Patience is clearly an important **virtue**. ● 10 수능
인내는 분명히 중요한 덕목이다.

↔ **vice** n. 악, 악덕

★★
☐0615
disability
[dìsәbílәti]

ⓝ (신체적, 정신적) 장애; 무능(력)

Heather Whitestone became the first person with a **disability** to win Miss America. ● 07 전국연합
Heather Whitestone은 장애를 가진 사람으로는 최초로 미스 아메리카가 되었다.

disabled a. 불구가 된, 신체 장애의

★★★
☐0616
government
[gʌ́vәrnmәnt]

ⓝ 정부, 통치

Without the **government's** support, the performing arts cannot survive. ● 03 수능
정부의 지원이 없다면 공연 예술은 살아남을 수 없다.

govern v. 다스리다, 통치하다   **governor** n. 주지사, 통치자

★★★
☐0617
secretary
[sékrәtèri]

ⓝ 비서; (미국의) 장관(S~)

After graduation, Rowling worked as a **secretary** in London.
Rowling은 졸업 후 런던에서 비서로 일했다.   ● 07 전국연합

cf. the Secretary of State (미) 국무장관

★★
□0618 **remark**
[rimɑ́:rk]

ⓝ 말, 의견, 논평   ⓥ 말하다; 주목하다
Children and adults alike want to hear positive **remarks**.
아이와 어른 모두가 긍정적인 말을 듣고 싶어한다.   ● 01수능
remarkable a. 주목할 만한(= notable, outstanding)

★★
□0619 **referee**
[rèfərí:]

ⓝ 심판
As the **referee** counted, almost all of the fans were
counting together with him. ● 09 전국연합
심판이 카운트를 하자, 거의 모든 팬들이 함께 카운트를 하고 있었다.

★★
□0620 **loose**
[lu:s]

ⓐ 풀린, 느슨한, 헐렁헐렁한
Two screws on the door hinge are **loose** so I can't shut the
door tight.
문 경첩에 나사 두 개가 풀려서 문을 꼭 닫을 수 없다.
loosen v. 풀다, 느슨하게 하다

★★
□0621 **resident**
[rézidənt]

ⓝ 주민, 거주자   ⓐ 거주하는
The **residents** living near the stadium were very angry
about all the noise. ● 06 전국연합
경기장 근처에 사는 주민들은 온갖 소음 때문에 매우 화가 났다.
residence n. 거주, 주택   **residential** a. 주거의, 주택지의
reside v. 거주하다, 살다(= live, dwell)

★★
□0622 **widespread**
[wáidspred]

ⓐ 광범위한, 널리 퍼진
Korean films have grown enough to receive **widespread**
international recognition. ● 06 전국연합
한국 영화는 광범위한 국제적 인정을 받을 정도로 성장했다.
= prevailing, prevalent a. 널리 퍼진

★★
□0623 **manufacture**
[mæ̀njufǽktʃər]

ⓝ 제조, 생산   ⓥ 제조하다, 생산하다
These chemicals enter the soil during **manufacture** and
disposal. ● 06 전국연합
이 화학물질들은 제조와 처리 과정에서 토양으로 들어간다.
manufacturer n. 제조업자, 생산자

★
□0624
suck
[sʌk]

ⓥ (액체, 기체 등을) 빨아들이다, 빨아 먹다

Does the vacuum cleaner **suck** up the dust properly? ● 05 모의
그 진공청소기는 먼지를 잘 빨아들이나요?

★
□0625
shift
[ʃift]

ⓥ 이동시키다, 방향을 바꾸다 ⓝ 이동, 변화, 교대

E-commerce **shifts** the balance of power in favor of the customer. ● 05 모의
전자상거래는 힘의 균형을 고객 쪽으로 이동시킨다.

cf. day〔night〕shift 주간〔야간〕조

★★★
□0626
meaningful
[míːniŋfəl]

ⓐ 의미 있는, 중요한

What is the most **meaningful** gift you have ever received?
당신이 이제껏 받은 선물 중 가장 의미 있는 것은 무엇입니까?

↔ **meaningless** a. 의미 없는

★★★
□0627
narrow
[nǽrou]

ⓐ 좁은, 한정된 ⓥ 좁히다

Scientists set up a **narrow** track along which the ant had to trace. ● 07 전국연합
과학자들은 개미가 따라가야 하는 좁은 경로를 설정했다.

↔ **wide, broad** a. 폭이 넓은
cf. narrow-minded a. 마음이 좁은

★★
□0628
handicap
[hǽndikæp]

ⓝ (신체적, 정신적) 장애 ⓥ 불리한 입장에 두다

In fact, most physical **handicaps** have nothing to do with learning ability.
사실, 대부분의 신체적 장애는 학습 능력과 관계가 없다.

Ⓩoom-in | 신체적, 정신적 장애가 있는 장애인들을 표현하는 말로는 **the disabled, the handicapped** 가 있다. 하지만 이런 표현들에는 '장애, 불구'라는 의미가 내포되어 있기 때문에 최근에는 **the challenged**(도전 받은 사람들)라는 말로 완곡하게 표현한다.

★★
□0629
refund
[ríːfʌnd]

ⓝ 환불 ⓥ 환불하다

You can't get a **refund** without a receipt. ● 09 전국연합
영수증이 없으면 환불을 받으실 수 없습니다.

🔊 **get a refund** 환불을 받다
cf. full refund 전액 환불 **tax refund** 세금 환급

★
□0630 **overwhelming**
[òuvərhwélmiŋ]

ⓐ 압도적인

Achievers never see a problem as being **overwhelming**.
성취하는 사람들은 어떤 문제가 압도적인 것이라고 보지 않는다. ● 10 전국연합

overwhelm v. 압도하다   **overwhelmed** a. 압도되는
cf. overwhelming majority 압도적인 다수

★★
□0631 **starve**
[stɑ:rv]

ⓥ 굶주리다; 갈망하다

He was **starving** and had motion sickness. ● 07 전국연합
그는 배가 고팠고 멀미가 났다.

starvation n. 기아, 아사(상태)

★
□0632 **stun**
[stʌn]

ⓥ (놀람, 기쁨으로) 어리벙벙하게 하다, 기절시키다

He was **stunned** to find the rabbit sitting in its cage eating
a carrot. ● 06 전국연합
그는 우리 안에 앉아서 당근을 먹고 있는 토끼를 발견하고 어리벙벙했다.

stunning a. 아연하게 하는; (놀랄 만큼) 매력적인

★★
□0633 **erase**
[iréis]

ⓥ 지우다, 삭제하다

My younger brother accidentally **erased** all the text
messages on my cell phone.
남동생이 실수로 내 휴대폰의 모든 문자 메시지를 지워버렸다.

★★
□0634 **mission**
[míʃən]

ⓝ 사명, 천직, 임무

Their **mission** is to move the nation and the world towards
justice. ● 09 수능
그들의 사명은 정의를 위해 국가와 세계를 움직이게 하는 것이다.

missionary n. 선교사 a. 선교의, 전도의

★
□0635 **reunion**
[ri:jú:niən]

ⓝ (가족, 동문 등의) 재회, 재결합, 친목회

The South Korea government is organizing **reunions** for
separated families on Aug 15.
한국 정부는 8월 15일에 이산가족의 재회를 준비할 것이다.

★
□0636
shrug
[ʃrʌg]

ⓥ 어깨를 으쓱하다

He **shrugged** and said, "Omit the surplus words to write a clear article."

그는 어깨를 으쓱하며 말했다. "명확한 기사를 쓰려면 군더더기 말들을 빼라."

㊬ **shrug off** (시시해서) 무시하다, 떨쳐버리다

★
□0637
session
[séʃən]

ⓝ (특정 활동을 위한) 수업, 학기; 회의

After the morning **session** was over, he kept on teasing me.

오전 수업이 끝난 후에도 그는 계속해서 나를 놀렸다.

㊬ **in session** 회의 중인
cf. summer〔winter〕 session 여름〔겨울〕 학기

★★
□0638
relate
[riléit]

ⓥ 관련이 있다; 이야기하다

This problem doesn't **relate** to his friends at all.

이 사건은 그의 친구들과 아무런 관련이 없다.

related a. 관련된; 친척의　　**relationship** n. 관계, 관련
㊬ **relate to** ~와 관련이 있다

★
□0639
magnificent
[mægnífisənt]

ⓐ 굉장히 멋진, 훌륭한, 웅장한

The night sky was **magnificent**. ● 05 전국연합

밤하늘은 굉장히 멋졌다.

magnificence n. 장대, 장엄, 훌륭함
cf. magnitude n. 규모, 중요성; (지진의) 진도

★★
□0640
authority
[əθɔ́ːrəti]

ⓝ 권위, 권한; 당국(~s)

Young people begin to challenge their parents' **authority**.

젊은이들은 부모의 권위에 도전하기 시작한다. ● 05 전국연합

authorize v. 권한〔권위〕을 부여하다
authoritative a. 권위 있는, 당국의
authoritarian a. 권위주의의, 독재주의의

---

oom-in l authority는 단수형으로는 '권한, 권위'의 뜻이지만, 복수형 authorities는 '당국'을 뜻한다.

TEST

A 다음 단어에 해당하는 영어 단어 또는 우리말을 쓰시오.

1. 주민, 거주자 _____
2. 사명, 임무 _____
3. 권위, 권한 _____
4. 거절하다 _____
5. 견디다, 참다 _____
6. 아첨하다 _____
7. 환불 _____
8. 어깨를 으쓱하다 _____
9. 풀린, 느슨한 _____
10. 소홀히 하다 _____

11. secretary _____
12. erase _____
13. manufacture _____
14. overwhelming _____
15. reunion _____
16. browse _____
17. disability _____
18. stun _____
19. magnificent _____
20. found _____

B 빈칸에 알맞은 단어를 〈보기〉에서 골라 쓰되, 문맥에 맞게 변형하시오.

> mentor   comprehend   stuff   government   meaningful   refund

1. You can't get a _____ without a receipt.

2. Without the _____ support, the performing arts cannot survive.

3. Each new employee will be assigned to a _____.

4. What is the most _____ gift you have ever received?

5. We have to get rid of some _____ because we're going to move.

6. Selfish people couldn't _____ that someone else might see the world differently.

Answer Keys

A 1. resident 2. mission 3. authority 4. reject 5. endure 6. flatter 7. refund 8. shrug 9. loose
10. neglect 11. 비서; 장관 12. 지우다 13. 제조, 제조하다 14. 압도적인 15. 재회, 재결합 16. 둘러보다; 검색하다
17. 장애; 무능 18. 어리벙벙하게 하다 19. 굉장히 멋진, 훌륭한 20. 설립하다, 창시하다
B 1. refund 2. government's 3. mentor 4. meaningful 5. stuff 6. comprehend

어휘＋더하기 · 어원공식 ⑯ 가치·평가

val/vail
가치 있는 (worth), 강한 (strong)

value 가치; 평가하다
1219 e**val**uate 평가하다
0044 **val**id 유효한, 타당한
1816 pre**val**ent 널리 퍼진
0081 a**vail**able 이용할 수 있는
pre**vail** 우세하다, 이기다

preci/pric/prais
값 (price)

precious 귀중한 1420
ap**preci**ate 인정하다 1625
de**preci**ate 평가절하하다
priceless 매우 귀중한 1275
praise 칭찬(하다)

가치·평가

nov/new 새로운 (new)

1752 **nov**el 소설; 새로운
novelty 신기한 것
1052 in**nov**ation 혁신, 개혁
1953 re**nov**ate 수선(수리)하다
1164 re**new** 갱신하다

estim/esteem 평가하다 (value)

estimate 평가하다 0440
over**estim**ate 과대평가하다
under**estim**ate 과소평가하다
esteem 존경(하다)
self-**esteem** 자존심 0245

DAY 17

어휘 더하기 : 어원공식 **⑰** 동등 · 같음

01	02	03	04	05	06	07	08	09	10
●	●	●	●	●	●	●	●	●	●

11	12	13	14	15	16	17	18	19	20
●	●	●	●	●	●	●	●	●	●

21	22	23	24	25	26	27	28	29	30

31	32	33	34	35	36	37	38	39	40

41	42	43	44	45	46	47	48	49	50

Day 16 | **Review**

앞에서 학습한 단어를 얼마나 기억하는지 체크해 보세요.
기억이 나지 않는 단어는 다시 한 번 학습하세요.

- □ mentor
- □ bargain
- □ donate
- □ browse
- □ flatter
- □ neglect
- □ comprehend
- □ endure
- □ stuff
- □ reject
- □ virtue
- □ remark
- □ referee
- □ loose
- □ resident

- □ widespread
- □ manufacture
- □ suck
- □ shift
- □ meaningful
- □ handicap
- □ refund
- □ overwhelming
- □ stun
- □ erase
- □ mission
- □ reunion
- □ shrug
- □ magnificent
- □ authority

wow!!

★★ dispute
□ 0641 [dispjúːt]

ⓝ 논쟁, 논의   ⓥ 논쟁하다, 논하다

A good communicator can play a key role in resolving **disputes**.

의사소통을 잘하는 사람은 논쟁을 해결하는 데 중요한 역할을 할 수 있다.

= **argument** n. 논쟁   = **argue, debate** v. 논쟁하다

★★★ survive
□ 0642 [sərváiv]

ⓥ 살아남다; ~보다 오래 살다

Although she **survived**, the illness left her almost deaf.

그녀는 살아남았지만 병 때문에 거의 귀머거리가 되었다.   ● 07 전국연합

survival n. 생존

★ Antarctic
□ 0643 [æntáːrktik]

ⓝ 남극, 남극 지역

The world's most abundant food source is the krill in the **Antarctic** Ocean.

세계에서 가장 풍부한 식량원은 남극해에 있는 크릴이다.

Ⓩoom-in l 5대양

the Pacific (Ocean) 태평양	the Atlantic (Ocean) 대서양
the Indian Ocean 인도양	the Arctic Ocean 북극해
the Antarctic Ocean 남극해	

★ steep
□ 0644 [stiːp]

ⓐ 가파른, 경사가 급한

A plateau has **steep** sides that rise above the surrounding land. ● 09 전국연합

고원의 옆면은 주변의 대지 위로 가파르게 솟아올라 있다.

cf. a steep〔gentle, gradual〕slope 가파른〔완만한〕경사

★★ awake
□ 0645 [əwéik]

ⓐ 잠이 깬   ⓥ 깨다, 자각하다, 깨닫다

He is lying **awake** waiting for his alarm to go off.

그는 알람이 꺼지기를 기다리며 잠이 깬 채 누워 있다.

awaken v. ~을 깨우다   **awakening** n. 자각, 깨달음

★★ navigate
□ 0646 [nævəgèit]

ⓥ 항해하다, 조종하다

I'm interested in learning how to **navigate** by the stars.

나는 별을 보고 항해하는 법을 배우는 데 관심이 있다.

navigation n. 항해(술)   **navigator** n. 항해자, 탐험가

★
□0647 **headquarters**
[hédkwɔ̀:rtərz]

ⓝ 본부, 본사; (군대의) 사령부

The RPC(Rainbow PUSH Coalition), founded in 1996, has its **headquarters** in Chicago.
1996년에 설립된 RPC는 시카고에 본부가 있다.

headquarter v. 본부를 두다

---

oom-in l **head-가 포함된 어휘**

headmaster 교장 　　　　　　　　　**head**line (신문 1면의) 표제, 제목
head office 본사 　　　　　　　　　**head** coach 수석 코치, (야구) 감독

★★
□0648 **guarantee**
[gæ̀rəntí:]

ⓥ 보장하다, 보증하다 　ⓝ 보증, 보증서, 개런티

The introduction of unique products alone does not **guarantee** market success. ● 06 수능
독특한 상품의 도입만으로는 시장에서의 성공이 보장되지 않는다.

= **warrant** v. 보증하다
cf. **quality guarantee** 품질 보증

★★
□0649 **pioneer**
[pàiəníər]

ⓝ 개척자, 선구자 　ⓐ 초창기의, 선구적인

Johnny planted apple seeds in the land where earlier **pioneers** had cut off all trees.
Johnny는 초기 개척자들이 모든 나무들을 벤 그 땅에 사과 씨앗을 심었다.

= **colonist** n. 식민지 개척자 　= **settler** n. (초기의) 식민지 정착자

★
□0650 **beverage**
[bévəridʒ]

ⓝ 음료

The government recently enacted a law banning the sale of alcoholic **beverages**.
정부는 최근 알코올 음료의 판매를 금지하는 법을 제정했다.

cf. **carbonated beverage** 탄산 음료

★★
□0651 **regard**
[rigá:rd]

ⓥ 여기다, 생각하다 　ⓝ 관계, 고려

Cleanliness and good manners came to be **regarded** as virtues. ● 08 전국연합
청결과 예의범절은 미덕으로 여겨지게 되었다.

㊀ **regard**〔think of, look upon〕**A as B** A를 B로 여기다
in〔with〕**regard to** ～와 관련하여

★★ **seldom**
□0652 [séldəm]

ⓐ 좀처럼 ~ 않는

Students **seldom** mention reading as a key to academic success. ● 05 전국연합

학생들은 좀처럼 독서를 학문적 성공의 열쇠라고 말하지 않는다.

= **hardly, scarcely, rarely** ad. 거의 ~ 않는

★★★ **spirit**
□0653 [spírit]

ⓝ 정신, 마음, 영혼; 활기(~s)

The person who develops a servant's **spirit** becomes wealthy. ● 07 모의

봉사 정신이 뛰어난 사람은 부유해진다.

spiritual a. 정신적인, 영적인   ↔ **material** n. 물질

★★ **sociable**
□0654 [sóuʃəbəl]

ⓐ 사교적인, 붙임성 있는

I want to become more **sociable** in school.

난 학교에서 좀 더 사교적이면 좋겠다.

↔ **unsociable** a. 비사교적인   cf. **socialization** n. 사회화

★★★ **haste**
□0655 [heist]

ⓝ 서두름, 급함

Haste makes waste.

서두르면 일을 망친다. 〈속담〉

hasten v. 재촉하다, 서두르다
⊛ **in haste** 서둘러(= in a hurry)

★★ **resolve**
□0656 [rizɔ́lv]

ⓥ 해결하다; 결심〔결의〕하다

We must try to **resolve** conflicts. ● 10 수능

우리는 갈등을 해결하기 위해 노력해야 한다.

resolution n. 해결, 결심   **resolute, resolved** a. 단호한
= **solve** v. 해결하다

Ⓩoom-in ㅣ 혼동하기 쉬운 resolve vs. dissolve
resolve ⓥ 해결하다; 결심하다   **dissolve** ⓥ 녹이다, 용해하다

★★ **mercy**
□0657 [mə́ːrsi]

ⓝ 자비, 관용

He is cold blooded and knows no **mercy**.

그는 냉혹하며 자비를 모른다.

merciful a. 자비로운, 인정 많은(↔ **merciless** a. 무자비한)
⊛ **at the mercy of** ~에 좌우되어   cf. **mercy killing** 안락사

★★ **compassion** ⓝ 동정, 연민
□ 0658 [kəmpǽʃən]

When I looked into your eyes, kindness and **compassion** were evident. ● 09 전국연합
내가 당신의 눈을 들여다보았을 때, 친절과 동정심이 분명히 있었다.

compassionate a. 인정이 많은, 동정심이 있는

★★ **combination** ⓝ 결합, 조합
□ 0659 [kàmbənéiʃən]

Sitcom is the **combination** of "situation" and "comedy."
시트콤은 'situation(상황)'과 'comedy(코미디)'의 합성어이다. ● 05 전국연합

combine v. 결합시키다

★★ **defect** ⓝ 결함, 결점 ⓥ (정당, 국가 등을) 버리다, 떠나다
□ 0660 [difékt]

The tragic heroes in Shakespeare's plays possess their own **defects** of character. ● 10 모의
Shakespeare 연극의 비극적 영웅들은 저마다의 성격적 결함을 가지고 있다.

defective a. 결함이 있는 = flaw, deficiency n. 결점

 oom-in | 혼동하기 쉬운 defect vs. effect vs. affect
defect ⓝ 결점, 결함 effect ⓝ 결과, 효과 affect ⓥ ~에 영향을 미치다

★★★ **consist** ⓥ 이루어져[구성되어] 있다; ~에 있다
□ 0661 [kənsíst]

The Maldives **consists** of 1,190 tiny islands. ● 09 전국연합
몰디브는 1,190개의 작은 섬들로 이루어져 있다.

㊚ **consist of** ~로 이루어져 있다 **consist in** ~에 있다

★★ **adequate** ⓐ 적절한, 충분한
□ 0662 [ǽdikwit]

All travellers should have **adequate** travel insurance.
모든 여행자들은 적절한 여행 보험에 가입해야 한다. ● 07 수능

↔ **inadequate** a. 불충분한

★ **endow** ⓥ (재능, 특징 등을) 부여하다; (돈을) 기부하다
□ 0663 [indáu]

Men have been **endowed** with thick skin to be suitable for harsh conditions. ● 06 전국연합
남자들은 거친 환경에 적당한 두꺼운 피부를 부여받았다.

endowment n. 기부; 천부적 재능(~s)
㊚ **endow A with B** A에게 B를 부여하다

★★
□ 0664
manual
[mǽnjuəl]

ⓐ 손으로 하는, 수동의   ⓝ 설명서, 매뉴얼

She is not used to **manual** labor.   ● 08 수능

그녀는 손으로 하는 노동에 익숙하지 않다.

↔ **automatic** a. 자동의

cf. **manual labor** 손으로 하는 노동, 육체노동

★★
□ 0665
genuine
[dʒénjuin]

ⓐ 진정한, 진심의, 진짜의

Human beings have a **genuine** need to be part of a social group.   ● 07 전국연합

인간은 사회 집단의 일원이 되고 싶은 진정한 욕구를 가지고 있다.

= **authentic** a. 진짜의   ↔ **fake** a. 가짜의

★★★
□ 0666
regret
[rigrét]

ⓥ 후회하다, 유감으로 여기다   ⓝ 후회, 유감

All my life, I'll **regret** not taking my teacher's advice.   ● 02 수능

평생 동안 나는 선생님의 충고를 받아들이지 않은 것을 후회할 것이다.

= **repent** v. 후회하다

Ⓩoom-in ㅣ **regretful vs. regrettable**

regretful ⓐ 애석해 하는, 서운해 하는
He's still **regretful** about missing the opportunity.
그는 기회를 놓친 것에 여전히 애석해 한다.

regrettable ⓐ 유감스러운, 후회스러운
He made some **regrettable** mistakes.   그는 몇 가지 유감스러운 실수를 범했다.

★★
□ 0667
deliberate
[dilíbərət] ⓐ
[dilíbərèit] ⓥ

ⓐ 고의적인; 신중한   ⓥ 숙고하다

Arson is the **deliberate** destruction of property using fire.

방화는 불을 사용하여 재산을 고의적으로 파괴하는 것이다.

deliberately ad. 고의로(= on purpose, intentionally, purposely); 신중히

deliberation n. 숙고, 심의

★★★
□ 0668
permit
[pərmít]

ⓥ 허용(허락)하다, 허가하다   ⓝ 허가증

The use of cameras and video cameras is **permitted** in all galleries.   ● 05 모의

모든 전시실에서는 카메라나 비디오카메라의 사용이 허용된다.

permission n. 허가, 승인

= **allow** v. 허락하다, 허용하다   ↔ **forbid** v. 금지하다

★
□0669 **crush**
[krʌʃ]

ⓥ 눌러 부수다〔으깨다〕, 짜다　ⓝ 압착, 분쇄; 홀딱 반함
Grapes are boiled or **crushed** to extract their juice.
포도는 즙을 내기 위해 삶거나 눌러 으깬다.　● 05 전국연합

㊚ **have a crush on** ~에게 홀딱 반하다

> Ⓩoom-in ∣ 혼동하기 쉬운 **crush** vs. **crash**
> crush ⓥ 눌러 부수다, 짜다　ⓝ 압착, 분쇄
> crash ⓥ 추락하다, 충돌하다　ⓝ 추락, 충돌

★
□0670 **realm**
[relm]

ⓝ 범위, 영역; 왕국
Set realistic goals within the **realm** of what is possible for you to accomplish.
네가 성취 가능한 것의 범위 내에서 현실적인 목표를 세워라.

★
□0671 **gymnastics**
[dʒimnǽstiks]

ⓝ 체조, 체육
Julie got full marks in the **gymnastics** competition.
그 체조 시합에서 Julie는 만점을 얻었다.

gymnastic a. 체조의 n. 훈련　**gymnasium** n. 체육관(= gym)

★★
□0672 **elegant**
[éləgənt]

ⓐ 우아한, 품위 있는
Roman doll-makers were constantly trying to make dolls more **elegant**.　● 09 수능
로마의 인형 제조업자들은 끊임없이 인형을 더 우아하게 만들려고 노력했다.

elegance n. 우아, 고상함　= **graceful** a. 우아한

★★
□0673 **seed**
[siːd]

ⓝ 씨, 종자
Many plants are dependent on animals for the spreading of their **seeds**.　● 03 모의
많은 식물들이 씨를 퍼뜨리는 데 동물들에게 의존한다.

★
□0674 **copyright**
[kápiràit]

ⓝ 저작권, 판권
Copyright is the means by which a person or a business makes a living from creativity.　● 05 전국연합
저작권은 한 개인이나 사업체가 창의성으로 생계를 유지하는 수단이다.

cf. infringe〔secure〕a copyright 저작권을 침해〔보호〕하다

★
□ 0675
anthropology
[æ̀nθrəpɔ́ləʤ]

ⓝ 인류학

With the rise of **anthropology**, words like "savage" and "primitive" began to disappear. ● 08수능

인류학의 발달과 함께 '야만적인', '원시적인' 과 같은 말들이 사라지기 시작했다.

anthropologist n. 인류학자

★★★
□ 0676
pure
[pjuər]

ⓐ 순수한

In the new collection, we use **pure** silk to produce a luxurious range of men's underwear.

이번 신상품 콜렉션에서 우리는 고급스런 남성용 속옷에 순수 실크를 사용합니다.

purely ad. 순수하게, 순전히 　　**purity** n. 순수성, 순도
purify v. 정화하다 　　　　↔ **impure** a. 순수하지 않은

★★
□ 0677
glance
[glæns]

ⓝ 힐끗 보기, 일별, 일견(一見) 　ⓥ 힐끗〔얼핏〕 보다

One **glance** at the pyramid can leave the viewer in awe of its beauty and splendor. ● 07전국연합

피라미드를 한 번 본 사람은 그 아름다움과 장엄함에 경외감을 느끼게 된다.

㉦ **at a glance** 한눈에

★★
□ 0678
solid
[sɑ́lid]

ⓝ 고체 　ⓐ 고체의; 견고한

Water expands when it changes from a liquid to a **solid**.

물은 액체에서 고체로 변할 때 팽창한다. 　　　　　● 05 전국연합

solidify v. 굳어지다, 응고시키다
cf. liquid n. 액체 　　**gas** n. 기체

★
□ 0679
deed
[diːd]

ⓝ 행위, 업적, 공적

Some heroes perform amazing **deeds** in difficult situations.

몇몇 영웅들은 어려운 상황에서 놀라운 행위들을 한다. 　　　● 07수능

★
□ 0680
striking
[stráikiŋ]

ⓐ 인상적인, 이목을 끄는, 현저한

Most **striking** of all, the annual death rate was reduced by half. ● 08모의

모든 것 중 가장 인상적인 것은 연간 사망률이 절반으로 줄었다는 것이다.

= **noticeable, remarkable, outstanding** a. 눈에 띄는, 현저한

TEST

A 다음 단어에 해당하는 영어 단어 또는 우리말을 쓰시오.

1. 논쟁, 논의 _____
2. 보장하다, 보증 _____
3. 개척자, 선구자 _____
4. 여기다, 생각하다 _____
5. 서두름, 급함 _____
6. 결합, 조합 _____
7. 진정한, 진심의 _____
8. 허용하다, 허가증 _____
9. 우아한, 품위 있는 _____
10. 인류학 _____

11. steep _____
12. headquarters _____
13. beverage _____
14. spirit _____
15. resolve _____
16. adequate _____
17. deliberate _____
18. seed _____
19. copyright _____
20. striking _____

B 빈칸에 알맞은 단어를 〈보기〉에서 골라 쓰되, 문맥에 맞게 변형하시오.

survive	steep	sociable	compassion	deliberate	realm

1. Arson is the _____ destruction of property using fire.

2. When I looked into your eyes, kindness and _____ were evident.

3. Set realistic goals within the _____ of what is possible for you to accomplish.

4. Although she _____, the illness left her almost deaf.

5. I want to become more _____ in school.

6. A plateau has _____ sides that rise above the surrounding land.

Answer Keys _____

A 1. dispute 2. guarantee 3. pioneer 4. regard 5. haste 6. combination 7. genuine 8. permit 9. elegant 10. anthropology 11. 가파른, 경사가 급한 12. 본부, 본사 13. 음료 14. 정신, 마음 15. 해결하다; 결심하다 16. 적절한 17. 고의적인; 신중한 18. 씨, 종자 19. 저작권, 판권 20. 인상적인　　B 1. deliberate 2. compassion 3. realm 4. survived 5. sociable 6. steep

어원공식 17 동등·같음

par/peer 동등한 (equal)

1237 com**par**e 비교하다
1595 com**par**able 비슷한
1596 com**par**ative 비교의
1272 **peer** 또래

equal/equ(i) 같은 (same)

equality 평등 0531
in**equal**ity 불평등
equator 적도
equivalent 동등한, 동등한 것 1888
equilibrium 평형 1810

동등·같음

ident 같은 (same)

identify 동일시하다 1618
identity 동일함
identification 신분증명(서)
identical 동일한 0694

simil/simul/sembl
비슷한 (like), 같은 (same)

0030 **simil**ar 비슷한
1877 as**simil**ation 동화
1468 **simul**ate 흉내내다
0909 **simul**taneously 동시에
1227 re**sembl**e ~을 닮다
1086 as**sembl**e 모으다, 모이다

DAY
18

어휘 더하기 : 어원공식 **⑱** 순서

백만스물하나.
백만스물 둘, 셋..

01	02	03	04	05	06	07	08	09	10
●	●	●	●	●	●	●	●	●	●

11	12	13	14	15	16	17	18	19	20
●	●	●	●	●	●	●	●		

21	22	23	24	25	26	27	28	29	30

31	32	33	34	35	36	37	38	39	40

41	42	43	44	45	46	47	48	49	50

Day 17 | **Review**

앞에서 학습한 단어를 얼마나 기억하는지 체크해 보세요.
기억이 나지 않는 단어는 다시 한 번 학습하세요.

- □ dispute
- □ Antarctic
- □ steep
- □ guarantee
- □ navigate
- □ headquarters
- □ pioneer
- □ regard
- □ spirit
- □ sociable
- □ haste
- □ resolve
- □ mercy
- □ compassion
- □ combination

- □ defect
- □ adequate
- □ endow
- □ manual
- □ genuine
- □ crush
- □ deliberate
- □ realm
- □ gymnastics
- □ elegant
- □ copyright
- □ anthropology
- □ glance
- □ solid
- □ striking

wow!!

ritual
★★
□0681
[rítʃuəl]

ⓝ (종교적인) 의식 ⓐ 의식의

Making resolutions every year is a sacred ritual that reminds us of the meaning of a new start. ● 07 전국연합

매년 결심을 하는 것은 우리에게 새 출발의 의미를 상기시키는 신성한 의식이다.

rite n. (종교적인) 의식, 의례 **= ceremony** n. 의식

---

embassy
★
□0682
[émbəsi]

ⓝ 대사관

The officer at the embassy said the photos needed to be one centimeter longer on each side. ● 06 수능

대사관 직원은 사진의 각 면이 1센티미터 더 길어야 한다고 말했다.

cf. ambassador n. 대사

---

circumstance
★★
□0683
[sə́:rkəmstæns]

ⓝ 상황(~s), 환경, 주위의 사정

Under no circumstances should human beings lose hope.

어떤 상황에서도 인간은 희망을 잃어서는 안 된다.

⊛ **under no circumstances** 어떠한 상황에서도 결코 ~ 않는

---

landlord
★★
□0684
[lǽndlɔ̀:rd]

ⓝ 집주인, 지주

My landlord informed me that he would raise the monthly rent by 20%.

집주인은 월세를 20퍼센트 올리겠다고 내게 통보했다.

↔ **tenant** n. 세입자; 주민
cf. lease n. 전세, 임대 **security deposit** 보증금

---

furnish
★
□0685
[fə́:rniʃ]

ⓥ 제공하다, 공급하다; (가구를) 설비하다

The museum furnishes you with detailed information about the island's history.

그 박물관은 그 섬의 역사에 관해 상세한 정보를 제공해준다.

furnished a. 가구가 딸린
= supply, provide v. 공급〔제공〕하다
⊛ **furnish A with B** A에게 B를 제공하다

---

chant
★
□0686
[tʃænt]

ⓥ 구호를 외치다, (노래, 성가를) 부르다 ⓝ 성가, 구호

Fans chanted in the stands, waving flags and whistling horns. ● 08 전국연합

팬들은 관중석에서 깃발을 흔들고 나팔을 불며 구호를 외쳤다.

★★ **dramatic**
□ 0687 [drəmǽtik]

ⓐ 극적인, 인상적인; 연극의

Without copyright, the dramatic growth of the creative industries would have been impossible. ● 05 전국연합
저작권이 없었다면, 창의적인 산업의 극적인 성장은 불가능했을 것이다.

drama n. 희곡, 연극   **dramatically** ad. 극적으로
dramatize v. 각색하다, 극적으로 보이게 하다

★★★ **bitter**
□ 0688 [bítər]

ⓐ (맛이) 쓴, 쓰라린

We make a face when we taste something overly bitter.
우리는 지나치게 쓴 것을 맛볼 때 얼굴을 찌푸린다.   ● 09 전국연합

★★ **awkward**
□ 0689 [ɔ́:kwərd]

ⓐ 거북한, 어색한, 서투른

I tend to feel awkward when I'm talking with girls.
나는 여자애들과 얘기할 때 거북하게 느끼는 경향이 있다.

㊧ **feel awkward** 거북함을 느끼다

★★ **associate**
□ 0690 [əsóuʃièit]

ⓥ 관련지어 생각하다, 연상하다   ⓝ 동료

Tales from the past associate heroism with physical strength. ● 05 전국연합
과거의 이야기들은 영웅적 행동을 육체적인 힘과 관련지어 생각한다.

association n. 연상; 협회
㊧ **associate A with B** A와 B를 관련시키다

★ **edible**
□ 0691 [édəbəl]

ⓐ 식용의, 먹을 수 있는

They brought along items essential to their survival and other edible and medicinal plants. ● 06 모의
그들은 생존에 필수적인 물건들과 함께 다른 식용 식물과 약초를 가지고 왔다.

↔ **inedible** a. 먹을 수 없는
cf. **audible** a. 들리는   **visible** a. 보이는

★ **oval**
□ 0692 [óuvəl]

ⓐ 달걀 모양의, 타원형의

The breadfruit is a round or oval fruit that grows on tropical islands. ● 06 수능
빵나무 열매는 열대의 섬에서 자라는 원형 또는 달걀 모양의 과일이다.

cf. **Oval Office** (백악관에 있는) 대통령 집무실

★★
☐ 0693
ensure
[inʃúər]

ⓥ 반드시 ~하게 하다, 보장하다, 확실하게 하다

People should **ensure** they have insurance in case of accidents.

사람들은 사고에 대비하여 반드시 보험을 들어야 한다.

= make sure 확실하게 하다

★★
☐ 0694
identical
[aidéntikəl]

ⓐ 동일한, 똑같은

Many **identical** twins clearly behave differently as they grow older. ● 08 전국연합

많은 일란성 쌍둥이들은 나이가 들면서 분명히 다르게 행동한다.

identify v. 동일시하다(with); 확인하다　　**identity** n. 정체성; 동일함
identification n. 신원 확인, 신분 증명(서) (ID)

★★★
☐ 0695
continent
[kɔ́ntinənt]

ⓝ 대륙

Ignorance about the African **continent** has led to some serious errors in map making. ● 08 모의

아프리카 대륙에 대한 무지가 지도 제작에서 몇몇 심각한 오류를 만들었다.

★★★
☐ 0696
innocent
[ínəsənt]

ⓐ 무죄의, 결백한; 순진한

Someone is considered **innocent** until the court proves that he or she is guilty. ● 96 수능

누구든 법정에서 유죄로 입증되기 전까지는 무죄로 여겨진다.

innocence n. 무죄; 순결, 순진　　↔ **guilty** a. 유죄의

★★
☐ 0697
substitute
[sʌ́bstitjùːt]

ⓥ 대신하다, 대용하다　ⓝ 대리인

The centipede has a small head with a pair of feelers, which **substitute** for eyes. ● 09 전국연합

지네는 작은 머리에 한 쌍의 더듬이가 있는데, 그것이 눈을 대신한다.

substitution n. 대용, 대체(품)(= replacement)
⊛ **substitute A for B** B대신 A를 쓰다

★★★
☐ 0698
limit
[límit]

ⓥ 제한하다　ⓝ 제한, 한계, 경계

Television viewing **limits** the workings of the viewer's imagination. ● 97 수능

TV 시청은 시청자의 상상력을 제한한다.

limited a. 제한적인　　**limitation** n. 제한, 한계

★★ **shower**
☐ 0699 [ʃáuər]

ⓝ 샤워; 소나기

Ending your **shower** with cold water is good for your health. ● 09 전국연합

찬물로 샤워를 마무리하는 것이 건강에 좋다.

㉦ **take a shower** 샤워하다

Ⓩoom-in ㅣ shower는 '선물을 주는 파티'의 뜻으로 쓰이기도 한다.
baby shower 임신을 축하하기 위해 아기용품을 선물하는 파티
bridal shower 결혼식 전에 신부에게 선물을 주는 파티

★★★ **flavor**
☐ 0700 [fléivər]

ⓝ 향, 맛, 조미료; 멋, 운치 ⓥ ~로 맛을 내다

Many kinds of coffee beans are being decaffeinated in ways that conserve strong **flavor**. ● 09 수능

많은 종류의 커피콩이 진한 향을 보존하는 방식으로 카페인이 제거되고 있다.

cf. natural(artificial) flavor 천연(인공) 조미료

★★★ **shadow**
☐ 0701 [ʃǽdou]

ⓝ 그림자 ⓥ 그늘지게 하다

At sunset you can enjoy the beautiful view of palm tree **shadows** along the beach.

해질녘에는 해안을 따라 야자수 그림자의 아름다운 풍광을 즐길 수 있다.

= **shade, overshadow** v. 그늘지게 하다

★ **determination**
☐ 0702 [ditə̀ːrmənéiʃən]

ⓝ 결단(력), 결심, 결정

Even if heroes fail, their **determination** lives on to inspire the rest of us. ● 07 수능

영웅들이 실패하더라도, 그들의 결단력은 남은 우리에게 영감을 준다.

determine v. 결정(결심)하다 **determined** a. 굳게 결심한

★★★ **horror**
☐ 0703 [hɔ́ːrər]

ⓝ 공포, 혐오 ⓐ 공포를 느끼게 하는

Sci-fi movies are more popular than **horror** movies.

공상과학 영화는 공포 영화보다 더 인기가 있다. ● 06 전국연합

horrible a. 끔찍한, 소름끼치는 **horrific** a. 무서운, 소름끼치는

★★
□ 0704
sink
[siŋk]

ⓥ 가라앉다, 가라앉히다 ⓝ 싱크대
London Bridge was **sinking** into the Thames river. ● 07 수능
London Bridge는 템즈 강 속으로 가라앉고 있었다.

cf. sink or swim 흥하든 망하든, 죽든 살든

★★
□ 0705
stiff
[stif]

ⓐ 뻣뻣한, 딱딱한, 경직된
My limbs got tired and **stiff**. ● 07 전국연합
내 팔다리는 피로하고 뻣뻣해졌다.

stiffen v. 뻣뻣하게 하다 ↔ **flexible** a. 구부리기 쉬운, 유연한

★
□ 0706
pavement
[péivmənt]

ⓝ 포장도로, 보도
It is hard for trees planted in the street to survive with only
foot-square holes in the **pavement**. ● 10 모의
가로수들이 포장도로의 1제곱 피트밖에 안 되는 구멍에서 살아남기란 어렵다.

pave v. 포장하다 = **sidewalk** n. (포장한) 보도

★★
□ 0707
external
[ikstə́:rnəl]

ⓐ 외적인, 외부의, 외면적인
Young people understand health mainly in terms of
external factors. ● 06 전국연합
젊은 사람들은 주로 외부적 요소들의 관점에서 건강을 이해한다.

externalize v. 외면화하다 ↔ **internal** a. 내부의, 내면적인

★★★
□ 0708
drunk
[drʌŋk]

ⓐ 술 취한
The most common cause of accidents is **drunk** driving.
사고의 가장 흔한 원인은 음주 운전이다. ● 06 전국연합

Ⓩoom-in ǀ 술 관련 표현

drunkard 술꾼	black out 잠시 의식을 잃다(필름이 끊기다)
hangover 숙취	sobriety(breathalyzer) test 음주측정 검사

★★★
□ 0709
criminal
[kríminəl]

ⓐ 범죄의 ⓝ 범인
Children can become victims of Website operators with
criminal intents. ● 09 모의
어린이들이 범죄 의도를 가진 웹사이트 관리자의 희생양이 될 수 있다.

crime n. 범죄

★
□0710 **gigantic**
[dʒaigǽntik]

ⓐ 거대한, 거인 같은

The **gigantic** statue of Christ stands atop Corcovado and overlooks Rio de Janeiro.
거대한 예수상이 Corcovado 꼭대기에서 Rio de Janeiro를 내려다보고 있다.

= **giant** n. 거인 a. 거대한　　= **huge, enormous** a. 거대한

★★
□0711 **obedience**
[oubíːdiəns]

ⓝ 복종, 순종

Some commanders expected blind **obedience** from their soldiers. 몇몇 지휘관들은 병사들의 맹목적인 복종을 기대했다.

obey v. 복종하다　　**obedient** a. 순종하는
↔ **disobedience** n. 불복종, 반항

★★★
□0712 **freeze**
[friːz]

ⓥ 얼다, 얼게 하다　　ⓝ 동결

When most other liquids **freeze**, they contract and become more dense. ● 05 전국연합
대부분의 다른 액체는 얼 때, 수축하고 밀도가 더 높아진다.

cf. Freeze! 꼼짝 마!　　**wage freeze** 임금 동결

★★
□0713 **chat**
[tʃæt]

ⓥ 담소하다　　ⓝ 담소, 잡담

Whatever the reason, take the opportunity to start **chatting** with your neighbor. ● 09 수능
이유가 무엇이든지 간에, 이웃사람과 담소를 나누기 시작할 기회를 잡아라.

㊝ **have a chat with** ~와 담소를 나누다

★★
□0714 **rotate**
[róuteit]

ⓥ (축을 중심으로) 회전하다; 교대하다

When the Earth revolve around the Sun, it **rotates** on its axis, tilted at an angle of 23.5°.
지구가 태양 주위를 돌 때, 23.5도 기울어진 지축을 중심으로 회전한다.

rotation n. 회전, 자전; 교대

★
□0715 **glamorous**
[glǽmərəs]

ⓐ 매력적인, 매혹적인

This hotel became one of the most **glamorous** hotels in the island. 이 호텔은 섬에서 가장 매력적인 호텔 중 하나가 되었다.

glamor n. 화려함, 매력(= attraction, charm, fascination)

★★★ **discount**
☐0716 [dískaunt]

ⓝ 할인 ⓥ 할인하다
We have a **discount** of 10% for people over 65. • 10 수능
65세 이상 어르신께는 10퍼센트를 할인해 드립니다.
㉿ **at a discount** 할인하여

★★★ **temper**
☐0717 [témpər]

ⓝ 성질, 기분, 화
I can't put up with his hot **temper** any longer.
난 더 이상 그의 발끈하는 성질을 참을 수 없다.
㉿ **lose one's temper** 화를 내다(↔ keep one's temper 화를 참다)
cf. **hot-tempered** a. 성격이 급한, 다혈질의

★★ **greedy**
☐0718 [grí:di]

ⓐ 탐욕스러운, 욕심 많은
Greedy people sometimes lose all they have. • 08 전국연합
탐욕스러운 사람들은 때로 그들이 가진 모든 것을 잃는다.
greed n. 탐욕, 욕심

★★ **vain**
☐0719 [vein]

ⓐ 헛된, 헛수고의; 허영심이 많은
Rescuers attempted to save the drowning children in the lake, but in **vain**.
구조대원들이 호수에 빠진 아이들을 구하려고 시도했지만 허사였다.
㉿ **in vain** 헛되이, 허사인

★★ **glimpse**
☐0720 [glimps]

ⓥ 흘끗〔언뜻〕 보다 ⓝ 흘끗 봄, 일별
Hundreds of people gathered to get a **glimpse** of the President.
수백 명의 사람들이 대통령을 조금이라도 보기 위해 몰려들었다.

> Ⓩoom-in ı **glimpse vs. glance**
> **glimpse** 대상을 완전히 못보고 언뜻 보는 것
> I caught a **glimpse** of her car approaching.
> 나는 그녀의 차가 다가오는 것을 흘끗 보았다.
> **glance** 대상을 한번 빠르게 보고 시선을 떼는 것
> The bell rang when the teacher **glanced** at his watch.
> 선생님이 시계를 흘끗 보았을 때 종이 울렸다.

TEST

A 다음 단어에 해당하는 영어 단어 또는 우리말을 쓰시오.

1. 의식, 의식의 _____
2. 상황, 환경 _____
3. 거북한, 어색한 _____
4. 식용의, 먹을 수 있는 _____
5. 대륙 _____
6. 대신하다, 대용하다 _____
7. 샤워; 소나기 _____
8. 가라앉다 _____
9. 뻣뻣한, 경직된 _____
10. 복종, 순종 _____

11. embassy _____
12. landlord _____
13. bitter _____
14. associate _____
15. identical _____
16. shadow _____
17. determination _____
18. external _____
19. criminal _____
20. freeze _____

B 빈칸에 알맞은 단어를 〈보기〉에서 골라 쓰되, 문맥에 맞게 변형하시오.

| furnish   oval   ensure   determination   circumstance   sink |

1. Under no _____ should human beings lose hope.

2. Even if heroes fail, their _____ lives on to inspire the rest of us.

3. People should _____ they have insurance in case of accidents.

4. The breadfruit is a round or _____ fruit that grows on tropical islands.

5. The museum _____ you with detailed information about the island's history.

6. London Bridge was _____ into the Thames river.

Answer Keys

A 1. ritual 2. circumstance 3. awkward 4. edible 5. continent 6. substitute 7. shower 8. sink 9. stiff 10. obedience 11. 대사관 12. 집주인, 지주 13. 쓴, 쓰라린 14. 관련지어 생각하다 15. 동일한, 똑같은 16. 그림자 17. 결단(력), 결심 18. 외부의, 외면적인 19. 범죄의, 범인 20. 얼다, 동결 **B** 1. circumstances 2. determination 3. ensure 4. oval 5. furnishes 6. sinking

medi 중간 (middle)

medium 중간의; 매체 1718
mediate 중재하다
inter**medi**ate 중급의
medieval 중세의 1087

prim/prin 최초의 (first)

0297 **prim**ary 첫째의, 주요한
1336 **prim**itive 원시의
prince 왕자
1760 **prin**cipal 주요한, 제일의
1104 **prin**ciple 원리, 원칙

순서

fin 끝 (end), 한계 (limit)

final 마지막의, 결승
1528 con**fin**e 한정하다
1529 re**fin**e 정제하다
finite 유한한
1801 in**fin**ite 무한한

termin 끝 (end), 한계 (limit)

terminal 말기의; 터미널
terminate 끝내다 1878
ex**termin**ate 근절하다
de**termin**e 결정하다
de**termin**ation 결정, 결심 0702

DAY 19

어휘 더하기 : 어원공식 ⑲ 반대

01	02	03	04	05	06	07	08	09	10
●	●	●	●	●	●	●	●	●	●

11	12	13	14	15	16	17	18	19	20
●	●	●	●	●	●	●	●	●	●

21	22	23	24	25	26	27	28	29	30

31	32	33	34	35	36	37	38	39	40

41	42	43	44	45	46	47	48	49	50

Day 18 | Review

앞에서 학습한 단어를 얼마나 기억하는지 체크해 보세요.
기억이 나지 않는 단어는 다시 한 번 학습하세요.

- □ ritual
- □ embassy
- □ circumstance
- □ landlord
- □ furnish
- □ awkward
- □ associate
- □ edible
- □ oval
- □ ensure
- □ identical
- □ continent
- □ innocent
- □ substitute
- □ shower

- □ determination
- □ sink
- □ stiff
- □ pavement
- □ external
- □ rotate
- □ criminal
- □ gigantic
- □ obedience
- □ glamorous
- □ discount
- □ glimpse
- □ greedy
- □ vain
- □ temper

Wow!!

★★ **boost**
□0721 [buːst]

ⓥ 증진시키다; 북돋우다　ⓝ 밀어올림; 격려
Spending as little as $1 a day on others can significantly **boost** happiness. ● 09 전국연합
다른 사람들에게 하루에 1달러만 써도 행복을 크게 증진시킬 수 있다.
= **increase** v. 늘리다, 증가시키다
➔ **give ~ a boost** ~을 격려하다

★★★ **rod**
□0722 [rɑd]

ⓝ 봉, 막대기, 회초리
Aluminum **rods** we provide are generally 25-percent lighter than steel rods.
우리가 제공하는 알루미늄 봉은 대개 강철봉보다 25% 가볍습니다.
= **bar, stick** n. 막대기, 봉
cf. **fishing rod** 낚싯대

★★★ **dizzy**
□0723 [dízi]

ⓐ 어지러운, 현기증 나는
It was worth climbing all those steps, though I felt a little **dizzy**. ● 05 모의
약간 어지럽긴 했지만 그 모든 계단을 오를 만한 가치는 있었다.
dizziness n. 현기증

★★★ **evil**
□0724 [íːvəl]

ⓐ 사악한, 나쁜　ⓝ 악
Some tribes practiced dance to ward off **evil** spirits.
몇몇 부족들은 악령들을 제거하기 위해 춤을 추었다.
= **wicked** a. 사악한　cf. **good and evil** 선과 악

★ **grieve**
□0725 [griːv]

ⓥ 몹시 슬퍼하다, 몹시 슬프게 하다
She **grieved** over the death of her husband and lost her consciousness.
그녀는 남편의 죽음을 몹시 슬퍼하다가 의식을 잃었다.
grief n. 비탄, 비통, 큰 슬픔(= sorrow)　**grieved** a. 슬픈, 슬퍼하는

★★ **rank**
□0726 [ræŋk]

ⓥ 등급을〔순위를〕 매기다　ⓝ 등급, 계급, 계층
Japan has been **ranked** as the world's fifth most peaceful nation in a report.
한 보고서에서 일본은 세계에서 다섯 번째로 평화로운 국가로 순위가 매겨졌다.
ranking n. 순위 a. 고위의
cf. **high-ranking** a. 고위의(↔ low-ranking a. 하급의)

★
□ 0727 **strive**
[straiv]

ⓥ 노력하다, 싸우다
Graffiti artists **strive** to improve their skill. ● 06 전국연합
낙서 예술가들은 자신들의 기술을 향상시키기 위해 노력한다.

strife n. 싸움, 투쟁, 분쟁

> Ⓩoom-in l **'노력하다'의 뜻을 가진 표현**
> **try to** '노력하다'는 뜻의 가장 일반적인 표현
> **attempt to** try보다 격식이 있는 표현으로 '시도해보다'라는 뜻
> **make efforts (an effort) to** 일이나 목적을 달성하기 위해 노력하다
> **strive to, struggle to** 온힘을 다해 싸우는 듯 노력하다

★★
□ 0728 **odor**
[óudər]

ⓝ 냄새, 악취
Animals do not eat the cockroach because of its **odor**.
바퀴벌레는 냄새가 나기 때문에 동물들은 그것을 잡아먹지 않는다.

★
□ 0729 **minister**
[mínistər]

ⓝ 장관; 목사, 성직자
The six foreign **ministers** posed for photographs. ● 05 모의
여섯 명의 외국 장관들이 사진 촬영을 위해 포즈를 취했다.

cf. ministry n. (정부의) 부(部), 내각; 목사의 직

★★
□ 0730 **harsh**
[haːrʃ]

ⓐ (소리 따위가) 거친, 가혹한, 잔인한
"Pick up that sword and fight me," he said in a **harsh** voice.
"그 칼을 들고 덤벼봐."라고 그가 거친 목소리로 말했다.

= cruel, brutal a. 잔인한, 무자비한

★★
□ 0731 **embrace**
[imbréis]

ⓥ 포옹하다; 기꺼이 받아들이다   ⓝ 포옹
She **embraced** her son as tightly as she could.
그녀는 자신의 아들을 있는 힘을 다해 꼭 껴안았다.

★★
□ 0732 **chase**
[tʃeis]

ⓥ 뒤쫓다, 추적하다, 추격하다
The police **chased** the robber but failed to arrest him.
경찰은 그 강도를 뒤쫓았지만 체포하는 데 실패했다.

⊛ **chase after** ~을 추구하다; ~를 쫓다

★
□ 0733 **dilute**
[dailúːt]

ⓥ 약화시키다, 묽게 하다

Don't **dilute** positive feeling by telling others about your own kindness. ● 06 전국연합

자신의 친절함에 대해 다른 사람들에게 말해서 긍정적인 느낌을 약화시키지 마라.

★
□ 0734 **strip**
[strip]

ⓥ (껍질 등을) 벗기다; 빼앗다   ⓝ 길고 가는 조각

I **stripped** the old paint off the walls of my house and repainted them.

나는 우리집 벽의 낡은 페인트를 벗겨내고 다시 칠을 했다.

㊒ **strip A of B** A에게서 B를 벗기다(빼앗다)

 oom-in I 혼동하기 쉬운 strip vs. stripe vs. strap

strip   ⓥ (껍질 등을) 벗기다; 빼앗다   ⓝ 길고 가는 조각
stripe   ⓝ 줄무늬   ⓥ 줄무늬를 넣다
strap   ⓝ 가죽끈, (전철 등의) 가죽 손잡이

★
□ 0735 **enclose**
[inklóuz]

ⓥ (담 등으로) 둘러싸다; 동봉하다

The castle is completely **enclosed** by huge walls and towers.

그 성은 거대한 벽과 탑에 의해 완전히 둘러싸여 있다.

= **surround** v. 둘러싸다

★
□ 0736 **inevitable**
[inévitəbəl]

ⓐ 피할 수 없는, 불가피한, 필연적인

Even though we strive to be error-free, it is **inevitable** that problems will occur. ● 08 모의

우리가 실수를 없애려고 노력한다고 해도 문제가 발생하는 것은 피할 수 없다.

inevitably ad. 필연적으로   = **unavoidable** a. 피할 수 없는

★★
□ 0737 **adventure**
[ədvéntʃər]

ⓝ 모험, 대담한 계획(행동)

Of all animals, horses have most closely shared in human **adventures** and progress. ● 06 모의

모든 동물들 중에서, 말은 인간의 모험과 진보를 가장 긴밀하게 공유해왔다.

adventurous a. 모험적인

★★ **vomit** □0738
[vάmit]

ⓥ 토하다

Flight attendants say it's unusual for people to vomit on their planes.
승무원들은 승객들이 비행기에서 토하는 경우는 흔치 않다고 말한다.

= throw up 토하다

★★ **destiny** □0739
[déstəni]

ⓝ 운명, 숙명

The gods control a man's destiny. ● 10모의
신들은 인간의 운명을 좌지우지한다.

= fate n. 운명

★★ **notify** □0740
[nóutəfai]

ⓥ 통지하다, 통보하다

The applicant is notified by e-mail and phone of his or her audition appointment. ● 06전국연합
지원자는 이메일과 전화로 오디션 약속에 대한 통지를 받는다.

notification n. 통지, 공고　　notice n. 통지, 통보
= inform v. 알리다, 통보하다

★★ **faculty** □0741
[fǽkəlti]

ⓝ (대학의) 교수진, 학부; 능력

Candidates have the opportunity to talk with faculty and current students. ● 06전국연합
지원자들은 교수진 및 재학생들과 만나서 얘기를 나눌 수 있는 기회를 갖게 된다.

Ⓩoom-in l 혼동하기 쉬운 faculty vs. facility
　　faculty ⓝ (대학의) 교수진, 학부; 능력　　facility ⓝ 시설, 편의; 재능

★★ **interfere** □0742
[ìntərfíər]

ⓥ 방해하다, 간섭하다

I don't want to interfere with their conversation so I hung up the phone immediately.
나는 그들의 대화를 방해하고 싶지 않아서 즉시 전화를 끊었다.

interference n. 간섭, 방해
⊛ interfere with ~을 방해하다　　interfere in ~에 간섭하다

★★ **worship** □0743
[wə́:rʃip]

ⓥ 숭배하다, 예배하다　ⓝ 숭배, 예배

People were taught to worship their ancestors. ● 08전국연합
사람들은 조상을 숭배하라고 배웠다.

worshipper n. 숭배자, 예배자
cf. idol worship 우상 숭배

★
□0744
gasp
[gæsp]

ⓥ 숨이 막히다; 헐떡거리다

I **gasped** in awe when viewing the stars of the Andromeda Galaxy through a telescope. ● 07 전국연합

나는 망원경으로 안드로메다 은하계의 별들을 봤을 때 경외감에 숨이 막혔다.

★★
□0745
cultivate
[kʌ́ltəvèit]

ⓥ 재배하다, 경작하다; 계발하다

Human beings continued to kill animals even after they learned to **cultivate** crops.

인간은 작물을 재배하는 법을 배운 후에도 계속해서 동물을 죽였다.

cultivated a. 경작된; 교양 있는   **cultivation** n. 경작; 계발

★★
□0746
expense
[ikspéns]

ⓝ 비용, 지출

The National Gallery in Washington is maintained at public **expense**. ● 03 수능

워싱턴의 국립미술관은 공공 비용으로 유지된다.

expend v. (시간, 노력 등을) 들이다, 소비하다
expensive a. 비싼   **expenditure** n. 지출

★★
□0747
garbage
[gɑ́:rbidʒ]

ⓝ 쓰레기

One person's **garbage** might be another's treasure. ● 03 모의

어떤 사람의 쓰레기가 다른 사람에게는 보물이 될 수도 있다.

= **trash, waste, junk, rubbish** n. 쓰레기

★★★
□0748
conclude
[kənklú:d]

ⓥ 결론을 내리다, 끝내다

Researchers **concluded** that smoking causes a person to look older. ● 08 전국연합

연구자들은 흡연이 사람을 더 나이 들어 보이게 한다고 결론을 내렸다.

conclusion n. 결론, 결말   **conclusive** a. 결정적인

★
□0749
skeleton
[skélətn]

ⓝ 골격, 해골

Scientists observe every little detail in a dinosaur fossil to construct a **skeleton**. ● 06 전국연합

과학자들은 공룡 화석에서 모든 세부사항을 관찰하여 골격을 구성한다.

★
☐0750 **testify**
[téstəfài]

ⓥ 증언하다, 증명하다
She refused to **testify** in court as a witness.
그녀는 법정에서 목격자로 나서서 증언하기를 거부했다.

testification n. 증언, 증거
cf. testimony n. (법정에서의) 증언, 고백

★★★
☐0751 **bother**
[báðər]

ⓥ 귀찮게 하다, 폐를 끼치다, 괴롭히다
Please try not to **bother** anybody while they're working.
그들이 일하는 동안은 누구도 귀찮게 하지 마세요. ● 09 수능

bothersome a. 귀찮은, 성가신
= disturb, trouble, annoy, irritate, harass v. 방해하다, 귀찮게 하다

★★
☐0752 **severe**
[sivíər]

ⓐ 심한; 엄격한; 가혹한
Severe chest or back pain could be a sign of a heart attack.
가슴이나 허리의 심한 통증은 심장마비의 조짐일 수 있다. ● 05 전국연합

severity n. 엄격함; 격렬함, 혹독함
= acute, harsh a. 극심한

★★★
☐0753 **generous**
[dʒénərəs]

ⓐ 너그러운, 관대한, 후한
Parents must be careful not to be too **generous** towards
their children. ● 07 전국연합
부모들은 자식들에게 너무 너그럽게 대하지 않도록 주의해야 한다.

generosity n. 너그러움, 관대함 ↔ **stingy** a. 인색한

★★
☐0754 **fragile**
[frǽdʒəl]

ⓐ 부서지기(깨지기) 쉬운, 연약한
Fragile or valuable items require special packing and
packing materials.
부서지기 쉽거나 귀중한 물품들은 특별한 포장과 포장재가 필요하다.

= breakable a. 깨지기 쉬운 = weak, frail a. 연약한

★★
☐0755 **pat**
[pæt]

ⓥ 톡톡 가볍게 치다 ⓝ 쓰다듬기
Rose smiled and **patted** his shoulder.
Rose는 미소를 짓고는 그의 어깨를 톡톡 가볍게 쳤다.

☺ **give A a pat on the back** A를 칭찬(격려)하다

★★ **affair**
□0756 [əfέər]

ⓝ 문제, 사건, 일
We should not spread vicious rumors about private **affairs**.
우리는 사적인 문제에 관한 악의적인 소문들을 퍼뜨려서는 안 된다.

Ⓩoom-in | **affair**와 함께 쓰이는 표현
family affairs 집안일   public(private) affairs 공무(公務)(사무)
current affairs 시사 (문제)   love affair 연애 사건

★★ **crawl**
□0757 [krɔːl]

ⓥ 기어가다, 서행하다   ⓝ 서행
Babies usually start **crawling** between six to ten months.
아기는 대개 6개월에서 10개월 사이에 기어 다니기 시작한다.
⊛ **go at a crawl** 느릿느릿 걷다

★★ **defense**
□0758 [diféns]

ⓝ 방어, 수비; 변호
Octopuses employ their strong arms either for hunting or
for **defense**. ● 08 전국연합
문어는 강력한 팔을 이용해 사냥도 하고 방어도 한다.
defend v. 방어하다; 변호하다   **defensive** a. 방어적인
↔ **offense** n. 공격, 범죄

★ **blink**
□0759 [bliŋk]

ⓥ (눈을) 깜빡거리다   ⓝ 깜빡거림
When using a computer for a long time, you **blink** less
than normal. ● 07 전국연합
오랫동안 컴퓨터를 사용하고 있을 때는 평상시보다 눈을 덜 깜빡인다.
⊛ **like a blink** 즉시, 순식간에

★★ **substance**
□0760 [sʌ́bstəns]

ⓝ 물질, 실체; 본질, 요지
The diamond is the hardest **substance** ever known. ● 04 모의
다이아몬드는 이제껏 알려진 중 가장 단단한 물질이다.
substantial a. 실질적인; (양 등이) 상당한(= considerable)

TEST

A 다음 단어에 해당하는 영어 단어 또는 우리말을 쓰시오.

1. 증진시키다 _____
2. 어지러운 _____
3. 포옹하다 _____
4. 벗기다; 빼앗다 _____
5. 피할 수 없는 _____
6. 토하다 _____
7. 재배하다; 계발하다 _____
8. 쓰레기 _____
9. 톡톡 가볍게 치다 _____
10. 기어가다, 서행 _____

11. evil _____
12. strive _____
13. chase _____
14. destiny _____
15. interfere _____
16. expense _____
17. skeleton _____
18. bother _____
19. severe _____
20. blink _____

B 빈칸에 알맞은 단어를 〈보기〉에서 골라 쓰되, 문맥에 맞게 변형하시오.

generous	grieve	chase	enclose	affair	adventure

1. We should not spread vicious rumors about private _____.

2. The police _____ the robber but failed to arrest him.

3. The castle is completely _____ by huge walls and towers.

4. She _____ over the death of her husband and lost her consciousness.

5. Of all animals, horses have most closely shared in human _____ and progress.

6. Parents must be careful not to be too _____ towards their children.

ple/pli/ply/plen
채우다 (fill)

1525 **comple**te 완전한, 완성하다
1526 de**ple**te 고갈시키다
1435 comp**le**ment 보충(하다)
1913 imp**le**ment 이행하다
0577 accomp**lish** 성취하다
0818 com**ply** 응하다, 따르다
0346 **plen**ty 많음

van/vac
비어 있는 (empty)

vanish 사라지다 1393
vanity 허영, 공허
vacuum 진공 0594
vacant 비어 있는 0982
vacation 휴가 1417
e**vac**uate 대피시키다 1897

반대

frag/frac 부수다 (break)

0754 **frag**ile 깨지기 쉬운, 연약한
fragment 파편, 조각
1425 **frac**tion 부분, 파편
fracture 골절
re**frac**tion 굴절

struct 세우다 (build)

structure 구조 0062
con**struct** 건설하다 0229
in**struct**ion 지시, 가르침 1365
ob**struct** 막다, 방해하다 1992

DAY 20

어휘 더하기 : 어원공식 ❷⓿ 반대

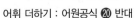

01	02	03	04	05	06	07	08	09	10
●	●	●	●	●	●	●	●	●	●

11	12	13	14	15	16	17	18	19	20
●	●	●	●	●	●	●	●	●	●

21	22	23	24	25	26	27	28	29	30

31	32	33	34	35	36	37	38	39	40

41	42	43	44	45	46	47	48	49	50

Day 19 | Review

앞에서 학습한 단어를 얼마나 기억하는지 체크해 보세요.
기억이 나지 않는 단어는 다시 한 번 학습하세요.

- □ boost
- □ rod
- □ dizzy
- □ grieve
- □ embrace
- □ strive
- □ minister
- □ harsh
- □ chase
- □ dilute
- □ strip
- □ inevitable
- □ affair
- □ vomit
- □ notify

- □ faculty
- □ interfere
- □ worship
- □ gasp
- □ conclude
- □ skeleton
- □ testify
- □ severe
- □ fragile
- □ pat
- □ adventure
- □ crawl
- □ defense
- □ blink
- □ substance

★
□ 0761
dialect
[dáiəlèkt]

ⓝ 방언, 사투리

There are many different **dialects** in the United States.

미국에는 다양한 방언들이 많다.

cf. standard language 표준어

★★★
□ 0762
fold
[fould]

ⓥ (헝겊, 종이 따위를) 접다, (팔, 다리를) 꼬다

He **folded** the letter in half and put it back in a drawer.

그는 편지를 반으로 접어 다시 서랍 안에 넣었다.

↔ **unfold** v. 펴다, 펼쳐지다

★★
□ 0763
farewell
[fɛ̀ərwél]

ⓝ 작별[송별], 작별 인사, 안녕

We're having a **farewell** party for my younger brother.

우리는 내 남동생을 위해 송별회를 열 것이다. ● 07 모의

Zoom-in ｜ party의 종류

welcome party 환영회   year-end party 송년회
end-of-semester party 종강 파티   housewarming party 집들이
potluck party 포트럭 파티(각자 음식을 조금씩 가져와서 하는 파티)
homecoming party 귀향 파티(고향에 돌아온 사람을 위한 축하 파티)

★
□ 0764
sewage
[súːidʒ]

ⓝ 하수, 오수

We have polluted our rivers by emptying the **sewage** into them.

우리는 하수를 강에 흘려버림으로써 강을 오염시켜왔다.

cf. sewage disposal 하수 처리

★★
□ 0765
migrate
[máigreit]

ⓥ (새, 동물이 다른 곳으로) 이동하다, 이주하다

The number of birds **migrating** north is increasing.

북쪽으로 이동하는 새들의 수가 증가하고 있다. ● 09 전국연합

migration n. 이동, 이주 ↔ **immigrate** v. 이주해 오다

★
□ 0766
slaughter
[slɔ́ːtər]

ⓥ 도살하다, 학살하다 ⓝ (가축의) 도살, 대량 학살

The Masai don't **slaughter** their cattle for food. ● 06 전국연합

Masai족은 식량을 위해 소들을 도살하지 않는다.

= **massacre** v. 학살하다 n. 대량 학살

★
□ 0767 **outstanding**
[àutstǽndiŋ]

ⓐ 뛰어난, 걸출한

Alex received **outstanding** grades, and went to a highly prestigious college. ● 06 전국연합
Alex는 뛰어난 성적을 받아 명문 대학에 들어갔다.

= **excellent, notable, remarkable, prominent** a. 뛰어난, 현저한

★
□ 0768 **harness**
[háːrnis]

ⓝ 마구(馬具), 안전벨트 ⓥ 마구를 채우다

You should learn how to put **harness** on horses.
여러분은 마구를 말에 장착하는 방법을 배워야 합니다.

 oom-in ┃ 마구 관련 어휘
blinders ⓝ 눈가리개   reins ⓝ 고삐
girth ⓝ 뱃대끈   collar ⓝ 어깨에 맨 줄

★★
□ 0769 **illusion**
[ilúːʒən]

ⓝ 환상, 환각

You need to know the difference between **illusion** and reality. ● 06 전국연합
너는 환상과 현실의 차이를 알아야 할 필요가 있다.

illusory a. 환상[착각]을 일으키는   cf. **optical illusion** 착시

★★
□ 0770 **fasten**
[fǽsn]

ⓥ 단단히 고정시키다, 묶다, 죄다

Muscles are **fastened** to the bones by tendons. ● 08 전국연합
근육들은 힘줄에 의해 뼈에 단단히 고정되어 있다.

↔ **unfasten** v. (잠긴 것을) 풀다, 끄르다

★★
□ 0771 **diplomatic**
[dìpləmǽtik]

ⓐ 외교의, 외교에 관한

Bhutan now has **diplomatic** relations with 23 countries.
Bhutan은 현재 23개국과 외교 관계를 맺고 있다.

diplomat n. 외교관   **diplomacy** n. 외교(술)

★★★
□ 0772 **postpone**
[poustpóun]

ⓥ 연기하다, 미루다

The game will be **postponed** and played on Sunday evening. ● 08 전국연합
경기는 연기되어 일요일 저녁에 치러질 것이다.

= **delay, put off** 연기하다

---

faint
★
□0773 [feint]

ⓥ 기절하다 ⓐ 희미한; 어지러운
The fearful noises from his horn caused two old ladies to faint. ● 08 전국연합
그의 나팔에서 나온 끔찍한 소리에 두 노파가 기절했다.
= **dizzy** a. 현기증 나는

---

risk
★★★
□0774 [risk]

ⓝ 위험 ⓥ 위험을 감수하다
Fiber has been shown to reduce the **risk** of heart disease.
섬유질은 심장병의 위험을 줄여주는 것으로 밝혀졌다. ● 07 모의
risky a. 위험한 ㊈ **at the risk of** ~의 위험을 무릅쓰고

---

collapse
★★
□0775 [kəlǽps]

ⓥ 무너지다, 붕괴하다
The ceiling had **collapsed** but, fortunately, there was no one inside the house.
천장이 무너졌지만, 다행히도 집안에는 아무도 없었다.

---

decisive
★★
□0776 [disáisiv]

ⓐ 결정적인, 중대한, 결단력 있는
When you choose a computer, your job is a **decisive** factor.
컴퓨터를 고를 때는 당신의 직업이 결정적인 요소가 된다. ● 05 전국연합
= **crucial** a. 결정적인, 중대한 ↔ **indecisive** a. 우유부단한

---

affection
★★
□0777 [əfékʃən]

ⓝ 애정, 애착
What do you think about couples showing their **affection** in public?
공공장소에서 애정 표현을 하는 연인들에 대해 어떻게 생각하세요?
affectionate a. 애정이 있는

 oom-in ┃ **affect** ⓥ 영향을 미치다 → **affection** ⓝ 애정
                   ⓥ ~인 체하다 → **affectation** ⓝ 가장

---

priest
★
□0778 [priːst]

ⓝ 사제, 신부, 성직자
He would have been a Catholic **priest** if he had not fallen in love with his wife.
그는 자기 부인과 사랑에 빠지지 않았다면 가톨릭 사제가 되었을 것이다.
= **priesthood, minister, clergyman** n. 성직자

★★ **unify**
□0779 [júːnəfài]

ⓥ 통일하다, 통합하다
I would like to see Korea **unify** sometime.
나는 언젠가는 한국이 통일하는 것을 보고 싶다.
unification n. 통일, 통합

★ **interval**
□0780 [íntərvəl]

ⓝ (장소, 시간의) 간격; (연극, 콘서트의) 휴식시간
You can get slim by eating the right foods at the right
intervals each day. ● 06 전국연합
당신은 매일 적당한 간격을 두고 적절한 음식을 섭취함으로써 날씬해질 수 있다.
ⓢ **at regular intervals** 일정한 간격으로

★★ **crack**
□0781 [kræk]

ⓝ 좁은 틈, (갈라진) 금   ⓥ 갈라지다, 금가다
Most rock caves are formed by rainwater that falls into the
cracks in the rocks. ● 07 전국연합
대부분의 바위 동굴들은 바위의 틈으로 떨어지는 빗물에 의해 형성된다.
cf. crack a door 문을 조금 열다

★★★ **deadline**
□0782 [dédlàin]

ⓝ (원고) 마감시간, 최종기한
I won't be able to finish by the **deadline**. ● 10 수능
나는 마감시간까지 끝낼 수 없을 거야.
ⓢ **miss[meet, extend] the deadline** 마감시간을 놓치다[맞추다, 연장하다]

★★ **fee**
□0783 [fiː]

ⓝ 요금, 수수료
The entrance **fee** would motivate users to keep the toilets
cleaner. ● 07 모의
입장료는 이용자들이 화장실을 더 깨끗이 사용하게 하는 동기가 될 것이다.

Ⓩoom-in | **fee가 포함된 표현**

admission[entrance] fee 입장료	late fee 연체료
school[tuition] fees 수업료	membership fee 회비

★★ **fade**
□0784 [feid]

ⓥ 바래다, (빛, 소리 등이) 희미해지다
The sun makes the color of clothes **fade**.
태양은 옷 색깔을 바래게 한다.

★
□ 0785 **solemn**
[sáləm]

ⓐ 엄숙한, 근엄한, 진지한

I couldn't approach Patrick because of his **solemn** facial expressions.

나는 Patrick의 엄숙한 얼굴 표정 때문에 그에게 다가갈 수 없었다.

solemnly ad. 엄숙하게, 진지하게　　**= serious** a. 진지한

★
□ 0786 **ambassador**
[æmbǽsədər]

ⓝ 대사, 사절

He was appointed as an **ambassador** to a country in Africa.

그는 한 아프리카 국가의 대사로 임명되었다.　　● 07 모의

cf. embassy n. 대사관

★
□ 0787 **steer**
[stiər]

ⓥ 조종하다, (특정 방향으로) 향하다

It's up to the diver to **steer** the parachute to a landing point. ● 06 전국연합

착륙 지점까지 낙하산을 조종하는 것은 (스카이) 다이버의 몫이다.

cf. steering wheel (자동차) 운전대

★★
□ 0788 **dignity**
[dígnəti]

ⓝ 존엄, 위엄

Hospice offers a patient comfort and human **dignity**.

호스피스는 환자에게 위안과 인간의 존엄성을 부여해 준다. ● 07 전국연합

dignify v. 위엄 있게 하다　　↔ **indignity** n. 모욕, 치욕

★★
□ 0789 **viewpoint**
[vjú:pɔ̀int]

ⓝ 관점, 견해

His **viewpoint** on the social function of literature is different from mine.

문학의 사회적 기능에 대한 그의 관점은 나와 다르다.

= point of view, standpoint 관점

★★
□ 0790 **incline**
[inkláin]

ⓥ ~할 마음이 들게 하다; 기울이다

His rude attitude doesn't **incline** me to help him.

그의 무례한 태도에 나는 그를 도와줄 마음이 들지 않았다.

㊚ **be inclined to** ~할 마음이 있다; ~하는 경향이 있다

★★★ **brilliant**
□0791 [bríljənt]

ⓐ 훌륭한, 멋진, 찬란한

His novel was successful because of its **brilliant** description of human emotions. ● 06 전국연합

그의 소설은 인간의 감정을 훌륭하게 묘사했기 때문에 성공을 거두었다.

brilliantly ad. 훌륭하게, 찬란히 **brilliance** n. 탁월, 광명

★ **retain**
□0792 [ritéin]

ⓥ 보존〔보유〕하다, 유지하다

The company has agreed to **retain** many of the trees growing on the property. ● 05 전국연합

그 회사는 그 부지에서 자라고 있는 많은 나무들을 보존하기로 합의했다.

retention n. 보유, 유지

Ｑ oom-in l **-tain**이 포함된 어휘

ob**tain** ⓥ 획득하다 con**tain** ⓥ 포함하다 sus**tain** ⓥ 지탱하다

at**tain** ⓥ 달성하다 main**tain** ⓥ 유지하다

★★ **sustain**
□0793 [səstéin]

ⓥ 지속〔계속〕하다, 유지하다, 떠받치다

We long to **sustain** better lifestyles above world standards.

우리는 세계 표준보다 더 나은 생활양식을 지속하기를 열망한다. ● 06 모의

sustainable a. 지속 가능한 = **maintain** v. 유지하다

★★ **arrogant**
□0794 [ǽrəgənt]

ⓐ 거만한, 오만한

His **arrogant** behavior made his girlfriend leave him.

그의 거만한 행동은 여자 친구가 그를 떠나게 했다.

arrogance n. 거만 = **haughty, conceited** a. 오만한, 자만한
↔ **humble, modest** a. 겸손한

★★★ **eternal**
□0795 [itə́:rnəl]

ⓐ 영원한, 영구적인

Early photographs represented the world as **eternal**.

초기 사진들은 세계를 영원한 것으로 표현했다. ● 10 모의

eternity n. 영원
= **endless, permanent** a. 영원한
↔ **temporary, momentary** a. 일시적인, 덧없는

★★ scream
□ 0796 [skri:m]

ⓥ 소리를(비명을) 지르다, 절규하다 ⓝ 비명, 절규
Helen would often cry and **scream** until she was exhausted.
Helen은 지칠 때까지 울면서 소리를 지르곤 했다. ● 09 전국연합
= yell, shout, shriek v. 소리를 지르다

★ outline
□ 0797 [áutlàin]

ⓝ 윤곽, 약도, 개요
He started to draw the **outline** of the zebra's body.
그는 얼룩말의 신체 윤곽을 그리기 시작했다. ● 08 전국연합
㊉ **give an outline of** ~의 줄거리를 말하다
　in outline 개략적인

★ constraint
□ 0798 [kənstréint]

ⓝ 제약, 속박, 구속
Some students actually miss out on attending college due to financial **constraints**.
어떤 학생들은 실제로 금전적 제약 때문에 대학에 다닐 기회를 놓치고 있다.
constrain v. 강요하다, 억제하다
㊉ **by constraint** 억지로, 무리하게

★★ sob
□ 0799 [sɑb]

ⓥ 흐느끼다, 흐느껴 울다
Getting out of her car, she noticed a girl sitting on the street **sobbing**. ● 10 모의
그녀는 차에서 내리면서 길에 앉아 흐느끼고 있는 한 소녀를 보았다.

Ⓩoom-in | '울다'의 뜻을 가진 어휘
　cry　소리 내어 크게 울다
　weep　소리 내지 않고 눈물을 흘리며 울다
　sob　울먹이거나 흐느끼면서 울다

★ spit
□ 0800 [spit]

ⓥ 뱉다, 침을 뱉다
I **spat** orange juice out in the sink since it was spoiled.
나는 오렌지 주스가 상했기 때문에 싱크대에 뱉어버렸다. ● 07 모의
㊉ **spit at(on)** ~에게 침을 뱉다, 모욕하다
　cf. Spit it out! 말해봐!

TEST

A 다음 단어에 해당하는 영어 단어 또는 우리말을 쓰시오.

1. 방언, 사투리 _____
2. 이동하다, 이주하다 _____
3. 뛰어난 _____
4. 외교의 _____
5. 기절하다, 희미한 _____
6. 결정적인, 중대한 _____
7. 마감시간 _____
8. 엄숙한, 근엄한 _____
9. 관점, 견해 _____
10. 소리를 지르다 _____

11. sewage _____
12. slaughter _____
13. postpone _____
14. collapse _____
15. unify _____
16. eternal _____
17. arrogant _____
18. ambassador _____
19. outline _____
20. constraint _____

B 빈칸에 알맞은 단어를 〈보기〉에서 골라 쓰되, 문맥에 맞게 변형하시오.

fold	retain	affection	interval	fee	steer

1. It's up to the diver to _____ the parachute to a landing point.

2. The entrance _____ would motivate users to keep the toilets cleaner.

3. He _____ the letter in half and put it back in a drawer.

4. You can get slim by eating the right foods at the right _____ each day.

5. What do you think about couples showing their _____ in public?

6. The company has agreed to _____ many of the trees growing on the property.

Answer Keys

A 1. dialect 2. migrate 3. outstanding 4. diplomatic 5. faint 6. decisive 7. deadline 8. solemn
9. viewpoint 10. scream 11. 하수, 오수 12. 도살하다, 학살하다 13. 연기하다 14. 무너지다 15. 통일하다
16. 영원한, 영구적인 17. 거만한, 오만한 18. 대사 19. 윤곽, 약도 20. 제약, 속박　**B** 1. steer 2. fee
3. folded 4. intervals 5. affection 6. retain

fals/faul/fall
거짓된 (wrong), 속이다 (deceive)

false 거짓의
falsify 위조하다
fault 잘못, 결점
fallacy 오류
in**fall**ible 절대 오류가 없는

ver(i)/vera 진실 (truth)

verify 입증하다 ¹⁹⁴⁸
verification 입증, 증명
veritas 진리
verdict 평결
veracious 진실한

반대

mag(ni)/maj/max
거대한 (great)

⁰⁵⁸⁴ **magni**fy 확대하다
magnitude 거대함, 중요성
⁰⁶³⁹ **magni**ficent 웅장한, 훌륭한
⁰²⁰¹ **maj**ority 대다수
maximum 최대(한의)

min(i) 작은 (small)

minority 소수, 소수 민족 ¹³³⁵
miniature 축소 모형
minimize 최소로 하다 ⁰⁴⁰⁹
minimum 최소(의)
di**mini**sh 줄이다 ⁰⁵⁶⁶

5 일마다 꿀꺽~

숙어 꿀꺽 | Day 16 - Day 20

□ **regard〔think of/look upon〕A as B** A를 B로 여기다 → 0651

Perfect office automation is still regarded as a challenge.
완벽한 사무 자동화는 여전히 도전으로 여겨진다.

□ **regardless of** ~에 관계없이(= irrespective of) → 0651

Regardless of the school grades, anyone can take part in the contest.
학교 성적과 관계없이, 어느 누구든 그 대회에 참여할 수 있다.

□ **consist of** ~로 구성되어 있다(= be made up of, be comprised of) → 0661

The band consists of a guitar, a piano, and drums.
그 밴드는 기타, 피아노, 그리고 드럼으로 구성되어 있다.

□ **consist in** ~에 있다(= lie in) → 0661

A man's worth consists in his character.
사람의 가치는 그 인격에 있다.

□ **under no circumstances** 어떠한 상황에서도 결코 ~ 않는 → 0683

Under no circumstances should you lose courage and hope.
어떠한 상황에서도 결코 용기와 희망을 잃어서는 안 된다.

□ **substitute A for B** B를 A로 대체〔교체〕하다 → 0697

I am trying to substitute tea for coffee.
나는 커피를 차로 바꾸려고 노력하고 있다.

☐ **lose〔keep〕one's temper** 화를 내다〔참다〕 →0720

Anyone who lost his or her temper too easily was not accepted as a member of the community.
너무 쉽게 화를 내는 사람은 사회 구성원으로 받아들여지지 않았다.

☐ **run a〔the〕risk of** ~의 위험을 무릅쓰다 →0774

The bank never **ran the risk of** bankruptcy.
그 은행은 결코 파산의 위험을 무릅쓰지 않았다.

☐ **be inclined to ~** ~하는 경향이 있다(= **be apt to ~**) →0790

Men **are inclined to help** their partners by problem-solving.
남자들은 문제를 해결함으로써 그들의 파트너를 돕는 경향이 있다.

☐ **now that** 이제 ~이므로

Now that you are in high school, you will have more pressures of school.
여러분들은 이제 고등학생이므로 학교생활에서 더 많은 압박을 받게 될 것이다.

☐ **depend on〔upon〕**
~에 달려 있다, ~에 의존하다(= **count on, rely on**)

The value of information **depends on** our ability to make use of it.
정보의 가치는 그것을 이용하는 우리의 능력에 달려 있다.

☐ **keep up with** ~에 뒤떨어지지 않다

Workers need continuing education if they want to **keep up with** the field.
노동자들은 그 분야에서 뒤쳐지지 않으려면 끊임없이 교육을 받을 필요가 있다.

☐ **when it comes to -ing/명사** ~에 관해서라면

We are creatures of habit **when it comes to** the business of living.
생활하는 일에 관해서라면 우리는 습관의 동물이다.

DAY 21

어휘 더하기 : 이어동사 ❶ up

01	02	03	04	05	06	07	08	09	10
●	●	●	●	●	●	●	●	●	●

11	12	13	14	15	16	17	18	19	20
●	●	●	●	●	●	●	●	●	●

21	22	23	24	25	26	27	28	29	30
●									

31	32	33	34	35	36	37	38	39	40

41	42	43	44	45	46	47	48	49	50

Day 20 | Review

앞에서 학습한 단어를 얼마나 기억하는지 체크해 보세요.
기억이 나지 않는 단어는 다시 한 번 학습하세요.

- ☐ dialect
- ☐ farewell
- ☐ sewage
- ☐ migrate
- ☐ slaughter
- ☐ outstanding
- ☐ retain
- ☐ illusion
- ☐ fasten
- ☐ diplomatic
- ☐ faint
- ☐ risk
- ☐ collapse
- ☐ decisive
- ☐ fade

- ☐ unify
- ☐ interval
- ☐ crack
- ☐ solemn
- ☐ ambassador
- ☐ steer
- ☐ dignity
- ☐ eternal
- ☐ brilliant
- ☐ harness
- ☐ sustain
- ☐ incline
- ☐ constraint
- ☐ sob
- ☐ spit

★★
□ 0801 **sleeve**
[sli:v]

ⓝ 소매

I grabbed his **sleeve** and said, "I can't live without you."
나는 그의 소매를 붙잡고 말했다. "나는 너 없이는 살 수가 없어."

sleeved a. 소매의, 소매가 달린
cf. **long-sleeved shirt** 긴소매 셔츠　　**sleeveless shirt** 민소매 셔츠

★★★
□ 0802 **ceiling**
[síːliŋ]

ⓝ 천장; 최고 한도

Geckos can climb straight up walls and walk across
ceilings. ● 06 전국연합
도마뱀붙이는 벽을 타고 똑바로 기어오르고 천장을 가로질러 다닐 수 있다.

㊀ **reach the ceiling** 한계점에 도달하다

oom-in ⏐ hit the ceiling은 직역하면 '천장을 치다'라는 뜻인데, 천장에 머리를 들이박을 정도로 '노발대 발하다'라는 의미의 표현이다. 이와 비슷한 표현으로 blow one's top(뚜껑이 열리다)이 있다.

★★
□ 0803 **cosmetic**
[kɑzmétik]

ⓐ 성형의, 미용의, 겉치레의　ⓝ 화장품(~s)

Flying off to a foreign country for **cosmetic** surgery has
been a popular option for years. ● 10 전국연합
성형 수술을 위해 비행기를 타고 외국에 나가는 것이 수 년 동안 유행이었다.

cf. **cosmetic surgery** 성형 수술(= plastic surgery)

★★
□ 0804 **tame**
[teim]

ⓥ 길들이다　ⓐ 길들여진, 온순한

Sheep were one of the first animals **tamed** by humans.
양은 인간이 길들인 첫 번째 동물들 중 하나였다.

tamer n. 조련사　　= **domesticate** v. 길들이다

★★★
□ 0805 **pray**
[prei]

ⓥ 기도하다

Let us **pray** for the sick members of our parish family.
우리 교구의 아픈 사람들을 위해 기도합시다.

prayer [prɛər] n. 기도; [preiər] n. 기도하는 사람

★★
□ 0806 **alert**
[əlɔ́ːrt]

ⓐ 정신이 초롱초롱한, 기민한; 경계하는

If people slept for eight hours, they would be more **alert**
and productive at work. ● 07 전국연합
사람들이 8시간을 자면, 직장에서 정신이 보다 초롱초롱하고 생산적일 것이다.

★★ **swell**
□ 0807 [swel]

ⓥ 붓다, 부풀다, 증가하다　ⓝ 팽창; (파도의) 큰 물결

If your mouth or throat swell, stop using this medicine.
입이나 목이 붓게 되면 이 약의 복용을 중단하십시오.

swelling n. 팽창, 부풀어 오름

★★ **cease**
□ 0808 [si:s]

ⓥ 그만두다, 그치다, 끝나다

Every language, until it ceases to be spoken at all, is in a
state of continual change. ● 05 전국연합
모든 언어는 더 이상 사용되지 않을 때까지 지속적인 변화 상태에 있다.

ceaseless a. 끊임없는

★★ **delicate**
□ 0809 [délikət]

ⓐ 섬세한, 연약한; 미묘한

Each era in history has had some methods to protect
a woman's delicate skin. ● 07 전국연합
역사상 각 시대마다 여성의 섬세한 피부를 보호하는 몇몇 방법들이 있었다.

delicacy n. 섬세함, 여림; 미묘함

★ **mount**
□ 0810 [maunt]

ⓥ (말, 자전거 등에) 올라타다; (산, 계단 등에) 오르다

It's not easy to mount a horse.
말에 올라타는 게 쉽지 않다.

★★★ **cruel**
□ 0811 [krú:əl]

ⓐ 잔인한, 잔혹한

Cyber-bullying is a word that refers to cruel messages sent
to you online. ● 06 전국연합
사이버 괴롭힘은 온라인으로 당신에게 보내지는 잔인한 메시지를 뜻하는 말이다.

cruelty n. 잔인성, 잔혹　= brutal, savage a. 잔인한

★★ **scarce**
□ 0812 [skɛərs]

ⓐ 부족한, 적은, 희귀한

As oil becomes scarce, its use as a source of energy will
diminish.
석유가 부족해지면서 에너지원으로서 석유의 용도는 줄어들 것이다.

scarcity n. 부족, 결핍　↔ **abundant** a. 풍부한

Ⓩoom-in ┃ 혼동하기 쉬운 scarce vs. scary vs. scar
scarce ⓐ 부족한, 적은, 희귀한　　scary ⓐ 무서운, 무시무시한　　scar ⓝ 흉터, 상처

★★★ **receipt**
☐ 0813 [risíːt]

ⓝ 영수증; 수령

Credit cards make it much easier to handle your **receipts**.

신용카드는 영수증을 처리하는 일을 훨씬 더 쉽게 해준다. ● 07 전국연합

★ **commonplace**
☐ 0814 [kámənplèis]

ⓐ 흔한, 평범한 ⓝ 평범한 일

It is **commonplace** these days for people to have cell phones.

사람들이 휴대전화를 갖는 일은 요즘 흔한 일이다.

= ordinary a. 평범한

★★ **random**
☐ 0815 [rǽndəm]

ⓐ 무작위의, 닥치는 대로의

Anyone can be a victim to **random** acts of terrorism and violence. ● 05 전국연합

어느 누구든 무작위적인 테러와 폭력의 희생자가 될 수 있다.

㉑ **at random** 닥치는 대로, 무작위로

Ⓩoom-in | **혼동하기 쉬운 random vs. ransom**
random ⓐ 무작위의, 닥치는 대로의 ransom ⓝ (포로의) 몸값

★★★ **consult**
☐ 0816 [kənsʌ́lt]

ⓥ 상담하다, 참고하다

If you are taking any other medicine, **consult** your doctor before using this treatment.

다른 약을 복용하고 있다면 이 치료를 하기 전에 의사와 상담하세요.

consultant n. 상담역, 컨설턴트 **consultation** n. 상담, 협의

★ **deluxe**
☐ 0817 [dəlúks]

ⓐ 호화로운, 사치스러운

Constructed in the 12th century, a **deluxe** hotel, Palazzo Sasso is all about the view. ● 08 수능

12세기에 건축된 호화로운 호텔 Palazzo Sasso는 절경 그 자체이다.

= luxurious a. 호화로운

★ **comply**
☐ 0818 [kəmplái]

ⓥ 따르다, 동의하다

She was able to survive by **complying** with their demands.

그녀는 그들의 요구에 따름으로써 살아남을 수 있었다.

comply with ~을 따르다 **compliance** n. 응낙, 승낙

★
□0819 **resentment**
[rizéntmənt]

ⓝ 분노, 분개, 원한

Both parents and students expressed **resentment** towards the administrators. ● 07 전국연합

학부모와 학생 모두가 관리자들을 향해 분노를 표출했다.

resent v. 분노하다, 분개하다

= **fury, rage, indignation** n. 분노, 격노

★★★
□0820 **miracle**
[mírəkəl]

ⓝ 기적, 경이

Believing in **miracles** helps us maintain an optimistic point of view. ● 05 전국연합

기적을 믿는 것은 낙관적인 관점을 유지하는 데 도움이 된다.

miraculous a. 기적적인

㊦ **work (do) a miracle** 기적을 행하다

★★★
□0821 **ruin**
[rú:in]

ⓥ 파괴하다, 망치다, 손상시키다 ⓝ 파괴, 파멸

We don't know the number of houses **ruined** by the fire.

우리는 화재로 파괴된 집이 몇 채나 되는지 모른다.

= **destroy** v. 파괴하다 **cf. ruins** n. 유적, 폐허(= remains)

★★
□0822 **abolish**
[əbáliʃ]

ⓥ 폐지하다, 없애다

Costa Rica is the first Latin American country to **abolish** slavery. ● 10 모의

Costa Rica는 노예제를 폐지한 첫 번째 라틴아메리카 국가이다.

abolition n. 폐지 = **do away with** 폐지하다

★
□0823 **render**
[réndər]

ⓥ ~이 되게 만들다; (원조 등을) 주다

The presidency of the United States **renders** life burdensome. ● 97 수능

미국의 대통령직은 삶을 부담되게 만든다.

★★
□0824 **cling**
[kliŋ]

ⓥ 꼭 붙잡다, 매달리다, 달라붙다

He was waiting for rescue, **clinging** to a raft.

그는 뗏목을 꼭 붙잡은 채 구조를 기다리고 있었다.

㊦ **cling to** ~을 꼭 붙잡다; ~을 고수하다(= stick to)

★★
☐ 0825 **broaden**
[brɔ́:dn]

ⓥ 넓히다

Reading good books broadens the vision and enriches the soul.

좋은 책을 읽는 것은 시야를 넓혀주며 영혼을 풍요롭게 한다.

broad a. 넓은, 대략적인　**breadth** n. 폭, 너비

★★
☐ 0826 **dash**
[dæʃ]

ⓥ 돌진하다, 내던지다　ⓝ 돌진, 충돌

When the robber dashed out of the room, he bumped into two women.

강도가 방 밖으로 뛰쳐나갔을 때 두 명의 여성과 부딪쳤다.

㊜ **in a dash** 급히 서둘러, 허둥지둥

★★
☐ 0827 **ingredient**
[ingrí:diənt]

ⓝ 재료, 성분, 구성요소

Chocolate and chicken are the two main ingredients of a popular and tasty Mexican dish.　● 08 전국연합

초콜릿과 치킨은 인기 있고 맛있는 멕시코 음식의 두 가지 주요 재료이다.

= **component, element** n. 요소, 성분

★
☐ 0828 **misuse**
[misjú:z]

ⓝ 오용, 악용, 남용　ⓥ 오용하다, 악용하다

Credit card misuse remains at an alarmingly high level.

신용카드 오용은 여전히 놀라울 정도로 높은 수준이다.　● 04 모의

★★
☐ 0829 **pretend**
[priténd]

ⓥ ~인 체하다, 가장하다

Don't use information that someone else has already written, pretending it's yours.　● 04 모의

다른 누군가가 이미 써놓은 정보를 자기 것인 체하면서 이용하지 마시오.

pretense n. 겉치레, 가식, 허위　= **make believe** ~인 체하다

★★★
☐ 0830 **fate**
[feit]

ⓝ 운명, 숙명

Christianity teaches that one's fate after death is decided on a day of judgement.

기독교는 사후 인간의 운명은 심판의 날에 결정된다고 가르친다.

fatal a. 치명적인, 운명의, 결정적인　= **destiny, doom** n. 운명

★★ **spark** [spɑːrk]
□ 0831

ⓝ 불꽃, 불티, 섬광

In the halls there were tiny fires and **sparks.** ● 06 전국연합
복도에는 작은 불과 함께 불꽃이 일어났다.

sparkle n. 불꽃 v. 불꽃을 튀기다 **sparkling** a. 불꽃을 튀기는

★★ **revive** [riváiv]
□ 0832

ⓥ 되살리다, 회복시키다, 재생시키다

The project was **revived** four years later in a new form.
그 프로젝트는 4년 후 새로운 형식으로 되살려졌다. ● 10 모의

revival n. 재생, 회복, 부활

★★ **triumph** [tráiəmf]
□ 0833

ⓥ 이기다, 성공하다 ⓝ 승리, 대성공

In her fictional world, good always **triumphs** over evil.
그녀의 소설 세계에서 선은 항상 악을 이긴다. ● 05 전국연합

triumphant a. 승리를 얻은, 의기양양한
triumphal a. 승리를 축하하는, 승리의

Zoom-in | '승리'의 뜻을 가진 어휘

victory	경기 · 전투 · 스포츠 등에서 상대방과 겨뤄 이기는 승리를 뜻하는 가장 일반적인 말
win	경기 · 싸움 · 선거 등에서 상대방을 이기거나 상 · 메달을 따는 승리
defeat	경기 · 전쟁 · 스포츠 등에서 상대방을 패배시킨다는 의미가 강한 승리
triumph	완전한 승리로 그 기쁨의 감정이 포함된 승리
conquest	상대방(다른 나라나 민족 등)을 정복한다는 의미가 내포된 승리

★ **apt** [æpt]
□ 0834

ⓐ ~하는 경향이 있는; ~하기 쉬운

Children whose fathers help care for them are **apt** to form stable relationships. ● 08 전국연합
아버지의 보살핌을 받은 아이들은 안정적인 관계를 형성하는 경향이 있다.

숙 **be apt to** ~하는 경향이 있다; ~하기 쉽다(= tend to, be inclined to)

★★ **overtake** [òuvərtéik]
□ 0835

ⓥ 추월하다, 따라잡다; (폭풍우, 불행 등이) 닥치다

Car accidents often take place when the car behind **overtakes** the car in front.
자동차 사고는 종종 뒤차가 앞차를 추월할 때 일어난다.

= catch up with ~을 따라잡다

subtract ★
□ 0836 [səbtrǽkt]

ⓥ 뺄셈을 하다, 빼다

Children learn how to add and **subtract** at kindergarten.
아이들은 유치원에서 덧셈과 뺄셈을 하는 법을 배운다.

subtraction n. 뺄셈, 삭감; 공제

Zoom-in | 사칙연산 관련 어휘

add ⓥ 더하다   subtract ⓥ 빼다   multiply ⓥ 곱하다   divide ⓥ 나누다

---

weary ★
□ 0837 [wíəri]

ⓐ 지친, 피곤한; 싫증이 난

When running the actual marathon, Danny was feeling **weary** and tired. ● 10 모의
실제 마라톤을 뛸 때에, Danny는 지치고 피곤해졌다.

wear v. 지치게 하다
㉂ **weary of** ~에 싫증이 난

---

breast ★★
□ 0838 [brest]

ⓝ (사람, 동물의) 가슴, 흉부

Wishbone is the V-shaped bone found between the neck and **breast** of a bird.
Wishbone은 새의 목과 가슴 사이에서 발견되는 V자 모양의 뼈다.

cf. breast cancer 유방암

---

overcome ★★
□ 0839 [òuvərkÁm]

ⓥ (곤란, 장애 등을) 극복하다, 이겨내다

Many people are trapped in their painful emotions instead of trying to **overcome** them. ● 10 전국연합
많은 사람들이 괴로운 감정을 극복하려고 노력하는 대신 그런 감정에 갇혀 있다.

= **get over** 극복하다

---

leap ★★★
□ 0840 [liːp]

ⓥ 껑충 뛰다, 뛰어오르다   ⓝ 뛰어오름, 급등

Brave skydivers **leap** from airplanes at great heights.
용감한 스카이다이버들은 엄청난 높이의 비행기에서 껑충 뛰어 내린다.

㉂ **with a leap** 단번에
cf. leap year 윤년(4년마다 한 번씩 2월 29일이 있는 해)

A 다음 단어에 해당하는 영어 단어 또는 우리말을 쓰시오.

1. 소매 _____
2. 길들이다, 온순한 _____
3. 붓다, 부풀다 _____
4. 올라타다, 오르다 _____
5. 부족한, 적은 _____
6. 무작위의 _____
7. 분노, 분개 _____
8. 꼭 붙잡다, 매달리다 _____
9. 넓히다 _____
10. 재료, 성분 _____

11. ceiling _____
12. pray _____
13. cruel _____
14. consult _____
15. abolish _____
16. misuse _____
17. fate _____
18. overtake _____
19. weary _____
20. overcome _____

B 빈칸에 알맞은 단어를 〈보기〉에서 골라 쓰되, 문맥에 맞게 변형하시오.

alert   delice   consult   ruin   pretend   leap

1. Brave skydivers _____ from airplanes at great heights.

2. We don't know the number of houses _____ by the fire.

3. If you are taking any other medicine, _____ your doctor before using this treatment.

4. Each era in history has had some methods to protect a woman's _____ skin.

5. Don't use information that someone else has already written, _____ it's yours.

6. If people slept for eight hours, they would be more _____ and productive at work.

Answer Keys

A 1. sleeve 2. tame 3. swell 4. mount 5. scarce 6. random 7. resentment 8. cling 9. broaden
10. ingredient 11. 천장; 최고 한도 12. 기도하다 13. 잔인한, 잔혹한 14. 상담하다, 참고하다 15. 폐지하다, 없애다
16. 오용, 남용하다 17. 운명, 숙명 18. 추월하다 19. 지친, 싫증이 난 20. 극복하다, 이겨내다
B 1. leap 2. ruined 3. consult 4. delicate 5. pretending 6. alert

up

위에, 위쪽으로

→ 수준이 높음, 모습, 성장,
설립 등으로 파생

give up 그만두다, 포기하다(= abandon)

I wonder how many people **give up**.
나는 얼마나 많은 사람들이 포기를 하는지 궁금하다.

set up 1. 세우다(= erect) 2. 설립(시작)하다

1. Some campers **set up** the tents near the lake.
   몇몇 야영객들이 호숫가에 텐트를 쳤다.
2. Many companies have **set up** shop on the Web.
   많은 회사들은 웹상에 매장을 설립하고 있다.

bring up 1. (화제를) 꺼내다 2. 기르다, 양육하다

1. He has lost his job. Don't **bring** it **up** in front of him.
   그는 직장을 잃었다. 그 사람 앞에서는 그 이야기를 꺼내지 마라.
2. The children were **brought up** in the orphanage.
   그 아이들은 고아원에서 길러졌다.

show up 나타나다(= turn up)

Finally, she **showed up** behind the curtain in the dark.
마침내, 그녀는 어둠 속 커튼 뒤에서 나타났다.

make up 1. 구성하다 2. (이야기 등을) 지어내다

1. Eyebrows are one of the most important features that
   make up our faces.
   눈썹은 우리의 얼굴을 구성하는 가장 중요한 특징들 중의 하나이다.
2. They seem to enjoy **making up** excuses.
   그들은 변명을 지어내는 것을 좋아하는 것 같다.

이어동사 ① up

DAY 22

어휘 더하기 : 이어동사 **2** down

01	02	03	04	05	06	07	08	09	10
●	●	●	●	●	●	●	●	●	●

11	12	13	14	15	16	17	18	19	20
●	●	●	●	●	●	●	●	●	●

21	22	23	24	25	26	27	28	29	30
●	●								

31	32	33	34	35	36	37	38	39	40

41	42	43	44	45	46	47	48	49	50

Day 21 | Review

앞에서 학습한 단어를 얼마나 기억하는지 체크해 보세요.
기억이 나지 않는 단어는 다시 한 번 학습하세요.

□ sleeve   □ ruin
□ ceiling   □ abolish
□ tame   □ render
□ pray   □ cling
□ alert   □ broaden
□ swell   □ dash
□ delicate   □ ingredient
□ mount   □ fate
□ cruel   □ spark
□ scarce   □ triumph
□ receipt   □ apt
□ commonplace   □ overtake
□ random   □ subtract
□ consult   □ weary
□ resentment   □ leap

Wow!!

★★
□ 0841 **apparent**
[əpǽrənt]

ⓐ 뚜렷이 보이는, 명백한, 분명한

At the age of ten, Irene's talents and interests in mathematics were **apparent**. ● 07 전국연합

10살 때, Irene의 수학에 대한 재능과 관심이 뚜렷이 보였다.

apparently ad. 분명히, 명백히

★★
□ 0842 **astonish**
[əstániʃ]

ⓥ 깜짝 놀라게 하다

After dinner my father belched loudly, which **astonished** our guests. ● 09 전국연합

저녁식사 후 아버지는 크게 트림을 해서 손님들을 깜짝 놀라게 했다.

astonishment n. 놀람　**astonishing** a. 놀라운
astonished a. ~에 깜짝 놀란

★★★
□ 0843 **tremble**
[trémbəl]

ⓥ 떨다, 떨리다　ⓝ 떨림

The young soldier was **trembling** and turned pale.

그 젊은 군인은 떨면서 얼굴이 창백해졌다.　● 08 전국연합

★
□ 0844 **voyage**
[vɔ́iidʒ]

ⓝ 항해, 여행　ⓥ 항해하다, 여행하다

The **voyage** across the Pacific Ocean took 52 days.

태평양 횡단 항해는 52일이 걸렸다

voyager n. 항해자, 여행자

★★★
□ 0845 **royal**
[rɔ́iəl]

ⓐ 왕의, 왕실의

The Thais respect the king and the **royal** family very deeply.

태국 사람들은 왕과 왕족을 아주 깊이 존경한다.

royalty n. 왕위, 왕권; 저작권 사용료　**cf. royal family** 왕족, 왕실

> Ⓩoom-in ｜ 혼동하기 쉬운 royal vs. loyal
> royal ⓐ 왕의, 왕실의　　　loyal ⓝ 충실한, 성실한

★★
□ 0846 **dilemma**
[dilémə]

ⓝ 딜레마, 진퇴양난

I am in a **dilemma**. I don't know which to choose.

나는 딜레마에 빠져있다. 어떤 것을 골라야 할지 모르겠다.

㊟ **be in a dilemma** 딜레마에 빠지다

★
□ 0847 **vulgar**
[vʌ́lgər]

ⓐ 저속한, 상스러운

His parents used **vulgar** language and made me feel bad.
그의 부모는 저속한 말을 사용하여 나를 기분 나쁘게 만들었다.

vulgarity n. 속됨, 야비함   **vulgarism** n. 야비; 속어, 비어

★★
□ 0848 **utilize**
[júːtəlàiz]

ⓥ 이용하다, 활용하다

More natural resources will be **utilized** by humans.
더 많은 천연 자원이 인간에 의해 이용될 것이다.   ● 09 전국연합

utility n. 유용, 효용; (전기, 수도, 가스 등의) 공익 설비
= **make use of** ~을 이용하다

★★★
□ 0849 **propose**
[prəpóuz]

ⓥ 제안〔제의〕하다; 청혼하다

I **proposed** that a new task force be set up to proceed with the plan.
나는 그 계획을 계속 추진하기 위해 새로운 대책 위원회를 만들자고 제안했다.

proposal n. 제안, 제의; 청혼   = **suggest** v. 제안하다

★
□ 0850 **uphold**
[ʌphóuld]

ⓥ 지지하다, 옹호하다, 받치다

Koreans should **uphold** the principles of democracy.
한국인들은 민주주의의 원칙들을 지지해야 한다.

= **support, sustain** v. 지지하다

---

 oom-in l **up-(위)이 포함된 어휘**

upper ⓐ 상위의, 상부의   **upright** ⓐ 똑바로 선
upcoming ⓐ 다가오는, 곧 나올   **upset** ⓐ 화난, 기분이 상한
upheave ⓥ 들어 올리다, 융기시키다   **upload** ⓥ (컴퓨터) 업로드하다

★
□ 0851 **resort**
[rizɔ́ːrt]

ⓥ (좋지 않은 것에) 의지하다, 호소하다   ⓝ 휴양지

Many terrorists **resort** to violence to achieve their goals.
많은 테러리스트들이 목적을 달성하기 위해 폭력에 의지한다.

㉢ **resort to** ~에 의지하다   **as a last resort** 최후의 수단으로

★
□ 0852 **fingerprint**
[fíŋgərprìnt]

ⓝ 지문   ⓥ ~의 지문을 채취하다

Like **fingerprints**, handwriting can be used to identify someone.   ● 07 전국연합
지문처럼, 필체도 사람의 신원을 확인하는 데 이용될 수 있다.

cf. footprint n. 발자국

★
☐ 0853
mimic
[mímik]

ⓥ 흉내 내다 ⓐ 흉내를 잘 내는, 가짜의, 모방한

Jonathan always **mimicked** his homeroom teacher, which made everyone laugh.

Jonathan은 늘 담임선생님을 흉내 내서 모든 사람들을 웃게 만들었다.

= **imitate** v. 모방하다, 흉내 내다

★
☐ 0854
stubborn
[stʌ́bərn]

ⓐ 고집이 센, 완고한

He is too **stubborn** to change his way of living.

그는 너무 고집이 세서 자신의 생활방식을 바꿀 수 없다.

= **obstinate, dogged** a. 완고한
㊂ **as stubborn as a mule** 고집불통인

★
☐ 0855
lottery
[látəri]

ⓝ 복권 (추첨), 제비뽑기

The **lottery** in Italy doesn't use the number thirteen.

이탈리아에서 발행되는 복권은 숫자 13을 사용하지 않는다. ● 06 전국연합

㊂ **win a lottery** 복권에 당첨되다

 oom-in ┃ **복권 관련 표현**

prize winner 당첨자   prize money 당첨금   winning number 당첨번호

★
☐ 0856
asset
[ǽset]

ⓝ 자산, 재산

The most important **asset** in business is a sense of humor.

사업에서 가장 중요한 자산은 유머 감각이다. ● 98 수능

cf. **assets and liabilities** 자산과 부채

★★
☐ 0857
conquer
[káŋkər]

ⓥ 정복하다, 극복하다

The thought of **conquering** the mountain stirs me with anticipation. ● 10 모의

산을 정복한다는 생각은 나를 기대감으로 흥분시킨다.

conqueror n. 정복자   **conquest** n. 정복
= **vanquish** v. 정복하다

★
☐ 0858
spiral
[spáiərəl]

ⓝ 나선(형), 소용돌이선 ⓐ 나선형의

A snail has a shell which forms a **spiral**. ● 08 전국연합

달팽이는 나선형의 껍질이 있다.

cf. **spiral stairs** 나선형 계단

★★ monument [mánjəmənt]
□0859

ⓝ 기념물, 기념비, 유물

The most famous Egyptian **monuments** are of course the pyramids. ● 06 전국연합
가장 유명한 이집트 기념물은 물론 피라미드다.

monumental a. 기념비적인　　= **memorial** n. 기념물, 기념관

★★ snatch [snætʃ]
□0860

ⓥ 낚아채다, 잡아채다, 강탈하다

The instant she got out of a taxi, a man **snatched** her purse away.
그녀가 택시에서 내리는 순간, 한 남자가 그녀의 지갑을 낚아채 갔다.

★★ candidate [kǽndədèit]
□0861

ⓝ 지원자, 후보(자), 지망자

Selected **candidates** will be contacted individually for an interview. ● 08 모의
선발된 지원자들에게 면접을 위해 개별적으로 연락을 드릴 것입니다.

= **applicant** n. 지원자　　cf. **presidential candidate** 대통령 후보

★★ inject [indʒékt]
□0862

ⓥ 주사하다, (연료, 액체 따위를) 주입하다

Farmers **inject** antibiotics to livestock.
농장주들은 가축에 항생제를 주사한다.

injection n. 주사, 주입

 oom-in ㅣ 주사 관련 어휘

vessel ⓝ 혈관　　vein ⓝ 정맥　　artery ⓝ 동맥
syringe ⓝ 주사기　　transfusion ⓝ 수혈　　blood donation ⓝ 헌혈

★ transition [trænzíʃən]
□0863

ⓝ 과도기, 변천, 이행

The teenage years is the **transition** from childhood to adulthood.
10대 시절은 아동기에서 성인기의 과도기이다.

㊗ **in transition** 과도기에 있는

★★ dissolve [dizálv]
□0864

ⓥ 녹(이)다, 용해하다; 해산하다

The rainwater slowly causes the rock to **dissolve**, leaving behind a large hole. ● 07 전국연합
빗물은 서서히 바위를 녹여 큰 구멍을 남긴다.

dissolution n. 용해, 분해; 해산　　= **melt** v. 녹(이)다

★
□0865 **recollect**
[rèkəlékt]

ⓥ 생각해내다, 회상하다

I cannot **recollect** what I've done for the last two days.
나는 지난 이틀 동안 무엇을 했는지 생각이 나지 않는다.

recollection n. 회상, 기억　　= recall, remind v. 회상하다

★
□0866 **wilderness**
[wíldərnis]

ⓝ 황야, 황무지

The chance of getting lost in the **wilderness** is very slim provided that you are well prepared.
준비만 잘 한다면 황야에서 길을 잃을 가능성은 매우 희박하다.

★
□0867 **stereotype**
[stériətàip]

ⓝ 고정관념, 정형화된 생각〔이미지〕

The **stereotypes** we have of old people make them unhappy. ● 07 전국연합
우리가 노인들에 대해 갖고 있는 고정관념이 그들을 불행하게 만든다.

Zoom-in | 고정관념 관련 어휘
prejudice ⓝ 편견, 선입견　　bias ⓝ 편견, 선입견　　preconception ⓝ 선입견
distortion ⓝ 왜곡　　fixed idea 고정관념　　cliché ⓝ 상투적인 문구

★★
□0868 **flaw**
[flɔː]

ⓝ 결점, 흠

We all have **flaws** but should make efforts to lessen them.
우리 모두는 결점들을 갖고 있지만, 그것들을 줄이려는 노력을 해야 한다.

↔ **flawless** a. 흠 없는, 완벽한　　= fault, defect n. 결함

★★
□0869 **chaos**
[kéias]

ⓝ 혼란, 무질서

The explosion caused widespread **chaos**.
그 폭발로 광범위한 혼란이 야기되었다.

↔ **cosmos** n. 질서, 조화

★★
□0870 **catalog**
[kǽtəlɔ̀ːg]

ⓝ (책, 물품 등의) 카탈로그, 목록 (= catalogue)

You can download our **catalogue** and our printed order form by clicking here.
여기를 클릭하시면 카탈로그와 인쇄된 주문 양식을 내려 받으실 수 있습니다.

★
□ 0871
restrain
[ri:stréin]

ⓥ (감정, 욕망을) 억제하다; 구속하다

Unable to **restrain** his greed, he stole money.
그는 탐욕을 억제하지 못하고 돈을 훔쳤다.

restraint n. 억제, 금지
= **hold back, suppress, repress** 억제하다, 억누르다

★
□ 0872
adhere
[ædhíər]

ⓥ (주의, 신념 등을) 고수하다, 충실하다; 들러붙다

Try to **adhere** to all the resolutions made at the beginning
of the year.
연초에 했던 모든 결심들을 고수하려고 노력하라.

adherence n. 고수, 집착   ⓢ **adhere to** ~을 고수하다(= stick to)

★
□ 0873
allowance
[əláuəns]

ⓝ 용돈, 수당; 허용

The goal of an **allowance** is to have your child skillfully
handle all expenditures. ● 06 전국연합
용돈의 목적은 아이가 모든 지출을 잘 처리하게 하려는 것이다.

 oom-in | 각종 수당을 나타내는 표현

family allowance 가족 수당   overtime allowance 초과 근무 수당
severance pay 해직[퇴직] 수당   unemployment compensation 실업 수당

★★
□ 0874
mock
[mɑk]

ⓥ 놀리다, 조롱하다

The boys often **mocked** the girl about her legs being short.
소년들은 그 소녀의 다리가 짧다고 놀리곤 했다.

mockery n. 조롱, 놀림

★★
□ 0875
reap
[ri:p]

ⓥ (이익, 성과를) 거두다, 수확하다

Workers worked harder than ever, but did not **reap** the
fruits of their labor.
근로자들은 어느 때보다 더 열심히 일했지만 수고의 결실을 거두지 못했다.

cf. As you sow, so you shall reap. 뿌린 대로 거둘 것이다. 〈속담〉

 oom-in | 혼동하기 쉬운 reap vs. leap

reap ⓥ (이익, 성과를) 거두다, 수확하다   leap ⓥ 뛰다, 뛰어넘다

★
□0876 **underlying**
[ʌ̀ndərláiiŋ]

ⓐ 근본적인, 기초적인, 밑에 있는

What do you think is the underlying cause of the increasing crime rate?
범죄율이 증가하는 근본적인 원인이 무엇이라고 생각하니?

underlie v. ~의 기초가 되다, ~의 아래에 있다
= **basic, fundamental** a. 기본(근본)적인

★★
□0877 **annual**
[ǽnjuəl]

ⓐ 1년의, 해마다의, 한 해 한 번씩의

This annual contest started with the aim of helping kids with heart disease. ● 10 전국연합
1년마다 열리는 이 대회는 심장병이 있는 아이들을 도울 목적으로 시작되었다.

cf. annals n. 연대기, 연보

oom-in l 정기간행물(periodical)의 발행 횟수 관련 어휘

weekly 주간	**biweekly** 격주간	**monthly** 월간
quarterly 계간	**annual** 연간	

★★
□0878 **penetrate**
[pénətrèit]

ⓥ 꿰뚫다, 통과하다

The Persians were unable to penetrate the city's defenses.
페르시아 인들은 그 도시의 방어 시설을 뚫을 수가 없었다.

penetration n. 관통   = **pierce** v. 꿰뚫다

★★
□0879 **surgery**
[sə́:rdʒəri]

ⓝ 수술, 외과

Most people are living longer thanks to advances in medicine and surgery. ● 06 전국연합
대부분의 사람들은 의학과 수술의 발전 덕분에 더 오래 살고 있다.

surgeon n. 외과 의사
cf. cosmetic surgeon n. 성형외과 의사   **physician** n. 내과 의사

★
□0880 **systematic**
[sìstəmǽtik]

ⓐ 체계적인, 조직적인

We need more systematic efforts to prevent accidents from happening. ● 10 전국연합
범죄 발생을 막기 위해서는 더욱 더 체계적인 노력이 필요하다.

system n. 체계, 체제, 시스템   **cf. ecosystem** n. 생태계

A 다음 단어에 해당하는 영어 단어 또는 우리말을 쓰시오.

1. 뚜렷이 보이는, 명백한 _____
2. 왕의, 왕실의 _____
3. 이용하다, 활용하다 _____
4. 지문 _____
5. 기념물, 기념비 _____
6. 떨다, 떨리다 _____
7. 거두다, 수확하다 _____
8. 혼란, 무질서 _____
9. 1년의, 해마다의 _____
10. 수술, 외과 _____

11. propose _____
12. dilemma _____
13. stubborn _____
14. asset _____
15. flaw _____
16. restrain _____
17. mock _____
18. allowance _____
19. penetrate _____
20. systematic _____

B 빈칸에 알맞은 단어를 〈보기〉에서 골라 쓰되, 문맥에 맞게 변형하시오.

voyage	resort	conquer	snatch	dissolve	underlying

1. The _____ across the Pacific Ocean took 52 days.

2. What do you think is the _____ cause of the increasing crime rate?

3. The instant she got out of a taxi, a man _____ her purse away.

4. The thought of _____ the mountain stirs me with anticipation.

5. Many terrorist groups _____ to violence to achieve their goals.

6. The rainwater slowly causes the rock to _____, leaving behind a large hole.

Answer Keys

A 1. apparent 2. royal 3. utilize 4. fingerprint 5. monument 6. tremble 7. reap 8. chaos 9. annual
10. surgery 11. 제안하다; 청혼하다 12. 딜레마, 진퇴양난 13. 고집이 센, 완고한 14. 자산, 재산 15. 결점, 흠
16. 억제하다, 구속하다 17. 놀리다, 조롱하다 18. 용돈, 수당 19. 꿰뚫다, 통과하다 20. 체계적인, 조직적인
B 1. voyage 2. underlying 3. snatched 4. conquering 5. resort 6. dissolve

down

아래에, 아래로

→ 실망, 고장, 거절의 의미로 파생

write down　~을 적다

The most effective way to focus on your goals is to **write** them **down**.

당신의 목표에 집중하는 가장 효과적인 방법은 그것들을 적어두는 것이다.

let down　실망시키다

The kids will be **let down** when they hear you can't come.

당신이 못 온다는 얘기를 들으면 아이들은 실망할 것이다.

turn down　1. (볼륨 등을) 낮추다　2. 거절(거부)하다

1. I forgot to **turn down** the volume of music in the hall.
   나는 강당에서 음악 소리를 줄이는 것을 깜빡했다.
2. He **turned down** a job offer to supervise the company's whole warehouse operation.
   그는 회사의 모든 창고 운영을 감독하는 일의 제안을 거절했다.

break down　1. 고장나다　2. 분해하다

1. When my old car **breaks down**, I take it to a mechanic.
   내 낡은 차가 고장이 나면, 나는 그것을 정비사에게 가져 간다.
2. Your stomach can't **break down** chewing gum when it is swallowed.
   껌을 삼키면 너의 위는 껌을 분해할 수가 없다.

hand down　물려주다, 전해주다

He made a fortune with the secret recipes **handed down** from his mother.

그는 어머니에게서 물려받은 비밀 조리법으로 많은 돈을 벌었다.

DAY 23

어휘 더하기 : 이어동사 **3** in/into

01	02	03	04	05	06	07	08	09	10
●	●	●	●	●	●	●	●	●	●

11	12	13	14	15	16	17	18	19	20
●	●	●	●	●	●	●	●	●	●

21	22	23	24	25	26	27	28	29	30
●	●	●							

31	32	33	34	35	36	37	38	39	40

41	42	43	44	45	46	47	48	49	50

Day 22 | Review

앞에서 학습한 단어를 얼마나 기억하는지 체크해 보세요.
기억이 나지 않는 단어는 다시 한 번 학습하세요.

- ☐ apparent
- ☐ astonish
- ☐ tremble
- ☐ royal
- ☐ vulgar
- ☐ uphold
- ☐ resort
- ☐ fingerprint
- ☐ mimic
- ☐ stubborn
- ☐ asset
- ☐ conquer
- ☐ spiral
- ☐ monument
- ☐ snatch

- ☐ inject
- ☐ transition
- ☐ dissolve
- ☐ recollect
- ☐ wilderness
- ☐ stereotype
- ☐ flaw
- ☐ restrain
- ☐ adhere
- ☐ allowance
- ☐ mock
- ☐ reap
- ☐ underlying
- ☐ penetrate
- ☐ systematic

wow!!

★
☐ 0881 **decent**
[dí:sənt]

ⓐ (수입 등이) 적당한, 괜찮은; 예의바른

The waiter decided to quit his job because he wasn't paid a **decent** wage.
웨이터는 적당한 임금을 받지 못했기 때문에 일을 그만두기로 결정했다.

decency n. 예의, 품위

★★★
☐ 0882 **award**
[əwɔ́:rd]

ⓥ (상 등을) 수여하다, 주다   ⓝ 상

The Oscars are **awarded** to people who work in specific areas of the film industry.   ● 06 전국연합
오스카상은 영화 산업의 특정 분야에서 일하는 사람들에게 수여된다.

awardee n. 수상자(상을 받은 사람)

★★
☐ 0883 **undertake**
[ʌ̀ndərtéik]

ⓥ 착수하다, 시작하다, (일, 책임을) 떠맡다

The government agreed to **undertake** a full investigation of the ship sinking.
정부는 선박 침몰의 철저한 조사에 착수하기로 동의했다.

★
☐ 0884 **sprout**
[spraut]

ⓝ (새)싹, 새순   ⓥ 싹이 트다

Potatoes with **sprouts** are poisonous.
싹이 난 감자는 독이 있다.

㊙ **sprout from** ~에서 생기다
cf. bean sprout 콩나물

Ⓩoom-in l **싹 관련 어휘**

| seed ⓝ 씨앗 | shoot ⓝ 새싹 | bud ⓝ (식물의) 눈, 꽃봉오리 |
| root ⓝ 뿌리 | stem ⓝ 줄기 | |

★★
☐ 0885 **portion**
[pɔ́:rʃən]

ⓝ 부분, 일부, 1인분   ⓥ 분할하다

A large **portion** of magazine space are devoted to ads.
잡지 지면의 많은 부분이 광고에 할애되고 있다.   ● 05 전국연합

★
☐ 0886 **endeavor**
[indévər]

ⓝ 노력   ⓥ 노력하다

The children praised for their **endeavor** chose to do a harder set of puzzles.   ● 09 전국연합
노력에 대해 칭찬을 받은 아이들은 더 어려운 퍼즐을 푸는 것을 선택했다.

㊙ **make one's endeavors〔every endeavor〕** 전력을 다하다

★★ **sophomore**
☐0887 [sáfəmɔ̀:r]

ⓝ (대학교) 2학년

As a sophomore I help freshmen spend their time wisely.
나는 대학 2학년생으로서 신입생들이 시간을 현명하게 쓰도록 돕는다.

cf. sophomore slump 2년차 증후군

 oom-in ㅣ **학년을 표현하는 어휘**

freshman ⓝ 신입생	sophomore ⓝ 2학년
junior ⓝ (4년제 대학교) 3학년	senior ⓝ (4년제 대학교) 4학년, (고등학교) 3학년

★★ **rigid**
☐0888 [rídʒid]

ⓐ 엄격한, 완고한, 경직된

Argument is often considered disrespectful in rigid
families. ● 94수능
논쟁은 엄격한 가정에서는 종종 무례한 것으로 여겨진다.

rigidity n. 엄격, 엄숙, 단단함 = strict a. 엄격한

★★ **imitate**
☐0889 [ímitèit]

ⓥ 따라하다, 본받다, 모방하다

Everyone looked at how the man held his chopsticks,
so that they could imitate him. ● 11모의
모두가 그 남자를 따라 하기 위해 그가 젓가락을 잡는 방법을 지켜보았다.

imitation n. 모방, 모조품

★ **rehearse**
☐0890 [rihá:rs]

ⓥ 예행연습(리허설)을 하다, 연습(준비)하다

The actors have a detailed script that allows them to
rehearse exactly. ● 09전국연합
배우들은 정확하게 예행연습을 할 수 있는 상세한 대본을 가지고 있다.

rehearsal n. 예행연습(리허설), 시연(회)
cf. dress rehearsal (무대 의상을 입고 하는) 총연습

★★ **fierce**
☐0891 [fiərs]

ⓐ 격렬한, 사나운, 지독한

More than 100 soldiers have been killed in a fierce battle
between the two parties.
양측 사이의 격렬한 전투에서 100명 이상의 군인들이 사망했다.

= ferocious a. 격렬한, 흉포한

 oom-in ㅣ **혼동하기 쉬운 fierce vs. pierce**

fierce ⓐ 격렬한, 사나운, 지독한	pierce ⓥ 꿰뚫다, 관통하다

★★ **contempt**
□ 0892 [kəntémpt]

ⓝ 경멸, 멸시, 모욕

She looked at him with **contempt** when he said he had deceived her.

그가 그녀를 속였다고 말하자, 그녀는 그를 경멸하며 쳐다보았다.

contemptuous a. 경멸하는, 남을 얕보는
contemptible a. 경멸할 만한, 비열한

★★ **cradle**
□ 0893 [kréidl]

ⓝ 요람(지), 발상지

My four-week baby girl refuses to sleep in her **cradle**.

4주된 우리 딸은 요람에서는 잠을 자려하지 않는다.

cf. from cradle to grave 요람에서 무덤까지

★★★ **wicked**
□ 0894 [wíkid]

ⓐ 사악한, 악독한

The cities he'd visited were full of **wicked** liars. ● 06 전국연합

그가 방문했던 도시들은 사악한 거짓말쟁이들로 가득했다.

↔ **virtuous** a. 덕이 있는, 고결한

★ **grumble**
□ 0895 [grʌ́mbəl]

ⓥ 투덜거리다, 불평하다 ⓝ 불평

She **grumbled** as her boss forced her to work overtime.

그녀는 상사가 초과근무를 강요하자 투덜거렸다.

= **complain** v. 불평하다

Ⓩoom-in l **혼동하기 쉬운 grumble vs. crumble**

grumble ⓥ 투덜거리다, 불평하다   crumble ⓥ 부서지다, 부스러뜨리다

★★ **refuge**
□ 0896 [réfju:dʒ]

ⓝ 피난(처), 피신(처), 은신처

Seeking **refuge** is a general behavior of most animals in natural ecosystems.

자연 생태계에서 피난처를 찾는 것은 대부분의 동물들의 일반적인 행동이다.

refugee n. 난민, 망명자   = **shelter** n. 피난처
⊛ **take (seek) refuge in** ~에 피난하다, ~에서 위안을 구하다

★★ **approve**
□ 0897 [əprú:v]

ⓥ 승인하다, 찬성하다

Recently, the city decided to **approve** construction of a new central library. ● 07 전국연합

최근 시 당국은 새 중앙 도서관의 건립을 승인하기로 결정했다.

approval n. 찬성, 승인   ↔ **disapprove** v. 반대하다

★
□ 0898
prophecy
[práfəsi]

ⓝ 예언, 계시

The stranger began to murmur and made a **prophecy** concerning the child.

그 낯선 사람은 중얼거리기 시작하더니 그 아이에 대해 예언을 했다.

prophesy v. 예언하다, 예측하다(= predict)　　**prophet** n. 예언자

★★
□ 0899
stain
[stein]

ⓝ 얼룩, 오점　ⓥ 더럽히다

Take off your shirt so I can remove the **stain** on it.

내가 얼룩을 지워줄 수 있으니 셔츠를 벗어.

↔ **stainless** a. 얼룩 지지 않은; 녹슬지 않는

★★
□ 0900
memorial
[mimɔ́:riəl]

ⓝ 기념비, 기념물　ⓐ 기념의, 추도의

Stonehenge was a cemetery and **memorial.**　● 07 전국연합

Stonehenge는 공동묘지이면서 기념비였다.

cf. immemorial a. 태고의, 먼 옛날의

 oom-in l **memorial vs. memorable**
memorial ⓐ 기념의, 추도의　　**memorial** service 제사, 추도식
memorable ⓐ 기억할 만한　　**memorable** encounter 기억할 만한 만남

★★★
□ 0901
spill
[spil]

ⓥ 엎지르다, 흘리다

Somebody **spilled** juice all over the bench.　● 06 전국연합

누가 벤치에 전부 주스를 엎질렀어.

★★
□ 0902
punctual
[pʌ́ŋktʃuəl]

ⓐ 시간을 잘 지키는〔엄수하는〕

She was **punctual** and gave great service to her clients.

그녀는 시간을 잘 지켰고 고객들에게 훌륭한 서비스를 제공했다.　● 07 전국연합

punctuality n. 시간 엄수; 정확함

㊚ (as) **punctual** as the clock 시계처럼 시간을 엄수하는

★
□ 0903
compile
[kəmpáil]

ⓥ (자료를 모아) 편집하다, 편찬하다

The first English dictionary was **compiled** and written by Samuel Johnson.　● 05 전국연합

첫 번째 영어 사전은 Samuel Johnson이 편집하고 저술했다.

compilation n. 편집(물), 편찬

★
□ 0904
perpetual
[pərpétʃuəl]

ⓐ 영원한, 영구의, 끝임없는

Our ignorance of ourselves keeps us in a **perpetual** state of fear.

우리 자신에 대한 무지가 우리를 영원한 공포 상태에서 헤어나지 못하게 만든다.

perpetuate v. 영속시키다

= **permanent, everlasting, endless** a. 영원한

★★
□ 0905
sentiment
[séntəmənt]

ⓝ 감정, 정서; 의향, 감상

She makes decisions depending not on the logic but on her **sentiments**.

그녀는 논리가 아니라 감정에 따라 결정을 내린다.

sentimental a. 감정적인, 감상적인 **sentimentalism** n. 감상주의

★★
□ 0906
conceal
[kənsíːl]

ⓥ 숨기다, 감추다

Polar bears evolved white fur because it better **conceals** them in the Arctic. ● 09 전국연합

북극곰은 하얀털로 진화되었는데, 그것이 북극에서 몸을 잘 숨겨주기 때문이다.

= **hide, cover up** 숨기다, 감추다

↔ **reveal** v. 밝히다, 폭로하다

★
□ 0907
perplex
[pərpléks]

ⓥ 당황하게 하다, 난처하게 하다

His weird silence **perplexes** her.

그의 기이한 침묵은 그녀를 당황하게 한다.

perplexed a. 당황한, 난처한 = **puzzle, bewilder** v. 당황하게 하다

★★
□ 0908
patriot
[péitriət]

ⓝ 애국자

Patriots should be respected for their sacrifices.

애국자들은 그들의 희생에 대해 존경을 받아야 한다.

patriotic a. 애국심이 강한 **patriotism** n. 애국심

★
□ 0909
simultaneously
[sàiməltéiniəsli]

ⓐⓓ 동시에, 일제히

People can successfully perform two different activities **simultaneously**. ● 08 전국연합

사람들은 두 가지 다른 활동을 동시에 성공적으로 수행해낼 수 있다.

simultaneous a. 동시의, 동시에 일어나는

= **at the same time** 동시에

★★
□0910 **constitute**
[kánstətjùːt]

ⓥ 구성하다, 이루다; (단체를) 설립하다

Automakers have found that women **constitute** a large portion of their consumer market. ● 06 전국연합
자동차 회사들은 여성이 소비시장의 상당 부분을 구성하고 있다는 것을 알았다.

constitution n. 구성, 체질; 헌법
constitutional a. 구성상의, 체질의; 헌법의

★
□0911 **regime**
[reʒíːm]

ⓝ 통치, 체제, 정권

Korean students expressed their strong antipathy toward the colonial **regime**. ● 08 전국연합
한국 학생들은 식민지 통치에 대해 강한 반감을 표출했다.

★★
□0912 **designate**
[dézignèit]

ⓥ 지정하다, 지명〔임명〕하다, 지시하다

The small room in the corner was **designated** as a smoking area.
구석에 있는 작은 방은 흡연실로 지정되었다.

designation n. 지정, 지명, 임명

★★
□0913 **thrive**
[θraiv]

ⓥ 번성하다, 번창하다, 무성해지다

Mosquitoes **thrive** in warm, wet environments.
모기는 따뜻하고 습한 환경에서 번성한다.

= prosper, flourish v. 번창하다

★
□0914 **rust**
[rʌst]

ⓝ 녹 ⓥ 녹슬다, 녹이 슬게 하다

Moisture causes **rust** to form.
습기는 녹이 슬게 하는 원인이다.

oom-in ┃ 혼동하기 쉬운 rust vs. lust
rust ⓝ 녹 ⓥ 녹슬다, 녹이 슬게 하다   lust ⓝ 욕망, 정욕

★
□0915 **delegate**
[déligət] ⓝ
[déligeit] ⓥ

ⓝ 대표, 사절 ⓥ (대표로) 파견하다, 특파하다

The resolution was agreed upon by **delegates** from all over the world.
그 결의안은 전 세계 대표들에 의해 합의되었다.

delegation n. 대표단   **= deputy, representative** n. 대표자

★
□0916 **sniff** [snif]

ⓥ (킁킁거리며) 냄새를 맡다, 낌새를 채다

The rats are trained to **sniff** out some of the chemicals contained in land mines. ● 06 전국연합

쥐들은 지뢰에 포함되어 있는 일부 화학물질의 냄새를 맡는 훈련을 받는다.

 oom-in l 혼동하기 쉬운 sniff vs. stiff

sniff ⓥ (킁킁거리며) 냄새를 맡다, 낌새를 채다   stiff ⓐ 뻣뻣한, 딱딱한

★★
□0917 **authentic** [ɔːθéntik]

ⓐ 진품인, 진짜의, 믿을 만한

She is beginning to doubt whether the designer bag is **authentic** or not.

그녀는 그 고급 가방이 진품인지 아닌지 의심을 품기 시작했다.

authenticate v. (진짜임을) 입증하다, 증명하다
authenticity n. 진품임, 진짜임, 신빙성
= **real, genuine** a. 진짜의   ↔ **fake** a. 가짜의

★★
□0918 **plunge** [plʌndʒ]

ⓥ 뛰어들다, 돌진하다, 추락하다

All of us **plunged** into the icy lake and swam towards the mysterious island.

우리 모두 차가운 호수로 뛰어들어 그 신비한 섬을 향해 헤엄쳐갔다.

= **dive** v. (물 속으로) 뛰어들다
㉛ **take the plunge** (물에) 뛰어들다, 모험을 하다

★★
□0919 **hazard** [hǽzərd]

ⓝ 위험, 해악

Medications can create a potential **hazard** when they are within reach of kids. ● 08 전국연합

약물은 아이들의 손길에 닿는 곳에 있을 때 잠재적 위험을 야기할 수 있다.

hazardous a. 위험한   = **danger, risk, jeopardy** n. 위험

★★★
□0920 **debt** [det]

ⓝ 빚, 부채, 채무

When Michael Jackson died, he had nearly half a billion dollars in **debt**. ● 10 전국연합

Michael Jackson이 죽었을 때, 그는 거의 5억 달러의 빚을 지고 있었다.

debtor n. 채무자   = **liabilities** n. 부채

TEST

A 다음 단어에 해당하는 영어 단어 또는 우리말을 쓰시오.

1. 진품인, 진짜의 _____
2. 착수하다, 시작하다 _____
3. 부분, 일부 _____
4. 엄격한, 완고한 _____
5. 격렬한, 사나운 _____
6. 승인하다, 찬성하다 _____
7. 편집하다 _____
8. 영원한, 영구의 _____
9. 통치, 체제 _____
10. 대표, 파견하다 _____

11. endeavor _____
12. award _____
13. sophomore _____
14. contempt _____
15. wicked _____
16. spill _____
17. punctual _____
18. perplex _____
19. simultaneously _____
20. hazard _____

B 빈칸에 알맞은 단어를 〈보기〉에서 골라 쓰되, 문맥에 맞게 변형하시오.

| decent | imitate | prophecy | conceal | constitute | plunge |

1. The stranger began to murmur and made a _____ concerning the child.
2. All of us _____ into the icy lake and swam towards the mysterious island.
3. The waiter decided to quit his job because he wasn't paid a _____ wage.
4. Polar bears evolved white fur because it better _____ them in the Arctic.
5. Automakers have found that women _____ a large portion of their consumer market.
6. Everyone looked at how the man held his chopsticks, so that they could _____ him.

Answer Keys _____

A 1. authentic 2. undertake 3. portion 4. rigid 5. fierce 6. approve 7. compile 8. perpetual 9. regime
10. delegate 11. 노력, 노력하다 12. 수여하다, 상 13. 대학교 2학년 14. 경멸, 멸시 15. 사악한, 악독한 16. 엎지르다, 흘리다
17. 시간을 잘 지키는 18. 당황하게 하다 19. 동시에, 일제히 20. 위험, 해악 **B** 1. prophecy 2. plunged 3. decent
4. conceals 5. constitute 6. imitate

in

안에

→ 제출, 항복, 섭취 등의 의미로 파생

hand in 제출하다(= turn in, submit)

You have to **hand in** your work within three hours.
당신은 3시간 이내에 작품을 제출해야 한다.

give in ~에게 굴복(항복)하다

I said the Mets were better; they said the Yankees.
No one **gave in**.
나는 Mets가 잘 한다고 했고, 그들은 Yankees가 잘 한다고 했다. 어느
누구도 굴복하지 않았다.

take in ~을 섭취(흡수)하다

Americans **take in** the caffeine equivalent of 530 million
cups of coffee every day.
미국인들은 매일 5억 3천만 잔의 커피에 해당하는 카페인을 섭취하고 있다.

break in 침입하다

A thief must have **broken in** while we were away from
home. 우리가 집을 비운 동안에 도둑이 침입했음에 틀림이 없다.

into

안으로

→ 조사, 시작 등의 의미로 파생

enter into ~을 시작하다

He **entered into** the business of wine two years ago.
그는 2년 전에 와인 사업을 시작했다.

look into 1. 안을 들여다보다   2. ~을 조사하다

1. **Look into** the refrigerator before you go shopping.
   장을 보러 가기 전에 냉장고 안을 들여다봐라.
2. A reporter **looks into** the murder of a child.
   어떤 기자가 한 어린아이의 살인을 조사한다.

DAY 24

어휘 더하기 : 이어동사 ❹ out

01	02	03	04	05	06	07	08	09	10
●	●	●	●	●	●	●	●	●	●

11	12	13	14	15	16	17	18	19	20
●	●	●	●	●	●	●	●	●	●

21	22	23	24	25	26	27	28	29	30
●	●	●	●						

31	32	33	34	35	36	37	38	39	40

41	42	43	44	45	46	47	48	49	50

Day 23 | Review

앞에서 학습한 단어를 얼마나 기억하는지 체크해 보세요.
기억이 나지 않는 단어는 다시 한 번 학습하세요.

□ decent   □ compile

□ undertake   □ perpetual

□ portion   □ conceal

□ endeavor   □ perplex

□ sophomore   □ simultaneously

□ rehearse   □ constitute

□ fierce   □ regime

□ contempt   □ designate

□ wicked   □ thrive

□ grumble   □ rust

□ refuge   □ delegate

□ approve   □ sniff

□ prophecy   □ authentic

□ stain   □ plunge

□ punctual   □ hazard

wow!!

★★
□0921
modest
[mάdist]

ⓐ 겸손한, 적당한, 수수한

In spite of high status, he remains a kind and **modest** man.
높은 지위에 있음에도 그는 여전히 친절하고 겸손한 사람이다.

moderate a. 적당한, 알맞은　　**modesty** n. 겸손, 적당함

★
□0922
sake
[seik]

ⓝ 동기, 이익

In Paris, he painted for money rather than for art's **sake**.
그는 파리에서 예술을 위해서라기보다는 돈을 위해서 그림을 그렸다.　● 02 수능

㊜ **for A's sake, for the sake of A**　A를 위하여

★★
□0923
accustom
[əkΛstəm]

ⓥ 익숙하게 하다, 습관을 들이다

My boy did not **accustom** himself to getting up early.
나의 아들은 일찍 일어나는 것에 익숙해지지 않았다.

accustomed a. 습관이 된, 평소의
㊜ **accustom oneself to**　~에 익숙해지다
　be (get) accustomed to + 명사 (-ing)　~에 (~하는 데) 익숙하다 (해지다)

★
□0924
landmark
[lǽndmὰːrk]

ⓝ 육표, 경계표; 획기적인 사건

Mount Jefferson rises to more than 1,600 feet, serving as a **landmark** for motorists.
Jefferson 산은 1,600피트 이상 솟아 있어 운전자들에게 육표 역할을 해주고 있다.

★★
□0925
confront
[kənfrΛnt]

ⓥ (문제, 위험 등에) 직면하다, 부딪치다

Some wild plants **confront** an uncertain future.　● 04 수능
몇몇 야생 식물들은 불확실한 미래에 직면해 있다.

confrontation n. 직면, 대면, 대립　　= **face** v. 직면하다
㊜ **be confronted with**　~에 직면하다

★★
□0926
attain
[ətéin]

ⓥ 달성하다, 이루다, 도달하다

These steps will help you **attain** your career goals quicker.
이런 단계들은 귀하가 직업 목표를 좀 더 빨리 달성하도록 도울 것입니다.

attainment n. 달성, 성취
= **accomplish, achieve** v. 달성하다, 성취하다

★★ **rebel**
□ 0927 [rébəl]

ⓥ 반항하다, 반역하다, 반란을 일으키다　ⓝ 반역자
Teenagers often **rebel** against their parents.　● 05 전국연합
십대들은 종종 부모님에게 반항한다.

rebellion n. 반란, 폭동　　**rebellious** a. 반항하는, 반역하는
= **defy, disobey** v. 반항하다

★ **misplace**
□ 0928 [mispléis]

ⓥ (물건을 어디에) 잘못 두다, 놓고 잊어버리다
He had **misplaced** his wallet in the cupboard.
그는 지갑을 찬장에 잘못 두었다.

misplaced a. (상황에) 부적절한

> **Zoom-in |** 혼동하기 쉬운 **misplace** vs. **displace**
>
> misplace ⓥ (물건을 어디에) 잘못 두다　　displace ⓥ 옮겨놓다; 쫓아내다

★ **contend**
□ 0929 [kənténd]

ⓥ 주장하다, 논쟁하다; 경쟁하다
Dr. Levy **contends** that cleanliness is killing helpful germs.
Levy 박사는 청결이 유용한 세균을 죽이고 있다고 주장한다.　　● 05 모의

contention n. 논쟁, 주장; 경쟁　　**contender** n. 경쟁자
㈜ **contend with** ~와 싸우다 (경쟁하다)

★★★ **passion**
□ 0930 [pǽʃən]

ⓝ 열정, 열의, 정열
Their **passion** for soccer started to bloom a few years prior
to the first World Cup in 1930.
축구에 대한 그들의 열정은 1930년 첫 월드컵 몇 년 전에 피어오르기 시작했다.

passionate a. 열렬한, 정열적인　　= **enthusiasm** n. 열정

★ **reckless**
□ 0931 [réklis]

ⓐ 난폭한; 무모한, 신중하지 못한
My husband received a ticket for **reckless** driving and
speeding.
내 남편은 난폭 운전과 속도위반으로 딱지를 떼었다.

★ **roam**
□ 0932 [roum]

ⓥ (정처 없이) 돌아다니다, 배회하다
Long-distance communication is a must for animals that
roam over wide areas.　● 04 수능
원거리 의사소통은 넓은 지역을 돌아 다니는 동물에게는 필수이다.

= **wander** v. (정처 없이) 돌아다니다

★★★
□ 0933 **invade**
[invéid]

ⓥ 침입〔침략〕하다

The book describes a situation in which the earth is **invaded** by creatures from Mars.
그 책은 지구가 화성에서 온 생명체의 침입을 받는다는 상황을 묘사한다.

invader n. 침입〔침략〕자　　**invasion** n. 침입〔침략〕

★
□ 0934 **contemplate**
[kántəmplèit]

ⓥ 고려하다, 심사숙고하다, 곰곰이 생각하다

I've **contemplated** living alone since I was released from the military. 나는 군에서 제대한 후 혼자 사는 것을 고려했다.

contemplation n. 사색, 명상　　= **ponder, chew over** 심사숙고하다

★
□ 0935 **compulsory**
[kəmpʌ́lsəri]

ⓐ 강제적인, 강제하는, 의무적인

Is it **compulsory** to wear a helmet while riding a bike?
자전거를 탈 때 헬멧을 착용하는 것이 강제 사항인가요?

compulsion n. 강제; 충동　　= **obligatory** a. 의무적인

 oom-in | **compulsory**가 포함된 표현
compulsory education 의무 교육　　compulsory (military) service 징병제
compulsory subject 필수 과목　　compulsory execution 강제 집행

★
□ 0936 **reproach**
[ripróutʃ]

ⓥ 꾸짖다, 책망하다, 비난하다　ⓝ 비난, 질책

The boss **reproached** him for neglecting his duty.
상사는 그가 의무를 게을리 했다며 그를 꾸짖었다.

= **criticize, blame, admonish, condemn** v. 비난하다
㉞ **reproach A for B** B 때문에 A를 꾸짖다〔비난하다〕
cf. **self-reproach** n. 자책

★★
□ 0937 **corrupt**
[kərʌ́pt]

ⓐ 부패한, 타락한　ⓥ 부패하게 만들다, 타락시키다

Some politicians are mostly **corrupt** because they are ignorant of what democracy is.
어떤 정치인들은 민주주의가 뭔지 모르기 때문에 대체로 부패해 있다.

corruption n. 부패, 타락

★
□ 0938 **compress**
[kəmprés]

ⓥ 압축〔압착〕하다; 요약하다

The temperature of a gas increases as it is **compressed**.
가스는 압축될 때 온도가 올라간다.

compression n. 압축; 요약　　= **condense** v. 농축하다; 요약하다

★★★ **routine**
□0939 [ru:tí:n]

ⓝ 일상의 일, 판에 박힌 일   ⓐ 일상적인, 판에 박힌

The aim of traveling is to return to the daily **routine** with refreshed minds.

여행의 목적은 새로워진 마음으로 일상생활로 되돌아오는 것이다.

★★ **insane**
□0940 [inséin]

ⓐ 미친, 제정신이 아닌

It would be **insane** to drive to work in this heavy snow.

이런 폭설에 직장에 차를 몰고 가겠다는 것은 미친 짓일 것이다.

insanity n. 광기, 미친 짓   ↔ **sane** a. 제정신의
㊈ **go insane** 미치다

★★ **absurd**
□0941 [əbsə́:rd]

ⓐ 어리석은, 불합리한, 터무니없는

It was **absurd** of him to do such a thing.

그런 일을 하다니 그는 어리석었다.

absurdity n. 부조리, 불합리, 모순

★★ **anniversary**
□0942 [æ̀nəvə́:rsəri]

ⓝ 기념일

Last Sunday, my wife and I celebrated our 20th wedding **anniversary.**   ● 06 전국연합

지난 일요일, 나는 아내와 함께 20번째 결혼기념일을 축하했다.

 oom-in l **결혼 연수에 따른 결혼기념일**

silver anniversary 결혼 25주년 기념일   golden anniversary 결혼 50주년 기념일
diamond anniversary 결혼 60〔75〕주년 기념일

★★ **detach**
□0943 [ditǽtʃ]

ⓥ 떼다, 분리하다; (군대 등을) 파견하다

Betty picked up her cat, carefully **detaching** its claws from the jacket.

베티는 고양이를 들어 올리면서 조심스럽게 재킷에서 발톱을 떼어냈다.

detachment n. 분리; 파견   ↔ **attach** v. 붙이다
㊈ **detach A from B** A를 B로부터 분리하다

★ **shortcut**
□0944 [ʃɔ́:rtkʌ̀t]

ⓝ 지름길

He encountered his teacher when he took a **shortcut** home.

그는 지름길로 집에 가다가 우연히 선생님을 만났다.

㊈ **take a shortcut** 지름길로 가다   **cf. shortcut key** (컴퓨터) 단축키

★
□0945 **hinder**
[híndər]

ⓥ 방해하다, 훼방 놓다

The yellow dust **hinders** people from going outside.
황사가 사람들로 하여금 밖에 나가는 것을 방해한다.

★★
□0946 **console**
[kənsóul]

ⓥ 위로하다, 위문하다

Nothing could **console** her when her son died.
그녀의 아들이 죽었을 때 아무것도 그녀를 위로할 수 없었다.

consolation n. 위로, 위안　= comfort, soothe v. 위로하다, 달래다

Ⓩoom-in ㅣ **혼동하기 쉬운 console vs. condole**

console ⓥ 위로하다, 위문하다　　condole ⓥ 조문하다, 문상하다

★★
□0947 **exception**
[iksépʃən]

ⓝ 예외, 예외적인 것, 이례적인 일

Change happens to us all at some point in our life. I am no
exception. ●03 모의
인생의 어떤 시점에서 변화는 우리 모두에게 일어난다. 나도 예외는 아니다.

exceptional a. 예외적인, 비범한(= extraordinary, outstanding)
㊨ **without exception** 예외 없이, 모조리

★
□0948 **discern**
[disə́:rn]

ⓥ 분별하다, 이해하다, 인식하다

It's very hard to **discern** the good and evil in human beings.
인간에게서 선과 악을 분별하는 것은 매우 어렵다.

discerning a. 통찰력 있는, 식별력 있는　　= distinguish v. 식별하다

★★
□0949 **betray**
[bitréi]

ⓥ 배반(배신)하다; (비밀을) 누설하다

I would rather kill myself than **betray** my country.
나는 나라를 배신하느니 차라리 자살을 택하겠다.

betrayal n. 배반(배신); 폭로

★
□0950 **precaution**
[prikɔ́:ʃən]

ⓝ 예방조치, 조심

This **precaution** is merely to prevent fatigue. ●07 전국연합
이런 예방조치는 단지 피로를 방지하기 위한 것일 뿐이다.

㊨ **take precautions against** ~을 조심하다, ~의 대비책을 세우다

★
□ 0951 **manifest**
[mǽnəfèst]

ⓥ 분명히 나타내다, 명시하다　ⓐ 명백한, 분명한

If we are to manifest our ideas, we must make them reality.
우리의 생각을 분명히 나타내고자 한다면, 그것들을 현실로 만들어야 한다.

manifestation n. 표명, 명시　**manifesto** n. 선언(서), 성명(서)

★★
□ 0952 **bruise**
[bruːz]

ⓥ 멍들다, 타박상을 입히다　ⓝ 멍, 타박상

When we humans are injured, we bruise and our skin changes color. ● 09 전국연합
우리 인간들은 다치면, 멍이 들고 피부색이 변한다.

cf. black and blue 시퍼렇게 멍이든

Ⓩoom-in | **부상 관련 어휘**

nosebleed ⓝ 코피	burn ⓝ 화상	blister ⓝ 물집
frostbite ⓝ 동상	fracture ⓝ 골절	sprain ⓝ 접질림, 삠

★
□ 0953 **blunder**
[blʌ́ndər]

ⓝ (큰) 실수, 터무니없는 실책　ⓥ (큰) 실수를 하다

My father encouraged me all the time when I made blunders in learning how to drive. ● 98 수능
아버지는 내가 운전을 배우는 동안에 실수를 할 때마다 나를 격려해주셨다.

🕮 **make a blunder** 실수를 하다

★
□ 0954 **behold**
[bihóuld]

ⓥ 보다, 바라보다

I feel calm and quiet as I behold the sun setting over the horizon.
수평선 너머로 지는 해를 볼 때 내 마음은 평온하고 고요해진다.

cf. Beauty is in the eye of the beholder. 제 눈에 안경. 〈속담〉

★★
□ 0955 **clumsy**
[klʌ́mzi]

ⓐ 서투른, 어색한, 꼴사나운

They're both clumsy at love but really love each other.
그들 둘 다 사랑에는 서툴지만 진심으로 서로를 사랑한다.

= awkward a. 어색한
🕮 **be clumsy at** ~에 서툴다

★★ **tactics**
□0956 [tǽktiks]

ⓝ 전술, 술책, 책략

We could speak of good strategy after we master the basics of tactics.
우리는 전술의 기본을 완전히 익힌 후 훌륭한 전략에 대해 말할 수 있을 것이다.

> Ⓩoom-in ┃ strategy(전략) vs. tactics(전술)
> strategy 어떤 목적을 달성하거나 전쟁에서 이기기 위한 장기적인 작전 계획 및 책략
> tactics strategy의 하위 개념으로 목표를 성취하거나 전투에 승리하기 위한 기술과 방법
> Strategy wins wars; tactics wins battles.
> 전략은 전쟁의 승리를 가져오고, 전술은 전투의 승리를 가져온다.

★★ **boast**
□0957 [boust]

ⓥ 자랑하다, 뽐내다 ⓝ 자랑

A swordsman was boasting about his victories, swinging his long sword. ● 08 전국연합
한 검객이 긴 칼을 휘두르며 자신의 승리를 자랑하고 있었다.

㊚ boast of(about) ~에 대해 자랑하다
make a boast of ~을 자랑하다

★ **proportion**
□0958 [prəpɔ́:rʃən]

ⓝ 비율; 부분; 균형

In comparison with potato, taro corm has a higher proportion of protein and calcium. ● 06 전국연합
감자와 비교해 볼 때, 토란의 알줄기는 단백질과 칼슘의 함유 비율이 더 높다.

= ratio n. 비율 ↔ disproportion n. 불균형
㊚ in proportion to ~에 비례하여
a large proportion of ~의 대부분

★★ **chilly**
□0959 [tʃíli]

ⓐ 쌀쌀한, 차가운, 냉담한

The weather wasn't at all chilly, but rather mild, like a spring day.
날씨는 전혀 쌀쌀하지 않았다. 오히려 봄날처럼 온화했다.

chill n. 냉기, 한기 ㊚ feel chilly 오한이 나다

★★ **obstacle**
□0960 [ábstəkəl]

ⓝ 장애(물), 방해(물)

Without obstacles or challenges, life would be dull and boring.
장애물과 도전이 없다면 삶은 재미없고 지루해질 것이다.

TEST

A 다음 단어에 해당하는 영어 단어 또는 우리말을 쓰시오.

1. 겸손한, 적당한 _____
2. 직면하다, 부딪치다 _____
3. 반항하다, 반역하다 _____
4. 주장하다; 경쟁하다 _____
5. 강제적인 _____
6. 부패한, 타락한 _____
7. 일상의 일 _____
8. 위로하다 _____
9. 멍들다 _____
10. 전술, 술책 _____

11. attain _____
12. reckless _____
13. passion _____
14. invade _____
15. detach _____
16. shortcut _____
17. precaution _____
18. clumsy _____
19. boast _____
20. obstacle _____

B 빈칸에 알맞은 단어를 〈보기〉에서 골라 쓰되, 문맥에 맞게 변형하시오.

accustom roam reproach detach discern proportion

1. The boss _____ him for neglecting his duty.

2. My boy did not _____ himself to getting up early.

3. It's very hard to _____ the good and evil in human beings.

4. Betty picked up her cat, carefully _____ its claws from the jacket.

5. In comparison with potato, taro corm has a higher _____ of protein and calcium.

6. Long-distance communication is a must for animals that _____ over wide areas.

out

밖에, 밖으로

→ 매진, 결과, 발생, 분배 등의 의미로 파생

turn out 1. 생산하다 2. 결국 ~ 임이 드러나다

1. The company **turned out** new laptop computers.
   그 회사는 새 휴대용 컴퓨터를 생산했다.
2. His rumor **turned out** to be false.
   그의 소문이 결국 거짓임이 드러났다.

sell out 다 팔다, 매진하다

Unfortunately, all tickets are **sold out**.
불행하게도, 모든 표가 다 팔렸습니다.

put out 끄다(= extinguish)

It took one hour for the fire fighters to **put out** the fire.
소방관들이 불을 끄는 데 한 시간이 걸렸다.

break out 발생(발발)하다(= happen)

A fire **broke out** in the abandoned warehouse by the river.
강가에 있는 버려진 창고에서 화재가 발생했다.

give out 나눠주다, 분배하다(= distribute)

A candy producer **gave out** free samples of his production.
한 사탕 제조업자는 그가 만든 제품을 무료로 나누어 주었다.

leave out 빼다, 생략하다(= omit)

Leave out my phone number in the list.
목록에서 내 전화번호를 빼 주세요.

DAY
25

어휘 더하기 : 이어동사 **6** on

백만스물하나.
백만스물둘. 셋..

01	02	03	04	05	06	07	08	09	10
●	●	●	●	●	●	●	●	●	●

11	12	13	14	15	16	17	18	19	20
●	●	●	●	●	●	●	●	●	●

21	22	23	24	25	26	27	28	29	30
●	●	●	●	●					

31	32	33	34	35	36	37	38	39	40

41	42	43	44	45	46	47	48	49	50

Day 24 | Review

앞에서 학습한 단어를 얼마나 기억하는지 체크해 보세요.
기억이 나지 않는 단어는 다시 한 번 학습하세요.

- □ sake
- □ landmark
- □ confront
- □ attain
- □ rebel
- □ misplace
- □ contend
- □ reckless
- □ roam
- □ invade
- □ contemplate
- □ compulsory
- □ reproach
- □ compress
- □ absurd

- □ anniversary
- □ detach
- □ hinder
- □ console
- □ discern
- □ betray
- □ precaution
- □ manifest
- □ bruise
- □ blunder
- □ behold
- □ clumsy
- □ tactics
- □ boast
- □ obstacle

Wow!!

★
□ 0961
prompt
[prɑmpt]

ⓥ 자극〔고무〕하다, 부추기다   ⓐ 재빠른, 신속한

False reports of riots **prompted** people to stock up on food.
거짓 폭동 소식이 식품을 사재기하도록 사람들을 자극했다.

★★
□ 0962
earnest
[ə́:rnist]

ⓐ 진지한, 열심인, 성실한   ⓝ 진지함

Despite his **earnest** efforts, he failed to get promoted.
진지한 노력에도 불구하고, 그는 승진을 하지 못했다.

⊛ **in earnest** 진지하게, 진심으로

★
□ 0963
parallel
[pǽrəlèl]

ⓥ ~과 병행하다   ⓐ 평행의   ⓝ 평행선

Changes in the *hanbok* design **parallel** the nation's
historical development.   ● 07 전국연합
한복 디자인의 변화는 국가의 역사적 발전과 병행한다.

⊛ **without (a) parallel** 유례없이   ⊛ **have no parallel** 비할 데 없다

★
□ 0964
reign
[rein]

ⓝ 치세 (기간), 통치, 지배   ⓥ 통치하다, 다스리다

Hangeul, the Korean alphabet, was invented during
the **reign** of King Sejong the Great.
한국의 문자인 한글은 세종대왕의 치세 기간 중에 창제되었다.

> **Ⓩoom-in I** 발음은 같지만 뜻이 다른 reign vs. rain vs. rein
> reign[rein] ⓝ 치세, 통치   rain[rein] ⓝ 비   rein[rein] ⓝ 고삐

★★★
□ 0965
despise
[dispáiz]

ⓥ 경멸하다, 얕보다

I **despise** cheaters who take advantage of innocent people.
나는 순진한 사람들을 이용하는 사기꾼들을 경멸한다.

= **scorn, look down on** 경멸하다   ↔ **admire** v. 칭찬하다, 존경하다

★
□ 0966
postscript
[póustskrìpt]

ⓝ (편지의) 추신; (책의) 후기

I added a **postscript**: "I'd like you to keep it a secret."
나는 이런 추신을 덧붙였다. "그것을 비밀로 해줬으면 좋겠다."

★
□ 0967
agony
[ǽgəni]

ⓝ (심한) 고통, 고뇌

Sympathy and attention may actually prolong the agony.

동정과 관심이 실제로는 고통을 연장시킬지도 모른다.

= anguish n. 비통, 고뇌　　숙 in agony 고뇌하는, 몹시 괴로워하는

★★
□ 0968
ambiguous
[æmbígjuəs]

ⓐ (의미가) 애매모호한, 여러 해석이 가능한

His statement is ambiguous and can be interpreted in various ways.

그의 진술은 애매모호해서 다양한 면으로 해석될 수 있다.

ambiguity n. 애매모호함, 애매모호한 말
↔ unambiguous a. 모호하지 않은, 명백한

★★
□ 0969
cynical
[sínikəl]

ⓐ 냉소적인, 비꼬는

Generally a cynical person is unable to enjoy magic.

일반적으로 냉소적인 사람은 마술을 즐길 수 없다.

> Ⓩoom-in | 태도 관련 어휘
>
> | | | |
> |---|---|---|
> | objective ⓐ 객관적인 | subjective ⓐ 주관적인 | optimistic ⓐ 낙천적인 |
> | pessimistic ⓐ 비관적인 | analytic ⓐ 분석적인 | satirical ⓐ 풍자적인 |
> | skeptical ⓐ 회의적인 | persuasive ⓐ 설득적인 | sarcastic ⓐ 빈정대는 |

★
□ 0970
secondhand
[sékəndhæ̀nd]

ⓐ 중고의; 간접의

Buy secondhand books if you want to save money.

돈을 절약하고 싶다면 중고 책을 사라.

cf. secondhand smoking 간접 흡연

★★
□ 0971
distress
[distrés]

ⓝ 고통, 고민; 조난　ⓥ 괴롭히다, 고통스럽게 하다

Haiti has been in great distress after the earthquake.

Haiti는 지진 후 엄청난 고통을 겪고 있다.

숙 in distress 고통을 겪고 있는, 괴로워하는

★★
□ 0972
dedicate
[dédikèit]

ⓥ (시간, 노력 등을) 헌신하다, 바치다, 헌정하다

She dedicated her life to taking care of abused children.

그녀는 학대 받는 아이들을 돌보는 일에 평생을 바쳤다.

dedication n. 헌신, 헌정, 헌납
숙 dedicate oneself to + 명사(-ing) ~에 헌신하다, ~에 전념하다

★
□0973 **compound**
[kámpaund]

ⓝ 혼합물　ⓐ 복합의, 합성의　ⓥ 합성하다
Water is a chemical **compound** made from hydrogen and oxygen.
물은 수소와 산소로 만들어진 화학 혼합물이다.

★
□0974 **by-product**
[bái-pradəkt]

ⓝ 부산물
As your body uses energy, it produces about 1/2 cup of water as a **by-product**.
몸이 에너지를 사용할 때 부산물로 약 1/2컵의 물을 만들어낸다.

 oom-in I **by가 포함된 어휘**

bystander	ⓝ 구경꾼, 방관자	bypass	ⓝ 우회로
passerby	ⓝ 행인	bygones	ⓝ 과거의 일

★★
□0975 **flourish**
[flə́:riʃ]

ⓥ 번창(번성)하다, (초목이) 무성하게 자라다
Few businesses are **flourishing** in this economic recession.
이런 경제 불황에서 번창하고 있는 사업은 거의 없다.

= thrive, prosper　v. 번창하다
↔ go broke(bankrupt, insolvent)　파산하다

★
□0976 **decipher**
[disáifər]

ⓥ 해독(판독)하다, 풀다　ⓝ (암호) 해독
No one could **decipher** the code engraved on the door.
아무도 그 문에 새겨진 암호를 해독할 수 없었다.

= decode　v. 암호를 풀다　n. 해독　↔ encipher　v. 암호로 바꾸다
cf. cipher　n. 암호　v. 암호를 쓰다

★★
□0977 **dense**
[dens]

ⓐ 밀도가 높은, 빽빽한
The early universe was extremely small, **dense**, and hot.
초기 우주는 지극히 작고 밀도가 높고 뜨거웠다.　● 08 전국연합

density　n. 밀도

★★
□0978 **portable**
[pɔ́:rtəbl]

ⓐ 휴대용의
Almost all adults now own a small **portable** phone.
거의 모든 성인들은 이제 작은 휴대 전화를 가지고 있다.　● 07 전국연합

 oom-in I **혼동하기 쉬운 portable vs. potable**

portable　ⓐ 휴대용의　　　potable　ⓐ (물이) 마시기에 적합한　ⓝ 음료(~s)

★
□0979 **deform**
[difɔ́ːrm]

ⓥ 변형시키다; 불구로 만들다

Heat **deforms** metal and makes it expand.
열은 금속을 변형시키고 팽창시킨다.

deformed a. 흉하게 변형된, 불구의   **deformation** n. 모양의 손상, 변형
deformity n. (신체의) 기형, 불구

★★
□0980 **interrupt**
[ìntərʌ́pt]

ⓥ 방해하다, 중단시키다

Don't **interrupt** while I am studying alone in my room.
내가 방에서 혼자 공부하고 있는 동안 방해하지 마라.

interrupted a. 중단된   **interruption** n. 방해, 중단
= **disturb** v. 방해하다

★★★
□0981 **correct**
[kərékt]

ⓥ 바로잡다, 정정(수정)하다   ⓐ 옳은, 정확한

I **corrected** the mistake and developed confidence in my
abilities. ●07 전국연합
나는 실수를 바로잡고 내 능력에 대해 자신감을 키웠다.

correctness n. 정확함   **correction** n. 정정, 수정
corrective a. 수정의, 교정의

★★
□0982 **vacant**
[véikənt]

ⓐ 비어 있는; 빈자리의

A park was created on what had been a **vacant** lot.
공터였던 곳에 공원이 만들어졌다.

vacancy n. 공지; 빈방; 빈자리   **vacate** v. (집 등을) 비우다; 사퇴하다

oom-in I **vacant vs. empty**
vacant 원래는 차 있었지만 차지한 사람이 없어 비어 있는 상태 ↔ occupied 자리가 찬
empty 안에 아무것도 없이 비어 있는 상태 ↔ full 꽉 찬

★
□0983 **intuition**
[ìntjuíʃən]

ⓝ 직감, 직관(력)

I had an **intuition** that someone was following me.
나는 누가 나를 미행하고 있다는 직감이 들었다.

intuitive a. 직관적인   ⓢ **by intuition** 직감적으로

★
□0984 **autism**
[ɔ́ːtizəm]

ⓝ 자폐증

Charley was forty years old, with severe **autism**. ●07 전국연합
Charley는 마흔 살이었는데, 자폐증이 심했다.

autistic a. 자폐증의   **cf. autistic child** 자폐아

★★
□ 0985
hollow
[hálou]

ⓐ 속이 빈, 우묵한, 공허한
Your lungs are like a tree with **hollow** branches, called bronchial tubes. ● 07 전국연합
폐는 속이 빈 가지들이 달린 나무와 같은데, 이를 기관지라고 한다.

cf. hollow words 위선적인 말

★★
□ 0986
ascent
[əsént]

ⓝ 상승, 오름, 등반
The rocket carrying a scientific satellite is believed to have exploded during its **ascent**.
과학 위성을 탑재하고 있는 그 로켓은 상승 중에 폭발한 것으로 여겨진다.

ascend v. 오르다, 올라가다 ↔ **descent** n. 하강, 강하, 하산

★
□ 0987
plow
[plau]

ⓥ (밭을) 갈다, 일구다, 경작하다 ⓥ 쟁기
Farmers **plow** soil to improve it for crops. ● 09 전국연합
농부들은 농작물이 잘 자라도록 토질을 개선하기 위해 토양을 간다.

 oom-in ┃ 농기구 관련 어휘

rake ⓝ 갈퀴	hoe ⓝ 괭이	spade ⓝ 삽, 가래
cultivator ⓝ 경운기	wheelbarrow ⓝ 외바퀴 손수레	

★★
□ 0988
trigger
[trígər]

ⓥ 유발[촉발]하다, 일으키다 ⓝ (총의) 방아쇠
The grand plans that are not possible will **trigger** a whole host of new anxieties. ● 96 수능
가능하지 않은 원대한 계획들은 온갖 새로운 걱정거리들을 유발할 것이다.

cf. pull the trigger 방아쇠를 당기다

★★
□ 0989
extract
[ikstrǽkt] ⓥ
[ékstrækt] ⓝ

ⓥ 뽑다, 뽑아내다, 추출하다 ⓝ 추출물
A corkscrew with a pair of "wings" makes it easier to **extract** a cork. ● 09 전국연합
한 쌍의 '날개'가 달린 코르크 마개뽑이는 코르크 뽑는 것을 훨씬 쉽게 해준다.

extraction n. 뽑아냄, 추출

★★
□ 0990
exclaim
[ikskléim]

ⓥ 외치다, 소리[고함]치다
His father awoke and **exclaimed**, "This room stinks!"
그의 아버지는 잠에서 깨어나 외쳤다. "이 방에서 악취가 나!"

★★
□ 0991
accord
[əkɔ́:rd]

ⓥ 일치하다, 부합하다   ⓝ 일치

Her report does not **accord** with our information.
그녀의 보고는 우리의 정보와 일치하지 않는다.

accordance n. 일치
↔ **discord** v. 불일치하다 n. 불일치, 불화

★
□ 0992
waterproof
[wɔ́tərprù:f]

ⓐ 방수의   ⓝ 방수복

Penguins have thick feathers, which are **waterproof**.
펭귄은 방수가 되는 두꺼운 깃털을 갖고 있다.   ● 06 전국연합

Ⓩoom-in l -proof가 포함된 어휘
soundproof ⓐ 방음의   **bulletproof** ⓐ 방탄의   **windproof** ⓐ 방풍의
heatproof ⓐ 내열성의   **fireproof** ⓐ 내화성(불연성)의

★
□ 0993
outgoing
[áutgòuiŋ]

ⓐ (성격이) 외향적인, 사교적인

She is not **outgoing**, so she doesn't think she will make
friends easily. ● 10 전국연합
그녀는 외향적이지 못해서 쉽게 친구를 사귈 거라고는 생각하지 않는다.

= **extroverted** a. 외향적인
↔ **introverted** a. 내성적인

★
□ 0994
fluid
[flú:id]

ⓝ 체액, 수분, 유동체   ⓐ 유동성의, 유동적인

Athletes should replace lost bodily **fluid** when they are
thirsty. ● 06 전국연합
운동선수들은 갈증이 날 때 소모된 체액을 보충해줘야 한다.

cf. **bodily fluid** 체액

★★
□ 0995
glitter
[glítər]

ⓥ 반짝이다   ⓝ 반짝거림

All that **glitters** is not gold. ● 94 수능
반짝이는 것이 모두 다 금은 아니다. 〈속담〉

glittery a. 반짝반짝 하는
= **glisten** v. 반짝이다

★★ disrupt `0996` [disrʌ́pt]

ⓥ 방해하다, 붕괴시키다, 혼란에 빠뜨리다

A room that is too warm or too cool can disrupt comfortable sleep. ● 08 전국연합

너무 따뜻하거나 너무 추운 방은 편안한 잠을 방해할 수 있다.

disruption n. 방해, 분열, 붕괴　= disturb, interrupt v. 방해하다

★ frown `0997` [fraun]

ⓥ 눈살을 찌푸리다, 얼굴을 찡그리다　ⓝ 눈살을 찌푸림

My sister frowned at me when she saw me wearing her dress.

언니는 내가 자기 옷을 입고 있는 것을 보자 눈살을 찌푸렸다.

㊜ frown at　~을 보고 눈살을 찌푸리다
　frown on(upon)　~에 대해 눈살을 찌푸리다, 못마땅하게 여기다

★★ dim `0998` [dim]

ⓐ 어둑한, 희미한, 어렴풋한　ⓥ (불빛 등을) 흐리게 하다

Dim lighting and soft music create a more relaxed or romantic mood. ● 09 전국연합

어둑한 조명과 부드러운 음악은 더욱 편안하고 로맨틱한 분위기를 자아낸다.

㊜ take a dim view of　~를 비관적으로(회의적으로) 보다

★ wage `0999` [weidʒ]

ⓝ 임금, 급료　ⓥ (전쟁을) 벌이다

Despite the minimum wage, people appreciated their job and worked hard. ● 08 전국연합

최저 임금에도 불구하고, 사람들은 자신의 일을 감사히 여기고 열심히 일했다.

cf. wage a war　전쟁을 벌이다

★ lure `1000` [luər]

ⓥ 유인하다, 유혹하다　ⓝ 유혹(물), 미끼

That night, we decided to lure the street cat into our house with cat food.

그날 밤, 우리는 먹이를 이용해 그 도둑 고양이를 집 안으로 유인해보기로 했다.

= entice, attract, allure v. 유인하다, 유혹하다

---

oom-in | 혼동하기 쉬운 lure vs. lurk
　　lure ⓥ 유인하다 ⓝ 유혹(물)　　lurk ⓥ 숨다, 잠복하다(= hide)

TEST

A 다음 단어에 해당하는 영어 단어 또는 우리말을 쓰시오.

1. 진지한, 성실한 _____
2. 평행의, 평행선 _____
3. 헌신하다, 바치다 _____
4. 고통, 고뇌 _____
5. 밀도가 높은 _____
6. 변형시키다 _____
7. 속이 빈, 우묵한 _____
8. 일치하다 _____
9. 외향적인, 사교적인 _____
10. 방해하다 _____

11. despise _____
12. postscript _____
13. cynical _____
14. portable _____
15. intuition _____
16. trigger _____
17. glitter _____
18. dim _____
19. wage _____
20. lure _____

B 빈칸에 알맞은 단어를 〈보기〉에서 골라 쓰되, 문맥에 맞게 변형하시오.

prompt	ambiguous	decipher	extract	outgoing	disrupt

1. No one could _____ the code engraved on the door.

2. A corkscrew with a pair of "wings" makes it easier to _____ a cork.

3. A room that is too warm or too cool can _____ comfortable sleep.

4. False reports of riots _____ people to stock up on food.

5. His statement is _____ and can be interpreted in various ways.

6. She is not _____, so she doesn't think she will make friends easily.

Answer Keys _____

A 1. earnest 2. parallel 3. dedicate 4. agony 5. dense 6. deform 7. hollow 8. accord 9. outgoing
10. disrupt 11. 경멸하다, 얕보다 12. 추신, 후기 13. 냉소적인, 비꼬는 14. 휴대용의 15. 직감, 직관 16. 유발하다; 방아쇠
17. 반짝이다, 반짝거림 18. 어둑한, 흐리게 하다 19. 임금, 급료 20. 유인하다, 미끼   B 1. decipher 2. extract
3. disrupt 4. prompted 5. ambiguous 6. outgoing

on

위에, 위로

→ 지속, 착용, 복용의
   의미로 파생

carry on 계속하다(= continue)

It was intended that Newton should **carry on** running the family farm.
Newton은 가족 농장을 계속해서 경영하기로 되어 있었다.

put on ~을 입다(쓰다/신다)

My sister would **put on** my clothes and cosmetics.
내 여동생은 내 옷을 입고 내 화장품을 쓰곤 했다.
I'd like to **try on** this shirt. Where's the fitting room?
이 셔츠를 입어보고 싶습니다. 탈의실이 어디 있습니까?
cf. try on (시험 삼아) 입어보다

get on (차·배 등에) 타다

They hurriedly went to the river and **got on** a ferry.
그들은 서둘러 강에 도착해서 배에 올라탔다.

live on ~을 먹고 살다(= feed on)

Many animals **live on** insects for food.
많은 동물들이 곤충을 먹고 산다.

pick on ~을 괴롭히다

She turned to the boy and said, "Stop **picking on** innocent little girls!"
그녀는 그 남자아이를 향해 말했다. "아무 죄도 없는 여자아이들을 그만 좀 괴롭혀!"

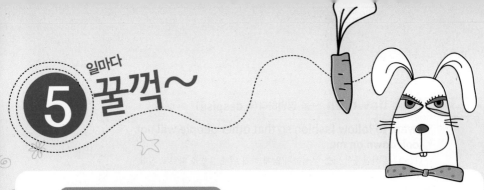

5 일마다 꿀꺽~

☐ **do away with** ~을 폐지하다(= abolish) → 0822

Many states **did away with** capital punishment.
많은 주가 사형 제도를 폐지했다.

☐ **cling to** ~을 고수하다(= stick to) → 0824

He **clung to** the belief that she would come back to him.
그는 그녀가 그에게 돌아올 것이라는 믿음을 고수했다.

☐ **catch up with** ~을 따라잡다(= overtake) → 0835

The boy ran as best as he could to **catch up with** his puppy.
그 소년은 강아지를 따라 잡으려고 힘껏 달렸다.

☐ **make use of** ~을 이용하다(= utilize) → 0848

We **made use of** the opportunity to visit England and watched
a match together.
우리는 영국을 방문할 기회를 이용하여 경기를 함께 봤다.

☐ **resort to** ~에 의지하다 → 0851

Many terrorist groups **resort to** violence to achieve what they want.
많은 테러리스트 집단들은 그들이 원하는 것을 이루기 위하여 폭력에 의지한다.

☐ **make allowance(s) for** ~을 참작하다, 고려하다 → 0873

We ought to **make allowances for** the fact that it rained a lot.
우리는 비가 많이 내렸다는 사실을 참작해야 한다.

□ **look down on** ～을 경멸하다(= despise) → 0965

I want to follow fashion so that other people will not **look down on** me.
나는 다른 사람들이 나를 무시하지 않게 하기 위해 유행을 따르고 싶다.

□ **according to** ～에 따르면 → 0991

According to Simon Buckingham, when people buy designer goods, they buy an image created by product advertising.
Simon Buckingham에 따르면, 사람들은 유명 브랜드 상품을 살 때, 상품광고에 의해 만들어진 이미지를 사는 것이다.

□ **make up one's mind** 결심하다(= decide)

Jinsu has **made up his mind** not to be late to class.
진수는 수업 시간에 늦지 않기로 결심했다.

□ **look up to** ～을 존경하다(= respect)

It is my father who I **look up to** most.
내가 가장 존경하는 분은 내 아버지이다.

□ **look forward to** 명사/-ing ～을 고대하다

She was **looking forward to** the appearance of his first book.
그녀는 자신의 첫 책이 나오기를 고대하고 있었다.

□ **look〔turn〕to A for B** B를 A에 의지하다

Children **look to** their parents **for** how to behave.
아이들은 행동하는 법을 부모에게 의지한다.

자연과
환경

DAY
26

어휘 더하기 : 이어동사 ❻ off

01	02	03	04	05	06	07	08	09	10
●	●	●	●	●	●	●	●	●	●

11	12	13	14	15	16	17	18	19	20
●	●	●	●	●	●	●	●	●	●

21	22	23	24	25	26	27	28	29	30
●	●	●	●	●	●				

31	32	33	34	35	36	37	38	39	40

41	42	43	44	45	46	47	48	49	50

Day 25 | Review

앞에서 학습한 단어를 얼마나 기억하는지 체크해 보세요.
기억이 나지 않는 단어는 다시 한 번 학습하세요.

☐ prompt
☐ earnest
☐ parallel
☐ reign
☐ postscript
☐ agony
☐ secondhand
☐ distress
☐ dedicate
☐ compound
☐ by-product
☐ flourish
☐ decipher
☐ dense
☐ deform

☐ interrupt
☐ intuition
☐ autism
☐ hollow
☐ ascent
☐ plow
☐ trigger
☐ extract
☐ exclaim
☐ accord
☐ waterproof
☐ outgoing
☐ disrupt
☐ frown
☐ lure

wow!!

★★ **horizon**
□ 1001 [həráizən]

ⓝ 지평선, 수평선
Kengo lived his entire life in a jungle that offered no view of the horizon. ● 08 전국연합
Kengo는 지평선이 전혀 보이지 않는 밀림에서 평생을 살았다.
horizontal a. 지〔수〕평선의, 수평의(↔ vertical a. 수직의)
� **on the horizon** (사건 등이) 임박한, 조짐이 보이는

★★ **propel**
□ 1002 [prəpél]

ⓥ 나아가게 하다, 추진시키다
As one player jumps and returns to the board, the other is propelled into the air. ● 09 전국연합
한 사람이 점프해서 판자로 돌아오면, 나머지 한 사람이 공중으로 나아가게 된다.
= **push, shove, thrust** (앞으로) 세게 밀다 　 **propeller** n. 프로펠러

★ **corrode**
□ 1003 [kəróud]

ⓥ (금속 등을) 부식시키다; (마음, 건강 등을) 좀먹다
Acid rain corrodes the steel track used on railroads.
산성비는 철도에 사용된 강철 선로를 부식시킨다.
corrosion n. 부식 　 **corrosive** a. 부식성의; (풍자, 비판 등이) 신랄한

★ **expedition**
□ 1004 [èkspədíʃən]

ⓝ 원정, 탐험, 원정대
All twenty-seven men eventually came back from the expedition. ● 10 전국연합
27명의 남자들 모두가 마침내 원정에서 돌아왔다.
㊥ **go on an expedition** 원정〔탐험〕을 하다

★★ **barren**
□ 1005 [bǽrən]

ⓐ 불모의, 척박한; 불임의
Few lives grow on barren lands such as deserts.
사막 같은 불모지에서는 생명이 거의 자라지 못한다.
= **sterile** a. 불모의; 불임의 　 ↔ **fertile, productive** a. 비옥한, 다산의

★★★ **recycle**
□ 1006 [ri:sáikəl]

ⓥ 재활용하다, 재생하다
More than half of what we throw away can be recycled.
우리가 버리는 것의 반 이상이 재활용될 수 있다.
recycling n. 재활용
cf. **disposable** a. 일회용의 n. 1회용 용품(~s)

★
□ 1007 **ultraviolet**
[ʌ̀ltrəváiəlit]

ⓐ 자외선의　ⓝ 자외선

Regular exposure to the ultraviolet rays of sunlight can be harmful to health.　● 96 수능
햇빛의 자외선에 지속적으로 노출되는 것은 건강에 해로울 수 있다.

cf. infrared n. 적외선　　**visible ray** 가시광선

★
□ 1008 **glacier**
[gléiʃər]

ⓝ 빙하

Unlike a stream, a glacier cannot be seen to move.　● 08 모의
시냇물과는 달리 빙하는 움직이는 것을 볼 수 없다.

glacial a. 빙하의, 빙하시대의　　**cf. glacial period** 빙하기

★★
□ 1009 **summit**
[sʌ́mit]

ⓝ (산의) 정상, 정점; 정상 회담

The mountain is steepest at the summit.　● 06 수능
그 산은 정상 부분이 가장 가파르다.

cf. summit talk〔meeting〕 정상 회담

★
□ 1010 **marvel**
[má:rvəl]

ⓥ 경탄하다, 놀라다　ⓝ 놀라운 사람(것), 경이

He lived a peaceful life marveling at the wonders of nature.
그는 자연의 경이로움에 경탄하며 평화로운 삶을 살았다.　　● 07 모의

marvelous a. 놀라운, 훌륭한　　⑱ **marvel at** ~에 경탄하다

★★
□ 1011 **landscape**
[lǽndskèip]

ⓝ 풍경, 경치, 조망

Monet wanted to paint the immediate effect of qualities of light on the landscape.　● 06 전국연합
Monet는 빛의 속성들이 풍경에 미치는 직접적인 효과를 그리고 싶어했다.

= scenery n. 경치　　**cf. landscape painting** 풍경화

★★
□ 1012 **ecosystem**
[í:kousìstəm]

ⓝ 생태계

Ecosystems mature, just as people do, from infants to adults.　● 97 수능
생태계도 사람들처럼 유아에서 성인으로 성숙해 간다.

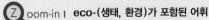 **oom-in ǀ eco-(생태, 환경)가 포함된 어휘**

eco-friendly ⓐ 친환경적인　　**ecoactivist** ⓝ 환경보호 운동가

eco-tourism ⓝ 생태 관광　　**ecology** ⓝ 생태학　　**ecologist** ⓝ 생태학자

★
□ 1013
pesticide
[péstəsàid]
ⓝ 농약, 살충제
Pesticides are one of the causes of water pollution.
농약은 물을 오염시키는 원인 중의 하나이다.

> Ⓩoom-in l **-cide(= kill 죽이다)가 포함된 어휘**
> insecticide ⓝ 살충제   herbicide ⓝ 제초제
> fungicide ⓥ 살균제, 곰팡이 제거제   suicide ⓝ 자살

★★
□ 1014
geography
[dʒiːágrəfi]
ⓝ 지리학, 지형
Geography is very significant in understanding history.
지리학은 역사를 이해하는 데 매우 중요하다.   ● 09 수능
geographical a. 지리학의, 지리학적인   **geographer** n. 지리학자

★
□ 1015
carbon
[káːrbən]
ⓝ 탄소
The carbon dioxide emitted from the car causes global warming. ● 10 모의
자동차에서 배출되는 이산화탄소는 지구온난화를 일으킨다.
cf. carbon monoxide 일산화탄소

★
□ 1016
biodegrade
[bàioudigréid]
ⓥ (미생물의 작용으로) 생물 분해되다
In most landfills, paper products don't biodegrade. ● 11 모의
대부분의 쓰레기 매립지에서 종이 제품은 생물 분해되지 않는다.
biodegradable a. 생물 분해성의, 미생물에 의해 분해되는

★★
□ 1017
layer
[léiər]
ⓝ 층, 겹, (쌓은, 겹친) 켜
The ozone layer is being destroyed. ● 05 모의
오존층이 파괴되고 있다.
cf. ozone layer 오존층

★
□ 1018
thermometer
[θərmámitər]
ⓝ 온도계
When I entered the subway, the thermometer I had with me registered 32°C. ● 94 수능
지하철에 탔을 때, 내가 가지고 있던 온도계는 섭씨 32도를 가리켰다.

> Ⓩoom-in l **-meter(= measure 재다)가 포함된 어휘**
> diameter ⓝ 지름   barometer ⓝ 기압계   speedometer ⓝ 속도계

★★★ **pollution** ⓝ 오염, 공해
□ 1019 [pəlúːʃən]

The pearl farm suffers from water **pollution**.
그 진주 양식장은 수질 오염에 시달리고 있다.

pollute v. 오염시키다　**pollutant** n. 오염 물질

★★ **humid** ⓐ (날씨, 공기 등이) 습한, 눅눅한
□ 1020 [hjúːmid]

In summer, the air is **humid**, and static electricity does not build up as much as during the winter. ● 09 전국연합
여름에는 공기가 습해서 정전기가 겨울만큼 많이 생기지 않는다.

humidity n. 습기, 습도　**humidifier** n. 가습기

★★ **toxic** ⓐ 독성의, 유독한
□ 1021 [táksik]

Lilac takes in large amounts of **toxic** chemicals. ● 07 전국연합
라일락은 많은 양의 독성 화학물질을 흡수한다.

toxin n. 독소　= **poisonous** a. 독성의　↔ **nontoxic** a. 무독성의

★ **peninsula** ⓝ 반도
□ 1022 [pənínʃələ]

One nonviolent society is the Chewong, who live in the Malay **Peninsula**. ● 08 전국연합
비폭력적인 사회 중의 하나는 말레이 반도에 살고 있는 Chewong족이다.

cf. **the Korean Peninsula** 한반도

★★ **contaminate** ⓥ 오염시키다, 더럽히다
□ 1023 [kəntǽmənèit]

Waste from the factory has **contaminated** the lake in our neighborhood.
공장에서 나온 폐기물이 근처의 호수를 오염시켰다.

contamination n. 오염　= **pollute** v. 오염시키다

★★★ **solar** ⓐ 태양의, 태양을 이용한
□ 1024 [sóulər]

Solar energy is thought of as a future power source.
태양 에너지는 미래 동력원으로 여겨진다.

Ⓩoom-in | 태양계(the Solar System)의 8개 행성

Mercury 수성　Venus 금성　Earth 지구　Mars 화성
Jupiter 목성　Saturn 토성　Uranus 천왕성　Neptune 해왕성

★
☐ 1025
induce
[indjúːs]

ⓥ 야기하다, 유발하다; 권유하다
Artificially **inducing** rainfall is not widely used yet.
인공적으로 비를 유도하는 일은 아직 폭넓게 사용되지 않는다.

★★
☐ 1026
rural
[rúərəl]

ⓐ 시골의, 전원의
The cities themselves cannot be developed without the
prior development of the **rural** areas. ● 96 수능
도시 자체는 시골 지역의 발전이 선행되지 않고서는 발전할 수 없다.

↔ **urban** a. 도시의

★
☐ 1027
twilight
[twáilàit]

ⓝ 황혼, 땅거미; (전성기 뒤의) 쇠퇴기
The drive-in theaters can start the showings only at
twilight. ● 07 전국연합
자동차 전용 극장은 황혼 무렵에만 상영을 시작할 수 있다.

= **dusk** n. 황혼, 땅거미   **cf. dawn** n. 새벽, 여명

★★
☐ 1028
restore
[ristɔ́ːr]

ⓥ 회복하다, 복원하다, 복구하다
Mutual trust and affection have the power to **restore**
relationships.
상호 신뢰와 애정은 관계를 회복하는 힘을 가지고 있다.

restoration n. 회복, 복원, 복구
= **regain, recover, revive** v. 회복하다

★
☐ 1029
abundant
[əbʌ́ndənt]

ⓐ 많은, 풍부한
Ants are the most common and **abundant** animals found in
rainforests.
개미는 열대우림에서 발견되는 가장 흔하고 많은 동물이다.

abundance n. 풍부, 충만, 다수   **abound** v. 많다, 풍부하다(in)

★★★
☐ 1030
volcano
[vɑlkéinou]

ⓝ 화산
Normal mountains are really dead compared to **volcanoes**.
보통 산들은 화산과 비교하면 실제로 죽어 있는 것이다. ● 04 모의

---

 oom-in Ⅰ **화산(volcano)의 종류**
active volcano 활화산   dormant volcano 휴화산   extinct volcano 사화산

★★ **tropical**
□ 1031 [trápikəl]

ⓐ 열대의, 열대지방의

Taro is a **tropical** crop that grows in wet soil. ● 06 전국연합
토란은 습한 토양에서 자라는 열대 작물이다.

cf. tropical fruit 열대 과일

★★ **fossil**
□ 1032 [fásl]

ⓝ 화석 ⓐ 화석의

The two bat **fossils** will give scientists new clues about
early bat evolution.
그 두 개의 박쥐 화석은 과학자들에게 초기 박쥐 진화에 관한 새로운 단서들을
제공할 것이다.

fossilize v. 화석화하다 **cf. fossil fuel** 화석 연료

★★ **preserve**
□ 1033 [prizɔ́:rv]

ⓥ 보존하다, 보호하다

Our national park system is a true treasure that must be
preserved. ● 05 전국연합
우리의 국립공원 시스템은 보존되어야 할 진짜 보물이다.

preservative a. 보존의 n. 방부제 **preservation** n. 보존
= conserve v. 보존하다, 보호하다

★★ **tide**
□ 1034 [taid]

ⓝ 조수, 조류

Tides result from the pull of the moon's and the sun's
gravity on the earth. ● 04 모의
조수는 달과 태양의 인력이 지구에 작용하는 결과이다.

cf. ebb tide 썰물, 간조 **flood tide** 밀물, 만조
Time and tide waits for no man. 시간은 인간을 기다려주지 않는다. 〈속담〉

★ **temperate**
□ 1035 [témpərit]

ⓐ (기후 등이) 온화한, 온대의; 절제하는, 절도 있는

Only a small part of the earth has a **temperate** climate.
지구의 적은 부분만이 온화한 기후를 갖고 있다.

temperance n. 자제, 절제

oom-in ׀ **기후 지대 관련 표현**

the tropics 열대 the subtropics 아열대
the temperate zone 온대 the frigid zone 한대

★★ **moist** □ 1036 [mɔist]

ⓐ 축축한, 습기 찬, 젖은

The ground was moist, as it had rained last night.

지난밤에 비가 내려서 땅이 축축해졌다.

moisture n. 습기, 수분 　　**moisten** v. 축축하게 하다
moisturize v. 수분을 공급하다 　　= wet, damp, humid a. 축축한

★ **meadow** □ 1037 [médou]

ⓝ 목초지, 초원

Forests were turned into meadows. ● 08 전국연합

숲이 목초지로 바뀌었다.

Zoom-in | meadow vs. pasture
meadow 건초를 만들기 위한 목초지
pasture 풀이 자라고 있어서 가축을 놓아기르는 목장

★★★ **surround** □ 1038 [səráund]

ⓥ 둘러싸다, 에워싸다

People might feel lonely even when surrounded by loving friends and family.

사람들은 다정한 친구들과 가족에게 둘러싸여 있을 때조차도 고독을 느낄 수 있다.

surrounding a. 주위의, 인근의 　　**surroundings** n. 환경, 주변 상황
= enclose v. 둘러싸다

★ **litter** □ 1039 [lítər]

ⓥ (쓰레기를) 버리다 ⓝ 쓰레기

Sometimes tourists damage ecosystems by littering or polluting.

관광객들은 때때로 쓰레기를 버리거나 오염을 시킴으로써 생태계를 파괴한다.

cf. litter bin 휴지통
　　No Litter. 쓰레기를 버리지 마시오.

★ **elevation** □ 1040 [èləvéiʃən]

ⓝ 높이, 고도, 해발

Katmandu, the capital city of Nepal, is located at an elevation of 1,350 meters.

네팔의 수도 Katmandu는 1,350미터 높이(고도)에 위치해 있다.

elevate v. (사물을) 들어 올리다, 높이다
㉾ **at an elevation of** 높이(고도) ~로

TEST

A 다음 단어에 해당하는 영어 단어 또는 우리말을 쓰시오.

1. 지평선, 수평선 _____
2. 부식시키다 _____
3. 불모의, 척박한 _____
4. 농약, 살충제 _____
5. 온도계 _____
6. 오염시키다 _____
7. 황혼, 땅거미 _____
8. 화석 _____
9. 온화한 _____
10. (쓰레기를) 버리다 _____

11. propel _____
12. summit _____
13. ecosystem _____
14. toxic _____
15. pollution _____
16. abundant _____
17. preserve _____
18. moist _____
19. meadow _____
20. elevation _____

B 빈칸에 알맞은 단어를 〈보기〉에서 골라 쓰되, 문맥에 맞게 변형하시오.

| recycle | glacier | landscape | carbon | pollution | contaminate |

1. The _____ dioxide emitted from the car causes global warming.

2. More than half of what we throw away can be _____.

3. Unlike a stream, a _____ cannot be seen to move.

4. The pearl farm suffers from water _____.

5. Waste from the factory has _____ the lake in our neighborhood.

6. Monet wanted to paint the immediate effect of qualities of light on the

_____.

어휘+더하기 이어동사 ⑥ off

off

떨어져, 분리되어

→ 하차, 연기, 제거, 취소 등의 의미로 파생

get off (차 · 비행기 등에서) 내리다

When I **got off** the bus that afternoon, I was on top of the world.
그날 오후 버스에서 내렸을 때, 나는 정말 기분이 너무 좋았다.

turn off ~을 끄다

You should **turn off** your cell phone in public places.
공공장소에서는 휴대폰을 꺼야 한다.

take off 1. 이륙하다 2. (신발 · 옷 등을) 벗다

1. We listened to the flight safety speech and the plane **took off** at last.
   비행 안전 수칙에 관한 설명을 들은 후 비행기는 드디어 이륙했다.
2. Can you **take off** your shoes?
   신발을 벗으시겠습니까?

see off ~을 배웅(전송)하다

My parents came to the airport to **see** me **off**.
부모님께서 나를 배웅하기 위해서 공항에 오셨다.

put off 미루다, 연기하다(= postpone)

Some people often **put off** their work until the last minute.
어떤 사람들은 종종 마지막 순간까지 일을 미룬다.

call off 취소하다(= cancel)

A baseball game was **called off** due to snow.
야구 경기가 눈 때문에 취소되었다.

과학과 우주

DAY
27

어휘 더하기 : 이어동사 ❼ after/over

01	02	03	04	05	06	07	08	09	10
●	●	●	●	●	●	●	●	●	●

11	12	13	14	15	16	17	18	19	20
●	●	●	●	●	●	●	●	●	●

21	22	23	24	25	26	27	28	29	30
●	●	●	●	●	●	●			

31	32	33	34	35	36	37	38	39	40

41	42	43	44	45	46	47	48	49	50

Day 26 | Review

앞에서 학습한 단어를 얼마나 기억하는지 체크해 보세요.
기억이 나지 않는 단어는 다시 한 번 학습하세요.

- □ horizon
- □ propel
- □ corrode
- □ expedition
- □ barren
- □ recycle
- □ ultraviolet
- □ glacier
- □ summit
- □ marvel
- □ pesticide
- □ geography
- □ carbon
- □ biodegrade
- □ layer

- □ thermometer
- □ toxic
- □ contaminate
- □ solar
- □ induce
- □ rural
- □ twilight
- □ restore
- □ abundant
- □ preserve
- □ tide
- □ temperate
- □ meadow
- □ litter
- □ elevation

wow!!

outcome ★★
□ 1041 [áutkʌ̀m]
ⓝ 결과
The final **outcome** was highly satisfactory.
마지막 결과는 매우 만족스러웠다.
= **result, consequence** n. 결과

telecommute ★
□ 1042 [tèləkəmjúːt]
ⓥ 재택근무하다
The biggest obstacle to the growth of **telecommuting** is trust. 재택근무의 증가에 가장 큰 장애물은 신뢰이다.
cf. commute n. 통근, 통학 v. 통근하다, 통학하다

Ⓩoom-in | tele-(= far 먼, 멀리)가 포함된 어휘
televise ⓥ TV 방송을 하다　　**telecommunication** ⓝ (원거리) 전기 통신
telegram ⓝ 전보　　**telescope** ⓝ 망원경

gravity ★★
□ 1043 [grǽvəti]
ⓝ 중력, 인력
The bigger something is, the stronger its **gravity**. ● 06 전국연합
물체의 크기가 크면 클수록 중력도 더 강해진다.
cf. zero gravity 무중력

formula ★
□ 1044 [fɔ́ːrmjulə]
ⓝ (수학) 공식; 제조〔조제〕법
The teacher praised his pupil for learning the mathematical **formula** by heart.
선생님은 그 수학 공식을 암기한 학생을 칭찬했다.
formulate v. 공식화하다; (방법을) 고안해내다　**formulaic** a. 공식적인

progress ★★
□ 1045 [prəgrés] ⓥ
[prágres] ⓝ
ⓥ 진보하다, 발전하다　ⓝ 진보, 발전
As DNA research **progresses**, DNA may become an important tool in the criminal justice system. ● 06 전국연합
DNA 연구가 진보함에 따라, DNA는 형법 제도에서 중요한 도구가 될 수 있다.
progressive a. 진보적인, 전진하는

launch ★★
□ 1046 [lɔːntʃ]
ⓥ (로켓, 우주선 등을) 발사하다; (새로운 일을) 착수하다
In 1929, Fritz Lang was making a movie that had a rocket **launching** scene. ● 05 전국연합
1929년에, Fritz Lang은 로켓 발사 장면이 담긴 영화를 만들고 있었다.
㊀ **launch into** ～을 시작하다

★
□ 1047
hemisphere
[hémisfìər]

ⓝ (지구, 천체의) 반구, (뇌의) 반구

In summer the earth's northern **hemisphere** is tilted toward the sun.
여름에 지구의 북반구는 태양 쪽으로 기울어져 있다.

cf. sphere n. 구, 구체

★★
□ 1048
virtual
[və́:rtʃuəl]

ⓐ (컴퓨터를 이용한) 가상의; 실제의, 사실상의

With the popularization of the Internet, **virtual** universities began to appear.
인터넷의 대중화로 가상 대학이 나타나기 시작했다.

cf. virtual reality 가상현실

★★
□ 1049
equip
[ikwíp]

ⓥ (시설, 기능 등을) 갖추게 하다, 설비하다

Robots are not **equipped** with capabilities like humans to solve problems as they arise. ●10 수능
로봇은 문제가 발생할 때 인간처럼 해결할 수 있는 능력을 갖추고 있지 않다.

equipment n. 장비, 설비　　🔄 **be equipped with** ~을 갖추다

★★
□ 1050
radiation
[rèidiéiʃən]

ⓝ 방사선, 방사; (열, 에너지의) 복사

Doctors use **radiation** therapy to stop cancer cells from growing and multiplying.
의사들은 암세포가 자라고 증식하는 것을 막기 위해 방사선 치료를 이용한다.

radiate v. 빛을 내다, 발산하다　　**radiant** a. 빛나는, 밝은, 환한

★★
□ 1051
investigate
[invéstəgèit]

ⓥ (사건, 범죄 등을) 조사〔수사〕하다, 연구하다

These laws gave the FBI the authority to **investigate** civil rights violations.
이 법안들은 미 연방수사국에 민권 침해를 조사할 수 있는 권한을 부여했다.

investigation n. 조사, 수사, 연구　　**investigator** n. 조사자, 수사관

★★
□ 1052
innovation
[ìnouvéiʃən]

ⓝ 혁신, 쇄신

It means you need to embrace **innovation**. ●06 모의
이는 당신이 혁신을 받아들여야 한다는 것을 의미한다.

innovate v. 혁신하다, 쇄신하다　　**innovative** a. 혁신적인

---

 oom-in l **혼동하기 쉬운 innovation vs. renovation**

innovation ⓝ 혁신, 쇄신　　　　　renovation ⓝ 개혁, 수리

★
□ 1053
blueprint
[blúːprìnt]

ⓝ 청사진, 설계도　ⓥ 계획하다

The administration will release its blueprint for revising the Elementary Education Act.

행정부는 초등 교육 법안을 개정하기 위한 청사진을 발표할 것이다.

cf. draw up〔make〕a blueprint 청사진을 그리다

★★
□ 1054
spacecraft
[spéiskræ̀ft]

ⓝ 우주선

To see all of Earth, we would have to go around it in a spacecraft.　● 08 모의

지구의 모든 것을 보기 위해서는 우주선을 타고 지구 주변을 둘러보아야 할 것이다.

★
□ 1055
advent
[ǽdvent]

ⓝ 출현, 도래

Even the advent of new technology has not cured my dad.

새로운 과학 기술의 출현조차도 나의 아버지를 치료하지 못했다.

㉺ **with the advent of**　~의 출현으로, ~의 도래와 함께

★★
□ 1056
physics
[fíziks]

ⓝ 물리학

Pierre and Marie Curie are the first and only husband and wife to receive the Nobel Prize in physics.

Pierre와 Marie Curie는 노벨 물리학상을 받은 최초의, 그리고 유일한 부부이다.

physical a. 물리적인; 육체의　　**physicist** n. 물리학자

★★
□ 1057
transmit
[trænsmít]

ⓥ 전송하다; (열, 전기 등을) 전도하다

E-mail is a system for transmitting messages electronically.

이메일은 메시지를 전자적으로 전송하기 위한 시스템이다.　● 08 전국연합

transmission n. 전송, 전도

★★
□ 1058
particle
[páːrtikl]

ⓝ 입자, 미세한 조각

Inside an atom or molecule are even smaller particles.

원자나 분자 안에는 훨씬 작은 입자들이 있다.

oom-in | 입자(particle) 관련 어휘

atom ⓝ 원자　　　molecule ⓝ 분자　　　proton ⓝ 양성자
neutron ⓝ 중성자　　electron ⓝ 전자

★★
□ 1059
rational
[rǽʃənl]

ⓐ 이성적인, 합리적인

Humans are not always rational.　● 09 전국연합

인간이 늘 이성적인 것은 아니다.

rationalize v. 합리화하다　　= **reasonable** a. 합리적인

★★★ **global**
□1060 [glóubəl]

ⓐ 전 세계의, 세계적인

A foreign exchange market is incredibly important to the **global** economy. ● 09수능

외환시장은 전 세계 경제에 대단히 중요하다.

= **worldwide** a. 세계적인　　**cf. globalization** n. 세계화

★★ **laboratory**
□1061 [lǽbərətɔ̀:ri]

ⓝ 실험실, 연구실　ⓐ 실험실의

To be a mathematician you don't need an expensive **laboratory**. ● 07수능

수학자가 되기 위해 비싼 실험실이 필요하지는 않다.

cf. language laboratory 어학 연습실

★★ **experiment**
□1062 [ikspérəmənt]

ⓝ 실험　ⓥ 실험하다

Many people are against the idea of **experiments** on animals. 많은 사람들이 동물 실험에 대한 생각에 반대한다.

Ｚoom-in l 실험 도구 관련 어휘

beaker ⓝ 비커	scale ⓝ 저울	microscope ⓝ 현미경
funnel ⓝ 깔때기	tripod ⓝ 삼각대	thermometer ⓝ 온도계

★★ **modify**
□1063 [mɑ́dəfài]

ⓥ 변경하다, 수정하다

We shall solve our food problems with genetically **modified** crops soon to be developed. ● 07수능

우리는 곧 개발될 유전자 변형 작물로 식량 문제를 해결할 것이다.

modification n. 변경, 수정

★★ **predict**
□1064 [pridíkt]

ⓥ 예측하다, 예언하다

Many scientists are trying to **predict** earthquakes.

많은 과학자들이 지진을 예측하려 노력하고 있다.　● 06전국연합

prediction n. 예측, 예언　　**predictable** a. 예측 가능한

★★ **specialize**
□1065 [spéʃəlàiz]

ⓥ 전공하다, 전문화하다

Warren Edward Buffett **specialized** in economics in college.

Warren Edward Buffett은 대학에서 경제학을 전공했다.

specialist n. 전문가　　㊳ **specialize in** ~을 전공하다(= major in)

★
□ 1066
satellite
[sǽtəlàit]

ⓝ 인공위성, (행성의) 위성   ⓐ 위성의

Scientists use **satellite** images to map agricultural patterns.

과학자들은 농업 유형을 지도로 나타내기 위해 인공위성 이미지를 이용한다.

cf. satellite town   위성 도시

★
□ 1067
static
[stǽtik]

ⓐ 움직임이 없는, 정적인

Mobile flowers are visited more often by pollinating insects than their more **static** counterparts.   ● 11 모의

움직이는 꽃들은 움직임이 덜한 꽃들보다 화분매개곤충의 방문을 더 자주 받는다.

↔ **dynamic**   a. 동적인, 역학의

★★
□ 1068
alter
[ɔ́:ltər]

ⓥ 바꾸다, 개조하다

As children grow up, their character can be **altered**.

아이들이 자라면서 그들의 성격이 바뀔 수도 있다.

alteration   n. 변경

Ⓩoom-in | 발음이 같아 혼동하기 쉬운 alter vs. altar
alter [ɔ́:ltər] ⓥ 바꾸다, 개조하다   altar [ɔ́:ltər] ⓝ 제단

★
□ 1069
astronaut
[ǽstrənɔ̀:t]

ⓝ 우주비행사

Spacesuits supply **astronauts** with oxygen to breathe while they are in space.

우주복은 우주비행사들이 우주에 있는 동안 호흡할 산소를 공급해준다.

Ⓩoom-in | astro-(= star)가 포함된 어휘
astronomy ⓝ 천문학   **astronomer** ⓝ 천문학자
astrology ⓝ 점성술   **astrologist** ⓝ 점성술사

★
□ 1070
quest
[kwest]

ⓝ 추구, 탐구, 탐색

He emigrated to Brazil in a **quest** for a new life.

그는 새로운 삶을 추구하기 위해 브라질로 이민을 갔다.

= **search, pursuit**   n. 추구   ❀ **in quest of** ~을 찾아서

★
□ 1071 **galaxy**
[gǽləksi]

ⓝ 은하, 은하계, 은하수

Astronomers modified an antenna to pick up radio signals from our **galaxy.**

천문학자들은 우리 은하계에서 오는 무선 신호를 포착하기 위해 안테나를 조정했다.

= the Milky Way 은하계, 은하수

oom-in | **천문 관련 어휘**

asteroid ⓝ 소행성	eclipse ⓝ (일식, 월식의) 식	big dipper 북두칠성
comet ⓝ 혜성	constellation ⓝ 별자리	shooting star 유성, 별똥별

★★
□ 1072 **controversial**
[kàntrəvə́ːrʃəl]

ⓐ 논란이 분분한, 논쟁의

Euthanasia is still **controversial.**

안락사는 여전히 논란이 분분하다.

controversy n. 논란, 논쟁
= **debatable, contentious** a. 논란의 여지가 있는

★★★
□ 1073 **scientific**
[sàiəntífik]

ⓐ 과학의, 과학적인

New **scientific** evidence shows dinosaurs might have been warm-blooded animals. ● 05 전국연합

새로운 과학적 증거에 의하면, 공룡은 온혈 동물이었을지도 모른다.

science n. 과학   **scientist** n. 과학자

oom-in | **다양한 분야의 과학자**

zoologist 동물학자	botanist 식물학자	oceanographer 해양학자
chemist 화학자	biologist 생물학자	physicist 물리학자

★
□ 1074 **germ**
[dʒəːrm]

ⓝ 세균, 병균

A virus is a **germ** that can cause disease. ● 08 전국연합

바이러스는 질병을 일으킬 수 있는 세균이다.

★
□ 1075 **clone**
[kloun]

ⓥ 복제하다   ⓝ 복제, 복제 생물

Cloned animals often have severe abnormalities. ● 05 전국연합

복제된 동물들은 종종 심각한 기형을 가지고 있다.

cf. human cloning 인간 복제

★
□ 1076 **sophisticated**
[səfístəkèitid]

ⓐ (기계, 기술 등이) 복잡한, 정교한; 세련된

Hackers can do damage to anyone by making more **sophisticated** software.

해커들은 더욱 복잡한 소프트웨어를 만듦으로써 누구에게나 해를 입힐 수 있다.

sophistication n. (기계 등의) 정교함; 교양, 세련
= **elaborate** a. 정교한

★★
□ 1077 **nuclear**
[njúːkliər]

ⓐ 핵의, 원자력의

The effects of a **nuclear** explosion are so tremendous that they are difficult to imagine.

핵폭발의 여파는 너무도 엄청나서 상상하기 힘들다.

cf. nuclear family 핵가족

Ⓩoom-in | 핵 관련 표현

nuclear weapon 핵무기   nuclear bomb 핵폭탄
nuclear armament 핵무장   nuclear disarmament 핵군축

★★
□ 1078 **gene**
[dʒiːn]

ⓝ 유전자

They hope that the **genes** for these characteristics will be passed on to the cow's calf. ● 05 모의

그들은 이런 형질을 나타내는 유전자들이 송아지에게 물려지기를 바란다.

genetic a. 유전의, 유전학적   **genetics** n. 유전학
cf. genetic engineering 유전공학

★
□ 1079 **spacious**
[spéiʃəs]

ⓐ 널찍한, 훤히 트인, 광활한

I was lying on my back, looking up to the **spacious** night sky.

나는 벌렁 누워서 드넓은 밤하늘을 올려다보았다.

= **roomy** a. 넓은

★★
□ 1080 **transform**
[trænsfɔ́ːrm]

ⓥ 바꾸다, 변형시키다

Energy can merely be **transformed** from one state to another. ● 08 모의

에너지는 한 상태에서 다른 상태로 바뀔 수 있을 뿐이다.

transformation n. 변형

TEST

A 다음 단어에 해당하는 영어 단어 또는 우리말을 쓰시오.

1. 결과 _____
2. (수학) 공식 _____
3. 반구 _____
4. 조사하다 _____
5. 전송하다 _____
6. 이성적인 _____
7. 인공위성 _____
8. 추구, 탐구 _____
9. 논란이 분분한 _____
10. 유전자 _____

11. gravity _____
12. innovation _____
13. spacecraft _____
14. advent _____
15. particle _____
16. predict _____
17. germ _____
18. clone _____
19. sophisticated _____
20. spacious _____

B 빈칸에 알맞은 단어를 〈보기〉에서 골라 쓰되, 문맥에 맞게 변형하시오.

telecommute	equip	rational	launch	scientific	transform

1. Humans are not always _____.

2. In 1929, Fritz Lang was making a movie that had a rocket _____ scene.

3. The biggest obstacle to the growth of _____ is trust.

4. Energy can merely be _____ from one state to another.

5. New _____ evidence shows dinosaurs might have been warm-blooded animals.

6. Robots are not _____ with capabilities like humans to solve problems as they arise.

Answer Keys

A 1. outcome 2. formula 3. hemisphere 4. investigate 5. transmit 6. rational 7. satellite 8. quest
9. controversial 10. gene 11. 중력, 인력 12. 혁신, 쇄신 13. 우주선 14. 출현, 도래 15. 입자, 미세한 조각 16. 예측하다,
예언하다 17. 세균, 병균 18. 복제하다 19. 복잡한, 정교한 20. 널찍한, 훤히 트인 B 1. rational 2. launching
3. telecommuting 4. transformed 5. scientific 6. equipped

어휘⊕ 더하기

이어동사 ⑦ after/over

after

뒤에, 후에

→ 보살핌, 모방 등의 의미로 파생

look after 보살피다, ~을 돌보다(= care)

Governments are finding it hard to **look after** old people.
정부는 노인들을 보살피는 데 어려움을 겪고 있다.

take after ~을 닮다(= resemble)

My daughter **takes after** her grandmother.
내 딸은 할머니를 닮았다.

over

위로, 위에

→ 인수인계, 극복의 의미로 파생

hand over ~을 넘겨주다

Many users unknowingly **handed over** their photos to corporate control.
많은 사용자들은 자기 사진을 자기도 모르는 사이에 기업의 손에 넘긴 셈이 되었다.

take over ~을 인수하다 (인계받다)

He **took over** the Library of Alexandria.
그는 Alexandria 도서관을 인수하였다.

get over ~을 극복하다, (병에서) 회복하다

Black bears eat herbs to **get over** their tiredness.
흑곰들은 피로를 회복하게 하는 약초를 먹는다.

pull over (차를) 길가에 붙이다

An ambulance is coming. **Pull over** to the side.
구급차가 오고 있어요. 차를 길가에 붙이세요.

역사와 법

DAY
28

어휘 더하기 : 이어동사 ❽ across/through

01	02	03	04	05	06	07	08	09	10
●	●	●	●	●	●	●	●	●	●

11	12	13	14	15	16	17	18	19	20
●	●	●	●	●	●	●	●	●	●

21	22	23	24	25	26	27	28	29	30
●	●	●	●	●	●	●	●	●	●

31	32	33	34	35	36	37	38	39	40

41	42	43	44	45	46	47	48	49	50

Day 27 | Review

앞에서 학습한 단어를 얼마나 기억하는지 체크해 보세요.
기억이 나지 않는 단어는 다시 한 번 학습하세요.

☐ outcome ☐ experiment
☐ telecommute ☐ modify
☐ gravity ☐ specialize
☐ formula ☐ satellite
☐ launch ☐ static
☐ hemisphere ☐ alter
☐ virtual ☐ astronaut
☐ equip ☐ quest
☐ radiation ☐ controversial
☐ innovation ☐ germ
☐ blueprint ☐ clone
☐ advent ☐ sophisticated
☐ transmit ☐ gene
☐ particle ☐ spacious
☐ rational ☐ transform

wow!!

★★
□ 1081 **territory**
[térətɔ̀ːri]

ⓝ 영역, 영토

Male birds use their song to mark their territory. ● 07 전국연합

수컷 새들은 자신의 영역을 표시 하기 위해 노래를 이용한다.

territorial a. 영토의

★
□ 1082 **privilege**
[prívəlidʒ]

ⓝ 특권, 특전   ⓥ 특권을 주다

It is important to stop the abuse of power and privilege.

권력과 특권의 남용을 막는 것이 중요하다.

cf. the privileged class 특권 계층

★★
□ 1083 **struggle**
[strʌ́gəl]

ⓥ 투쟁하다, 애쓰다   ⓝ 투쟁, 노력

The people of Wales struggle through nonviolent means to keep their culture alive.

웨일즈 사람들은 자신들의 문화를 지키기 위해 비폭력적인 수단으로 투쟁한다.

㊝ **struggle for** ~을 위해 싸우다

★★
□ 1084 **supervision**
[sùːpərvíʒən]

ⓝ 감독, 관리, 통제

Holly is a self-starter, who rarely needs supervision.

Holly는 솔선해서 일을 하는 사람으로, 감독이 거의 필요 없다. ● 05 전국연합

supervise v. 관리(감독)하다(= oversee, monitor)
supervisor n. 감독관, 관리자

★★★
□ 1085 **suppose**
[səpóuz]

ⓥ (~일 것이라) 생각하다, 추측(가정)하다

I suppose he'll try to look for his birth mother.

나는 그가 자신의 생모를 찾으려 할 거라고 생각한다.

= **assume, presume** v. 추정하다, 가정하다
㊝ **be supposed to** ~하기로 되어 있다

★★
□ 1086 **assemble**
[əsémbəl]

ⓥ 모이다, 모으다; (부품을) 조립하다

In a democratic society, the right to assemble is guaranteed.

민주주의 사회에서, 집회의 자유는 보장되어 있다.

↔ **disassemble** v. 해체하다   **assembly** n. 모임, 의회; 조립

Ⓩoom-in | 국회 관련 어휘

congress (미) 국회	parliament (영) 의회	assemblyman 국회의원
senator 상원의원	congressman 하원의원	chairman 국회의장

★
□ 1087
medieval
[mìːdíːvəl]

ⓐ 중세의

Medieval civilization produced great achievements in government, religion, and art. ● 06 전국연합
중세 문명은 정치, 종교, 예술에서 큰 업적을 남겼다.

 oom-in ┃ **시대 구분 관련 어휘**

primitive ⓐ 원시의   pre-historic ⓐ 선사(先史)의   ancient ⓐ 고대의
medieval ⓐ 중세의   post-modern ⓐ 후기 근대의   modern ⓐ 현대의, 근대의
Renaissance ⓝ 르네상스, 문예부흥(기) ⓐ 르네상스의, 문예부흥의

★
□ 1088
outnumber
[àutnʌ́mbər]

ⓥ ~보다 수가 더 많다, 수적으로 우세하다

In the Middle East, Muslims **outnumber** Christians.
중동에서는 이슬람교도의 수가 기독교인보다 많다.

★
□ 1089
emancipate
[imǽnsəpèit]

ⓥ 해방하다, 석방하다

In Britain the slaves weren't **emancipated** until 1834.
영국에서는 노예들은 1834년이 돼서야 비로소 해방되었다.

emancipation n. 해방, 석방   = release, set free 해방하다

★★★
□ 1090
slave
[sleiv]

ⓝ 노예

We're looking for a **slave** named Jim who ran away.
우리는 Jim이라는 도망친 노예를 찾고 있다.   ● 10 전국연합

slavery n. 노예제   **enslave** v. 노예로 만들다

★★
□ 1091
suspect
[sʌ́spekt] ⓝ
[səspékt] ⓥ

ⓝ 용의자   ⓥ 의심하다

Police officers apprehended a murder **suspect** who escaped from jail.
경찰관들이 탈옥한 한 살인 용의자를 체포했다.

suspicious a. 의심하는   **suspicion** n. 의심, 혐의

★★
□ 1092
tolerance
[tɑ́lərəns]

ⓝ 관용, 인내

Debates encourage values such as **tolerance**. ● 08 전국연합
논쟁은 관용 같은 가치들을 장려한다.

tolerate v. 참다, 묵인하다   **tolerant** a. 관대한, 아량 있는
tolerable a. 참을 수 있는, 견딜만한

★
□ 1093
tyrant
[táiərənt]

ⓝ 폭군, 전제 군주

The Roman Emperor Nero was described as a merciless **tyrant.** 로마 황제 네로는 무자비한 폭군으로 묘사되었다.

tyranny n. 폭정, 전제 정치

★★
□ 1094
policy
[pάləsi]

ⓝ 정책, 방책, 방침

A government **policy** restricting the use of plastic bags is gradually taking root. ● 06 전국연합
비닐봉지의 사용을 제한하는 정부 정책이 점차 뿌리를 내리고 있다.

politic a. 분별 있는　　**political** a. 정치적인　　**politician** n. 정치가

★★
□ 1095
hostile
[hάstil]

ⓐ 적대적인, 적의가 있는

Prejudice is a **hostile** attitude toward a person. ● 05 전국연합
편견은 개인을 향한 적대적인 태도이다.

hostility n. 적의, 적개심　　= **unfriendly** a. 비우호적인, 불친절한

ⓩoom-in | 혼동하기 쉬운 hostility vs. hospitality
　　　　　hostility ⓝ 적의, 적개심　　　　　hospitality ⓝ 환대

★★★
□ 1096
ancient
[éinʃənt]

ⓐ 고대의, 옛날의

Petra, in southern Jordan, is an amazing **ancient** city.
요르단 남부의 Petra는 경이로운 고대 도시이다.　　● 08 전국연합

★★
□ 1097
conflict
[kάnflikt] ⓝ
[kənflíkt] ⓥ

ⓝ 갈등, 충돌　　ⓥ 충돌하다

Some people choose to handle **conflict** through avoidance.
어떤 사람들은 회피를 통해 갈등을 해결하려고 한다.　　● 08 전국연합

conflicting a. 상충되는, 모순되는　　ⓢ **conflict with** ~와 충돌하다

★★
□ 1098
regulate
[régjulèit]

ⓥ 조절〔조정〕하다, 규제하다, 단속하다

The human body changes to **regulate** body temperature more efficiently. ● 09 전국연합
인간의 신체는 체온을 더욱 효율적으로 조절하기 위해 변화한다.

regulation n. 조정, 규제

strategy
★★
□ 1099
[strǽtədʒi]

ⓝ 전략
Developing a marketing **strategy** is vital for any business.
마케팅 전략을 개발하는 것은 어떤 사업에서나 필수적인 것이다.
strategic a. 전략의, 전략적인

---

conviction
★★
□ 1100
[kənvíkʃən]

ⓝ 신념, 확신; 유죄 판결
It is my **conviction** that we have the power to be whatever
we want to be.
우리가 되고 싶은 건 뭐든지 될 수 있는 힘을 가지고 있다는 것이 나의 신념이다.
convict v. 유죄 판결을 내리다 n. 죄인, 죄수

---

shelter
★★
□ 1101
[ʃéltər]

ⓝ 은신처, 피난처 ⓥ 보호하다
They needed some type of immediate **shelter**.
그들은 어떤 식으로든 당장의 은신처가 필요했다.
㉺ **take(find) shelter from** ~로부터 피난하다

---

tension
★★
□ 1102
[ténʃən]

ⓝ 긴장, 불안
Laughter is the most powerful and constructive force for
calming **tension**. ● 98 수능
웃음은 긴장을 풀기 위한 가장 강력하고 건설적인 힘이다.
= **strain** n. 긴장
cf. **ease(calm, alleviate) tension** 긴장을 완화시키다

---

ancestor
★★
□ 1103
[ǽnsestər]

ⓝ 조상, 선조
Biologists believe that the **ancestors** of elephants once
lived in the sea, like whales. ● 05 전국연합
생물학자들은 코끼리의 조상들이 고래처럼 한때 바다에서 살았다고 믿는다.
= **forefather** n. 조상 ↔ **descendant** n. 후손

---

principle
★★
□ 1104
[prínsəpl]

ⓝ 원리, 원칙
This course provides an overview of basic economic
concepts and **principles**.
이 강좌는 기본적인 경제 개념과 원리를 개괄적으로 제공한다.
㉺ **in principle** 원칙적으로, 기본적으로

---

 oom-in | 혼동하기 쉬운 principle vs. principal
principle ⓝ 원리, 원칙   principal ⓐ 주요한, 중요한 ⓝ 교장

★★ restict
□ 1105 [ristríkt]

ⓥ 제한하다, 한정하다, 금지하다

My doctor advises me to restrict salt intake because of my blood pressure.
의사는 내게 혈압 때문에 소금 섭취를 제한하라고 충고한다.

restriction n. 제한, 금지   ↔ derestrict v. ~의 규제를 해제하다

★ amend
□ 1106 [əménd]

ⓥ (법, 의안 등을) 개정하다, 수정하다

The government has to amend laws to prevent child sex offenders from committing crimes.
정부는 아동 성범죄자가 범죄를 저지르는 것을 막기 위해 법을 개정해야 한다.

amendment n. (법의) 개정

★ outbreak
□ 1107 [áutbrèik]

ⓝ (전쟁, 질병 등의) 발발, 발생

An outbreak of cholera in 1849 killed nearly 13,000 people in London. ● 09 전국연합
1849년 콜레라의 발병으로 런던에서 거의 13,000명이 죽었다.

★★ perish
□ 1108 [périʃ]

ⓥ 죽다, 소멸하다

The 6 million Jews perished in World War II.
2차 세계대전 때 600만 명의 유대인이 죽었다.

perishable a. 썩기 쉬운, 죽기 쉬운 n. 썩기 쉬운 물건(~s)

★ deputy
□ 1109 [dépjuti]

ⓐ 부(副)의, 대리의   ⓝ 대리인, 대표자

As deputy mayor, Mr. Scott managed several important departments in the city.
Scott 씨는 부시장으로서 시의 여러 중요한 부서를 관리했다.

= representative, delegate n. 대리인, 대표자
cf. deputy mayor 부시장   deputy governor 부지사

★ legislate
□ 1110 [lédʒislèit]

ⓥ 법률로 정하다, 입법하다

The government need to legislate the installation of air bags into all vehicles. ● 07 전국연합
정부는 모든 차량의 에어백 장착을 법률로 정해야 한다.

legislation n. 입법, 법률 제정   legislator n. 입법자, 국회의원

★★ **evidence**
□1111 [évidəns]

ⓝ 증거, 물증
There is clear evidence that watching TV makes children more aggressive. ● 07 전국연합
TV 시청이 아이들을 더욱 공격적으로 만든다는 분명한 증거가 있다.

evident a. 분명한, 명백한　**evidently** ad. 분명히, 명백히

★ **torture**
□1112 [tɔ́ːrtʃər]

ⓝ 고문, 고통　ⓥ 고문하다
The group helps people who face unjust imprisonment, unfair trials, and torture.
그 단체는 부당한 투옥, 불공정한 재판과 고문에 직면한 사람들을 돕는다.

torturous a. 고통스러운

★ **plea**
□1113 [pliː]

ⓝ 호소, 간청, 탄원; (피고의) 답변, 진술
Children usually do something wrong as a plea for attention from their parents.
아이들은 대개 부모로부터 주목받으려는 호소로서 잘못을 저지른다.

plead v. (피고가) 답변하다, 변론하다
🅢 **make a plea for** ~을 호소(간청)하다

★ **impartial**
□1114 [impɑ́ːrʃəl]

ⓐ 공정한, 편견에 치우치지 않는
The jury must be impartial in reaching a verdict.
배심원단은 평결을 내릴 때 공정해야 한다.

= **fair, unbiased** a. 공정한, 편파적이지 않은
↔ **partial** a. 편파적인

★ **republic**
□1115 [ripʌ́blik]

ⓝ 공화국
South Korea is a democratic republic.
대한민국은 민주공화국이다.

republican a. 공화국의 n. (미) 공화당원(R~)

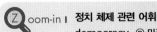

oom-in | **정치 체제 관련 어휘**

democracy ⓝ 민주주의, 민주국가　　monarchy ⓝ 군주제, 군주국
autocracy ⓝ 전제(독재)정부, 독재국가　　dictatorship ⓝ 독재체제(정권)

★
□1116
archaeology
[à:rkiáləʤi]

ⓝ 고고학

Not all archaeologists think that **archaeology** is a part of anthropology.

고고학자들 모두가 고고학이 인류학의 한 부분이라고 생각하지는 않는다.

archaeologist n. 고고학자   **archaeological** a. 고고학의

★★
□1117
proclaim
[proukléim]

ⓥ 선언하다, 선포하다

The Finance Minister **proclaimed** strong support for reducing the screen quotas.

재무부장관은 스크린쿼터 축소에 대해 강한 지지를 선언했다.

proclamation n. 선언, 선포

 oom-in ǀ 어미(-claim)가 같아 혼동하기 쉬운 어휘

proclaim ⓥ 선언하다, 선포하다		**exclaim** ⓥ 외치다, 소리치다	
acclaim ⓥ 갈채하다, 환호하다		**reclaim** ⓥ 교정하다, 개선하다	

★
□1118
enact
[inǽkt]

ⓥ (법률을) 제정하다

The city council **enacted** a law that bans people from smoking in public facilities.

시 의회는 공공시설에서 흡연을 금하는 법을 제정했다.

enactment n. (법률의) 제정

★★
□1119
consent
[kənsént]

ⓝ 동의   ⓥ 동의하다

He is accused of copying the article without the writer's **consent**.

그는 작가의 동의 없이 기사를 베껴 써서 고발당했다.

= **agreement** n. 동의   = **agree, approve** v. 동의하다
㊀ **consent to** ~에 동의하다

★
□1120
summon
[sʌ́mən]

ⓥ 호출하다, 소환하다

In 1589 Galileo **summoned** learned professors to the base of the Leaning Tower of Pisa. ● 06 전국연합

1589년에 갈릴레오는 학식 있는 교수들을 피사의 사탑 밑으로 호출했다.

summons n. 소환장

TEST

A 다음 단어에 해당하는 영어 단어 또는 우리말을 쓰시오.

1. 특전, 특권 _____
2. 모이다, 모으다 _____
3. 해방하다 _____
4. 용의자 _____
5. 적대적인 _____
6. 갈등, 충돌 _____
7. 신념, 확신 _____
8. 발발, 발생 _____
9. 부의, 대리의 _____
10. 선언하다 _____

11. territory _____
12. medieval _____
13. tolerance _____
14. tyrant _____
15. strategy _____
16. tension _____
17. amend _____
18. torture _____
19. archaeology _____
20. summon _____

B 빈칸에 알맞은 단어를 〈보기〉에서 골라 쓰되, 문맥에 맞게 변형하시오.

| struggle | slave | conflict | amend | impartial | consent |

1. The jury must be _____ in reaching a verdict.

2. We're looking for a/an _____ named Jim who ran away.

3. He is accused of copying the article without the writer's _____.

4. The people of Wales _____ through nonviolent means to keep their culture alive.

5. Some people choose to handle _____ through avoidance.

6. The government has to _____ laws to prevent child sex offenders from committing crimes.

Answer Keys

A 1. privilege 2. assemble 3. emancipate 4. suspect 5. hostile 6. conflict 7. conviction 8. outbreak 9. deputy 10. proclaim 11. 영역, 영토 12. 중세의 13. 관용, 인내 14. 폭군, 전제 군주 15. 전략 16. 긴장, 불안 17. 개정하다, 수정하다 18. 고문, 고통 19. 고고학 20. 호출하다, 소환하다 **B** 1. impartial 2. slave 3. consent 4. struggle 5. conflict 6. amend

across

건너의, 가로질러

→ 우연한 만남, 이해 등의 의미로 파생

come (run) across 우연히 만나다(= encounter)

I recently **came across** a puzzling question.
나는 최근에 당혹스러운 의문점 하나를 우연히 발견했다.

get across 이해시키다, 이해되다

A preface can tell readers the main ideas the author hopes to **get across**.
책의 서문은 독자들에게 작가가 이해시키고 싶은 요지를 말해줄 수 있다.

through

관통하여

→ 통과, 돌파 등의 의미로 파생

go through 1. ~을 통과하다 2. 겪다(= undergo)

1. God doesn't allow us to **go through** our lives without any obstacles.
   신은 아무 장애물도 없이 우리가 삶을 살게 하지는 않는다.
2. When I was young, I **went through** serious growing pains.
   나는 어렸을 때 심각한 성장통을 겪었다.

read through 통독하다

The novel "blindness" by Jose Saramago is worthwhile **reading through**.
Jose Saramago의 소설 〈눈먼 자들의 도시〉는 통독할 가치가 있다.

break through ~을 뚫고 나가다, ~을 돌파하다

Demonstrators **broke through** the barricade.
시위자들은 바리케이드를 뚫고 나갔다.

건강과 의학

DAY 29

어휘 더하기 : 이어동사 ❾ for/to

01	02	03	04	05	06	07	08	09	10
●	●	●	●	●	●	●	●	●	●

11	12	13	14	15	16	17	18	19	20
●	●	●	●	●	●	●	●	●	●

21	22	23	24	25	26	27	28	29	30
●	●	●	●	●	●	●	●	●	

31	32	33	34	35	36	37	38	39	40

41	42	43	44	45	46	47	48	49	50

Day 28 | Review

앞에서 학습한 단어를 얼마나 기억하는지 체크해 보세요.
기억이 나지 않는 단어는 다시 한 번 학습하세요.

☐ territory
☐ privilege
☐ struggle
☐ supervision
☐ assemble
☐ medieval
☐ outnumber
☐ emancipate
☐ suspect
☐ tyrant
☐ hostile
☐ conflict
☐ conviction
☐ shelter
☐ tension

☐ restrict
☐ amend
☐ outbreak
☐ perish
☐ deputy
☐ legislate
☐ torture
☐ plea
☐ impartial
☐ republic
☐ archaeology
☐ proclaim
☐ enact
☐ consent
☐ summon

wow!!

★★ **immune**
□ 1121 [imjúːn]

ⓐ 면역의; 면제된

Lack of sleep has a great influence on the **immune** system.

수면 부족은 면역 체계에 큰 영향을 미친다.　　　　　　● 10 전국연합

immunity n. 면역; 면제　　**immunize** v. (백신 주사로) 면역력을 갖게 하다

㈜ **immune to** ~에 면역성이 있는

★★ **tissue**
□ 1122 [tíʃuː]

ⓝ (생물의) 조직, 직물; 휴지

Stretching your muscles increases oxygen to your internal organs and **tissues**.　● 07 전국연합

근육을 스트레칭 하는 것은 내장과 조직으로 가는 산소량을 증가시킨다.

★★ **choke**
□ 1123 [tʃouk]

ⓥ 질식시키다, 숨이 막히다

A man almost **choked** to death on medicine he swallowed.

한 남자는 삼킨 약이 목에 걸려 거의 질식사할 뻔했다.

㈜ **choke on** ~이 목에 걸리다

cf. **choke to death** 질식사하다

★★ **recover**
□ 1124 [rikʌ́vər]

ⓥ 되찾다, 회복하다

Swimming is a great exercise to **recover** from an injury.

수영은 부상에서 회복하기 위한 아주 좋은 운동이다.

recovery n. 회복, 되찾기

★ **diabetes**
□ 1125 [dàiəbíːtis]

ⓝ 당뇨병

Being overweight is a major risk factor for **diabetes**.

과체중은 당뇨병의 주요 위험 요인이다.

diabetic a. 당뇨병의 n. 당뇨병 환자

🔍 **Ｚoom-in |** 질병 관련 어휘

cancer ⓝ 암	leprosy ⓝ 나병	measles ⓝ 홍역
pneumonia ⓝ 폐렴	asthma ⓝ 천식	arthritis ⓝ 관절염
vegetable ⓝ 식물인간	leukemia ⓝ 백혈병	brain tumor 뇌종양

★★ **refresh**
□ 1126 [rifréʃ]

ⓥ 활력을〔활기를〕 주다, 원기를 회복시키다

Comedies entertain and **refresh** me after work.　● 06 전국연합

코미디 영화는 일이 끝난 후 내게 즐거움과 활력을 준다.

refreshment n. 원기회복; 다과(~s)　　**refreshing** a. 상쾌한, 산뜻한

★★
□1127 **bleed**
[bliːd]

ⓥ 피를 흘리다, 출혈하다

The whale was alive, though it was **bleeding**. ● 07 전국연합
고래는 피를 흘리고 있었지만 살아 있었다.

bleeding n. 출혈 a. 피를 흘리는　　**cf. nosebleed** n. 코피

★★
□1128 **contagious**
[kəntéidʒəs]

ⓐ 전염성의, 전염되는

Laughter is **contagious** and shared laughter promotes bonding.
웃음은 전염성이 있으며 함께 웃는 웃음은 유대감을 증진시킨다.

= **infectious** a. 전염성의

oom-in ┃ contagion vs. infection
　　contagion ⓝ (접촉에 의한) 전염　　　infection ⓝ (공기나 병균에 의한) 전염

★★
□1129 **therapy**
[θérəpi]

ⓝ 치료, 요법

Phobias are treatable through either behavior **therapy** or medication. ● 06 전국연합
공포증은 행동 치료나 약물을 통해 치료가 가능하다.

= **treatment, remedy, cure** n. 치료

★★
□1130 **nutrient**
[njúːtriənt]

ⓝ 영양분[소] (~s)

Plants take out minerals and other **nutrients** from the soil.
식물은 토양에서 미네랄과 다른 영양분을 얻는다.

nutrition n. 영양

★
□1131 **painkiller**
[péinkìlər]

ⓝ 진통제

My wife takes **painkillers** whenever she has a headache.
내 아내는 두통이 있을 때마다 진통제를 복용한다.

= **pain medication** 진통제

★
□1132 **antibiotic**
[æ̀ntibaiátik]

ⓝ 항생제, 항생물질

Pneumonia can be treated effectively at home with oral **antibiotics**. ● 08 전국연합
폐렴은 경구용 항생제로 집에서도 효율적으로 치료할 수 있다.

pill [pil]
★★ □1133

ⓝ 알약, 정제

If you have difficulty swallowing pills, talk to your doctor in advance.
알약을 삼키는 게 어렵다면 미리 의사와 상의하세요.

= **tablet** n. 정제
cf. powdered medicine 가루약　　**liquid medicine** 물약

---

injure [índʒər]
★★★ □1134

ⓥ 부상을〔상처를〕 입히다, 해치다

In a fitness club you can learn how to stretch without injuring yourself.
헬스클럽에서는 부상을 입지 않고 스트레칭을 하는 법을 배울 수 있다.

injury n. 상처, 부상　　**injured** a. 상처 입은

---

ointment [ɔ́intmənt]
★ □1135

ⓝ 연고

The ointment did little to stop the pain.
연고는 고통을 멈추게 하는 데 아무 소용이 없었다.

⊛ **a fly in the ointment** 옥에 티, 허점

---

cleanliness [klénlinis]
★★ □1136

ⓝ 청결, 깨끗함

She is so obsessed with cleanliness that she doesn't want to touch things with her hands.
그녀는 청결에 너무 집착해서 손으로 물건을 만지고 싶어 하지 않는다.

---

insomnia [insάmniə]
★ □1137

ⓝ 불면(증)

Insomnia can be treated with acupuncture.
불면증은 침술로 치료할 수 있다.

Zoom-in | 병의 증상 관련 어휘

vomiting ⓝ 구토　　nausea ⓝ 메스꺼움　　diarrhea ⓝ 설사
dizziness ⓝ 어지럼증　　migraine ⓝ 편두통

---

fatigue [fətíːg]
★★ □1138

ⓝ 피로, 피곤

Caffeine in coffee combats fatigue.
커피에 들어 있는 카페인은 피로를 물리친다.

= **tiredness, weariness, exhaustion** n. 피로
cf. chronic fatigue 만성 피로

★★★ **treatment**
□ 1139 [trí:tmənt]

ⓝ 치료(법); 취급, 대우

Doctors recommend walking as a treatment for mild depression and anxiety. ● 07 전국연합

의사들은 가벼운 우울증과 불안에 대한 치료로서 걷기를 추천한다.

treat v. 치료하다; 다루다, 취급하다

Ⓩoom-in ㅣ **치료 관련 어휘**

cast ⓝ 깁스	surgery ⓝ 수술	shot, injection ⓝ 주사
transplant ⓝ 이식	IV drip 링거	blood transfusion 수혈

★★ **remedy**
□ 1140 [rémədi]

ⓝ 치료(약) ⓥ 치료하다

Laughter is a remedy for sorrow and depression.

웃음은 슬픔과 우울증의 치료약이다.

= **heal, cure** n. 치료
cf. folk remedy 민간 요법 **herbal remedy** 약초 치료

★★ **digest**
□ 1141 [daidʒést]

ⓥ 소화하다; 잘 이해하다, 요약하다

Most babies digest breast milk better than they do formula.

대부분의 아기들은 조제분유보다 모유를 더 잘 소화한다. ● 05 전국연합

digestive a. 소화를 돕는 n. 소화제 **digestion** n. 소화

★★ **infect**
□ 1142 [infékt]

ⓥ 감염시키다, (세균으로) 오염시키다

A pregnant mother with hepatitis C can infect her baby during birth.

C형 간염을 지닌 임산부는 출산 시 아기를 감염시킬 수 있다.

infection n. 감염 ㉦ **be infected with** ~에 감염되다

★ **intake**
□ 1143 [íntèik]

ⓝ 섭취(량), 흡입, 빨아들임

Lack of sleep increases food intake. ● 09 전국연합

수면 부족은 음식물 섭취를 증가시킨다.

★★ **diagnose**
□ 1144 [dàiəgnòus]

ⓥ (질병, 문제의 원인 등을) 진단하다

A man was diagnosed with a terminal illness and given six months to live. ● 10 모의

한 사람이 불치병 진단을 받고 6개월의 시한부 인생을 선고 받았다.

diagnosis n. 진단

★
□1145 **psychiatrist**
[sàikáiətrist]

ⓝ 정신과 의사

The **psychiatrist** helps patients become aware of their own unconscious minds.

정신과 의사는 환자들이 자신의 무의식적인 마음을 자각할 수 있도록 돕는다.

psychiatric a. 정신의학의, 정신과의　　**psychiatry** n. 정신의학

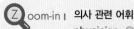 oom-in | **의사 관련 어휘**

physician ⓝ 내과 의사	surgeon ⓝ 외과 의사
eye doctor ⓝ 안과 의사	obstetrician ⓝ 산과 의사
pediatrician ⓝ 소아과 의사	orthopedist ⓝ 정형외과 의사
dentist ⓝ 치과 의사	dermatologist ⓝ 피부과 의사

★★★
□1146 **poisonous**
[pɔ́izənəs]

ⓐ 유독한, 독이 있는

Volcanic eruptions release many **poisonous** chemicals and gases into the atmosphere.

화산 폭발은 많은 유독성 화학물질과 가스를 대기로 방출한다.

poison n. 독(약) v. 독을 넣다[바르다]
= **venomous** a. 독이 있는

★★
□1147 **pulse**
[pʌls]

ⓝ 맥박, 맥, (강한) 리듬

I noticed my heart was beating and my **pulse** rate was speeding up.　● 09 전국연합

나는 심장이 쿵쾅거리고 맥박 수가 빨라지고 있다는 것을 알았다.

★
□1148 **rash**
[ræʃ]

ⓝ 발진, 뾰루지　ⓐ 무분별한, 경솔한

Not one of my children has had a problem with **rashes** from cloth diapers.　● 07 전국연합

내 아이들은 아무도 천 기저귀 때문에 생기는 발진으로 고생하지 않았다.

cf. **heat rash** 땀띠

★
□1149 **stroll**
[stroul]

ⓥ 한가롭게 거닐다, 산책하다　ⓝ 산책

Occasionally, my husband and I **stroll** around the lake.

가끔씩 나는 남편과 함께 호수 주변을 한가롭게 거닌다.

㉚ **go for[have, take] a stroll** 산책하다

★★ **wrinkle**
□ 1150 [ríŋkəl]

ⓝ 주름(살) ⓥ 주름을 잡다

The smokers has more **wrinkles** than the nonsmokers.

흡연자가 비흡연자보다 주름살이 더 많다. ● 08 전국연합

wrinkled a. 주름이 잡힌, 쭈글쭈글한

★★ **chronic**
□ 1151 [kránik]

ⓐ (병이) 만성의, 만성적인, 장기간에 걸친

Those who suffer from **chronic** fatigue syndrome have
memory problems and headaches.

만성 피로 증후군으로 고생하는 사람들은 기억력 감퇴와 두통이 있다.

↔ **acute** a. (병이) 급성의; 예리한

★ **pharmacy**
□ 1152 [fá:rməsi]

ⓝ 약국, 약학

I'll be back after stopping by the **pharmacy**. ● 09 수능

난 약국에 들렀다가 돌아올게.

pharmacist n. 약사   **pharmaceutic** a. 약학의, 조제의

★★ **transplant**
□ 1153 [trænsplǽnt]

ⓝ 이식 ⓥ 이식하다, 옮겨 심다

The Eye Bank in Washington supports over 400 cornea
transplants each year. ● 08 전국연합

Washington에 있는 Eye Bank는 매년 400건이 넘는 각막 이식을 지원한다.

★★ **incurable**
□ 1154 [inkjúərəbəl]

ⓐ 불치의, 치유할 수 없는 ⓝ 불치병 환자

Hospices treat patients suffering from **incurable** diseases.

호스피스는 불치병으로 고생하고 있는 환자들을 보살핀다. ● 03 모의

↔ **curable** a. 치료할 수 있는
cf. cure v. 치료하다

★ **placebo**
□ 1155 [pləsí:bou]

ⓝ 위약(僞藥), 가짜 약

A person's condition may improve while taking a **placebo**.

어떤 사람은 위약을 복용하는 동안 상태가 호전될 수 있다. ● 05 전국연합

cf. placebo effect 위약 효과(약을 복용하고 있다는 심리적 효과로 환자의
상태가 실제로 좋아지는 현상)

★★ **itch**
□1156 [itʃ]

ⓝ 가려움, 욕구　ⓥ 가렵다, (~하고 싶어) 몸이 근질거리다

If the **itches** do not disappear, stop scratching and take the medicine. ● 10 수능
가려움이 사라지지 않으면, 긁지 말고 약을 먹어라.

itchy a. 가려운, 근질근질한
ⓢ **have an itch to ~** ~하고 싶어 견디기 힘들다

★ **carefree**
□1157 [kέərfrìː]

ⓐ 걱정〔근심〕이 없는

He begged for money, and he liked his **carefree** life.
그는 돈을 구걸하였지만, 걱정근심 없는 자신의 삶을 즐겼다. ● 09 전국연합

Ⓩoom-in **l -free(~이 없는)가 포함된 어휘**

duty-free 관세가 없는, 면세의　　**tax-free** 비과세의, 면세의　　**rent-free** 임대료 없이
interest-free 무이자의　　**caffeine-free** 카페인 없는

★ **obesity**
□1158 [oubíːsəti]

ⓝ 비만, 비대

Decline in physical activity has contributed to **obesity**.
신체 활동의 감소는 비만을 일으키는 원인이 되어 왔다. ● 09 전국연합

obese a. 비만의, 뚱뚱한

★★ **symptom**
□1159 [símptəm]

ⓝ 증상, 징후, 징조

Doctors don't treat different patients that display similar **symptoms** with the same drugs. ● 10 수능
의사들은 비슷한 증상을 보이는 다른 환자들을 같은 약으로 치료하지 않는다.

★★ **checkup**
□1160 [tʃékʌp]

ⓝ (건강) 진단, 정밀 검사

Having regular medical **checkups** is another effective way to stay healthy.
정기적인 건강 검진을 받는 것은 건강을 지키는 또 다른 효과적인 방법이다.

= **medical〔physical〕examination** 건강 진단

TEST

A 다음 단어에 해당하는 영어 단어 또는 우리말을 쓰시오.

1. 면역의 _____
2. 전염성의 _____
3. 피를 흘리다 _____
4. 알약, 정제 _____
5. 연고 _____
6. 치료(약) _____
7. 유독한 _____
8. 한가롭게 거닐다 _____
9. 발진, 뾰루지 _____
10. 진단, 정밀검사 _____

11. diabetes _____
12. painkiller _____
13. nutrient _____
14. fatigue _____
15. diagnose _____
16. pharmacy _____
17. infect _____
18. insomnia _____
19. obesity _____
20. psychiatrist _____

B 빈칸에 알맞은 단어를 <보기>에서 골라 쓰되, 문맥에 맞게 변형하시오.

| choke   antibiotic   digest   pulse   incurable   symptom |

1. Hospices treat patients suffering from _____ diseases.

2. Most babies _____ breast milk better than they do formula.

3. A man almost _____ to death on medicine he swallowed.

4. I noticed my heart was beating and my _____ rate was speeding up.

5. Doctors don't treat different patients that display similar _____ with the same drugs.

6. Pneumonia can be treated effectively at home with oral _____.

Answer Keys

A 1. immune 2. contagious 3. bleed 4. pill 5. ointment 6. remedy 7. poisonous 8. stroll 9. rash
10. checkup 11. 당뇨병 12. 진통제 13. 영양분 14. 피로, 피곤 15. 진단하다 16. 약국, 약학 17. 감염시키다 18. 불면증
19. 비만, 비대 20. 정신과 의사   **B** 1. incurable 2. digest 3. choked 4. pulse 5. symptoms 6. antibiotics

어휘+더하기 ⑨ 이어동사 ⑨ for/to

for

~을 향해

→ ~을 위해, ~에 찬성하는
등의 의미로 파생

care for 1. ~을 돌보다 2. ~을 바라다, 좋아하다

1. Mothers learn to **care for** their babies over time.
   엄마들은 시간이 흐르면서 아기를 돌보는 것을 배운다.

2. Would you **care for** some dessert?
   디저트를 좀 드시겠습니까?

apply for 1. ~에 지원하다 2. ~을 신청하다

1. I decided to **apply for** a stockbroker.
   나는 주식중개인에 지원해보기로 결심했다.

2. I **applied for** car insurance with your company.
   나는 귀사에 자동차 보험 가입을 신청했습니다.

call for ~을 요청(요구)하다(= ask for)

Apartments had special buttons so that the disabled
could **call for** help.
아파트에는 장애인들이 도움을 청할 수 있는 특별한 버튼이 있었다.

to

~로

→ 도착, 영향 등의 의미로
파생

get to ~에 도착하다(= arrive)

It takes two hours to **get to** the airport from here.
여기서 공항까지 가는 데는 2시간이 걸린다.

apply to 1. ~에 지원(신청)하다 2. ~에 적용되다

1. I decided to **apply to** the college to pursue further
   studies.
   나는 공부를 더 많이 하기 위하여 그 대학에 지원하기로 결심했다.

2. The word "perfect" is not a concept that **applies to**
   human beings.
   '완벽'이라는 말은 인간에게 적용되는 개념이 아니다.

재난과 재해

DAY 30

어휘 더하기 : 이어동사 ⑩ about/with

01	02	03	04	05	06	07	08	09	10
●	●	●	●	●	●	●	●	●	●

11	12	13	14	15	16	17	18	19	20
●	●	●	●	●	●	●	●	●	●

21	22	23	24	25	26	27	28	29	30
●	●	●	●	●	●	●	●	●	●

31	32	33	34	35	36	37	38	39	40

41	42	43	44	45	46	47	48	49	50

Day 29 | Review

앞에서 학습한 단어를 얼마나 기억하는지 체크해 보세요.
기억이 나지 않는 단어는 다시 한 번 학습하세요.

- □ immune
- □ tissue
- □ choke
- □ recover
- □ diabetes
- □ refresh
- □ contagious
- □ therapy
- □ painkiller
- □ antibiotic
- □ ointment
- □ cleanliness
- □ insomnia
- □ fatigue
- □ remedy

- □ infect
- □ intake
- □ diagnose
- □ psychiatrist
- □ rash
- □ stroll
- □ chronic
- □ pharmacy
- □ transplant
- □ incurable
- □ placebo
- □ itch
- □ carefree
- □ obesity
- □ symptom

wow!!

★★
□1161 **emission**
[imíʃən]

ⓝ (빛, 열, 가스 등의) 배출, 방출

Our recent technology has reduced CO₂ **emissions**.

최신 과학기술은 이산화탄소 배출량을 감소시켰다. ● 10 전국연합

emit v. (빛, 열, 가스 등을) 배출하다(= give out)

★★
□1162 **transport**
[trænspɔ́:rt]

ⓥ 수송〔운송〕하다

Rescue workers need more ambulances to **transport** survivors to hospitals.

구조대원들은 생존자들을 병원으로 수송하기 위한 구급차가 더 필요하다.

transportation n. 수송, 운송　　**cf. public transportation** 대중교통

 oom-in | 교통 관련 어휘

crossroad ⓝ 교차로　　sidewalk ⓝ 인도, 보도　　jaywalking ⓝ 무단 횡단
crosswalk ⓝ 횡단보도　　underpass ⓝ 지하도　　overpass ⓝ 고가도로, 육교

★★★
□1163 **damage**
[dǽmidʒ]

ⓝ 손상, 피해　ⓥ 손상시키다, 피해를 입히다

Researchers have found the strongest link between ozone pollution and **damage** to health. ● 05 전국연합

연구원들은 오존 오염과 건강의 손상이 밀접한 관련이 있다는 것을 알아냈다.

㊗ **cause〔do〕damage to** ~에 손해를 끼치다, ~에 피해를 입히다

★★
□1164 **renew**
[rinjú:]

ⓥ 갱신하다, 새롭게 하다

I had to get my international driver's license **renewed**.

나는 국제 운전면허증을 갱신해야 했다.

renewal n. 갱신, 재생, 부흥　　**renewable** a. 갱신 가능한, 재생할 수 있는

★
□1165 **bandage**
[bǽndidʒ]

ⓝ 붕대　ⓥ 붕대를 감다

I'll put a **bandage** on the wound.

내가 상처에 붕대를 감아줄게.

★
□1166 **bottleneck**
[bátldnèk]

ⓝ (교통 정체가 일어나는) 병목 지역〔현상〕, 좁은 통로〔입구〕

The crossing is renowned as a major traffic **bottleneck**.

그 교차로는 고질적인 병목 지역으로 악명이 높다.

㊗ **be caught〔trapped, stuck〕in a bottleneck** 병목 지점에서 꼼짝 못하다

★★ □1167	**collision** [kəlíʒən]	ⓝ 충돌 (사고), 부딪침

The Hubble Space Telescope photographed the **collision** of Comet Shoemaker-Levy 9 with Jupiter.
허블 우주망원경은 Shoemaker-Levy 9 혜성과 목성의 충돌을 촬영했다.

collide v. 충돌하다　　= **clash** n. 충돌

 oom-in ㅣ 자동차 사고 관련 표현

head-on collision 정면 충돌　　　fender-bender 가벼운 접촉 사고
rear-end collision 추돌 사고　　　hit-and-run 뺑소니　　tow away 견인하다

★ □1168	**detour** [díːtuər]	ⓝ 우회, 우회로

This road is under construction. Make a **detour**.
이 도로는 공사 중입니다. 우회 하세요.

= **bypass** n. 우회로　　㉒ **make (take, follow) a detour** 우회하다

★★ □1169	**erupt** [irʌ́pt]	ⓥ (화산 등이) 폭발하다, 분출하다

Scientists cannot predict exactly when a volcano will **erupt**.
과학자들은 화산이 언제 폭발하지 정확히 예측할 수 없다.

eruption n. 폭발, 분출

★ □1170	**famine** [fǽmin]	ⓝ 기근, 기아, 굶주림

Experts were convinced that the world was on the verge of widespread **famine**.　● 09 전국연합
전문가들은 세계적으로 기근이 확산될 위기에 처해 있다고 확신했다.

= **starvation, hunger** n. 기아

★★★ □1171	**violence** [váiələns]	ⓝ 폭력, 격렬함

It seems that **violence** damages the memory of viewers.
폭력은 시청자의 기억력을 손상시키는 것 같다.　　● 09 전국연합

violent a. 폭력적인, 격렬한　　↔ **nonviolence** n. 비폭력

★ □1172	**respiration** [rèspəréiʃən]	ⓝ 호흡, 호흡 작용

Animals must depend upon the activities of plants for a continued oxygen supply for its **respiration**.　● 94 수능
동물은 호흡을 위해서 지속적으로 산소를 공급하는 식물의 활동에 의존해야 한다.

★
□1173
pedestrian
[pədéstriən]

ⓝ 보행자　ⓐ 도보의, 보행의

One day a truck hit a **pedestrian** on the street.　• 97 수능
어느 날 트럭이 도로에서 보행자 한 명을 치었다.

cf. pedestrian crossing 횡단보도

★★★
□1174
rescue
[réskju:]

ⓥ 구조〔구출〕하다, 구제하다　ⓝ 구조, 구출

Our mission is to **rescue** abused or abandoned animals.
우리의 사명은 학대 받거나 버려진 동물을 구조하는 것이다.

cf. rescue party〔team〕 구조대

★★
□1175
violate
[váiəléit]

ⓥ (법 등을) 위반하다; (권리, 사생활 등을) 침해하다

Students who **violate** the regulations will be punished.
규정을 위반한 학생은 처벌될 것이다.

violation n. 위반; 침해　**= infringe** 위반하다

★
□1176
wildfire
[wáildfàiər]

ⓝ 산불, 들불; (산불처럼) 빠르게 확산되는 것

More than 10,000 people have been evacuated as
wildfires tore through southern California.
산불이 남부 캘리포니아를 휩쓸면서 1만 명 이상의 주민들이 대피했다.

ⓢ **spread like wildfire** (소문 등이 불길처럼) 순식간에 퍼지다

★★★
□1177
victim
[víktim]

ⓝ 피해자, 희생자

This fund will help the flood **victims** recover some of their
losses.　• 04 수능
이 기금은 홍수 피해자들이 손실의 일부나마 회복하는 것을 도울 것이다.

victimize v. 희생시키다
ⓢ **fall a victim〔prey〕to** ~의 희생물이 되다

★★
□1178
panic
[pǽnik]

ⓝ 공황, 극심한 공포, 패닉

With medication, both anxiety and **panic** can be controlled.
약물 치료를 통해 불안과 (정신적) 공황은 통제될 수 있다.　• 06 전국연합

ⓢ **in (a) panic** 공포에 싸여

desperate ★★
□1179 [déspərit]

ⓐ 필사적인; 절망적인

Now cities are **desperate** to create the impression that they lie at the center of something. ● 10 수능

지금 도시들은 저마다 무언가의 중심지라는 인상을 만들어내려고 필사적이다.

숙 **be desperate for〔to〕** ~을 하려고 필사적이다

---

crash ★★
□1180 [kræʃ]

ⓥ 추락하다, 충돌하다 ⓝ 추락, 충돌

The plane **crashed** into a mountain and the pilot was killed.

비행기가 산에 추락해 조종사가 사망했다.

숙 **crash into** ~을 들이박다

---

wound ★★
□1181 [wu:nd]

ⓝ 상처, 부상 ⓥ 상처를〔부상을〕 입히다

If you didn't treat a **wound**, it could result in a serious infection.

상처를 치료하지 않으면, 심각한 감염을 초래할 수 있다.

wounded a. 상처 입은, 부상한

---

 oom-in ┃ 발음에 따라 의미가 다른 **wound**

wind [waind] – **wound** [waund] – wound ⓥ 감다, 돌리다, 꾸불거리다
wound [wu:nd] – wounded [wúːndid] – wounded ⓥ 부상을 입히다

---

disaster ★★
□1182 [dizǽstər]

ⓝ 재해, 재앙, 대참사

Insurance should cover natural **disasters** including earthquakes and hurricanes. ● 09 전국연합

보험은 지진과 허리케인을 포함한 자연 재해를 보장해줘야 한다.

disastrous a. 피해가 막심한, 비참한
cf. **natural disaster** 자연 재해 **man-made disaster** 인재(人災)

---

halt ★
□1183 [hɔːlt]

ⓝ 멈춤, 정지 ⓥ 멈추다, 정지시키다

The car came to an abrupt **halt** just a few inches away from the fence.

그 차는 담장에서 불과 몇 인치 떨어진 곳에서 급하게 멈췄다.

숙 **come to〔make〕a halt** 멈추다, 정지하다
bring ~ to a halt ~을 정지시키다

★
□ 1184
freight
[freit]

ⓝ 화물, 화물 운송

The railroads enable them to reduce their costs for shipping **freight**. ● 05 전국연합

철도는 그들이 화물 선적 비용을 줄이는 것을 가능하게 했다.

= **cargo, goods** n. 화물

 oom-in ㅣ **혼동하기 쉬운 freight vs. fright**

freight [freit] ⓝ 화물, 화물 운송   fright [frait] ⓝ 공포, 경악

★★
□ 1185
leak
[li:k]

ⓝ 새는 곳〔틈〕, 누설   ⓥ 새다, (비밀을) 누설하다

Could you check my bathroom for any water **leaks**?

화장실에 물새는 곳이 있는지 봐주시겠어요?   ● 08 전국연합

leakage n. 누출, 누설

★★★
□ 1186
loss
[lɔ(:)s]

ⓝ 상실, 분실, 손해

Employers may feel a **loss** of control over employees who work at home. ● 06 모의

고용주들은 재택근무자들을 통제할 수 없다고 느낄지도 모른다.

㉿ **at a loss** 당황하여, 어쩔 줄 모르는

★★
□ 1187
urgent
[ə́:rdʒənt]

ⓐ 긴급한, 시급한, 절박한

Always be wary of any e-mail with an **urgent** request for personal information. ● 06 전국연합

개인 정보를 긴급하게 요청하는 이메일에 대해서는 항상 주의하세요.

urge v. 재촉하다   **urgency** n. 긴급, 절박

★★★
□ 1188
attack
[ətǽk]

ⓥ 공격하다   ⓝ 공격, 습격; (병의) 발작

The leopard began to **attack** dogs and cattle in the village.

표범은 마을에 있는 개와 소를 공격하기 시작했다.   ● 06 수능

↔ **defend** v. 방어하다   cf. **heart attack**〔**failure**〕 심장 마비

★
□ 1189
epidemic
[èpədémik]

ⓝ 유행병, 유행성 (전염병)   ⓐ 유행성의, 전염성의

The government is equipped to fight a bird flu **epidemic**.

정부는 유행성 조류 독감과 싸울 준비를 갖추고 있다.

cf. **flu epidemic** 유행성 독감

★★ **witness**
□1190 [wítnis]

ⓝ 목격자, 증인　ⓥ 목격하다

Many witnesses insisted that the accident had taken place on the crosswalk. ●97수능
많은 목격자들은 그 사고가 횡단보도에서 일어났다고 주장했다.

= **eyewitness** n. 목격자, 증인　v. 목격하다

 oom-in ㅣ **목격자 관련 어휘**

observer ⓝ 관찰자　　　　　　bystander, on-looker ⓝ 방관자, 구경꾼

spectator ⓝ 구경꾼, 관중　　　monitor ⓝ 감시 요원

★ **devastate**
□1191 [dévəstèit]

ⓥ 완전히 파괴하다; (사람을) 망연자실하게 하다

Grasshoppers could devastate millions of acres of land.
메뚜기들은 수백만 에이커의 땅을 완전히 파괴할 수 있다.

devastation n. 황폐, 유린　　= **ruin, demolish** v. 파괴하다

★ **congestion**
□1192 [kəndʒéstʃən]

ⓝ (교통 등의) 혼잡, 정체; (인구의) 밀집, 과밀

Unless we take action now, traffic congestion will get worse and worse. ●97수능
지금 조치를 취하지 않으면, 교통 혼잡은 더욱 더 악화될 것이다.

congest v. 혼잡하게 하다　　**congested** a. 혼잡한, 정체된
= **traffic jam** 교통 정체

★ **drought**
□1193 [draut]

ⓝ 가뭄

Jim raised over one hundred million dollars for the drought victims. ●95수능
Jim은 가뭄 피해자들을 위해 100만 달러 이상 모금했다.

droughty a. 가뭄의; 목마른

★ **hailstone**
□1194 [héilstòun]

ⓝ 우박

He couldn't sleep a wink because of hailstones hammering down onto the roof.
그는 지붕 위로 우두둑대며 떨어지는 우박 때문에 밤새 한숨도 못 잤다.

= **hail** n. 우박　v. 환호하며 맞이하다

★
□1195 **cripple**
[krípl]

ⓥ 무력〔무능〕하게 하다; 불구로 만들다   ⓝ 절름발이, 장애자

The Japanese planned a sneak attack on Pearl Harbor to **cripple** the American navy.
일본인들은 미해군을 무력화시키기 위해 진주만을 기습할 계획을 세웠다.

= disable v. 무력하게 하다; 불구로 만들다

★
□1196 **intersection**
[ìntərsékʃən]

ⓝ 교차로, 교차점

As we approached an **intersection**, we stopped at a red light. ● 01 수능
교차로에 이르러 우리는 빨간 신호등에 멈춰 섰다.

= crossroad, junction n. 교차로

★
□1197 **vulnerable**
[vʌ́lnərəbəl]

ⓐ (신체적, 정신적으로) 취약한, 연약한

Achilles had one **vulnerable** spot on his body because of his mother's mistake. ● 06 전국연합
아킬레스는 어머니의 실수로 신체에 하나의 약점을 갖게 되었다.

vulnerability n. 취약성, 피해를〔상처를〕 입기 쉬움

★
□1198 **sprain**
[sprein]

ⓥ (발목, 손목 등을) 삐다, 접질리다   ⓝ 삐기, 염좌

I thought I **sprained** my ankle, but it proved to be broken.
나는 발목을 삐었다고 생각했는데 부러진 것으로 밝혀졌다.

= twist v. 삐다

★
□1199 **breakdown**
[bréikdàun]

ⓝ (기계 등의) 고장, 붕괴; (정신, 신체 등의) 쇠약

A mechanic found two problems contributing to the copier's **breakdown**. ● 07 모의
한 기술자가 복사기 고장의 원인이 된 두 가지 문제를 발견했다.

cf. **nervous breakdown** 신경 쇠약

★★
□1200 **transfer**
[trænsfə́ːr]

ⓥ 갈아타다, 전학〔전근〕가다   ⓝ 이동, 전근

In Atlanta we had to **transfer** to another flight. ● 06 전국연합
Atlanta에서 우리는 다른 비행기로 갈아타야 한다.

TEST

A 다음 단어에 해당하는 영어 단어 또는 우리말을 쓰시오.

1. 고장, 붕괴 _____
2. 병목 지역 _____
3. 폭발하다 _____
4. 호흡, 호흡작용 _____
5. 보행자 _____
6. 필사적인; 절망적인 _____
7. 유행병 _____
8. 혼잡, 정체 _____
9. 재해, 재앙 _____
10. 무력하게 하다 _____

11. emission _____
12. collision _____
13. detour _____
14. victim _____
15. violence _____
16. drought _____
17. hailstone _____
18. intersection _____
19. vulnerable _____
20. sprain _____

B 빈칸에 알맞은 단어를 〈보기〉에서 골라 쓰되, 문맥에 맞게 변형하시오.

transport	panic	wound	halt	urgent	devastate

1. Grasshoppers could _____ millions of acres of land.

2. With medication, both anxiety and _____ can be controlled.

3. Rescue workers need more ambulances to _____ survivors to hospitals.

4. Always be wary of any e-mail with a/an _____ request for personal information.

5. The car came to an abrupt _____ just a few inches away from the fence.

6. If you didn't treat a _____, it could result in a serious infection.

Answer Keys

A 1. breakdown 2. bottleneck 3. erupt 4. respiration 5. pedestrian 6. desperate 7. epidemic 8. congestion 9. disaster 10. cripple 11. 배출, 방출 12. 충돌, 부딪침 13. 우회, 우회로 14. 피해자, 희생자 15. 폭력, 격렬함 16. 가뭄 17. 우박 18. 교차로, 교차점 19. 취약한, 연약한 20. 삐다, 접질리다 **B** 1. devastate 2. panic 3. transport 4. urgent 5. halt 6. wound

about

주위에

bring about ～을 유발(초래)하다(= cause)

Poor hygiene **brings about** an increase in disease.
열악한 위생은 질병의 증가를 유발한다.

set about 시작하다(= set in)

I **set about** developing a research project on the effect of morality on academic achievement.
나는 도덕성이 학업성취도에 미치는 영향에 관한 연구 프로젝트를 진행하기 시작했다.

with

～을 가지고

deal with ～을 다루다, 취급하다

Hardships will make you better at **dealing with** life's challenges.
고난은 당신이 삶에서 도전적인 일들을 더 잘 다룰 수 있게 해줄 것이다.

agree with + 사람 ～에 동의하다

I **agree with everyone** saying Mr. Peterson's class is boring.
나는 Peterson 선생님 수업이 지루하다는 모든 사람들에게 동의한다.

go with 1. ～에 포함되다 2. ～와 어울리다

1. The seats that **went with** the tickets turned out to be real disappointments.
   입장권에 포함된 좌석은 정말로 실망스러웠다.
2. The music that **goes with** a movie is an important part of the movie itself.
   영화에 어울리는 음악은 영화의 중요한 일부분이다.

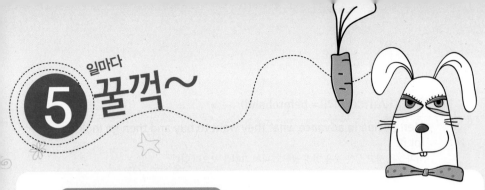

숙어 꿀꺽 | Day 26 - Day 30

☐ **be supposed to ~** ~하기로 되어 있다 → 1085

I **am supposed to pick** Daniel up from school and take him to the dentist.
나는 학교에서 Daniel을 태워서 치과에 데려다 주기로 되어 있다.

☐ **fall (a) victim〔prey〕to** ~의 희생물이 되다 → 1177

The monkey king's cautious approach kept his troop from **falling a victim to** the monster.
원숭이 왕의 신중한 접근이 원숭이 무리가 괴물의 희생물이 되는 것을 막았다.

☐ **at a loss** 당황하여 어찌할 바를 모르는(= embarrassed) → 1186

Most foreign travelers are **at a loss** as to how much to tip.
대부분의 외국 여행자들은 얼마를 팁으로 주어야 하는지에 대해 당황하게 된다.

☐ **take the place of** ~을 대신하다(= replace) → 0133

Industrial robots are **taking the place of** human workers.
산업용 로봇들은 인간 노동자들을 대신하고 있다.

☐ **may〔might〕as well** ~하는 편이 낫다

I decided that I **might as well** return it and get our money back.
나는 그것을 도로 가져가서 환불을 받는 것이 낫다고 생각했다.
cf. may well 당연하다

☐ **take one's time** 천천히 하다, 여유를 갖다

Take your time. I'm in no hurry.
천천히 해. 난 급한 것 없으니까.

□ in advance 미리(= beforehand) → 0474

Men decide **in advance** what they want to buy and then go looking for it.
남자들은 사고 싶은 것을 미리 정하고 나서 그것을 찾으러 간다.

□ make it 1. 제시간에 도착하다 2. 해내다, 성공하다

I'm afraid I can't **make it** at 3:00. How about 5:00?
3시까지는 도착할 수 없을 것 같은데. 5시는 어때?

I'm proud of you! You have **made it** at last.
나는 네가 자랑스럽다! 네가 마침내 해냈어.

□ in favor of ~에 찬성하여(= for)

I am strongly **in favor of** the addition of more computers to every school.
나는 각 학교에 더 많은 컴퓨터를 보급해야 한다는 것에 적극 찬성한다.

□ get〔stand〕in the way 방해가 되다

The lights of the city **got in the way**.
도시의 빛들이 방해가 되었다.

□ find fault with 비난하다, 흠을 잡다

Whenever we **find fault with** others, we ought to reflect upon ourselves.
다른 사람을 비난할 때마다, 우리는 우리 자신을 반성해야만 한다.

□ do harm〔good〕 해를 끼치다〔도움이 되다〕

To allow a patient to lie down and do everything for him might be **doing harm**.
환자를 누워 있게 하고 그를 위해 모든 것을 해주는 것은 해를 끼치는 것이 될 수도 있다.

가족과 직장

DAY 31

어휘 더하기 : 동의어 · 유의어 ❶

01	02	03	04	05	06	07	08	09	10
●	●	●	●	●	●	●	●	●	●

11	12	13	14	15	16	17	18	19	20
●	●	●	●	●	●	●	●	●	●

21	22	23	24	25	26	27	28	29	30
●	●	●	●	●	●	●	●	●	●

31	32	33	34	35	36	37	38	39	40
●									

41	42	43	44	45	46	47	48	49	50

Day 30 | Review

앞에서 학습한 단어를 얼마나 기억하는지 체크해 보세요.
기억이 나지 않는 단어는 다시 한 번 학습하세요.

- □ emission
- □ transport
- □ renew
- □ bandage
- □ bottleneck
- □ collision
- □ detour
- □ erupt
- □ respiration
- □ pedestrian
- □ rescue
- □ wildfire
- □ desperate
- □ crash
- □ wound

- □ disaster
- □ halt
- □ freight
- □ leak
- □ attack
- □ epidemic
- □ devastate
- □ congestion
- □ drought
- □ hailstone
- □ cripple
- □ intersection
- □ vulnerable
- □ sprain
- □ breakdown

wow!!

★★
□ 1201 **indifferent**
[indífərənt]

ⓐ 무관심한

More people become indifferent to the spread of prosperity.
더 많은 사람들이 부유함의 확산에 무관심해진다. ● 10 모의

indifference n. 무관심 **= uninterested** a. 무관심한

★★★
□ 1202 **career**
[kəríər]

ⓝ 직업, 경력, 직장 생활

He decided to pursue writing as a career. ● 06 모의
그는 직업으로서 글쓰기를 계속하기로 결심했다.

★★
□ 1203 **valuable**
[væljuəbl]

ⓐ 소중한, 값비싼 ⓝ 귀중품(~s)

Maybe you have failed in many situations, but you
probably learned something valuable. ● 09 모의
당신은 많은 상황에서 실패를 경험했을지 모르지만, 소중한 것을 배웠을 것이다.

value n. 가치 v. 평가하다 **cf. invaluable** a. 매우 귀중한, 유용한

Ⓩoom-in l invaluable은 'in(= not) + valuable'이지만 '가치가 없는'의 뜻이 아니라 '가치를 매길 수
없을 만큼 귀중한'의 뜻이므로 혼동하지 말아야 한다. priceless도 'price + less(~이 없는)'이
지만 '가격이 없는'이 아니라 '가격을 정할 수 없을 만큼 귀중한'의 뜻을 갖는다.

★★
□ 1204 **income**
[ínkʌm]

ⓝ 소득, 수입

Social scientists have noted the relationship between
lifelong education and income. ● 05 모의
사회 과학자들은 평생 교육과 소득 사이의 관계에 주목해왔다.

= earnings n. 수입 **↔ expenditure** n. 소비, 지출

★★
□ 1205 **competition**
[kàmpətíʃən]

ⓝ 경기, 경쟁

We can enjoy athletic competition of every kind without
leaving our homes. ● 09 수능
우리는 집을 떠나지 않고도 모든 종류의 운동 경기를 즐길 수 있다.

compete v. 경쟁하다, 겨루다 **competitive** a. 경쟁력 있는
competitor n. 경쟁자

★
□ 1206 **predecessor**
[prédisèsər]

ⓝ 전임자, 선배

Each inventor has a whole chain of predecessors.
각각의 발명가들 앞에는 일련의 많은 전임자들이 있다.

↔ successor n. 후임자

★★★ **benefit**
□ 1207 [bénəfit]

ⓥ 유익하다   ⓝ 이익, 혜택

Even old information can benefit all of us.   ● 05 수능

오래된 정보라도 우리 모두에게 유익할 수 있다.

★★★ **conversation**
□ 1208 [kɔ̀nvərséiʃən]

ⓝ 대화, 담화

Montaigne thinks of conversation as an intellectual sporting event.   ● 08 모의

Montaigne는 대화를 지적인 스포츠 활동으로 생각한다.

converse v. 대화(담화)하다 n. 정반대 a. 정반대의

Ⓩoom-in l 혼동하기 쉬운 conversation vs. conversion vs. conservation
conversation ⓝ 대화, 담화   conversion ⓝ 전환, 개조, 개종
conservation ⓝ 보존, 보호

★★ **formal**
□ 1209 [fɔ́ːrməl]

ⓐ 격식을 차린, 공식적인

She spent two weeks buying several formal dresses.

그녀는 예복 몇 벌을 사는 데 2주를 보냈다.   ● 03 모의

↔ **informal** a. 형식을 따지지 않는, 비격식의

★★★ **harmony**
□ 1210 [háːrməni]

ⓝ 조화, 일치

They have lived in harmony with their forest world.

그들은 숲의 세계와 조화를 이루며 살아왔다.

harmonious a. 조화로운, 화목한   = **accord** n. 조화, 일치

★ **intimacy**
□ 1211 [íntəməsi]

ⓝ 친밀함, 친교

Life is a struggle to preserve intimacy and avoid isolation.

인생은 친밀함을 유지하고 고립을 피하기 위한 투쟁이다.   ● 08 전국연합

intimate a. 친밀한, 친숙한

★ **qualification**
□ 1212 [kwàləfəkéiʃən]

ⓝ 자질, 자격 (부여)

A person will not be able to make the best use of his or her qualifications without concentration.   ● 03 수능

집중력이 없다면 사람은 그의 자질을 최대한 발휘할 수 없을 것이다.

qualify v. ~에게 자격을 주다   ↔ **disqualification** n. 실격

unemployment
★★
□ 1213 [ʌ̀nimplɔ́imənt]

ⓝ 실업, 실직

As **unemployment** rises, inflation decreases. ● 09 전국연합
실업이 증가함에 따라, 인플레이션은 감소한다.

↔ **employment** n. 고용, 사용

---

interaction
★
□ 1214 [ìntərǽkʃən]

ⓝ 상호 작용

Saying "Thank you." is an essential part of **interaction**
with others. ● 09 전국연합
"고맙습니다."라고 말하는 것은 다른 사람과의 상호 작용에서 필수적인 부분이다.

interact v. 상호 작용하다   **interactive** a. 상호 작용하는

---

pregnant
★★
□ 1215 [prégnənt]

ⓐ 임신한

This seat is reserved for senior citizens, **pregnant** women
or the weak.
이 좌석은 노령자, 임신부 그리고 약자를 위해 마련된 것입니다.

pregnancy n. 임신   **cf. be expecting a baby** 임신 중이다

---

spouse
★
□ 1216 [spaus]

ⓝ 배우자

Do not quarrel with your **spouse** in front of your child.
아이 앞에서 배우자와 말싸움을 하지 말아라.

spousal n. 결혼 a. 혼례의   **cf. espouse** v. 신봉하다

---

yearn
★
□ 1217 [jəːrn]

ⓥ 동경하다, 그리워하다; 열망하다

Remember most people **yearn** for friendship. ● 07 모의
대부분의 사람들이 우정을 동경한다는 것을 기억하라.

---

companion
★★
□ 1218 [kəmpǽnjən]

ⓝ 친구, 동료

Toys can be **companions** for children. ● 05 전국연합
장난감은 아이들의 친구가 될 수 있다.

cf. one's life companion ~의 반려자

---

 oom-in l **'동료'의 뜻을 가진 어휘**

company (함께 모여 있는) 친구, 일행   colleague (같은 직장, 직종에 종사하는) 동료
coworker (같이 일하는) 동료, 협력자   associate (함께 일하거나 사업하는) 동료
peer (나이, 신분이 비슷한) 또래[동배]   comrade (사회주의 이념을 함께 하는) 동지

★★
□ 1219
evaluate
[ivǽljuèit]

ⓥ 평가하다

The teachers' committee will **evaluate** each entry and decide on the winner. ● 08 모의

교사 위원회가 참가자 각각을 평가하고 우승자를 정할 것이다.

evaluation n. 평가 = **assess** v. 평가하다

Ⓩoom-in l 혼동하기 쉬운 evaluate vs. evacuate

evaluate ⓥ 평가하다   evacuate ⓥ 비우다, 대피시키다

★★
□ 1220
relationship
[riléiʃənʃip]

ⓝ 관계, 관련

People can find out their identity through **relationship** in society. ● 07 전국연합

사람들은 사회 속에서의 관계를 통하여 자신들의 정체성을 찾을 수 있다.

relate v. 관련시키다

★★
□ 1221
promote
[prəmóut]

ⓥ 승진시키다; 장려〔촉진〕하다; 홍보하다

Your skills led to your being **promoted** to executive secretary. ● 05 수능

당신의 기량이 당신을 비서실장으로 승진하도록 했다.

promotion n. 승진; 촉진; 프로모션   **cf. sales promotion** 판촉

★★
□ 1222
devote
[divóut]

ⓥ (노력, 시간 등을) 바치다, 헌신하다

The volunteers **devoted** themselves to hours of unpaid work for the poor. ● 98 수능

자원봉사자들은 가난한 사람들을 위해 무보수 일을 하는 데 많은 시간을 바쳤다.

devotion n. 헌신, 전념   **devoted** a. 헌신적인, 열심인
㊰ **devote oneself to** ~에 바치다, 헌신〔전념〕하다

★
□ 1223
subordinate
[səbɔ́ːrdinət]

ⓐ 하급의, 부수적인 ⓝ 하급자, 부하

He often ignores the suggestions of **subordinate** workers.

그는 종종 하급 직원들의 제안을 무시한다.

㊰ **subordinate to** ~에 종속된

★★ **mutual**
□ 1224 [mjúːtʃuəl]

ⓐ 상호의, 서로의

Contracts require the **mutual** agreement of two or more persons or parties. ● 10 수능

계약은 둘 이상의 사람이나 단체들의 상호 동의를 필요로 한다.

★★ **retire**
□ 1225 [ritáiər]

ⓥ 은퇴〔퇴직〕하다

It is ridiculous for a man of twenty-five to think about the pension he will get after he **retires**. ● 09 전국연합

25살인 사람이 은퇴 후에 얻게 될 연금을 생각한다는 것은 말도 안 되는 소리다.

retirement n. 은퇴〔퇴직〕 **retiree** n. 퇴직〔은퇴〕자
cf. retirement pay 퇴직금

★★ **sympathize**
□ 1226 [símpəθàiz]

ⓥ 공감하다; 동정하다

The ability to **sympathize** with others reflects a multiple nature in the human beings. ● 08 수능

다른 이들과 공감할 수 있는 능력은 인간의 복합적인 본성을 나타낸다.

sympathy n. 공감; 동정(심)

Ⓩoom-in ‖ **-pathy**(= feel)가 포함된 어휘

antipathy ⓝ 반감, 혐오 **apathy** ⓝ 냉담, 무관심 **empathy** ⓝ 공감, 감정이입

★★★ **resemble**
□ 1227 [rizémbəl]

ⓥ ~을 닮다, 비슷하다

Role theory takes the view that consumer behavior **resembles** actions in a play. ● 06 모의

역할 이론은 소비자의 행동이 연극에 있어서 연기와 닮아있다는 관점을 취한다.

resemblance n. 유사, 닮음 = **take after** 닮다

★★ **funeral**
□ 1228 [fjúːnərəl]

ⓝ 장례식 ⓐ 장례식의

Eco-friendly **funerals** are becoming very popular.

환경 친화적 장례식이 매우 인기를 얻고 있다. ● 09 전국연합

funerary a. 장례식의, 매장의

★★ **courteous**
□ 1229 [kə́ːrtiəs]

ⓐ 예의바른, 정중한

It is very **courteous** of him to write a thank-you note.

감사 편지를 쓰다니 그는 매우 예의가 바르다.

courtesy n. 예의, 정중함; 호의 = **polite** a. 정중한, 공손한

★
□ 1230
incentive
[inséntiv]

ⓝ 혜택, 장려, 자극   ⓐ 자극하는

OECD members provide a great tax **incentive** to working couples that have two children. • 07 전국연합

OECD 회원국들은 두 아이를 가진 맞벌이 부부에게 많은 세금 혜택을 주고 있다.

= **encouragement** n. 장려, 격려   **stimulus** n. 자극, 격려

★★
□ 1231
reliant
[riláiənt]

ⓐ 의존[의지]하는

Because of his deafness, Goya was largely **reliant** on the gestures of those he was communicating with. • 07 모의

Goya는 귀가 멀었기 때문에 대화하고 있던 사람들의 몸짓에 주로 의존했다.

reliance n. 신뢰, 의존   **rely** v. 의존하다
= **dependent** a. 의존하는

★★
□ 1232
dismiss
[dismís]

ⓥ 해고하다; 해산시키다

I stayed to help the company survive through hard times and I was **dismissed**. • 05 전국연합

나는 회사가 힘든 시기를 넘길 수 있도록 도우려고 남았지만 해고당했다.

dismissal n. 면직; 해산   **dismissive** a. 해산시키는; 무시하는
= **fire, lay off, discharge** 해고하다

★
□ 1233
bachelor
[bǽtʃələr]

ⓝ 학사; 미혼 (독신) 남자

It took him nearly fourteen years to earn his **bachelor's** degree.

그가 학사 학위를 따는 데 거의 14년이 걸렸다.

↔ **spinster** n. 독신 여성

 oom-in ┃ **학위 관련 표현**
bachelor's degree 학사 학위   master's degree 석사 학위
doctor's degree 박사 학위

★★
□ 1234
collaborate
[kəlǽbərèit]

ⓥ 협력[협동]하다

She agreed to **collaborate** with me in writing an English grammar book.

그녀는 영어 문법책을 쓰는 데 나와 협력하기로 동의했다.

collaboration n. 협력   = **cooperate** v. 협력하다

workload
★
□ 1235 [wə́:rklòd]

ⓝ 업무량; 작업량
They already have heavy **workloads**.
그들은 이미 업무량이 과다하다.
cf. workforce n. 노동력

motivate
★★
□ 1236 [móutəvèit]

ⓥ 이유가 되다, ~에게 동기를 부여하다
Many choices faced in life are **motivated** by economic concerns. ● 09 전국연합
삶에서 맞부딪치는 많은 선택들은 경제적 관심사가 그 원인이다.
motivation n. 동기 부여　**motive** n. 동기, 진의
motif n. (작품의) 주제

compare
★★★
□ 1237 [kəmpέər]

ⓥ 비교하다, 비유하다
Mexico's crop produced the lowest ratios in yield as **compared** to the conventional one. ● 09 모의
멕시코의 작물은 전통 작물과 비교했을 때 수확량이 가장 낮았다.
comparison n. 비교, 비유
comparable a. 비슷한, 비교할 만한　**comparative** a. 비교의

divorce
★★
□ 1238 [divɔ́:rs]

ⓝ 이혼　ⓥ 이혼하다
Divorce rates have been rising in many countries.
많은 나라에서 이혼율이 높아지고 있다.　　● 08 전국연합
cf. divorce by mutual consent 합의 이혼

household
★
□ 1239 [háushòuld]

ⓐ 가사의, 가족의　ⓝ (집합적) 가족
Mary helps her mother with the **household** chores. ● 10 모의
Mary는 엄마가 가사일 하시는 것을 도와드린다.
householder n. 가장, 세대주

resign
★★
□ 1240 [rizáin]

ⓥ 사임〔사직〕하다; 포기하다
The minister who received bribes from businessmen **resigned** his office.
사업가들에게서 뇌물을 받은 장관이 사임했다.
resignation n. 사직; 체념

TEST

A 다음 단어에 해당하는 영어 단어 또는 우리말을 쓰시오.

1. 직업, 경력 _____
2. 소중한, 값비싼 _____
3. 유익하다, 이익 _____
4. 상호 작용 _____
5. 승진시키다 _____
6. 학사; 독신 남자 _____
7. 상호의, 서로의 _____
8. 장례식 _____
9. 해고하다 _____
10. 사임하다 _____

11. indifferent _____
12. income _____
13. qualification _____
14. spouse _____
15. companion _____
16. evaluate _____
17. courteous _____
18. collaborate _____
19. workload _____
20. predecessor _____

B 빈칸에 알맞은 단어를 〈보기〉에서 골라 쓰되, 문맥에 맞게 변형하시오.

| valuable   benefit   interaction   promote   mutual   resign |

1. Even old information can _____ all of us.

2. Your skills led to your being _____ to executive secretary.

3. Saying "Thank you." is an essential part of _____ with others.

4. The minister who received bribes from businessmen _____ his office.

5. Contracts require the _____ agreement of two or more persons or parties.

6. Maybe you have failed in many situations, but you probably learned something _____ .

Answer Keys

A 1. career 2. valuable 3. benefit 4. interaction 5. promote 6. bachelor 7. mutual 8. funeral 9. dismiss 10. resign 11. 무관심한 12. 소득, 수입 13. 자질, 자격 14. 배우자 15. 친구, 동료 16. 평가하다 17. 예의바른, 정중한 18. 협력(협동)하다 19. 업무량; 작업량 20. 전임자, 선배   **B** 1. benefit 2. promoted 3. interaction 4. resigned 5. mutual 6. valuable

어휘＋더하기 — 동의어·유의어 ①

깨닫다, 알아보다

realize vs. **recognize** 0137

· **realize** 그 전까지 몰랐던 것을 새롭게 깨닫다
· **recognize** 전부터 알고 있던 것을 새삼 알아보다

Henry **realized** that he had made a terrible mistake.
Henry는 그가 끔찍한 실수를 저질렀다는 것을 깨달았다.

I'm sorry I didn't **recognize** you. You've changed a lot!
너를 못 알아봐서 미안해. 너 많이 변했다!

기준

standard vs. **criterion** 0454 1811

· **standard** 사람들이 받아들일 수 있다고 생각하는 어떤 기준
· **criterion** 결정을 내리기 위해 필요한 판단의 기준 (*pl.* criteria)

Korea became an aging society by the UN **standards**.
한국은 UN의 기준에 비추어 고령화 사회가 되었다.

When grading the writing of your students, select a few **criteria**.
학생들이 쓴 글에 점수를 줄 때는 몇 가지 기준을 정해라.

외로움, 고독

loneliness vs. **solitude** 0337

· **loneliness** 혼자 남겨져 쓸쓸함과 적적함을 느끼게 되는 외로움
· **solitude** 혼자 있는 것을 스스로 선택하여 즐기는 고독

There are persons afflicted with **loneliness** around us.
외로움으로 괴로워하는 사람들이 우리 주변에는 있다.

Solitude revealed to him all of nature's secret.
고독이 그에게 자연의 모든 비밀을 보여주었다.

인간과 생명

DAY 32

어휘 더하기 : 동의어·유의어 ❷

01	02	03	04	05	06	07	08	09	10
●	●	●	●	●	●	●	●	●	●

11	12	13	14	15	16	17	18	19	20
●	●	●	●	●	●	●	●	●	●

21	22	23	24	25	26	27	28	29	30
●	●	●	●	●	●	●	●	●	●

31	32	33	34	35	36	37	38	39	40
●	●								

41	42	43	44	45	46	47	48	49	50

Day 31 | Review

앞에서 학습한 단어를 얼마나 기억하는지 체크해 보세요.
기억이 나지 않는 단어는 다시 한 번 학습하세요.

□ indifferent
□ valuable
□ income
□ competition
□ predecessor
□ formal
□ intimacy
□ qualification
□ unemployment
□ interaction
□ spouse
□ yearn
□ companion
□ evaluate
□ promote

□ devote
□ subordinate
□ mutual
□ retire
□ funeral
□ courteous
□ incentive
□ reliant
□ dismiss
□ bachelor
□ collaborate
□ workload
□ motivate
□ household
□ resign

wow!!

★★
□1241
instinct
[ínstiŋkt]

ⓝ 본능

Following your **instincts** could lead you to make impulsive decisions. ● 06수능
본능에 따르는 것은 충동적인 결정을 내리게 할 수 있다.

instinctive a. 본능적인 　㉠ **by 〔from〕 instinct** 본능적으로

★
□1242
graze
[greiz]

ⓥ 풀을 뜯어먹다, 방목하다

Only with great difficulty can the giraffe bend down to **graze** on the ground. ● 94수능
기린은 아주 힘들게 해서만 몸을 구부려 땅 위의 풀을 뜯어 먹을 수 있다.

grazing n. 방목, 목초지

★★
□1243
biological
[bàiəládʒikəl]

ⓐ 생물학적인

People adopted at an early age want to discover who their **biological** parents are.
어린 나이에 입양된 사람들은 생물학적 부모가 누구인지를 알고 싶어 한다.

biology n. 생물학　　**biologist** n. 생물학자

★
□1244
rival
[ráivəl]

ⓝ 경쟁자, 라이벌　　ⓥ ~와 겨루다

Everything depended on my final arrow, and my **rival** looked calm. ● 01수능
모든 것이 내 마지막 화살에 달려 있었고 내 경쟁자는 차분해 보였다.

rivalry n. 경쟁, 대항　　**rivalrous** a. 경쟁의, 대항의

★
□1245
vegetarian
[vèdʒətÉəriən]

ⓝ 채식주의자　　ⓐ 채식의, 채식주의자의

Mushrooms are known as a source of vitamins for **vegetarians**. ● 07 전국연합
버섯은 채식주의자들에게 비타민의 원천으로 알려져 있다.

vegetarianism n. 채식　　**vegetation** n. 식물
↔ **carnivorous** a. 육식의

★★
□1246
endanger
[indéindʒər]

ⓥ 위험에 빠뜨리다

Some frauds **endanger** the lives of citizens. ● 09 모의
몇몇 사기행위들은 시민들의 생명을 위험에 빠뜨린다.

endangered a. 멸종 위기에 처한

★
□ 1247 **antenna**
[ænténə]

ⓝ 안테나; 더듬이, 촉각
A radio has an **antenna** that helps with the reception of the signal. ● 09 모의
라디오는 신호를 받는 것을 도와주는 안테나가 있다.

Ⓩoom-in ┃ **antenna의 복수형**
antennas ⓝ 안테나, 공중선　　　　antennae ⓝ 더듬이, 촉각

★★
□ 1248 **prey**
[prei]

ⓝ 먹이　ⓥ 잡아먹다
Deer were leopards' **prey**, but there weren't many left.
사슴은 표범의 먹이였지만 많이 남아있지 않았다.　　　● 06 수능
⨟ **fall (a) prey to** ~의 먹잇감이 되다

★★
□ 1249 **tribe**
[traib]

ⓝ 부족, 종족
The tribal law forbade the maidens from marrying any man outside their own **tribe**. ● 06 전국연합
그 부족의 법은 처녀들이 자기 부족 밖의 어떤 남자와도 결혼하는 것을 금했다.
tribal a. 부족의, 종족의　　**cf. tribesman** n. 부족민, 원주민

★
□ 1250 **fidelity**
[fidéləti]

ⓝ 충실, 충성
This article has been written with strict **fidelity** to facts.
이 기사는 사실들에 아주 충실하게 쓰여졌다.
↔ **infidelity** n. 배신

★★
□ 1251 **engage**
[ingéidʒ]

ⓥ ~에 참여[관여]하다; 약속하다, 약혼시키다
Every day each of us **engages** in many types of complex activities. ● 05 수능
매일 우리들 각자는 많은 형태의 복잡한 활동에 참여한다.
engagement n. 약속, 계약, 약혼
⨟ **be engaged in** ~에 종사하다　　**be engaged to** ~와 약혼하다

★★
□ 1252 **evolution**
[èvəlúːʃən]

ⓝ 진화, 발전
Through **evolution**, animals have been able to adapt to the environment. ● 09 전국연합
동물들은 진화를 통하여 환경에의 적응을 가능하게 해왔다.
evolve n. 진화하다　　**evolutionary** a. 진화의

★
□ 1253
shepherd
[ʃépərd]

ⓝ 양치기, 목동

A man who had been a poor **shepherd** in his early years became a wealthy, respected diplomat. ● 07 모의
어린 시절 가난한 양치기였던 남자가 부유하고 존경받는 외교관이 되었다.

★★
□ 1254
species
[spíːsi(ː)z]

ⓝ (생물 분류상의) 종(種)

One of the forces that drive evolution is constant competition among **species**. ● 06 모의
진화를 이끌어 내는 힘 중의 하나는 종들 사이의 끊임없는 경쟁이다.

★★
□ 1255
domestic
[douméstik]

ⓐ 가정의; 국내의; 길들여진

She makes her husband help **domestic** chores.
그녀는 남편에게 집안일을 거들게 한다.

domesticate v. 가정적으로 되게 하다; (동물을) 길들이다
cf. domestic animals 가축

★
□ 1256
descendant
[diséndənt]

ⓝ 자손, 후손

Polynesians claimed to be **descendants** from the greatest gods. ● 06 모의
폴리네시아인들은 위대한 신들의 자손임을 주장했다.

descend v. 내려오다, 물려주다
= **offspring** n. 자식, 자녀   ↔ **ancestor, forefather** n. 조상, 선조

★
□ 1257
adolescent
[ædəlésənt]

ⓝ 청소년 ⓐ 사춘〔청소년〕기의

A man in his thirties should not behave like an **adolescent**.
30대인 사람은 청소년처럼 행동해서는 안 된다.   ● 08 수능

adolescence n. 청소년기, 사춘기   = **juvenile** n. 청소년 a. 청소년의

★★
□ 1258
breed
[briːd]

ⓥ 낳다, 사육하다, 양육하다

Some animals **breed** several times a year.
어떤 동물들은 일 년에 여러 번 새끼를 낳는다.

cf. breeding season 번식기

---

oom-in | 혼동하기 쉬운 breed vs. bleed
breed ⓥ 낳다   bleed ⓥ 피를 흘리다

★
□ 1259
infringement
[infríndʒmənt]

ⓝ 침해, 위반

They risk getting sued for copyright **infringement.**
그들은 저작권 침해로 고소를 당할 위험에 처해 있다.

infringe v. 어기다, 침해하다(on)
cf. human rights infringement 인권 침해

★★
□ 1260
extinct
[ikstíŋkt]

ⓐ 멸종된; (불 등이) 꺼진

Literary fiction is destined to be preserved in a museum
like an **extinct** species. ● 05 수능
문학 소설은 멸종된 종처럼 박물관에 보관될 운명에 처해 있다.

extinction n. 멸종, 소멸   **extinctive** a. 소멸성의

★
□ 1261
plumber
[plʌ́mər]

ⓝ 배관공

A **plumber** was supposed to be here half an hour ago.
배관공이 30분 전에 이곳에 오기로 되어 있었다.   ● 06 수능

oom-in | 기술생산직 관련 어휘

carpenter ⓝ 목수   assembler ⓝ 조립공   electrician ⓝ 전기 기사
locksmith ⓝ 열쇠공   mechanic ⓝ 정비공   repairperson ⓝ 수리공

★★
□ 1262
celebrity
[səlébrəti]

ⓝ 유명 인사, 유명인

How did "Mona Lisa" become such a world-wide **celebrity?**
〈Mona Lisa〉는 어떻게 그렇게 전 세계적인 유명 인사가 되었는가? ● 08 전국연합

celebrated a. 유명한   **celebration** n. 축하, 축하연

★★
□ 1263
wildlife
[wáildlàif]

ⓝ 야생 생물

No longer were the shores wooded, nor could I see any
wildlife anywhere. ● 04 수능
더 이상 숲이 우거진 강기슭도 없었고, 어느 곳에서도 야생 생물을 볼 수 없었다.

★★
□ 1264
blossom
[blásəm]

ⓥ 꽃이 피다 ⓝ 꽃

Kurinji **blossoms** only once in twelve years. ● 10 전국연합
*Kurinji*는 12년에 한 번만 꽃이 핀다.

= **bloom** v. 꽃이 피다 n. 꽃   ㈜ **in full blossom** 꽃이 만개한

★★ **infant** ☐1265 [ínfənt]

ⓝ 유아, 어린 아이　ⓐ 유아의

The first issue an **infant** faces right after birth is trust.

태어나서 아이가 처음 직면하는 문제는 믿음이다.　● 04 수능

infancy n. 유아기

Ⓩoom-in I **'어린 아이'의 뜻을 가진 어휘**
newborn 막 태어난 신생아　　　　toddler 아장아장 걷는 (돌 무렵의) 아이
infant 두세 살에서 예닐곱 살 정도의 아이

★ **socialization** ☐1266 [sòuʃəlizéiʃən]

ⓝ 사회화

The process of **socialization** is a very significant factor in the life of humans.

사회화 과정은 인간의 삶에서 매우 중요한 요인이다.

socialize v. 사회화하다, ~와 교제하다(with)

★ **patron** ☐1267 [péitrən]

ⓝ 후원자, 보호자; 단골손님

Rembrandt had **patrons** to support him.

Rembrandt는 그를 지지해 주는 후원자들이 있었다.

patronize v. 후원하다　　**patronage** n. 후원, 보호; 단골
= sponsor, supporter, upholder n. 후원자

★ **sibling** ☐1268 [síbliŋ]

ⓝ 형제자매　ⓐ 동기의

She is searching for her missing **siblings**.

그녀는 잃어버린 형제자매들을 찾고 있다.

★★★ **private** ☐1269 [práivit]

ⓐ 사적인, 개인적인, 비밀의

Composers describe their **private** world through the use of sound.　● 10 모의

작곡가들은 그들의 사적인 세계를 소리를 이용하여 묘사한다.

privately ad. 은밀히(= secretly)　　**privacy** n. 사생활
↔ **public** a. 공적인

★ **weed** ☐1270 [wi:d]

ⓝ 잡초　ⓥ 잡초를 없애다

Many **weeds** are edible and medicinal.　● 07 모의

많은 잡초들이 식용과 약용으로 쓰인다.

⊛ **weed out** 솎아내다, 제거하다

★
□ 1271 **acquaintance**
[əkwéintəns]

ⓝ 아는 사람[사이], 면식

We treat every client as a "Very Important Person", not just a business **acquaintance**.
우리는 모든 고객들을 단지 사업상 아는 사람이 아니라, '귀빈'으로 대합니다.

acquaint v. 숙지시키다, 알리다
㊜ **have acquaintance with** ~와 안면이 있다

★
□ 1272 **peer**
[piər]

ⓝ 또래, 동등한 사람   ⓥ 자세히 들여다보다

Students are required to work with their **peers** to carry out tasks. ● 08 전국연합
학생들은 과제를 수행하기 위해 또래들과 함께 해야만 한다.

cf. peer pressure 동료 집단으로부터 받는 사회적 압력

★
□ 1273 **synergy**
[sínərdʒi]

ⓝ 상승 작용, 협력 작용

Her lecture brought a positive **synergy** to my life.
그녀의 강의는 내 삶에 긍정적인 상승 작용을 가져왔다.

cf. synergy effect 시너지[상승] 효과

★
□ 1274 **predator**
[prédətər]

ⓝ 포식자[동물], 약탈자

Bees and wasps have poisonous stings that can kill smaller **predators**. ● 06 전국연합
벌과 말벌들은 더 작은 포식자들을 죽일 수 있는 독침을 가지고 있다.

predatory a. 포식성의, 육식성의   ↔ **prey** n. 먹이, 희생자

---

 oom-in | 식성에 따른 동물들의 분류
herbivore ⓝ 초식 동물   carnivore ⓝ 육식 동물   omnivore ⓝ 잡식 동물

★★
□ 1275 **priceless**
[práislis]

ⓐ 매우 귀중한, 값을 매길 수 없는

Forgiveness is a **priceless** gift which you can give to yourself.
용서는 당신이 자신에게 줄 수 있는 매우 귀중한 선물이다.

= **invaluable, valuable, precious** a. 귀중한
↔ **valueless, worthless** a. 가치 없는

★★ **habitat** □ 1276 [hǽbitæt]

ⓝ 서식지, 거주지, 주소

Golf course developers destroy the natural habitats of wild animals. ● 06 전국연합
골프장 개발업자들은 야생 동물의 자연 서식지를 파괴한다.

habitable a. 거주할 수 있는   habitation n. 거주
cf. inhabitable a. 살기에 적합한

★ **heredity** □ 1277 [hərédəti]

ⓝ 유전, 상속

Some people tend to sweat a lot due to heredity.
일부 사람들은 유전 때문에 땀을 많이 흘리는 경향이 있다.

hereditary a. 유전적인, 세습되는   cf. heir n. 상속인, 후계자

★ **offspring** □ 1278 [ɔ́(ː)fsprìŋ]

ⓝ 자식, 자손

The information DNA contains can be duplicated and passed to new offspring.
DNA에 있는 정보는 복제되어 새로운 자식에게 전달될 수 있다.

= descendant n. 후손

---

 oom-in | **동물의 새끼를 지칭하는 어휘**

calf 소, 하마, 고래, 사슴 등의 새끼   cub 곰, 호랑이, 사자 등의 새끼
litter 개, 돼지 등의 새끼   brood 새, 병아리 등의 새끼

★ **molecule** □ 1279 [mɔ́ləkjùːl]

ⓝ 분자

Humans obtain energy from molecules present in plant and animal matter. ● 08 모의
인간은 동식물체에 존재하는 분자들로부터 에너지를 얻는다.

molecular a. 분자의, 분자로 된

★ **innate** □ 1280 [inéit]

ⓐ 타고난, 선천적인

Children need to have their innate powers of imagination trained. ● 10 전국연합
아이들은 타고난 상상력의 힘을 훈련시킬 필요가 있다.

= inborn, inherent a. 선천적인   ↔ acquired a. 습득한, 후천적인

TEST

A 다음 단어에 해당하는 영어 단어 또는 우리말을 쓰시오.

1. 풀을 뜯어먹다 _____
2. 위험에 빠뜨리다 _____
3. 더듬이, 촉각 _____
4. 진화, 발전 _____
5. 청소년 _____
6. 멸종된 _____
7. 유명 인사 _____
8. 후원자 _____
9. 아는 사람 _____
10. 서식지 _____

11. instinct _____
12. tribe _____
13. fidelity _____
14. shepherd _____
15. innate _____
16. infringement _____
17. predator _____
18. socialization _____
19. heredity _____
20. molecule _____

B 빈칸에 알맞은 단어를 〈보기〉에서 골라 쓰되, 문맥에 맞게 변형하시오.

instinct	prey	species	blossom	private	peer

1. *Kurinji* _____ only once in twelve years.

2. Deer were leopards' _____, but there weren't many left.

3. Composers describe their _____ world through the use of sound.

4. Students are required to work with their _____ to carry out tasks.

5. Following your _____ could lead you to make impulsive decisions.

6. One of the forces that drive evolution is constant competition among _____.

묘사하다

1540 **0568**
describe vs. depict

· **describe** 사람 또는 사물을 말로 설명한다는 의미에서 묘사하다
· **depict** 그림을 그리듯 자세하고 생생하게 그리거나 묘사하다

"Incredible" is the most perfect word to describe India.
'믿을 수 없는'은 인도를 묘사하기에 가장 완벽한 말이다.

She brilliantly depicted the strife of the human rights movement.
그녀는 인권 운동의 투쟁을 뛰어나게 묘사했다.

죄

0709
crime vs. sin

· **crime** 강도나 살인 등 법률상의 죄
· **sin** 종교적, 도덕적인 죄

What is legal in one culture may be viewed as a crime in another.
한 문화에서 합법적인 것이 다른 문화에서는 범죄로 간주될 수 있다.

She believes suicide is a sin that cannot be forgiven.
그녀는 자살은 용서받을 수 없는 죄라고 생각한다.

의심하다

1091
doubt vs. suspect

· **doubt** 확신할 만한 증거가 없어서 '~인지 아닌지' 의심하다
· **suspect** 의심되는 점이 있어서 '~인 것 같다'고 의심하다

Some psychologists doubt that apes can really use language.
몇몇 심리학자들은 유인원이 정말로 언어를 사용할 수 있는지 의심스러워한다.

He suspected that his friend had betrayed him.
그는 그의 친구가 그를 배신했다는 의심이 들었다.

대중
매체와
예술

DAY
33

어휘 더하기 : 동의어 · 유의어 ❸

01	02	03	04	05	06	07	08	09	10
●	●	●	●	●	●	●	●	●	●

11	12	13	14	15	16	17	18	19	20
●	●	●	●	●	●	●	●	●	●

21	22	23	24	25	26	27	28	29	30
●	●	●	●	●	●	●	●	●	●

31	32	33	34	35	36	37	38	39	40
●	●	●							

41	42	43	44	45	46	47	48	49	50

Day 32 | Review

앞에서 학습한 단어를 얼마나 기억하는지 체크해 보세요.
기억이 나지 않는 단어는 다시 한 번 학습하세요.

□ instinct   □ celebrity
□ graze   □ blossom
□ biological   □ infant
□ endanger   □ socialization
□ tribe   □ patron
□ fidelity   □ sibling
□ engage   □ private
□ evolution   □ acquaintance
□ shepherd   □ synergy
□ species   □ predator
□ descendant   □ habitat
□ breed   □ heredity
□ infringement   □ offspring
□ extinct   □ molecule
□ plumber   □ innate

wow!!

★
□ 1281 **costume**
[kɔ́stjuːm]

ⓝ (특정 지역이나 시대의) 의상, 복장

High school students take courses on the making of traditional **costumes**. ● 07 모의
고등학생들은 전통 의상을 만드는 수업을 듣는다.

= outfit, clothes n. 의복

★★
□ 1282 **prominent**
[prάmənənt]

ⓐ 중요한, 두드러진, 탁월한

Distance learning has become **prominent**. ● 05 모의
원거리 학습은 중요해지고 있다.

prominence n. 두드러짐, 현저함, 탁월함

> **Ｚoom-in |** 혼동하기 쉬운 prominent vs. eminent vs. imminent
>
> prominent ⓐ 중요한   eminent ⓐ 저명한, 뛰어난
> imminent ⓐ 임박한, 긴급한

★
□ 1283 **exert**
[igzə́ːrt]

ⓥ (압력을) 가하다; (힘, 능력 등을) 행사하다

On online shopping, consumers are free of external pressure **exerted** by the sales staff. ● 08 전국연합
온라인 쇼핑에서 고객들은 판매 직원에 의해 가해지는 외부 압력에서 자유롭다.

exertion n. 노력, 분투   ㊜ **exert pressure on** ∼에 압력을 가하다

★★
□ 1284 **auction**
[ɔ́ːkʃən]

ⓝ 경매 ⓥ 경매로 팔다

She put the antiques on the **auction** block.
그녀는 골동품들을 경매에 올렸다.

★★
□ 1285 **display**
[displéi]

ⓥ 전시하다, 나타내다 ⓝ 전시(품), 표시

The consumers purchase and **display** art reproductions.
소비자들은 예술 복제품들을 구입하고 전시한다.   ● 09 수능

㊜ **on display** (상품, 작품 등이) 전시 중인

★★
□ 1286 **portrait**
[pɔ́ːrtrit]

ⓝ 초상화

Spanish **portrait** had long been characterized by naturalism. ● 07 모의
스페인 초상화는 자연주의가 오랜 특징이었다.

portray v. 그리다, 묘사하다   **portrayal** n. 묘사, 초상

★★ recreation
□ 1287 [rèkriéiʃən]
ⓝ 휴양, 기분 전환, 레크리에이션
Wilderness provides recreation for people. ● 07 전국연합
야생은 사람들에게 휴양을 제공한다.
recreate v. 휴양하다, 기운을 회복시키다

★★★ pleasure
□ 1288 [pléʒər]
ⓝ 즐거움, 즐거운 일, 쾌락
Fresh fruits add to the pleasure of eating a healthy diet.
신선한 과일은 건강에 좋은 음식을 먹는 즐거움을 증가시킨다. ● 05 모의
pleasant a. 즐거운, 기분 좋은   **pleased** a. 좋아하는, 만족스러운
㊀ **take pleasure in** ~을 좋아하다, 즐기다

Ⓩoom-in l '기쁨'의 뜻을 가진 어휘
pleasure	기쁨, 즐거움을 뜻하는 가장 일반적인 말로 만족감, 행복감 등을 표현
delight	말이나 몸짓에 분명히 나타나는 강한 기쁨을 표현
joy	너무 큰 기쁨과 행복감에 어찌할 바를 몰라 경황이 없는 상태를 표현
enjoyment	어떤 행동을 함으로써 얻은 일시적인 만족을 계속해서 즐기고 있는 상태

★★ broadcast
□ 1289 [brɔ́ːdkæst]
ⓝ 방송[방영] ⓥ 방송[방영]하다
The prize for broadcast journalism often goes to the first coverage. ● 07 모의
방송 언론에 대한 포상은 종종 최초 보도에 주어진다.
broadcaster n. 방송인, 방송국   **broadcasting** n. 방송업[계]

★★ collection
□ 1290 [kəlékʃən]
ⓝ 수집품, 소장품
A person's collection may actually say quite a lot about him or her. ● 07 전국연합
한 개인의 수집품들은 실제로 그 사람에 대해 꽤 많이 말해줄 수도 있다.
collect v. 모으다, 수집하다   **collective** a. 모인, 축적된

★★★ audience
□ 1291 [ɔ́ːdiəns]
ⓝ 관객, 관중, 청중
Not all audience members would understand plays in the intended manner. ● 10 수능
모든 관객이 연극을 의도된 대로 이해하지는 않는다.

Ⓩoom-in l aud(i)-(= hear, listen)가 포함된 어휘
audio ⓐ 녹음의   **audible** ⓐ 들리는   **audition** ⓝ 오디션

★★
□ 1292
presentation ⓝ 발표; 제출, 수여
[prèzəntéiʃən]
I'm busy getting ready for the **presentation** tomorrow.
나는 내일 발표 준비 때문에 바쁘다. ● 09 수능

present v. 주다, 제출하다 ㉒ **make a presentation** 발표하다

★★
□ 1293
photograph ⓝ 사진 ⓥ 사진을 찍다
[fóutəgræf]
The **photograph** of the waterfall came out nice. ● 10 모의
폭포 사진이 잘 나왔다.

photographer n. 사진사 **photography** n. 사진술, 사진 촬영
photographic a. 사진(술)의

★★★
□ 1294
publish ⓥ 출판하다, 발행하다
[pʌ́bliʃ]
Most news magazines are **published** weekly. ● 01 수능
대부분의 뉴스 잡지는 매주 출판된다.

publisher n. 출판업자 **publication** n. 간행, 출판(물), 발표
= **issue** v. 출판하다 n. 발행물

★★
□ 1295
antique ⓐ 골동품의, 옛날의 ⓝ 골동품
[æntíːk]
The ship is decorated with **antique** furniture. ● 06 모의
그 배는 골동품 가구로 장식되어 있다.

★★
□ 1296
instrument ⓝ 도구, 기구, 악기
[ínstrəmənt]
Experience is an essential way of learning but is an
imperfect **instrument**. ● 08 모의
경험은 학습의 필수 방식이지만, 완전한 도구는 아니다.

instrumental a. 기구의, 수단이 되는

Ⓩoom-in ㅣ 악기(musical instruments)의 종류
stringed instruments 현악기   woodwind instruments 목관악기
brass instruments 금관악기   percussion instruments 타악기

★★
□ 1297
entertainment ⓝ 오락, 연예; 환대
[èntərtéinmənt]
Visiting the theater was not merely for **entertainment**.
극장을 방문하는 것은 단지 오락을 위한 것만은 아니었다. ● 10 수능

entertain v. 즐겁게 하다(= amuse, delight, please)
entertaining a. 재미있는 **entertainer** n. 연예인

★
□ 1298
genre
[ʒɑ́:nrə]

ⓝ 장르, 유형, 양식(樣式)

I encountered various **genres** of music, from jazz to classical music. ● 07 수능

나는 재즈부터 클래식 음악까지 다양한 장르의 음악을 접했다.

Q oom-in l 장르에 따른 문학의 구분

verse ⓝ 운문	prose ⓝ 산문	poetry ⓝ 시
drama ⓝ 희곡	novel ⓝ 소설	criticism ⓝ 평론

★★
□ 1299
vision
[víʒən]

ⓝ 시력; 선견지명, 비전

The operation will restore your **vision**.

그 수술은 너의 시력을 회복시킬 것이다.

= **sight** n. 시력, 시각   **foresight** n. 선견지명

★
□ 1300
animate
[ǽnəmèit]

ⓥ ~에 생명을 불어 넣다, 생기 있게 하다   ⓐ 살아 있는

To **animate** an object is to make it move in a realistic fashion. ● 06 전국연합

사물에 생명을 불어 넣는 것은 그것을 실감나게 움직이게 하는 것이다.

animation n. 생기, 활기; 만화 영화

★★
□ 1301
exaggerate
[igzǽdʒərèit]

ⓥ 과장하다

Some resume writers **exaggerate** their achievements.

몇몇 이력서 작성자들은 자신의 성과를 과장한다.   ● 06 전국연합

exaggeration n. 과장   **exaggerative** a. 과장하는
= **overstate** v. 과장하여 말하다

★★
□ 1302
liberal
[líbərəl]

ⓐ 자유주의의; 관대한, 후한

Liberal trade policies can be harmful to emerging markets.

자유주의 무역 정책은 신흥 시장에 해를 입힐 수 있다.

liberty n. 자유, 해방   **liberate** v. 해방시키다

★★
□ 1303
exhibition
[èksəbíʃən]

ⓝ 전시회, 표출

The Art **Exhibition** is scheduled to open next Thursday.

미술 전시회는 다음 주 목요일에 열릴 예정이다.   ● 08 모의

exhibit v. 전시(전람)하다 n. 전시(품)(= display)

masterpiece
□ 1304 [mǽstərpìːs]

ⓝ 걸작, 명작

Tolstoi's **masterpiece**, "War and Peace," created a sensation.
Tolstoi의 걸작, 〈전쟁과 평화〉는 대단한 반향을 일으켰다. ● 08 전국연합

cf. immortal(enduring) masterpiece 불후의 명작

---

censorship
□ 1305 [sénsərʃip]

ⓝ 검열, 검열 제도

Censorship of any form is dangerous, and open to misuse.
어떤 형태의 검열도 위험하며 악용될 여지가 있다.

Ⓩoom-in ㅣ 혼동하기 쉬운 censor vs. sensor vs. censure vs. censer
censor ⓝ 검열관 ⓥ 검열하다 sensor ⓝ 감지기
censure ⓝ 불신임 ⓥ 비난하다 censer ⓝ (줄 달린) 흔들 향로

---

energetic
□ 1306 [ènərdʒétik]

ⓐ 활동적인, 원기 왕성한

Music can make us feel helpless or **energetic**. ● 08 수능
음악은 우리를 무력하거나 활동적이게 만들 수 있다.

energy n. 힘, 에너지 energize v. 활력을 불어넣다, 격려하다
= vigorous a. 정력적인, 활발한

---

script
□ 1307 [skript]

ⓝ 대본, 필적

Please review the **script** of the play.
연극 대본을 검토해 주세요.

cf. manuscript n. 원고

---

sculpture
□ 1308 [skʌ́lptʃər]

ⓝ 조각(품) ⓥ 조각하다

When a **sculpture** is exhibited, it is brought to life by light.
조각품이 전시될 때, 그것은 빛에 의해 활기를 띠게 된다. ● 10 전국연합

sculptor n. 조각가 = carve v. 조각하다

---

misleading
□ 1309 [mislíːdiŋ]

ⓐ 오해의 소지가 있는, 오도하는

The article was **misleading**, and the newspaper apologized.
그 기사는 오해의 소지가 있었고, 그 신문은 사과했다.

mislead v. 오해하게 하다, 잘못 인도하다

---

document
★★ □1310 [dάkjumənt]

ⓝ 문서, 서류   ⓥ 상세히 기록하다

A letter as a **document** becomes the property of the holder.
문서로서의 편지는 소유자의 재산이 된다.   ● 03 모의

documentary a. 문서의, 사실을 기록한 n. 다큐멘터리
documentation n. (요구되는) 서류, 문서화

---

insight
★★ □1311 [ínsàit]

ⓝ 통찰, 통찰력, 이해

History can provide **insights** into current issues and problems.   ● 07 전국연합
역사는 현재의 쟁점과 문제점들에 대한 통찰을 제공할 수 있다.

insightful a. 통찰력 있는

---

permanent
★★ □1312 [pə́ːrmənənt]

ⓐ 영구적인, 종신의

The final mouth shape is formed after the **permanent** teeth are set.   ● 07 전국연합
최종적인 입모양은 영구치가 다 난 다음에야 형성된다.

permanently ad. 영구히   = **eternal, ever-lasting** a. 영원한
↔ **temporary** a. 일시적인, 임시의

---

tribute
★ □1313 [tríbjuːt]

ⓝ 공물, 조세; 찬사

The ancient Greeks paid **tribute** to Rhea, the Mother of the Gods.   ● 05 전국연합
고대 그리스인들은 신들의 어머니 Rhea에게 공물을 바쳤다.

㊗ **pay (a) tribute to** ~에 공물을 바치다; ~에 찬사를 바치다

---

recite
★ □1314 [risáit]

ⓥ 암송하다, 낭독〔낭송〕하다

I was asked to **recite** a rather lengthy poem for a school event.   ● 04 모의
나는 학교 행사에서 다소 긴 시를 암송하라는 요청을 받았다.

recital n. 연주회; (시 등의) 낭송   **recitation** n. 암송, 낭독

---

applaud
★★ □1315 [əplɔ́ːd]

ⓥ 박수갈채를 보내다, 박수치다

Everyone **applauded** and the plan was finally accepted.
모든 사람들이 박수갈채를 보냈고, 그 계획은 마침내 받아들여졌다.

applause n. 박수갈채   = **clap** v. 박수치다

★★
□1316
trend
[trend]

ⓝ 동향, 추세, 경향

If the bars are connected with lines, you can see the **trends**. ● 09 수능

막대들이 선으로 연결되면, 동향을 볼 수가 있다.

trendy a. 최신 유행의
cf. trendsetting a. 유행을 선도하는

★★
□1317
nominate
[námənèit]

ⓥ 지명하다, 임명하다

In 1940, the Democrats **nominated** Roosevelt for a third term as president.

1940년에 민주당원들은 Roosevelt를 3선 대통령 후보로 지명했다.

nomination n. 지명, 임명   **nominee** n. 지명된 사람
= appoint v. 지명하다

★
□1318
autograph
[ɔ́ːtəgræf]

ⓝ 사인, 서명   ⓥ 서명하다

Madonna seldom signs anything, which makes her **autographs** more valuable. ● 07 모의

Madonna는 좀처럼 사인을 하지 않는데, 이는 그녀의 사인을 더 가치 있게 한다.

 oom-in | **autograph vs. signature**
autograph 작가나 연예인 등 유명한 사람에게서 받는 친필 사인
signature 본인이 작성했다는 증거로 문서나 서류에 하는 서명

★★
□1319
poll
[poul]

ⓝ 여론 조사, (선거 등의) 투표

In a recent **poll**, a majority of respondents were against the war.

최근 여론 조사에서 대다수의 응답자들이 전쟁에 반대했다.

cf. opinion poll 여론 조사

★★
□1320
arrange
[əréindʒ]

ⓥ 정리(정돈)하다; 조정하다; 편곡하다

The magazines are **arranged** by subjects.

잡지가 주제별로 정리되어 있다.

arrangement n. 정리, 배열; 편곡
㉰ **arrange for** 준비하다, 계획을 짜다
  arrange with 결말짓다, 합의하다

TEST

A 다음 단어에 해당하는 영어 단어 또는 우리말을 쓰시오.

1. 의상, 복장 _____
2. 중요한, 두드러진 _____
3. 방송하다 _____
4. 출판하다, 발행하다 _____
5. 도구, 기구 _____
6. 자유주의의 _____
7. 선견지명; 시력 _____
8. 걸작, 명작 _____
9. 오해의 소지가 있는 _____
10. 박수치다 _____

11. permanent _____
12. portrait _____
13. audience _____
14. exaggerate _____
15. exhibition _____
16. censorship _____
17. script _____
18. nominate _____
19. trend _____
20. collection _____

B 빈칸에 알맞은 단어를 〈보기〉에서 골라 쓰되, 문맥에 맞게 변형하시오.

recreation	antique	exaggerate	script	insight	nominate

1. History can provide _____ into current issues and problems.

2. Wilderness provides _____ for people.

3. Some resume writers _____ their achievements.

4. The ship is decorated with _____ furniture.

5. Please review the _____ of the play.

6. In 1940, the Democrats _____ Roosevelt for a third term as president.

Answer Keys

A 1. costume 2. prominent 3. broadcast 4. publish 5. instrument 6. liberal 7. vision 8. masterpiece
9. misleading 10. applaud 11. 영구적인, 종신의 12. 초상화 13. 관객, 관중, 청중 14. 과장하다 15. 전시회, 표출
16. 검열, 검열 제도 17. 대본, 필적 18. 지명하다, 임명하다 19. 동향, 추세, 경향 20. 수집품, 소장품
B 1. insights 2. recreation 3. exaggerate 4. antique 5. script 6. nominated

어휘 + 더하기 동의어·유의어 ③

기후, 날씨

weather vs. climate

- **weather** 특정한 시간이나 장소의 기상 상태인 날씨
- **climate** 어떤 지방의 연간 평균 기상 상태인 기후

If **weather** permits, take your baby out for a walk every day.
날씨가 허락한다면, 매일 아이를 데리고 산책을 나가라.

Insects that have adapted to warmer **climates** show higher rates of population growth.
더 따뜻한 기후에 적응한 곤충들이 더 높은 개체 수 증가율을 보여준다.

감사해하는

thankful vs. grateful^0305

- **thankful** 자신의 행운에 대해 신·자연·운명·사람들에게 감사하는
- **grateful** 남에게서 받은 호의·친절 등에 대해 그 사람에게 감사하는

I will be forever **thankful** that you came into my life.
나는 당신이 내 삶에 온 것을 영원히 감사할 것이다.

I'm **grateful** for the recognition that all of you have given to my speech.
여러분 모두가 제 연설에 대해 인정해 주신 점에 감사드립니다.

대체하다

replace^0133 vs. substitute^0697

- **replace** 무엇인가를 다른 것으로 완전히 교체하다
- **substitute** 무엇인가를 임시방편으로 대신 사용하다

Sports classes should not be **replaced** by other activities.
스포츠 수업은 다른 활동으로 대체되어서는 안 된다.

The player was **substituted** in the second half after a knee injury.
그 선수는 후반전에 무릎 부상으로 교체되었다.

경제와 문화

DAY 34

어휘 더하기 : 동의어 · 유의어 ④

01	02	03	04	05	06	07	08	09	10
●	●	●	●	●	●	●	●	●	●

11	12	13	14	15	16	17	18	19	20
●	●	●	●	●	●	●	●	●	●

21	22	23	24	25	26	27	28	29	30
●	●	●	●	●	●	●	●	●	●

31	32	33	34	35	36	37	38	39	40
●	●	●	●						

41	42	43	44	45	46	47	48	49	50

Day 33 | Review

앞에서 학습한 단어를 얼마나 기억하는지 체크해 보세요.
기억이 나지 않는 단어는 다시 한 번 학습하세요.

☐ costume   ☐ exaggerate
☐ prominent   ☐ exhibition
☐ exert   ☐ masterpiece
☐ auction   ☐ censorship
☐ display   ☐ sculpture
☐ portrait   ☐ misleading
☐ recreation   ☐ document
☐ broadcast   ☐ insight
☐ collection   ☐ permanent
☐ audience   ☐ tribute
☐ presentation   ☐ recite
☐ publish   ☐ applaud
☐ antique   ☐ trend
☐ instrument   ☐ nominate
☐ animate   ☐ arrange

wow!!

★★★ **profit**
□ 1321 [práfit]

ⓝ 이익, 이득   ⓥ 이득이 되다

The **profits** from the book were used to help needy kids.
그 책에서 얻는 수익금은 형편이 어려운 아이들을 돕는 데 쓰였다.

profitable a. 수익성이 있는, 유익한   ↔ **loss** n. 손실, 손해

Zoom-in I **'이익, 이득'의 뜻을 가진 어휘**

profit   사업이나 어떤 일을 함으로써 얻어지는 금전적 이익, 수익
benefit   개인이나 집단의 복지와 관련된 이익, 혜택
advantage   남보다 유리한 위치에 있음으로써 생기는 이익, 이점

★★★ **supply**
□ 1322 [səplái]

ⓝ 공급, 보급품   ⓥ 공급하다

There is a gap between the labor **supply** and demand in the e-business industry.   ● 03 수능
e-business 산업에서는 인력의 공급과 수요 간에 차이가 있다.

supplier n. 공급자   ↔ **demand** n. 수요 v. 요구하다

★★ **civilization**
□ 1323 [sìvəlizéiʃən]

ⓝ 문명

Egyptian **civilization** was built on the banks of the Nile River.   ● 09 수능
이집트 문명은 나일 강의 둑 위에 건설되었다.

civilize v. 개화(문명화)하다   **civilian** n. 민간인
civil a. 문명의; 시민의

★ **dynasty**
□ 1324 [dáinəsti]

ⓝ 왕조, 왕가

Buddhism weakened in the Choseon **Dynasty**.   ● 06 전국연합
불교는 조선 왕조시대에 약화되었다.

★★ **consume**
□ 1325 [kənsúːm]

ⓥ 소비하다, 다 써버리다

Young people **consume** much time playing computer games.
젊은 사람들이 많은 시간을 컴퓨터 게임에 소비한다.

consumption n. 소비   **consumer** n. 소비자
↔ **produce** v. 생산하다

★★ **isolation**
□ 1326 [àisəléiʃən]

ⓝ 고립, 격리

Isolation feels like being in a room with no way out.
고립이란 출구가 없는 방 안에 있는 것과 같은 느낌이다.   ● 08 수능

isolate v. 고립(격리)시키다   **isolated** a. 고립된, 격리된

★
□ 1327
Renaissance
[rénəsɑːns]

ⓝ 르네상스, 문예부흥(기); 부활, 부흥

Prior to the **Renaissance**, objects in paintings were symbolic. ● 05 수능
르네상스 이전에는, 그림 속 물체들은 상징적이었다.

cf. a moral renaissance 도덕의 부흥

★★★
□ 1328
invest
[invést]

ⓥ 투자하다, (시간, 노력 등을) 들이다

By **investing** in ourselves, we expect to gain a higher income. ● 05 모의
우리 자신에게 투자함으로써 우리는 보다 높은 수입을 얻는 것을 기대할 수 있다.

investment n. 투자   **investor** n. 투자자

★★
□ 1329
insurance
[inʃúərəns]

ⓝ 보험, 보험료

Your car **insurance** is due on Monday. ● 07 전국연합
당신의 자동차 보험은 월요일이 만기다.

insure v. 보험에 들다; 보증하다

Ⓩoom-in l 보험의 종류

medical insurance 의료보험	whole life insurance 종신보험
health insurance 건강보험	life insurance 생명보험
travel insurance 여행보험	accident insurance 상해보험

★★
□ 1330
currency
[kə́ːrənsi]

ⓝ 통화, 유통

Euro is Europe's single **currency**.
유로는 유럽의 단일 통화이다.

current a. 통용되는, 현재의   **cf. foreign currency** 외화

★★
□ 1331
prosperity
[prɑspérəti]

ⓝ 번영, 번창

The scholar was dedicated to the **prosperity** of the nation.
학자는 나라의 번영에 헌신했다. ● 09 모의

prosperous a. 번영한   **prosper** v. 번영(번창)하다(= thrive, flourish)

★★
□ 1332
commercial
[kəmə́ːrʃəl]

ⓐ 상업의   ⓝ 상업광고

In a **commercial** society, things that can be brought by wealth are considered status symbols. ● 08 수능
상업 사회에서는, 부를 통해 얻을 수 있는 것들이 지위의 상징으로 여겨진다.

commerce n. 상업, 교역   **commercialize** v. 상업화(상품화)하다

★★ **contemporary** ⓐ 동시대의, 현대의 ⓝ 동년배
□ 1333 [kəntémpərèri]
Someone who reads only books by **contemporary** authors looks like a near-sighted person. ● 06 수능
동시대의 작가들이 쓴 책만을 읽는 사람들은 근시안적인 사람으로 보인다.

⊛ **contemporary with** ~와 동시대의

★★★ **traditional** ⓐ 전통적인, 전통의
□ 1334 [trədíʃənəl]
The audience were touched by the **traditional** Korean beauty. ● 04 모의
관중들은 전통적인 한국의 미에 감동을 받았다.

tradition n. 전통   = **conventional** a. 전통적인, 관습적인

★★ **minority** ⓝ 소수 ⓐ 소수의
□ 1335 [mainɔ́:riti]
The chairman should not bend to the loud **minority**.
의장은 목소리 큰 소수에 굽혀서는 안 된다.

minor a. 작은, 사소한 n. 미성년자; 부전공
↔ **majority** n. 대부분, 대다수

★ **primitive** ⓐ 원시의, 미개의
□ 1336 [prímətiv]
The languages of **primitive** societies are being studied in this institute.
원시 사회들의 언어가 이 기관에서 연구되고 있다.

= **uncivilized, barbarian** a. 미개의

★★ **typical** ⓐ 전형적인, 대표적인
□ 1337 [típikəl]
A **typical** American breakfast menu includes scrambled eggs, juice, bacon, biscuits, etc. ● 05 전국연합
전형적인 미국인의 아침식사 메뉴에는 스크램블드 에그, 주스, 베이컨, 비스킷 등이 포함된다.

typically ad. 전형적으로, 일반적으로   **typicality** n. 전형적임, 특유성

★★ **welfare** ⓝ 복지, 복리; 안녕
□ 1338 [wélfɛ̀ər]
In Scandinavia the **welfare** state has earned a reputation "cradle to grave."
스칸디나비아 반도의 복지 국가는 '요람에서 무덤까지'라는 평판을 얻었다.

= **well-being** n. 행복, 안녕

★
□ 1339 **agriculture**
[ǽgrikʌ̀ltʃər]

ⓝ 농사, 농업
Cattle were domesticated for meat, skin and **agriculture**.
소는 고기, 가죽을 그리고 농사를 위해 길들여졌다.　　　● 10 모의
agricultural a. 농업의　　**= farming** n. 농사

★
□ 1340 **downsizing**
[dáunsàiziŋ]

ⓝ 인력〔기구〕 축소, 소형화
I heard the news that **downsizing** is near.
나는 인력 축소가 임박했다는 소식을 들었다.
downsize v. (인원을) 축소하다, 소형화하다

★★
□ 1341 **legend**
[lédʒənd]

ⓝ 전설, 전설적인 인물
There is a Japanese **legend** about a man renowned for his
perfect manners.　● 11 모의
완벽한 예의를 갖춘 것으로 유명한 남자에 대한 일본 전설이 있다.
legendary a. 전설의, 전설적인

★★
□ 1342 **ban**
[bæn]

ⓥ 금지하다　ⓝ 금지
Smoking is **banned** in all Smithsonian facilities.　● 05 모의
흡연은 Smithsonian의 모든 시설에서 금지되어 있다.
= prohibit v. 금지하다
㊜ **ban A from -ing** A가 ~하는 것을 금지하다(= forbid A to ~)

★
□ 1343 **supernatural**
[sùːpərnǽtʃərəl]

ⓐ 초자연적인, 초자연의
Rowling's books do contain **supernatural** creatures.
Rowling의 책들은 초자연적인 생명체들을 담고 있다.　● 05 전국연합

Ⓩoom-in ǀ **super-/supre-(= above, beyond)가 포함된 어휘**
　　superb ⓐ 최고의, 훌륭한　　　**superior** ⓐ ~보다 우수한
　　superhuman ⓐ 초인적인　　　**supreme** ⓐ 최고의, 최상의

★★
□ 1344 **heritage**
[héritidʒ]

ⓝ 유산, 상속 재산
When we lose a language, we lose part of our whole
human **heritage**.　● 05 전국연합
우리가 언어를 잃게 되면, 우리는 전 인류 유산의 일부를 잃게 된다.
= inheritance n. 유산, 상속　　**cf. cultural heritage** 문화 유산

★★
□1345 **democracy**
[dimǽkrəsi]

ⓝ 민주주의, 민주 국가

What does **democracy** mean to us if we don't have the freedom to tell the truth? ● 02 수능

진실을 말할 자유가 없다면, 우리에게 민주주의가 무슨 의미가 있는가?

democratic a. 민주주의의, 민주적인

★
□1346 **customary**
[kʌ́stəmèri]

ⓐ 관례적인, 습관적인

It is **customary** to applaud after a performance.

공연이 끝난 후에 박수를 치는 것이 관례다.

custom n. 관습, 풍습

★
□1347 **wholesale**
[hóulsèil]

ⓐ 도매의, 대량의   ⓝ 도매

He started a venture with a **wholesale** watch company.

그는 시계 도매 회사와 함께 사업을 시작했다.   ● 06 전국연합

wholesaler n. 도매업자   ↔ **retail** a. 소매의 n. 소매

★
□1348 **Confucian**
[kənfjúːʃən]

ⓐ 유교의, 공자의   ⓝ 유학자

The eldest son takes over as head of the family in the **Confucian** tradition.

유교 전통에서는 큰아들이 가장의 역할을 맡는다.

Confucianism n. 유교   **Confucius** n. 공자

★
□1349 **enlightenment**
[inláitnmənt]

ⓝ 깨우침, 이해, 계몽; 계몽주의(E~)

Children's questions can be an opportunity for our own **enlightenment**.

아이들의 질문은 우리 자신의 깨우침을 위한 기회일 수 있다.

enlighten v. 이해시키다, 계몽하다

★★
□1350 **financial**
[fainǽnʃəl]

ⓐ 재정〔재무〕의, 금융의

The government was reluctant to shoulder the **financial** burden of developing national networks. ● 09 수능

정부는 국가 네트워크 개발의 재정적인 짐을 짊어지는 것을 꺼렸다.

finance n. 재정, 재무, 재원(~s)
cf. **financial ability** 재력(財力)   **financial circles** 재계

★★
□ 1351 **superstition**
[sùːpərstíʃən]

ⓝ 미신; 미신적 행위

According to ancient **superstitions**, moles reveal a person's character. ● 05 수능
고대 미신에 따르면, 점은 사람의 성격을 나타낸다고 한다.

superstitious a. 미신을 믿는, 미신적인

★★
□ 1352 **colony**
[káləni]

ⓝ 식민지; 부락, 동식물의 군집

Madagascar used to be a French **colony**.
Madagascar는 프랑스의 식민지였다.

colonial a. 식민(지)의   **colonialism** n. 식민지주의, 식민 정책
colonize v. 식민지화하다   **colonist** n. 식민지 주민, 식민지 개척자

★★
□ 1353 **accumulate**
[əkjúːmjulèit]

ⓥ 모으다, 축적하다

Pay by cash, not by credit card if you want to **accumulate** wealth.
재산을 모으고 싶다면 신용카드가 아닌 현금으로 돈을 내라.

accumulation n. 축적, 축재   **accumulative** a. 누적되는, 늘어나는
= **gather, build up** 모으다

★
□ 1354 **monetary**
[mánətèri]

ⓐ 화폐의, 통화의

Many unemployed people competed in the contests to win **monetary** prizes. ● 09 전국연합
많은 실직자들이 상금을 받기 위해 그 대회에 참가했다.

cf. **International Monetary Fund** 국제 통화 기금(IMF)

 oom-in I 혼동하기 쉬운 monetary vs. momentary
monetary ⓐ 화폐의, 통화의   momentary ⓐ 순식간의, 순간적인

★★
□ 1355 **radical**
[rǽdikəl]

ⓐ 근본적인; 급진적인   ⓝ 급진주의자

The state government should make **radical** reform.
주 정부는 근본적인 개혁을 단행해야 한다.

radicality n. 과격성, 급진성   **radicalism** n. 급진주의
= **fundamental** a. 근본적인

★
□1356 **barter**
[báːrtər]

ⓝ 물물교환, 교역품   ⓥ 물물교환하다

After the advent of monetary system, the barter system disappeared.

화폐 제도의 도래 이후, 물물교환 제도는 사라졌다.

㊈ **barter with** ~와 물물교환하다
　barter A for B A를 B와 교환하다

★★
□1357 **inflate**
[infléit]

ⓥ (공기, 가스 등으로) 부풀게 하다; (물가를) 올리다

They can inflate their stomachs with air and float across the water. ● 09 전국연합

그것들은 공기로 배를 부풀려 뜬 상태로 물위를 가로지를 수 있다.

inflation n. 팽창; 물가상승, 인플레이션
↔ **deflate** v. 공기[가스]를 빼다; (통화를) 수축시키다

★★
□1358 **discrimination**
[diskrìmənéiʃən]

ⓝ 차별; 구별, 식별

Lookism refers to discrimination or prejudice against people based on their appearance. ● 06 전국연합

Lookism은 사람들의 외모에 근거한 차별이나 선입견을 말한다.

discriminate v. 차별하다; 구별하다
cf. racial discrimination 인종 차별

★★
□1359 **bankrupt**
[bǽŋkrʌpt]

ⓐ 파산한   ⓝ 파산자

Many companies went bankrupt because of the economic recession.

경기 침체 때문에 많은 회사들이 파산했다.

bankruptcy n. 파산, 도산
㊈ **go (become) bankrupt** 파산하다

★
□1360 **uniformity**
[jùːnəfɔ́ːrməti]

ⓝ 동일(성), 한결같음, 획일성

The key to a successful business chain can be expressed in one word: "uniformity." ● 09 모의

성공적인 사업 체인점으로 가는 비결은 '동일성'이라는 한 단어로 표현될 수 있다.

↔ **variety** n. 다양성

Ⓩoom-in l 혼동하기 쉬운 **uniformity vs. conformity vs. deformity**
　uniformity ⓝ 동일(성)　　**conformity** ⓝ 일치　　**deformity** ⓝ (신체적) 기형

TEST

A 다음 단어에 해당하는 영어 단어 또는 우리말을 쓰시오.

1. 이익, 이득 _____
2. 소비하다 _____
3. 번영, 번창 _____
4. 상업의 _____
5. 동시대의 _____
6. 복지 _____
7. 초자연적인 _____
8. 유교의 _____
9. 급진적인 _____
10. 물물 교환 _____

11. insurance _____
12. dynasty _____
13. currency _____
14. primitive _____
15. agriculture _____
16. minority _____
17. customary _____
18. superstition _____
19. discrimination _____
20. heritage _____

B 빈칸에 알맞은 단어를 〈보기〉에서 골라 쓰되, 문맥에 맞게 변형하시오.

profit	civilization	commercial
customary	accumulate	financial

1. Egyptian _____ was built on the banks of the Nile River.

2. Pay by cash, not by credit card if you want to _____ wealth.

3. The _____ from the book were used to help needy kids.

4. It is _____ to applaud after a performance.

5. The government was reluctant to shoulder the _____ burden of developing national networks.

6. In a _____ society, things that can be brought by wealth are considered status symbols.

Answer Keys

A 1. profit 2. consume 3. prosperity 4. commercial 5. contemporary 6. welfare 7. supernatural
8. Confucian 9. radical 10. barter 11. 보험, 보험료 12. 왕조, 왕가 13. 통화, 유통 14. 원시의, 미개의 15. 농사, 농업
16. 소수, 소수의 17. 관례적인, 습관적인 18. 미신; 미신적 행위 19. 차별; 구별, 식별 20. 유산, 상속 재산
B 1. civilization 2. accumulate 3. profits 4. customary 5. financial 6. commercial

맛

taste vs. flavor
⁰⁷⁰⁰

· **taste** 쓰다, 달다, 짜다, 시다 등의 일반적인 맛
· **flavor** 어떤 음식이 가지고 있는 고유의 맛

Most creatures dislike fireflies, which have a terrible **taste**.
대부분의 생물들은 매우 맛이 없는 반딧불을 싫어한다.

When the water got hot, the coffee beans released the fragrance and **flavor**.
물이 뜨거워지자 커피 콩은 향과 맛을 내뿜었다.

자유

freedom vs. liberty
⁰²⁹⁶

· **freedom** 구속이나 속박 등이 존재하지 않는 자유
· **liberty** 지배, 권위 등으로부터의 자유

True **freedom** is found in doing things that scare us the most.
진정한 자유는 우리를 가장 두렵게 하는 일들을 하는 가운데 발견된다.

The leader who has been fighting for **liberty** has passed away.
자유를 위해 싸워 오신 지도자께서 돌아가셨다.

바꾸다

change vs. exchange
¹⁷⁶¹

· **change** 성질이나 상태를 바꾸거나 같은 종류의 것으로 바꾸다
· **exchange** 두 가지 대상을 주고받다 또는 교환하다

Photographs can be **changed** by computer.
사진은 컴퓨터에 의해 바뀔 수 있다.

On Valentine's Day, millions of people **exchange** heart-shaped gifts of all kinds.
Valentine Day에는 수많은 사람들이 하트모양의 갖가지 선물을 주고받는다.

DAY 35

어휘 더하기 : 동의어 · 유의어 ⑤

01	02	03	04	05	06	07	08	09	10
●	●	●	●	●	●	●	●	●	●

11	12	13	14	15	16	17	18	19	20
●	●	●	●	●	●	●	●	●	●

21	22	23	24	25	26	27	28	29	30
●	●	●	●	●	●	●	●	●	●

31	32	33	34	35	36	37	38	39	40
●	●	●	●	●					

41	42	43	44	45	46	47	48	49	50

Day 34 | **Review**

앞에서 학습한 단어를 얼마나 기억하는지 체크해 보세요.
기억이 나지 않는 단어는 다시 한 번 학습하세요.

☐ profit   ☐ supernatural

☐ civilization   ☐ heritage

☐ consume   ☐ democracy

☐ isolation   ☐ Confucian

☐ Renaissance   ☐ enlightenment

☐ insurance   ☐ superstition

☐ currency   ☐ colony

☐ prosperity   ☐ accumulate

☐ commercial   ☐ monetary

☐ contemporary   ☐ radical

☐ traditional   ☐ barter

☐ minority   ☐ inflate

☐ primitive   ☐ discrimination

☐ agriculture   ☐ bankrupt

☐ downsizing   ☐ uniformity

★★ **phrase** [freiz]
□ 1361

ⓝ (문법) 어구, 구(句), 숙어

The phrase "task force" is originally a military term.
'태스크 포스'란 어구는 원래 군사 용어이다.

*task force: 대책 위원회

★ **nursery** [nə́ːrsəri]
□ 1362

ⓝ 탁아소, 유아원 ⓐ 유치원의

Many working couples send their child to a nursery.
많은 맞벌이 부부들은 그들의 아이를 탁아소에 보낸다.

cf. nursery school 유치원 **nursing home** 양로원, 요양원

★★ **context** [kɔ́ntekst]
□ 1363

ⓝ 맥락, 문맥; 배경

Mr. Brown wanted his students to learn math in the context of real life. ● 10 모의
Brown 씨는 그의 학생들이 실제 삶의 맥락에서 수학을 배우기를 원했다.

㊕ **in the context** ~의 맥락에서 **out of context** 전후 관계를 무시하고

> **Zoom-in | 혼동하기 쉬운 context vs. content vs. contest**
> context ⓝ 맥락, 문맥; 배경 content ⓝ 내용(물) ⓐ 만족한
> contest ⓝ 경쟁, 경기 ⓥ 논쟁하다

★★★ **education** [èdʒukéiʃən]
□ 1364

ⓝ 교육

A little more education in a poor country can make all the difference. ● 08 전국연합
가난한 나라에서는 교육을 조금만 더 해도 매우 큰 변화를 일으킬 수 있다.

educate v. 교육하다, 가르치다 **educational** a. 교육적인, 교육의

★★ **instruction** [instrʌ́kʃən]
□ 1365

ⓝ 교육, 가르침; 지시, 사용 설명서(~s)

Perhaps Egyptians played ball for instruction. ● 08 수능
아마도 이집트인들은 교육을 위해서 공놀이를 했을 것이다.

instruct v. 가르치다, 지시하다 **instructive** a. 유익한, 교훈적인

★ **curriculum** [kəríkjuləm]
□ 1366

ⓝ 교육〔교과〕 과정

Parents should get involved in the school curriculum.
부모들이 학교 교육 과정에 참여해야 한다. ● 08 전국연합

curricular a. 교육 과정의 **cf. curriculum vitae** 이력(서)(= résumé)

★
□ 1367
perspective
[pə:rspéktiv]

ⓝ 관점, 시각, 전망; 원근법

Spending more time observing things allows us to enjoy them from a fresh **perspective**. ● 08모의

사물을 관찰하는 데 더 많은 시간을 보내는 것은 신선한 관점에서 그것들을 즐기게 해준다.

㊎ **put ~ into perspective** ~을 넓게 보다, 긴 안목에서 보다

 oom-in | 혼동하기 쉬운 perspective vs. prospective

perspective ⓝ 관점   prospective ⓐ 장래의, 유망한

★★
□ 1368
comment
[kɔ́ment]

ⓝ 논평, 의견   ⓥ 논평하다

He made acid **comment** on my essay.

그는 내 에세이에 대해 신랄할 논평을 가했다.

commentary n. 논평, 해설   **commentator** n. 해설자, 주석자

★★★
□ 1369
poetry
[póuitri]

ⓝ (집합적) 시(詩), 운문, 시집

Poetry provides us with the experience of imaginative pleasure. ● 02수능

시는 우리에게 상상의 즐거움을 경험하게 해준다.

poem n. (한 편의) 시, 운문   **poet** n. 시인   **poetic** a. 시의, 시적인

★★★
□ 1370
ground
[graund]

ⓝ 땅, 지면; 기초, 근거   ⓥ 근거를 두다

A sudden shaking movement of the **ground** caused destruction of buildings. ● 05모의

갑자기 땅이 흔들리는 움직임은 건물이 파괴되는 원인이 되었다.

 oom-in | **ground**가 포함된 어휘

groundwater 지하수   **groundless** 근거 없는   **groundwork** 기초 작업
background 배경   **playground** 운동장   **underground** 지하

★
□ 1371
nonverbal
[nɑnvə́:rbəl]

ⓐ 비언어적인, 말을 사용하지 않는

Someone's hairstyle is one of the easiest types of **nonverbal** communication. ● 08전국연합

누군가의 머리 스타일은 비언어적인 의사소통의 가장 쉬운 형태 중 하나이다.

verb n. (문법) 동사   ↔ **verbal** a. 말의, 구두의(= oral)

★★ **tuition**
□1372 [tʲuːíʃən]

ⓝ 수업료; 교수, 수업

Students should consider if they can afford the **tuition** and living expenses. ● 06 전국연합

학생들은 수업료와 생활비를 감당할 수 있는지 아닌지를 고려해야 한다.

★★★ **fluent**
□1373 [flúːənt]

ⓐ 유창한, 능수능란한

Companies prefer applicants whose English is **fluent**.

회사들은 영어가 유창한 지원자들을 선호한다.

fluently ad. 유창하게   **fluency** n. 유창함

★ **feedback**
□1374 [fíːdbæ̀k]

ⓝ 피드백, 반응, 의견

Self-change is difficult without some kind of **feedback**.

자기 변화는 일종의 피드백 없이는 어렵다. ● 07 모의

★ **cognitive**
□1375 [kάgnətiv]

ⓐ 인지의, 인지력 있는

Cognitive psychologist David Perrett studies what makes faces attractive. ● 07 전국연합

인지 심리학자 David Perrett은 무엇이 얼굴을 매력적으로 만드는가를 연구한다.

cognition n. 인식, 인지

cf. recognize v. 인식하다, 알아보다   **recognition** n. 인지, 인식

★ **editorial**
□1376 [èdətɔ́ːriəl]

ⓝ (신문, 잡지의) 사설   ⓐ 편집(자)의

Newspaper **editorial** writers try to persuade readers to accept their opinions. ● 05 전국연합

신문 사설 집필자는 독자가 그들의 의견을 받아들이게끔 설득하려고 노력한다.

edit v. 편집하다   **editor** n. 편집자

Ⓩoom-in | 신문과 관련된 어휘

article ⓝ 기사	scoop ⓝ 특종 기사	circulation ⓝ 발행 부수
draft ⓝ 초안	headline ⓝ 표제	coverage ⓝ 심층보도

★ **lengthy**
□1377 [léŋkθi]

ⓐ 긴, 장황한

We offer **lengthy** scientific explanations to children's questions. ● 09 모의

우리는 어린이들의 질문에 대해 길고 과학적인 설명을 제공한다.

length n. 길이   **lengthen** v. 길게 하다

★★
□ 1378
strict
[strikt]

ⓐ 엄(격)한, 엄밀한

There is a possibility that children with **strict** parents will be fat. ● 07 전국연합
부모가 엄격한 아이들은 뚱뚱해질 가능성이 있다.

= **severe, stern, stringent** a. 엄격한

★
□ 1379
autobiography
[ɔ̀ːtəbaiɑ́ɡrəfi]

ⓝ 자서전

As an actor, the way you move is your **autobiography** in motion. ● 08 모의
연기자로서 당신이 움직이는 방식이 당신의 움직이는 자서전이다.

autobiographer n. 자서전 작가   **cf. biography** n. 전기, 일대기

★★
□ 1380
classify
[klǽsəfài]

ⓥ 분류하다, 등급을 매기다

Fireworks are **classified** as either consumer or display fireworks. ● 08 전국연합
폭죽은 소비자용이나 전시용 폭죽 중 하나로 분류된다.

classification n. 분류   **classified** a. 분류된, 분배된
㊊ **classify A as B** A를 B로 분류하다

★★
□ 1381
scholarship
[skɑ́lərʃip]

ⓝ 장학금; 학식, 학문

The old woman donated the **scholarship** to help needy students.
그 할머니는 형편이 어려운 학생들을 도와주기 위해 장학금을 기탁했다.

scholar n. 학자, 장학생   **scholarly** a. 학문적인, 학구적인
scholastic a. 학업의

★★
□ 1382
narrate
[nǽreit]

ⓥ 이야기하다〔들려주다〕, 말하다

An anecdote is a very brief tale **narrating** a biographical incident.
일화란 전기적 사건을 들려주는 매우 짧은 이야기이다.

narrator n. 이야기하는 사람   **narration** n. 서술, 이야기; (문법) 화법
narrative n. 이야기 a. 이야기체의

★★
□ 1383
discipline
[dísəplin]

ⓝ 훈련, 기강 ⓥ 훈련〔단련〕하다

Error is the **discipline** through which we reflect on ourselves.
실수란 그것을 통해 우리 자신을 반성할 수 있는 훈련이다.

cf. self-discipline n. 자기 훈련, 자제

★★ **infer**
□ 1384 [infə́:r]

ⓥ 추론하다, 암시하다
The distribution of deposits enables us to infer that glaciers have been extensive. ● 08 모의
퇴적물의 분포는 빙하가 광범위하게 퍼져 있었다는 것을 추론할 수 있게 해 준다.
inference n. 추론, 추정

Ⓩoom-in | 혼동하기 쉬운 **infer vs. refer vs. defer vs. confer**
  infer ⓥ 추론하다, 암시하다   refer ⓥ 언급하다, 참조하다
  defer ⓥ 미루다, 연기하다   confer ⓥ 상의하다, 수여하다

★ **lyric**
□ 1385 [lírik]

ⓝ (노래) 가사   ⓐ 서정(시)의
People don't analyze the lyrics thoroughly. ● 08 전국연합
사람들은 철저하게 가사를 분석하지 않는다.
lyricist n. 작사가   **cf. lyric poetry** 서정시   **epic poetry** 서사시

★ **manuscript**
□ 1386 [mǽnjuskrìpt]

ⓝ 원고, 필사본
Not everyone can read his novel in manuscript.
모두가 그의 소설을 원고 상태로 읽을 수 있는 것은 아니다.
㊡ **in manuscript** (인쇄되지 않은) 원고 상태로

★★ **nurture**
□ 1387 [nə́:rtʃər]

ⓥ (아이를) 양육하다, 육성하다   ⓝ 양육
Nurturing children is a social responsibility.
아이들을 양육하는 것은 사회적 책임이다.

★★ **oral**
□ 1388 [ɔ́:rəl]

ⓐ 구전의, 구술의
Most African cultures were traditionally oral ones.
대부분의 아프리카 문화들은 전통적으로 구전 문화들이었다. ● 08 전국연합
= **verbal** a. 구두의   ↔ **written** a. 기록된
cf. oral examination (test) 구술 시험

★ **bilingual**
□ 1389 [bailíŋgwəl]

ⓐ 2개 국어를 말하는, 2개 국어의   ⓝ 2개 국어를 하는 사람
She is bilingual in English and French.
그녀는 영어와 프랑스어 2개 국어를 말한다.
cf. monolingual a. 1개 국어만 사용할 수 있는
    multilingual a. 여러 나라 말을 사용하는

★★ **classical**
□ 1390 [klǽsikəl]

ⓐ 고전주의의, 고전 문학의
Classical music is like perpetually wet clay. ● 07 모의
고전 음악은 영원히 젖어있는 진흙과 같다.

classic a. 일류의, 고전적인 n. 고전, 명작

★ **prose**
□ 1391 [prouz]

ⓝ 산문 ⓐ 산문의
The old Sumerian cuneiform could not be used to write
normal **prose**. ● 06 수능
고대 수메르의 쐐기문자는 보통의 산문을 쓰는 데는 사용할 수가 없었다.

cf. prose poem 산문시 **verse** n. 운문 v. 시를 짓다

★★ **vocabulary**
□ 1392 [voukǽbjulèri]

ⓝ 어휘
The more you read, the more you build up your **vocabulary**.
많이 읽으면 읽을수록 당신의 어휘력은 향상된다. ● 07 전국연합

cf. word n. 단어 **phrase** n. 어구 **idiom** n. 숙어

★★ **vanish**
□ 1393 [vǽniʃ]

ⓥ 사라지다, 없어지다
The birds **vanished** into the gray sky and I realized I was
left alone.
새들은 잿빛 하늘로 사라졌고 나는 홀로 남겨져 있다는 것을 알았다.

= **disappear** v. 사라지다 **cf. vanishing point** 소실점

★ **analogy**
□ 1394 [ənǽlədʒi]

ⓝ 비유, 유사성, 유추
The author mainly uses **analogy** to teach lessons in life.
그 작가는 삶의 교훈을 가르치기 위해 주로 비유를 사용한다.

Ⓩoom-in l 글의 서술 방식을 나타내는 어휘

metaphor 은유 simile 직유 symbol 상징 comparison 비교
contrast 대조 definition 정의 description 묘사 deduction 연역, 추론
induction 귀납 cause and effect 인과

★★ **analyze**
□ 1395 [ǽnəlàiz]

ⓥ 분석하다
The attempt to **analyze** things in definite ways prevents us
from appreciating them deeply. ● 08 모의
사물을 한정된 방법으로 분석하려는 시도는 그것들을 깊이 이해하는 것을 막는다.

analysis n. 분석 **analytic** a. 분석적인 **analyst** n. 분석가

★
□ 1396
clarify
[klǽrəfài]

ⓥ 분명〔명백〕하게 하다, 뚜렷하게 밝히다

She **clarified** what she hoped to get from her job.
그녀는 직업에서 얻고자 하는 것을 분명히 했다.

clarification n. 설명, 해명   **clarity** n. 명료성, 명확성

★★★
□ 1397
criticize
[krítisàiz]

ⓥ 비평하다, 비난하다

We should not **criticize** a person until we understand the
cause of his or her behavior. ● 05 전국연합
어떤 사람의 행동 원인을 이해하기 전까지는 그 사람을 비난해서는 안 된다.

critical a. 비평의, 비판적인   **critic** n. 비평가, 평론가
criticism n. 비평, 비판, 평론

★★
□ 1398
literature
[lítərətʃər]

ⓝ 문학, 문예

The genius of Jorge Luis Borges was best expressed
through the shorter forms of **literature**. ● 09 모의
Jorge Luis Borges의 천재성은 단편 문학의 형식을 통해서 가장 잘 표현되었다.

*Jorge Luis Borges: 아르헨티나 소설가

literary a. 문학의   **literal** a. 문자의, 문자 그대로의
literally ad. 글자 그대로, 사실상

★★
□ 1399
explicit
[iksplísit]

ⓐ 분명한, 명백한

Be as **explicit** with your meanings as possible when you
write e-mails.
이메일을 쓸 때는 가능한 한 분명하게 네 뜻을 밝혀라.

↔ **implicit** a. 내재된, 암시된; 맹목적인

★
□ 1400
parable
[pǽrəbəl]

ⓝ 우화

The lesson we can learn from this **parable** is that honesty
pays off.
우리가 이 우화에서 배울 수 있는 교훈은 정직함은 보답이 있다는 것이다.

= **fable, allegory** n. 우화

---

 oom-in l 이야기 관련 어휘

fairy tale 동화   mythology 신화   anecdote 일화
legend 전설   folk tale 민담   tale 설화

A 다음 단어에 해당하는 영어 단어 또는 우리말을 쓰시오.

1. 어구, 구 _____
2. 교육 과정 _____
3. 관점, 시각 _____
4. 반응, 의견 _____
5. 사설 _____
6. 구전의 _____
7. 산문 _____
8. 양육하다 _____
9. 비유; 유추 _____
10. 분명하게 하다 _____

11. education _____
12. nonverbal _____
13. literature _____
14. lengthy _____
15. autobiography _____
16. analyze _____
17. manuscript _____
18. fluent _____
19. parable _____
20. lyric _____

B 빈칸에 알맞은 단어를 〈보기〉에서 골라 쓰되, 문맥에 맞게 변형하시오.

context	ground	cognitive	narrate	infer	oral

1. _____ psychologist David Perrett studies what makes faces attractive.

2. Most African cultures were traditionally _____ ones.

3. Mr. Brown wanted his students to learn math in the _____ of real life.

4. A sudden shaking movement of the _____ caused destruction of buildings.

5. An anecdote is a very brief tale _____ a biographical incident.

6. The distribution of deposits enables us to _____ that glaciers have been extensive.

Answer Keys _____

A 1. phrase 2. curriculum 3. perspective 4. feedback 5. editorial 6. oral 7. prose 8. nurture 9. analogy
10. clarify 11. 교육 12. 비언어적인 13. 문학, 문예 14. 긴, 장황한 15. 자서전 16. 분석하다 17. 원고, 필사본 18. 유창한,
능수능란한 19. 우화 20. 가사, 서정(시)의 **B** 1. Cognitive 2. oral 3. context 4. ground 5. narrating 6. infer

어휘＋더하기 동의어·유의어 ⑤

분리하다

divide vs. **separate** 0223
- **divide** 원래 하나였던 것을 분할·분배 등을 위해 몇 개로 나누다
- **separate** 한데 붙어 있거나 뭉쳐 있던 것을 분리하다

A play is normally **divided** into several acts.
연극은 보통 몇 개의 막으로 나누어진다.
Society and the individual cannot be **separated**.
사회와 개인은 분리될 수 없다.

지역

area vs. **region** vs. **district** 0469
- **area** 가장 일반적인 의미에서 넓이에 관계없는 하나의 지역
- **region** 문화·사회·지리적 특성 등을 공유하는 광범위한 지역, 지방
- **district** 행정상 나뉜 지구 또는 다른 지역과 다른 특징을 지닌 지방

Shanghai banned honking in the downtown **area**.
Shanghai는 도심 지역에서 경적 소리를 금지시켰다.
The south of the **region** has more fertile land than the north.
남부 지역은 북부 지역보다 더 비옥한 토양을 가지고 있다.
400 school **districts** serve farm-fresh food for lunch.
400개 교구에서는 점심으로 농장에서 막 수확한 신선한 음식을 제공한다.

상처를 입히다

damage vs. **wound** 1163 1181
- **damage** 무생물에 피해나 손상을 입히다
- **wound** 칼이나 총 따위로 사람을 다치게 하다

Does prolonged viewing of a TV screen **damage** your eyes?
TV 화면을 장기간 보는 것이 여러분의 눈에 손상을 입힐까?
We saw a Red Cross ambulance carrying the **wounded**.
우리는 부상당한 사람들을 나르고 있는 적십자 구급차를 보았다.

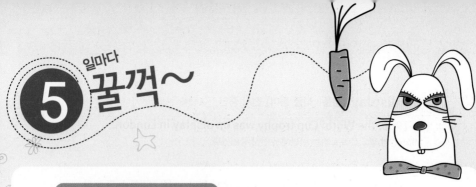

5 일마다 꿀꺽~

□ **devote oneself to -ing** / 명사 ~하는 데 헌신〔전념〕하다 → 1222

He devoted himself to helping the blind and the deaf.
그는 눈이 먼 사람들과 귀가 먹은 사람들을 돕는 데 헌신했다.

□ **compare A with〔to〕 B** A를 B와 비교하다 → 1237

Compared with other sea creatures, octopuses have good vision.
다른 바다 생물과 비교했을 때, 문어는 시력이 좋다.

□ **compare A to B** A를 B에 비유하다 → 1237

The heroes in Greek tragedies can be **compared to** fish in the net.
그리스 비극의 영웅들은 그물에 걸린 고기에 비유될 수 있다.

□ **be engaged in** ~에 종사하다, ~에 관여〔참여〕하다 → 1251

We **are engaged in** foreign trade.
우리는 해외 무역에 종사한다 .

□ **be engaged to** ~와 약혼하다 → 1251

William denied he **was engaged to** his coordinator.
William은 그의 코디네이터와 약혼을 했다는 것을 부인했다.

□ **be acquainted with** ~을 알다, ~와 아는 사이다 → 1271

Staff must **be** thoroughly **acquainted with** emergency procedures.
직원들은 비상조치를 철저하게 알고 있어야만 한다.

□ **on display** (상품 · 작품 등이) 전시 중인 → 1285

In 1966, the World Cup trophy was **on display** in London.
1966년에 월드컵 트로피는 런던에서 전시 중이었다.

□ **put ~ into perspective** 긴 안목에서 보다, ~을 거리를 두고 보다 → 1367

Young people need to **put** the crisis **into perspective**.
젊은 사람들은 위기를 긴 안목에서 볼 필요가 있다.

□ **make fun of** ~을 놀리다

Robert's friends **made fun of** him because he could not ride a bicycle.
Robert의 친구들은 그가 자전거를 못 탄다고 놀렸다.

□ **nothing but** 오직(= only)

Comparing yourself with others is **nothing but** bad news.
너 자신을 다른 사람들과 비교하는 것은 불쾌할 뿐이다.
cf. **anything but** 결코 ~가 아닌

□ **get along with** ~와 사이좋게 지내다

Play helps children **get along with** other people.
놀이는 아이들이 다른 사람들과 사이좋게 지내는 것을 돕는다.

□ **in return for** ~에 대한 보답으로

They will give you a special discount coupon **in return for** your cooperation.
그들은 협조해 주신 것에 대한 보답으로 당신에게 특별 할인 쿠폰을 드릴 것입니다.

□ **be obliged to ~** ~하지 않을 수 없다

I **was obliged to lend** him lots of money.
나는 그에게 많은 돈을 빌려주지 않을 수 없었다.

DAY 36

어휘 더하기 : 동의어 · 유의어 ❻

01	02	03	04	05	06	07	08	09	10
●	●	●	●	●	●	●	●	●	●

11	12	13	14	15	16	17	18	19	20
●	●	●	●	●	●	●	●	●	●

21	22	23	24	25	26	27	28	29	30
●	●	●	●	●	●	●	●	●	●

31	32	33	34	35	36	37	38	39	40
●	●	●	●	●	●	●			

41	42	43	44	45	46	47	48	49	50

Day 35 | Review

앞에서 학습한 단어를 얼마나 기억하는지 체크해 보세요.
기억이 나지 않는 단어는 다시 한 번 학습하세요.

- □ nursery
- □ education
- □ instruction
- □ curriculum
- □ perspective
- □ comment
- □ ground
- □ poetry
- □ nonverbal
- □ tuition
- □ fluent
- □ cognitive
- □ editorial
- □ lengthy
- □ autobiography

- □ scholarship
- □ discipline
- □ infer
- □ lyric
- □ manuscript
- □ nurture
- □ bilingual
- □ prose
- □ vocabulary
- □ analogy
- □ clarify
- □ criticize
- □ literature
- □ explicit
- □ parable

wow!!

★★★ **effect**
□ 1401 [ifékt]

ⓝ 영향, 효과; 결과　ⓥ (변화 등을) 초래하다

Caffeine sensitivity refers to the amount of caffeine that will produce side effects. ● 03 모의
카페인 민감성은 부작용을 일으킬 카페인의 양을 말한다.

effective a. 효과적인, 유효한　　**effectively** ad. 효과적으로
= **result, consequence** n. 결과　　**cf. cause and effect** 원인과 결과

★★★ **affect**
□ 1402 [əfékt]

ⓥ ~에 영향을 끼치다; ~인 척하다

The cultural context can affect life expectancy. ● 08 전국연합
문화적 배경이 기대 수명에 영향을 끼칠 수 있다.

affection n. 보살핌, 애정
= **have an effect (influence, impact) on** ~에 영향을 끼치다

★★★ **blow**
□ 1403 [blou]

ⓥ (바람에) 날려 보내다; (바람이) 불다　ⓝ 강타, 타격

Even moderate winds can blow a banana tree down.
온화한 바람이라도 바나나 나무를 넘어뜨릴 수 있다. ● 08 모의

⟐ **blow down** ~을 불어 넘어뜨리다
cf. fatal (mortal) blow 치명타

★★ **glow**
□ 1404 [glou]

ⓥ 빛을 내다　ⓝ 빛, 백열

Cats' eyes often glow bright green.
고양이의 눈은 대개 밝은 녹색빛을 낸다.

glowing a. 작열하는, 열정적인　　**cf. glowworm** n. 개똥벌레

★★ **emit**
□ 1405 [imít]

ⓥ (빛, 열, 향기 등을) 내뿜다

Electric cars do not cause air pollution by emitting carbon dioxide. ● 09 전국연합
전기 자동차는 이산화탄소 배출로 인한 대기오염을 유발시키지 않는다.

emission n. 방출, 배출　　= **give off** 발하다, 방출하다

★★ **omit**
□ 1406 [əmít]

ⓥ 생략하다, 빠뜨리다

Writers deliberately omit information that lies beneath the statements they make. ● 09 전국연합
작가들은 의도적으로 그들이 말한 진술 밑바탕에 있는 정보를 생략한다.

omission n. 생략　　= **exclude** v. 제외하다

★★ **raw**
□ 1407 [rɔː]

ⓐ 날것의, 가공하지 않은

Those who have a stomachache should not consume raw and cold foods.

배가 아픈 사람들은 날것과 차가운 음식을 섭취하지 말아야 한다.

㊟ **in the raw** 자연 그대로의, 가공하지 않은

★★ **row**
□ 1408 [rou]

ⓥ (노를 써서) 배를 젓다 ⓝ 열, 줄

Mike watched Uncle Fred rowing the boat so strongly.

Mike는 Fred 삼촌이 아주 힘차게 배의 노를 젓는 것을 보았다.

㊟ **row in the same boat** 같은 배를 젓다, 같은 처지에 있다
in a row 연속적으로(= consecutively)

★ **stationary**
□ 1409 [stéiʃəneri]

ⓐ 움직이지 않는, 고정된; (군대 등이) 주둔한

The red fox remains relatively stationary during the day.

붉은 여우는 낮 동안은 비교적 움직이지 않는다.

station n. 정거장, (관청 등의) 서(署) v. 배치[주둔]시키다

★ **stationery**
□ 1410 [stéiʃəneri]

ⓝ 문구류, 문방구

The office stationery is kept in the second drawer.

사무 문구용품들은 두 번째 서랍에 보관되어 있다.

cf. stationery store 문구점

🔍 **oom-in ı stationery items**

stapler 스테이플러	paper clip 클립	mechanical pencil 샤프
fountain pen 만년필	red stamping ink 인주	correction tape 수정 테이프
highlighter 형광펜	ball-point pen 볼펜	permanent marker 유성펜

★★ **reserve**
□ 1411 [rizə́ːrv]

ⓥ 예약하다; 남겨두다 ⓝ 비축, 예비

If you want to join the walk, reserve in advance at the information center. ● 10 전국연합

걷기에 동참하고 싶다면, 안내 데스크에서 미리 예약하세요.

reserved a. 예약한 **reservation** n. 예약(= booking)

★★★ **deserve**
□ 1412 [dizə́ːrv]

ⓥ ~ 받을 가치가 있다, ~할 만하다

All life is precious and deserves a chance to live. ● 10 수능

모든 생명은 소중하고 살 기회를 받을 가치가 있다.

cf. You deserve it. 그럴 자격이 있다. 자업자득이다.

★★★ **elect**
□ 1413 [ilékt]

ⓥ 선출하다; 택하다

All members met to **elect** a chairman.
모든 멤버들이 의원장을 선출하기 위해 모였다.

election n. 선거　　　**electee** n. 선출된 사람

Ⓩoom-in ι 선거 관련 어휘

vote 투표(권)	ballot paper 투표용지	opinion poll 여론조사
party 정당	absentee ballot 부재자 투표	

★★ **erect**
□ 1414 [irékt]

ⓥ 세우다; 건립하다　ⓐ 직립한

The government decided to **erect** a memorial in honor of the dead soldiers.
정부는 사망한 군인들을 기리기 위해 위령비를 세우기로 결정했다.

erection n. 건립, 설치

★★★ **protect**
□ 1415 [prətékt]

ⓥ 보호하다, 막다

The purpose of the court system is to **protect** the rights of the people.
사법 제도의 목적은 사람들의 권리를 보호하는 것이다.

protection n. 보호　　　**protective** a. 보호하는
cf. **protective trade〔tariff〕** 보호 무역〔관세〕

★★ **protest**
□ 1416 [próutest]

ⓥ 항의〔반대〕하다; 주장하다　ⓝ 항의; 시위

Mark Twain **protested** against the war in the Philippines.
Mark Twain은 필리핀에서 일어난 전쟁에 항의했다.

protestant n. 항의하는 사람; 신교도(P~)

★★★ **vacation**
□ 1417 [veikéiʃən]

ⓝ 정기 휴가; 방학

My wife and I visited my parents during the summer **vacation**. ● 08 전국연합
아내와 나는 여름 휴가 동안 부모님을 방문했다.

vacationer n. 행락객, 피서객　　　⒮ **on vacation** 휴가 중인

★★ **vocation**
□ 1418 [voukéiʃən]

ⓝ 천직, 직업; 소명

Those who have a **vocation** for teaching show affection for children.
가르치는 일을 천직으로 삼는 사람들은 아이들에게 애정을 표현한다.

= **job, occupation, profession** n. 직업
cf. **vocational school** 직업학교　　　**vocational disease** 직업병

★★
□1419 **previous**
[príːviəs]

ⓐ 이전의, 앞의

We have more food than at any **previous** time in human history. ● 08 전국연합
우리는 인류 역사상 이전 어느 시기보다 더 많은 식량을 보유하고 있다.

previously ad. 이전에, 미리(↔ later ad. 나중에)
㊄ **previous to** ~에 앞서(= prior to)

★★
□1420 **precious**
[préʃəs]

ⓐ 귀중한, 값비싼, 귀한

A job is a man's most **precious** possession.
직업이란 인간의 가장 귀중한 자산이다.

= **valuable** a. 귀중한　**expensive, costly** a. 값비싼

★★
□1421 **adapt**
[ədǽpt]

ⓥ 적응하다, 적응시키다; 개작하다

The business must **adapt** to changing conditions in the marketplace. ● 05 수능
산업은 변화하는 시장의 상황에 적응해야만 한다.

adaptation n. 적응; 개조　**adaptability** n. 적응성, 순응성
adaptable a. 적응할 수 있는　**adapter** n. 개작자; (기계) 어댑터

★★
□1422 **adopt**
[ədápt]

ⓥ 채택하다; 입양하다

The success of the fast-food industry has caused other industries to **adopt** similar business methods. ● 09 모의
패스트푸드 산업의 성공은 다른 산업들이 유사한 사업 방식을 채택하도록 했다.

adoption n. 채택(채용); 입양

★★
□1423 **wander**
[wándər]

ⓥ 돌아다니다, 방랑하다

After several attacks, the villagers no longer allowed their cattle to **wander** far. ● 06 수능
몇 번의 공격 후, 마을 사람들은 더 이상 소들을 멀리 돌아다니지 못하게 했다.

wandering a. 정처 없이 방랑하는　**wanderer** n. 방랑자

★★★
□1424 **wonder**
[wándər]

ⓥ 궁금하다, 놀라다　ⓝ 경이, 경탄

I **wonder** why people give up just when success is almost within reach.
나는 왜 사람들이 성공이 바로 손에 닿을 듯한 그 순간에 포기하는지 궁금하다.

wonderful a. 훌륭한, 경이로운

★
□1425 **fraction**
[frǽkʃən]

ⓝ 부분, 파편, 소량; (수학) 분수

Only a tiny **fraction** of her work was published in her life time.

그녀의 작품 중 극히 일부분만이 그녀가 살아있을 때 출간되었다.

㉾ **in a fraction of a second** 순식간에

Ⓩoom-in **frac-, frag-(= break)가 포함된 어휘**

fracture 골절	**fragment** 파편, 조각	**fractionize** 작게 나누다
refraction 굴절	**fragmentize** 분열시키다	**fragile** 깨지기 쉬운, 연약한

★
□1426 **friction**
[fríkʃən]

ⓝ 마찰, 마찰력; 알력

Trade **friction** between US and China has grown considerably since 2008.

미국과 중국 사이의 무역 마찰이 2008년 이후로 상당히 많아졌다.

frictionize v. ~에 마찰을 일으키다

★★
□1427 **sew**
[sou]

ⓥ 바느질하다, 꿰매다

Can I borrow a needle so I can **sew** a torn seam?

터진 솔기를 꿰맬 수 있게 바늘을 빌릴 수 있을까요?

sewer [sóuər] n. 재봉사, [súːər] n. 하수구

cf. **sewing machine** 재봉틀

★
□1428 **saw**
[sɔː]

ⓥ 톱질하다 ⓝ 톱

Are you **sawing** this board exactly as we planned? ● 08 수능

우리가 계획한 대로 정확하게 이 판자를 톱질하고 있습니까?

cf. **sawdust** n. 톱밥

★
□1429 **sow**
[sou]

ⓥ (씨를) 뿌리다, 심다

Farmers use machines to prepare the soil and to **sow** and harvest their crops. ● 05 전국연합

농부들은 땅을 일구고, 씨를 뿌리고 곡물을 수확하기 위해 기계를 이용한다.

= **seed** v. 씨를 뿌리다

★★
☐ 1430
inhabit
[inhǽbit]

ⓥ 살다, 거주하다

Our ancestors inhabited a world where news did not travel far beyond the village. ● 05 수능

우리 조상들은 소식이 마을 너머로 멀리 전해지지 않는 세상에 살았다.

inhabitant n. 주민, 거주자
cf. uninhabited a. 사람이 살지 않는

★
☐ 1431
inhibit
[inhíbit]

ⓥ 억제하다, 금하다

Teams can inhibit individual productivity.

팀은 개인의 생산성을 억제할 수 있다.

inhibition n. 금지, 억제
= prevent, hinder, hamper v. 방해하다

★
☐ 1432
ingenious
[indʒíːnjəs]

ⓐ 독창적인, 재간〔재치〕 있는; 기발한

She suggested ingenious strategies to attract clients.

그녀는 고객을 모으기 위해 독창적인 전략을 제안했다.

ingenuity n. 독창성, 재간

★
☐ 1433
ingenuous
[indʒénjuːəs]

ⓐ 천진난만한, 솔직 담백한

She replied with an ingenuous smile, "Nothing could be worse."

그녀는 천진난만한 미소를 머금고 "더 나빠질 것도 없잖아."라고 답했다.

= naive a. 천진난만한, 순수한
↔ disingenuous a. (아는 것을 모른다고 하는) 솔직하지 못한

★★
☐ 1434
compliment
[kámplimənt]

ⓝ 칭찬, 찬사   ⓥ 칭찬하다

Teachers should pay sincere compliments to students.

선생님들은 학생들에게 진심 어린 칭찬을 해야 한다.

complimentary a. 칭찬하는; 무료의(= free of charge)
⊛ compliment A on B A를 B에 대해 칭찬하다

★
☐ 1435
complement
[kámplimənt]

ⓥ 보완하다   ⓝ 보충, 보완

Our products complement each other so well. ● 09 전국연합

우리 상품들은 서로 서로를 잘 보완한다.

complementary a. 상호 보완적인

★★
□ 1436
conform
[kənfɔ́ːrm]

ⓥ 따르다, 순응하다

Advertising pressures women into **conforming** to a perfect body. ● 10 전국연합

광고는 여성들이 완벽한 몸매를 따라가도록 압력을 가한다.

conformity n. 부응, 일치

★★★
□ 1437
confirm
[kənfɔ́ːrm]

ⓥ 확인하다; 승인하다; 굳게 하다

Researchers **confirmed** just how the link between temperature and taste works. ● 10 모의

연구원들은 온도와 맛의 연관성이 어떻게 작용하는지를 확인했다.

confirmation n. 확인, 확증　　**confirmative** a. 확인의

★★★
□ 1438
attitude
[ǽtitjùːd]

ⓝ 태도, 자세

Your language use affects your teachers' **attitudes** toward you. ● 10 수능

너의 언어 사용은 너를 대하는 선생님의 태도에 영향을 끼친다.

= position n. 자세　　**posture** n. (정신적) 태도

★★
□ 1439
aptitude
[ǽptitùːd]

ⓝ 적성, 소질; 경향

We should test our children's **aptitudes** in various subject areas. ● 06 수능

우리는 다양한 교과 영역에 대해 아이들의 적성을 테스트 해야 한다.

⊛ **have an aptitude for** ~에 소질(재능)이 있다
cf. Scholastic Aptitude Test(SAT) (미) 대학 입학 적성 시험

★
□ 1440
altitude
[ǽltətjùːd]

ⓝ 고도, 높이

A few species of oaks grow at high **altitudes** in the tropics. ● 08 수능

몇몇의 참나무 종은 열대 지방의 높은 고도에서 자란다.

cf. altitude sickness 고산병

TEST

A 다음 단어에 해당하는 영어 단어 또는 우리말을 쓰시오.

1. 영향, 효과 _____
2. 빛을 내다 _____
3. 생략하다 _____
4. 움직이지 않는 _____
5. 세우다 _____
6. 항의하다 _____
7. 궁금하다 _____
8. 적응하다 _____
9. 억제하다 _____
10. 보완하다 _____

11. emit _____
12. deserve _____
13. stationery _____
14. vocation _____
15. friction _____
16. previous _____
17. sow _____
18. ingenuous _____
19. attitude _____
20. altitude _____

B 네모 안에서 문맥상 알맞은 단어를 고르시오.

1. The cultural context can effect / affect life expectancy.

2. The office stationary / stationery is kept in the second drawer.

3. If you want to join the walk, deserve / reserve in advance at the information center.

4. The government decided to elect / erect a memorial in honor of the dead soldiers.

5. A job is a man's most precious / previous possession.

6. The business must adapt / adopt to changing conditions in the marketplace.

7. Only a tiny friction / fraction of her work was published in her life time.

**드문,
부족한**

rare vs. scarce ⁰⁸¹²

- **rare** 수나 예가 적어서 진귀하거나 희귀한
- **scarce** 평소 또는 이전에는 풍부했지만 지금은 부족한

Gold is one of the **rarest** metals.
금은 가장 희귀한 금속들 중의 하나이다.

Snow leopards live high in the mountains of central Asia,
where plants are **scarce**.
눈표범은 초목이 드문 중앙아시아의 높은 산지에 산다.

이해하다

understand ⁰⁶¹⁰ vs. comprehend vs. appreciate ¹⁶²⁵

- **understand** 가장 일반적인 의미에서의 이해하다
- **comprehend** 완전히 이해하다(이해에 이르기까지의 심적 과정을 강조)
- **appreciate** 어떤 것의 참된 가치를 이해·인정하다

Confucius **understood** the suffering of the people.
공자는 백성들의 고통을 이해했다.

His philosophy is extremely difficult to **comprehend**.
그의 철학은 이해하기가 매우 어렵다.

We **appreciated** the importance of emotional intelligence.
우리는 감정지능의 중요성을 인정했다.

응시하다

stare ⁰⁵⁷³ vs. gaze vs. glare

- **stare** 눈을 움직이지 않은 채 오랫동안 물끄러미 응시하다
- **gaze** 관심·놀람·애정 등의 감정을 실어 오랫동안 응시하다
- **glare** 화가 나서 누군가를 노려보다

I **stared** at all the buttons in the elevator.
나는 승강기에 있는 모든 버튼을 바라보았다.

He **gazed** at the warm fire for a time.
한 동안 그는 따뜻한 불을 바라다보았다.

She **glared** at the taxi driver and said, "Apologize!"
그녀는 택시 기사를 노려보며 말했다. "사과하세요!"

DAY 37

어휘 더하기 : 동의어 · 유의어 ❼

01	02	03	04	05	06	07	08	09	10
●	●	●	●	●	●	●	●	●	●

11	12	13	14	15	16	17	18	19	20
●	●	●	●	●	●	●	●	●	●

21	22	23	24	25	26	27	28	29	30
●	●	●	●	●	●	●	●	●	●

31	32	33	34	35	36	37	38	39	40
●	●	●	●	●	●	●	●	●	●

41	42	43	44	45	46	47	48	49	50

Day 36 | Review

앞에서 학습한 단어를 얼마나 기억하는지 체크해 보세요.
기억이 나지 않는 단어는 다시 한 번 학습하세요.

- □ effect
- □ affect
- □ blow
- □ glow
- □ emit
- □ omit
- □ raw
- □ row
- □ stationary
- □ stationery
- □ elect
- □ erect
- □ protect
- □ protest
- □ vacation
- □ vocation
- □ fraction
- □ friction
- □ wander
- □ wonder
- □ adapt
- □ adopt
- □ inhabit
- □ inhibit
- □ ingenious
- □ ingenuous
- □ compliment
- □ complement
- □ conform
- □ confirm

WoW!!

★★
□ 1441
artificial
[ɑ̀ːrtəfíʃəl]

ⓐ 인공의, 인위적인

Artificial light washes away the darkness of night.

인공 조명이 밤의 어둠을 몰아 낸다. ● 09 전국연합

= man-made a. 인공의

cf. artificial fertilizer 인공 비료　　artificial flower 조화(造花)

★★
□ 1442
superficial
[sùːpərfíʃəl]

ⓐ 피상적인, 표면(상)의; 천박한

Most tourists have only a superficial understanding and knowledge of Africa.

대부분의 관광객들은 아프리카에 대한 피상적인 이해와 지식만을 가지고 있다.

superficies n. 표면, 외면　　superficiality n. 피상; 천박

= shallow a. 얕은, 피상적인

★★★
□ 1443
status
[stéitəs]

ⓝ 신분, 지위; 상태

A **status** symbol is something, usually an expensive object, that indicates a high social **status** for its owner. ● 08 수능

신분 상징은 대개 비싼 물건으로, 소유자의 높은 사회적 지위를 나타내는 것이다.

= position n. 지위, 신분　　cf. social status 사회적 지위〔신분〕

★★
□ 1444
statue
[stǽtʃuː]

ⓝ 조각상, 상(像)

To her surprise, there was a gigantic statue on the cliff.

그녀가 놀랍게도, 절벽 위에는 거대한 조각상이 있었다.

cf. statuette n. 작은 조각상　　Statue of Liberty (미) 자유의 여신상

★★★
□ 1445
assist
[əsíst]

ⓥ 돕다, 원조하다　　ⓝ 원조; (스포츠) 어시스트

I was asked to assist in creating a committee to improve charities. ● 05 수능

나는 자선 단체를 개선하기 위한 위원회를 만드는 일을 도와달라는 부탁을 받았다.

assistance n. 지원, 원조　　assistant n. 조수, 보조자 a. 보조의

= help, aid, support v. 돕다 n. 원조, 지원

★★★
□ 1446
resist
[rizíst]

ⓥ 반대하다, 저항하다; 억제하다

The bank has resisted cutting interest rates in the past three months.

그 은행은 지난 3개월 동안 금리 인하에 반대해왔다.

resistance n. 저항 (운동), 반대　　resistant a. 저항하는

resistible a. 저항할 수 있는

★★
□1447
addition
[ədíʃən]

ⓝ 추가(물); 덧셈

An ovo-vegetarian follows a vegetarian diet with the **addition** of eggs.
달걀 채식주의자는 달걀을 추가한 채식주의 식단을 따른다.

additional a. 추가의, 부가의(= extra)　　**additive** n. 첨가물〔제〕
㉦ **in addition** 더구나, 게다가(= besides, moreover)

★★
□1448
addiction
[ədíkʃən]

ⓝ 중독, 탐닉; 열중

Teenagers have difficulties overcoming Internet **addiction**.
십대들은 인터넷 중독을 극복하는 데 어려움을 겪는다.　　● 06 전국연합

addict n. 중독〔자〕 v. 중독되게 하다
addictive a. 중독(성)의　　**addicted** a. 중독된

★★★
□1449
attract
[ətrǽkt]

ⓥ 유인하다, 끌다, 매혹시키다

Don't dress your child in clothing with bright colors which are known to **attract** insects. ● 10 전국연합
해충을 유인하는 것으로 알려진 밝은 색깔의 옷을 아이에게 입히지 마라.

attractive a. 매혹〔매력〕적인　　**attraction** n. 매력, 끌어당김; 명소

★★
□1450
distract
[distrǽkt]

ⓥ (정신을) 흐트러뜨리다, 산만하게 하다

The revelation of the documents was an attempt to **distract** attention from recent issues.
문건 공개는 최근의 논란들로부터 주의를 흐트러뜨리려는 시도였다.

distraction n. 주의산만; 기분전환, 오락　　**distracted** a. 마음이 산란한

★
□1451
hardness
[há:rdnis]

ⓝ 단단함, 견고

The **hardness** of a diamond makes it one of the most important industrial materials. ● 07 수능
다이아몬드의 단단함은 그것을 가장 중요한 공업용 재료 중 하나가 되게 한다.

cf. **hardiness** n. 강건, 강인; 인내력

★★
□1452
hardship
[há:rdʃip]

ⓝ 어려움, 고난, 곤경

Britain caused **hardship** in the Indian cloth industry.
영국은 인도 섬유 산업에 어려움을 야기했다. ● 09 전국연합

= **difficulty** n. 어려움　　**adversity** n. 고난, 불운

calculate
★★
□ 1453 [kǽlkjulèit]

ⓥ 계산하다; 추정하다

Scientists cannot calculate the exact location, time, or intensity of an earthquake. ● 06 전국연합
과학자들은 지진의 정확한 위치, 시간, 또는 강도를 계산할 수 없다.

calculation n. 계산; 추정   calculator n. 계산기

circulate
★★
□ 1454 [sə́:rkjulèit]

ⓥ 순환하다; (소문 등이) 퍼지다; 유통시키다

Blood circulates throughout the body.
혈액은 몸 전체를 순환한다.

circular a. 원의, 순환의   circulation n. (혈액의) 순환; 유통

source
★★★
□ 1455 [sɔ:rs]

ⓝ 원천, 근원; 출처

Hydrogen has emerged as a promising new energy source.
수소가 전도 유망한 새 에너지원으로 등장했다.

cf. renewable source 재생 가능 자원   revenue source 수입원

resource
★★
□ 1456 [rí:sɔ:rs]

ⓝ 자원, 재원

Humans tend to exploit natural resources to benefit themselves. ● 08 모의
인간들은 스스로의 이익을 위해 천연 자원을 착취하는 경향이 있다.

cf. natural (human) resources 천연(인적) 자원

derive
★★
□ 1457 [diráiv]

ⓥ 얻다, 끌어내다; 유래하다

Happy people derive deep satisfaction from their connection with one another. ● 05 전국연합
행복한 사람들은 다른 사람과의 유대에서 큰 만족감을 얻는다.

derivation n. 끌어냄, 유도; (말의) 파생
❀ derive from ~에서 유래하다   derive A from B B에서 A를 끌어내다

deprive
★★
□ 1458 [dipráiv]

ⓥ ~을 빼앗다, 박탈하다

The injury deprived him of a chance to compete in the World Cup.
부상은 그에게서 월드컵에 출전할 기회를 빼앗아갔다.

deprivation n. 박탈; 궁핍   ❀ deprive A of B A에게서 B를 빼앗다

★★★
□ 1459 **personal**
[pə́ːrsənl]

ⓐ 개인적인, 사적인, 본인의

Success is the process of realizing your **personal** goals.
성공은 당신의 개인적인 목표를 깨달아가는 과정이다. ● 01 수능

personality n. 개성, 인격　　**personalize** v. 개인화하다, 맞춤화하다

★
□ 1460 **personnel**
[pə̀ːrsənél]

ⓐ 인사의, 직원의　ⓝ (총)인원, (전)직원

I do hope that you will keep in touch with the **personnel** department manager. ● 05 모의
저는 당신이 인사부장과 계속 연락을 유지하기를 진심으로 바랍니다.

cf. personnel department 인사과

★★
□ 1461 **shortage**
[ʃɔ́ːrtidʒ]

ⓝ 부족, 결핍

If the population declines, we will suffer a labor **shortage**.
인구가 감소하면, 우리는 노동력 부족을 겪게 될 것이다. ● 08 전국연합

= lack, want, deficiency n. 부족, 결핍
↔ abundance n. 풍부, 충만

★
□ 1462 **shortcoming**
[ʃɔ́ːrtkʌ̀miŋ]

ⓝ 결점, 단점

One **shortcoming** of MDI, an air pollution-free car, is its high noise level. ● 07 전국연합
공기 오염이 없는 차, MDI의 한 가지 결점은 소음이 크다는 것이다.

= fault, flaw, defect n. 결점
↔ advantage, strength, virtue n. 장점

★★
□ 1463 **amuse**
[əmjúːz]

ⓥ 재미있게 하다, 즐겁게 하다

The teacher **amused** the kids by telling tales about his adventures.
선생님은 그의 모험 이야기를 해주면서 아이들을 재미있게 해주었다.

amusement n. 재미; 놀이

★★
□ 1464 **amaze**
[əméiz]

ⓥ 몹시 놀라게 하다

He **amazed** me with his passion and professionalism.
그는 그의 열정과 뛰어난 기량으로 나를 몹시 놀라게 했다.

amazing a. 놀랄만한, 굉장한
amazement n. 놀라움(= astonishment)

★★ **access**
□ 1465 [ǽkses]

ⓥ 접속하다; 접근하다　ⓝ 접근; (자료 등의) 이용

Most people **access** the Internet to get information.　● 09 모의
대부분의 사람들은 정보를 얻기 위해 인터넷에 접속한다.

accessibility n. 접근 (가능성)　**accessible** a. 접근[이용]하기 쉬운
ⓡ **gain[have] access to** ～에 접근하다

★ **assess**
□ 1466 [əsés]

ⓥ 평가하다; (세금 등을) 사정하다

Most universities turned to standardized testing to **assess**
candidates.
대부분의 대학은 지원자를 평가하기 위해 표준화된 시험에 의존했다.

assessment n. 평가; (세금을 위한) 사정　= **evaluate** v. 평가하다

★★ **stimulate**
□ 1467 [stímjulèit]

ⓥ 자극하다; 격려하다

Putting a toy within reach can **stimulate** children's interest.
장난감을 손이 닿는 곳에 놓으면 아이들의 흥미를 자극할 수 있다.　● 08 전국연합

stimulation n. 자극; 격려　**stimulus** n. 자극(제) (*pl.* stimuli)

★ **simulate**
□ 1468 [símjulèit]

ⓥ ～의 모의 실험을 하다; 흉내 내다

Full-scale models of human beings are made to **simulate**
the behavior of the human body in a motor-vehicle crash.
인간 실물 크기의 모형은 자동차 차량 충돌 시 인체의 행동을 모의 실험하기
위하여 만들어진다.　● 07 수능

simulated a. 모조[가짜]의, 모의실험의
simulation n. 모의실험, 시뮬레이션; 흉내

★★★ **through**
□ 1469 [θru:]

ⓟ ～을 통하여　ⓐⓓ ～을 지나, ～ 사이로

The man made a fortune **through** stocks.　● 07 모의
그 남자는 주식을 통하여 재산을 모았다.

ⓡ **break through** 돌파하다, 헤쳐 나가다
　see through 꿰뚫어보다, 간파하다

★★ **thorough**
□ 1470 [θə́:rou]

ⓐ 철저한, 완전한

Every drug goes through a **thorough** process before being
prescribed to people.
모든 약은 사람들에게 처방되기 전에 철저한 과정을 거친다.

★★
□1471
appliance
[əpláiəns]

ⓝ 가전제품

25 percent of all the electricity we use is for lighting and small **appliances**. ● 05 전국연합
우리가 쓰는 모든 전기의 25퍼센트는 조명이나 소형 가전제품에 사용된다.

★★
□1472
application
[æplikéiʃən]

ⓝ 신청〔지원〕(서); 적용, 응용

The **application** was too complicated for me to fill out.
그 신청서는 내가 작성하기에 너무 복잡했다.

applicant n. 지원자   = **application form** 신청서

★★
□1473
diversity
[daivə́ːrsəti]

ⓝ 다양성

Some people say that America's strength lies in its **diversity**.
어떤 사람들은 미국의 힘이 그 다양성에 있다고 말한다.

diverse a. 다양한(= various)   **diversify** v. 다각〔다양〕화하다

★★
□1474
adversity
[ædvə́ːrsəti]

ⓝ 역경, 불운

Some heroes shine in the face of great **adversity**. ● 07 수능
어떤 영웅들은 큰 역경과 마주칠 때 빛이 난다.

adverse a. 불리한; 반대의

★★
□1475
cooperation
[kouɑ̀pəréiʃən]

ⓝ 협력, 협조

Family problems should be dealt with through **cooperation**.
가족 문제는 협력을 통해서 다뤄져야 한다.   ● 08 전국연합

cooperate v. 협력〔협동〕하다   ㉘ **in cooperation with** ~와 협력하여

Ⓩoom-in l **co-(공동, 함께)가 포함된 어휘**

coeducation 남녀공학   coworker 같이 일하는 사람   colleague 동료
coauthor 공동 집필자   collaboration 공동 작업, 협력

★
□1476
corporation
[kɔ̀ːrpəréiʃən]

ⓝ (큰 규모의) 기업, 회사; 법인

A **corporation** should be held accountable for any of its actions that affect people. ● 06 모의
기업은 사람들에게 영향을 끼치는 어떤 행동에도 책임을 져야 한다.

corporate a. 기업의; 법인의

★★★ **aboard**
□1477 [əbɔ́:rd]

ⓐⓓ (배, 열차 등에) 탄

The ship sank killing all 123 passengers **aboard**.
배가 가라앉으면서 타고 있던 123명 승객 모두가 사망했다.

cf. board v. (배, 열차 등에) 타다 n. 판자; 위원회

★★★ **abroad**
□1478 [əbrɔ́:d]

ⓐⓓ 해외로; (소문 등이) 널리 퍼져 ⓝ 외국, 해외

My wife and children went **abroad** to study and I was left alone.
내 아내와 아이들은 공부하러 해외로 나갔고 나는 혼자 남겨졌다.

= overseas ad. 해외로 a. 해외의

★★ **temperature**
□1479 [témpərətʃər]

ⓝ 기온, 온도; 체온

Oaks grow widely throughout the mild **temperature** zone of the northern hemisphere. ●08 모의
참나무는 북반구의 온화한 기온 지역에서 널리 서식한다.

= body temperature 체온
cf. room temperature 상온, 실내 온도

★ **temperament**
□1480 [témpərəmənt]

ⓝ 기질, 성질

Temperament proved to be the central factor in attaining happiness.
기질이 행복에 이르는 데 가장 중요한 요소임이 입증되었다.

= disposition n. 성질, 기질

Ⓩoom-in | **temper vs. temperament**

temper 감정으로 나타나는 사람의 기질, 성질로 특히 화, 노여움과 관련되어 많이 쓰임
He has a hot **temper**. 그는 욱 하는 성질이 있다.
temperament 행동이나 생각으로 나타나는 사람의 성품이나 성향, 또는 기질
He has an artistic **temperament**. 그는 예술가적 기질을 가지고 있다.

TEST

A 다음 단어에 해당하는 영어 단어 또는 우리말을 쓰시오.

1. 피상적인   _____

2. 저항하다   _____

3. 중독, 탐닉   _____

4. 어려움, 고난   _____

5. 순환하다   _____

6. 몹시 놀라게 하다   _____

7. 인사의, 직원의   _____

8. 접근, 접근하다   _____

9. 가전제품   _____

10. 해외로   _____

11. statue   _____

12. addition   _____

13. hardness   _____

14. resource   _____

15. assess   _____

16. application   _____

17. cooperation   _____

18. thorough   _____

19. adversity   _____

20. temperament   _____

B 네모 안에서 문맥상 알맞은 단어를 고르시오.

1. I was asked to | assist / resist | in creating a committee to improve charities.

2. | Artificial / Superficial | light washes away the darkness of night.

3. Blood | circulates / calculates | throughout the body.

4. The injury | deprived / derived | him of a chance to compete in the World Cup.

5. If the population declines, we will suffer a labor | shortcoming / shortage |.

6. Some heroes shine in the face of great | diversity / adversity |.

7. A | cooperation / corporation | should be held accountable for any of its actions that affect people.

Answer Keys

A 1. superficial 2. resist 3. addiction 4. hardship 5. circulate 6. amaze 7. personnel 8. access
9. appliance 10. abroad 11. 조각상, 상 12. 추가(물); 덧셈 13. 단단함, 견고 14. 자원, 재원 15. 평가하다
16. 신청; 응용 17. 협력, 협조 18. 철저한, 완전한 19. 역경, 불운 20. 기질, 성질 **B** 1. assist 2. Artificial
3. circulates 4. deprived 5. shortage 6. adversity 7. corporation

약속

0261
promise vs. appointment
· **promise** 앞으로 무슨 일을 하겠다는 다짐으로서의 약속
· **appointment** 누군가와 어디에서 만나기로 한 뜻에서의 약속

Brian **promised** his father not to climb trees again.
Brian은 아빠에게 다시는 나무에 올라가지 않겠다고 약속했다.
My friend is always late for an **appointment**.
내 친구는 약속 시간에 항상 늦는다.

능력, 재능

0741
ability vs. faculty vs. talent vs. gift
· **ability** 타고나거나 노력해서 얻은 모든 능력
· **faculty** 어떤 특정 분야의 선천적 또는 후천적인 능력
· **talent** 예술 분야에 두드러지게 나타나는 선천적인 능력
· **gift** 선천적으로 가지고 태어나서 자연스럽게 발휘되는 재능

He is a man of uncommon **ability**.
그는 비범한 능력의 소유자이다.
She has a **faculty** for making people feel comfortable.
그녀는 사람들을 편안하게 느끼게 만드는 능력을 가지고 있다.
My son had a **talent** for art.
내 아들은 미술에 재능이 있다.
He won over audiences with his musical **gift**.
그는 타고난 음악적 재능으로 청중들을 사로잡았다.

DAY 38

어휘 더하기 : 동의어 · 유의어 ❽

백만스물하나.
백만스물둘. 셋..

01	02	03	04	05	06	07	08	09	10
●	●	●	●	●	●	●	●	●	●

11	12	13	14	15	16	17	18	19	20
●	●	●	●	●	●	●	●	●	●

21	22	23	24	25	26	27	28	29	30
●	●	●	●	●	●	●	●	●	●

31	32	33	34	35	36	37	38	39	40
●	●	●	●	●	●	●	●	●	●

41	42	43	44	45	46	47	48	49	50

Day 37 | Review

앞에서 학습한 단어를 얼마나 기억하는지 체크해 보세요.
기억이 나지 않는 단어는 다시 한 번 학습하세요.

☐ artificial   ☐ deprive
☐ superficial   ☐ personal
☐ status   ☐ personnel
☐ statue   ☐ access
☐ assist   ☐ assess
☐ resist   ☐ cooperation
☐ attract   ☐ corporation
☐ distract   ☐ appliance
☐ hardness   ☐ application
☐ hardship   ☐ diversity
☐ calculate   ☐ adversity
☐ circulate   ☐ aboard
☐ source   ☐ abroad
☐ resource   ☐ temperature
☐ derive   ☐ temperament

Wow!!

★
□1481 **precede**
[pri:sí:d]

ⓥ 앞서다; 우선하다

Sleet and freezing rain **preceded** the heavy snow.
진눈깨비와 결빙성 비가 폭설에 앞서 내렸다.

precedent n. 전례, 선례　　**cf. unprecedented** a. 전례가 없는

★
□1482 **proceed**
[prousí:d]

ⓥ 진행하다; 계속하다; 나아가다

He doesn't have enough money to **proceed** with his project.
그는 프로젝트를 진행할 충분한 돈이 없다.

procedure n. 순서, 절차　　**proceeding** n. 진행; 소송(~s)

★★
□1483 **conscious**
[kánʃəs]

ⓐ 의식하는, 의식이 있는

Ethics begins with our being **conscious** that we choose
how we behave. ●02수능
윤리는 어떻게 행동하는지를 우리가 선택한다고 의식하는 것에서 시작된다.

consciousness n. 의식, 지각　　↔ **unconscious** a. 의식하지 못하는
⑳ **be conscious of** ~을 잘 알고 있다(= be aware of)

★
□1484 **conscientious**
[kànʃiénʃəs]

ⓐ 양심적인

The **conscientious** young man returned the money to its
owner.
양심적인 젊은이는 그 돈을 주인에게 돌려주었다.

conscience n. 양심

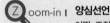

oom-in I **양심선언**
어떤 조직의 악행이나 비리를 고발하는 것을 **declaration of conscience**(양심선언)라고
한다. 비슷한 표현으로 **whistle-blowing**(고발, 밀고)이 있는데, 이것은 blow the whistle
즉, 호각을 불어 경고하여 자신이 몸담고 있던 조직이나 동료를 밀고한다는 의미에서 유래했다.

★★★
□1485 **like**
[laik]

ⓟ ~와 같이, ~처럼　　ⓥ 좋아하다

Falling in love is **like** being wrapped in a magical cloud.
사랑에 빠지는 것은 신비한 구름에 싸여 있는 것과 같다.　　●05수능

likely a. ~ 할 것 같은　　**likewise** ad. 똑같이, 비슷하게

★★
□1486 **alike**
[əláik]

ⓐ 비슷한　　ⓐⓓ 비슷하게; 둘 다, 똑같이

Just like people, no two places can be exactly **alike**.
사람들과 마찬가지로, 두 장소가 정확히 비슷할 수는 없다.　　●10전국연합

⑳ **look alike** 비슷해 보이다

★★★ **intensive**
□ 1487 [inténsiv]

ⓐ 집중적인, 강한

Students are too tired with the **intensive** daily schedule.

집중적인 하루 일과로 인해 학생들이 너무 지쳐 있다.

intense a. 강렬한, 격렬한   **intensity** n. 강도, 세기

★★ **extensive**
□ 1488 [iksténsiv]

ⓐ 넓은; 광범위한

In the recent past, glaciers have been far more **extensive** than they are today. ● 08 모의

얼마 전까지는 빙하들이 오늘날보다도 훨씬 더 넓게 분포되어 있었다.

extend v. 연장하다, 확장하다   **extension** n. 연장, 확장

★★ **obsession**
□ 1489 [əbséʃən]

ⓝ 강박 관념, 집착

She is seized with an **obsession** to stay slim to be attractive.

그녀는 매력적이기 위해 날씬해야 한다는 강박 관념에 사로잡혀 있다.

obsess v. (망상 등이) 사로잡다, 강박 관념을 갖다
obsessive a. 강박 관념의

★★ **possession**
□ 1490 [pəzéʃən]

ⓝ 소지, 소유; 소유물, 재산(~s)

The **possession** of a passport is necessary for admission into countries overseas.

해외 국가들에 입국 허가를 받기 위해서는 여권 소지가 필수적이다.

possess v. 소유하다; (마음을) 사로잡다
㊝ **get〔take〕possession of** ~을 손에 넣다, 점령하다
　in possession of ~을 소유하고 있는

★★ **ethnic**
□ 1491 [éθnik]

ⓐ 민족의, 민족 특유의

Many people have been killed in outbursts of **ethnic** violence.

많은 사람들이 민족간 폭력 사태에서 목숨을 잃고 있다.

ethnicity n. 민족, 인종   cf. **ethnic diversity** 인종적 다양성

★★ **ethical**
□ 1492 [éθikəl]

ⓐ 윤리적인, 도덕상의

It's time to raise **ethical** issues about academic honesty.

학문적 정직성에 관한 윤리적인 문제들을 제기야 할 때이다.

ethic n. 윤리   **ethics** n. 윤리학; 윤리, 도덕
↔ **unethical** a. 비윤리적인

★★★ **acquire**
□1493 [əkwáiər]

ⓥ 얻다, 획득하다, 습득하다
Can a person **acquire** everything he needs to survive through the Internet? ● 05 전국연합
인간이 인터넷으로 생존에 필요한 모든 것들을 얻을 수 있을까?
acquisition n. 획득, 습득

★★ **inquire**
□1494 [inkwáiər]

ⓥ 묻다; 조사하다
You should **inquire** about the schedule of special shows in the museum. ● 07 전국연합
너는 박물관에 특별 전시 일정이 있는지 문의해야 한다.
inquiry n. 문의, 질문; 연구

★★★ **idle**
□1495 [áidl]

ⓥ (시간을) 빈둥거리며 보내다 ⓐ 한가한, 게으른
I have **idled** away all morning lying on the grass in front of my house. ● 07 전국연합
나는 우리 집 앞의 풀밭에 누워 아침나절을 빈둥거리며 보냈다.

★ **idol**
□1496 [áidl]

ⓝ 우상
The girl introduced herself as a huge fan of Korean pop **idol** Rain.
그 소녀는 자신을 한국 팝계의 우상 비의 열성 팬이라고 소개했다.
idolize v. 우상화하다, 숭배하다   **idolatry** n. 우상 숭배

★★ **organism**
□1497 [ɔ́:rgənìzm]

ⓝ 유기체, 생물
Each individual **organism** begins as a single cell.
각각의 유기체는 하나의 세포에서 시작된다.
cf. microorganism n. 미생물

★★★ **organ**
□1498 [ɔ́:rgən]

ⓝ 기관(器官), 장기; 조직
Cool water makes the blood rush to your **organs**.
차가운 물은 피가 체내 기관으로 몰리도록 한다. ● 09 전국연합

Zoom-in | 장기 관련 어휘
lung 폐   appendix 맹장   liver 간   stomach 위
kidney 신장   pancreas 췌장   large(small) intestine 대(소)장

★★ **expand**
□ 1499 [ikspǽnd]

ⓥ 확대시키다, 확장시키다
The freedom to be playful **expands** creative opportunities.
장난칠 수 있는 자유는 창조적인 기회를 확대시켜 준다. ● 05 전국연합
expansion n. 확장, 팽창 ↔ **contract** v. 수축시키다

★★ **expend**
□ 1500 [ikspénd]

ⓥ 소비하다; (시간, 노력 등을) 들이다
Many persons, as they begin to prosper, start **expending** for luxuries. ● 09 전국연합
많은 사람들은 성공하기 시작하면 사치품을 소비하기 시작한다.
expense n. 비용, 경비
expenditure n. 지출, 비용

★ **enforce**
□ 1501 [infɔ́ːrs]

ⓥ 강요하다; (법률 등을) 시행하다
I think the government should not **enforce** a specific religion.
나는 정부가 특정 종교를 강요해서는 안 된다고 생각한다.
enforcement n. 강제; (법률 등의) 시행 **enforcer** n. 집행자

★ **reinforce**
□ 1502 [rìːinfɔ́ːrs]

ⓥ 강화하다, 보강하다
Reviewing your material thoroughly in advance of the test helps **reinforce** information. ● 06 모의
시험에 앞서 교재를 철저하게 복습하는 것은 정보를 강화시키는 데 도움이 된다.
reinforcement n. 강화, 보강 = **strengthen** v. 강화하다

★★ **fertile**
□ 1503 [fɔ́ːrtl]

ⓐ 비옥한; 다산(多産)인
Land once considered unfit for food production has become **fertile**.
한 때 식량 생산에 부적합하다고 생각됐던 땅이 비옥해졌다.
fertilizer n. (화학) 비료 ↔ **infertile** a. 불모의; 생식력이 없는

★ **futile**
□ 1504 [fjúːtl]

ⓐ 소용없는, 헛된
Their efforts to save the drowning woman were **futile**.
물에 빠진 여자를 구하려는 그들의 노력은 소용이 없었다.
= **useless, vain** a. 소용없는

★★ **distinguish**
□ 1505 [distíŋgwiʃ]

ⓥ 구별하다; 두드러지게 하다

Foolish people cannot distinguish between good and evil.

어리석은 사람들은 선과 악을 구별할 수 없다. ● 06 전국연합

distinguished a. 뛰어난　　**distinguishable** a. 구별할 수 있는

= differentiate, discriminate v. 구별하다

ⓢ distinguish (know, tell) A from B　A와 B를 구별하다

★★ **extinguish**
□ 1506 [ikstíŋgwiʃ]

ⓥ (불 등을) 끄다, 진화하다

It took firefighters over 3 hours to extinguish the blaze.

소방관들이 불을 끄는 데 3시간 넘게 걸렸다. ● 05 전국연합

= put out (불 등을) 끄다　　cf. fire extinguisher 소화기

★★★ **thirsty**
□ 1507 [θɔ́ːrsti]

ⓐ 목마른; 갈망하는

The thirsty traveler let the bucket down the well.

그 목마른 여행자는 물통을 우물 안으로 내려 보냈다. ● 05 모의

thirst n. 갈증; 갈망

★ **thrifty**
□ 1508 [θrífti]

ⓐ 검소한, 아끼는

We have to be thrifty and save money for a rainy day.

우리는 어려운 때를 대비하여 검소해야 하고 돈을 저축해야 한다. ● 05 전국연합

thrift n. 절약, 검약

★ **withhold**
□ 1509 [wiðhóuld]

ⓥ ~을 주는 것을 보류하다; 억제하다

Is it right for the company to withhold information about the cause of the accident?

회사가 사고의 원인에 관한 정보 제공을 보류하는 것은 옳은 일인가?

★ **withstand**
□ 1510 [wiðstǽnd]

ⓥ 견디다; 저항하다

Chickpea can withstand drought conditions by extracting water from deeper layer in the soil. ● 07 전국연합

병아리콩은 땅 속 깊은 층에서 물을 빨아들여서 가뭄 상태를 견뎌낼 수 있다.

= bear v. 견디다　　resist v. 저항하다

component
★★
□1511 [kəmpóunənt]

ⓝ 구성 요소, 성분   ⓐ 구성하는

The individual **components** of your brain cells are constantly renewed. ● 08 전국연합

뇌세포에 있는 각각의 구성 요소는 끊임없이 재생된다.

---

oom-in Ⅰ **'구성 요소, 성분'의 뜻을 가진 어휘**

component 기계의 구성 요소 또는 화학, 수학, 언어의 성분
ingredient 특히 요리에 들어가는 재료나 성분
element 전체를 형성하는 요소의 하나로 더 이상 나눌 수 없는 성분

---

opponent
★
□1512 [əpóunənt]

ⓝ (경쟁 등의) 상대; 반대자   ⓐ 반대의; 적대하는

My **opponent** made a critical mistake, which gave me an advantage.

나의 상대가 결정적인 실수를 했고, 이는 나에게 이득이 되었다.

cf. political opponent 정치적 상대

---

aspiration
★★
□1513 [æspəréiʃən]

ⓝ 열망, 포부

Coins reflect both a country's history and its **aspirations**.

동전은 한 나라의 역사와 그 열망을 반영한다.   ● 08 수능

aspire v. 열망(갈망)하다

---

inspiration
★★
□1514 [ìnspəréiʃən]

ⓝ 영감; 영감(자극)을 주는 사람(것)

Painters usually draw their **inspiration** from nature.

화가들은 보통 자연에서 영감을 이끌어낸다.

inspire v. 고무(격려)하다, 영감을 주다

---

perspiration
★
□1515 [pə̀ːrspəréiʃən]

ⓝ 땀; 노력

When I arrived home, I was exhausted and drenched in **perspiration**.

집에 돌아왔을 때 나는 지쳤고 땀에 젖어 있었다.

perspire v. 땀을 흘리다   = **sweat** n. 땀

★★ **meditation**
□1516 [mèdətéiʃən]

ⓝ 명상; 심사숙고

Spend more time for **meditation** if you want to feel happiness.
행복감을 느끼고 싶다면 명상에 더 많은 시간을 써라.

meditate v. 명상하다; 심사숙고하다

★ **medication**
□1517 [mèdikéiʃən]

ⓝ 약물 (치료)

The risk of environmental contamination is increasing because of improper disposal of **medications**. ● 08 전국연합
환경 오염의 위험이 약물의 부적절한 처리로 인해 증가하고 있다.

㊈ **be on medication** 약물 치료를 받고 있다

★ **mediation**
□1518 [mì:diéiʃən]

ⓝ 중재, 조정

He is a trained mediator with an emphasis on the **mediation** of labor disputes.
그는 노동 분쟁 조정을 중점적으로 하는 숙달된 중재자이다.

mediate v. 조정하다, 중재하다   **mediator** n. 중재자, 조정관

---

oom-in I **'조정, 중재'의 뜻을 가진 어휘**
arbitration 중재   conciliation (노동쟁의 등의) 조정
reconciliation 조정, 화해

★★★ **obvious**
□1519 [ábviəs]

ⓐ 분명한, 명백한

Owning a car in my city is an **obvious** waste of time and money.
우리 도시에서 차를 소유하는 것은 시간과 돈의 분명한 낭비이다.

= **clear, apparent, evident** a. 명백한

★ **oblivious**
□1520 [əblíviəs]

ⓐ 의식하지 못하는

Most people are **oblivious** to the ancient monuments.
대부분의 사람들은 고대의 기념물을 의식하지 못한다.

oblivion n. 망각

TEST

A 다음 단어에 해당하는 영어 단어 또는 우리말을 쓰시오.

1. 진행하다 _____
2. 의식하는 _____
3. 집중적인 _____
4. 소지, 소유 _____
5. 확대시키다 _____
6. 비옥한 _____
7. 강요하다 _____
8. 구별하다 _____
9. 검소한 _____
10. 명상 _____

11. conscientious _____
12. obsession _____
13. ethnic _____
14. idol _____
15. futile _____
16. inquire _____
17. extinguish _____
18. aspiration _____
19. perspiration _____
20. oblivious _____

B 네모 안에서 문맥상 알맞은 단어를 고르시오.

1. Just like people, no two places can be exactly like / alike .

2. The possession / obsession of a passport is necessary for admission into countries overseas.

3. The freedom to be playful expands / expends creative opportunities.

4. Their efforts to save the drowning woman were futile / fertile .

5. Is it right for the company to withstand / withhold information about the cause of the accident?

6. Painters usually draw their inspiration / perspiration from nature.

7. He is a trained mediator with an emphasis on the meditation / mediation of labor disputes.

빠뜨리다

skip vs. omit
1406
- **skip** 해야 하는 것을 하지 않고 빠뜨리다 또는 건너뛰다
- **omit** 의도적으로 또는 잊어버려서 무엇인가를 빠뜨리다

Many people neglect breakfast or **skip** it entirely.
많은 사람들은 아침 식사를 소홀히 하거나 완전히 건너뛰어 버린다.

The editors **omitted** a word because of moral objections.
편집자들은 도덕적인 반대 때문에 어떤 한 단어를 생략했다.

냄새

smell vs. odor vs. scent vs. fragrance
0728
- **smell** 냄새를 나타내는 일반적인 말
- **odor** 향기를 나타내는 때도 있지만, 주로 불쾌한 냄새나 악취
- **scent** 좋은 의미의 냄새를 나타내며, 특히 동물이 뒤에 남기는 희미한 냄새의 흔적·
- **fragrance** 꽃이나 향수 등에서 퍼져 나오는 기분 좋은 향기

Most people dislike skunks because of their terrible **smell**.
대부분의 사람들은 그 지독한 냄새 때문에 스컹크를 좋아하지 않는다.

I noticed a foul **odor** coming from the sink.
나는 악취가 싱크대에서 올라온다는 것을 알았다.

The hounds picked up the **scent** of a rabbit.
사냥개들이 토끼의 냄새를 추적했다.

The **fragrance** of flowers spread across the room.
꽃향기가 방에 가득 퍼졌다.

DAY 39

어휘 더하기 : 동의어 · 유의어 ⑨

백안스물하나.
백안스물 둘. 셋..

01	02	03	04	05	06	07	08	09	10
●	●	●	●	●	●	●	●	●	●

11	12	13	14	15	16	17	18	19	20
●	●	●	●	●	●	●	●	●	●

21	22	23	24	25	26	27	28	29	30
●	●	●	●	●	●	●	●	●	●

31	32	33	34	35	36	37	38	39	40
●	●	●	●	●	●	●	●	●	●

41	42	43	44	45	46	47	48	49	50

Day 38 | Review

앞에서 학습한 단어를 얼마나 기억하는지 체크해 보세요.
기억이 나지 않는 단어는 다시 한 번 학습하세요.

☐ precede
☐ proceed
☐ conscious
☐ conscientious
☐ obsession
☐ possession
☐ ethnic
☐ ethical
☐ acquire
☐ inquire
☐ organism
☐ organ
☐ enforce
☐ reinforce
☐ fertile

☐ futile
☐ distinguish
☐ extinguish
☐ withhold
☐ withstand
☐ component
☐ opponent
☐ aspiration
☐ inspiration
☐ perspiration
☐ meditation
☐ medication
☐ mediation
☐ obvious
☐ oblivious

Wow!!

★★ **conference**
□1521 [kánfərəns]

ⓝ 회의, 협의
I'm fed up with such a conference. ● 09 전국연합
나는 그런 회의는 지긋지긋해.

confer v. 협의하다(= consult); 수여하다(= grant)
cf. conference call (동시에 여럿이 하는) 전화 회의

★★ **preference**
□1522 [préfərəns]

ⓝ 선호, 더 좋아하는 것
The preference for sons is rooted in Confucian religion belief in East Asia.
남아 선호는 동아시아의 유교 사상에 근거하고 있다.

preferable a. (~보다) 더 좋은　　㋭ **prefer A to B** B보다 A를 선호하다

★★★ **inform**
□1523 [infɔ́ːrm]

ⓥ 알리다, 통지하다
A cookbook informs the reader of new recipes. ● 05 전국연합
요리책은 독자에게 새 요리법을 알려준다.

information n. 정보, 지식　　**informative** a. 유익한, 교육적인
= notify v. 통지하다　　㋭ **inform A of B** A에게 B를 알리다

★★ **reform**
□1524 [riːfɔ́ːrm]

ⓥ 개혁〔개선〕하다　ⓝ 개혁, 개선
The government announced plans to reform the social security system.
정부는 사회 보장제도를 개혁하기 위한 계획을 발표했다.

reformed a. 개량〔개선〕된　　**reformer** n. 개혁가

★★★ **complete**
□1525 [kəmplíːt]

ⓥ 완성〔완료〕하다　ⓐ 완전한, 완성된
It took Johnson nine years to complete the dictionary.
Johnson이 사전을 완성하는 데는 9년이 걸렸다. ● 05 전국연합

completely ad. 완전히　　**completion** n. 완성
↔ **incomplete** a. 불완전한; 미완성의

★ **deplete**
□1526 [diplíːt]

ⓥ 고갈시키다, 격감시키다
Natural resources have been depleted to meet the endless needs of humankind.
천연 자원은 인류의 끝없는 욕구를 충족시키기 위하여 고갈되어 왔다.

depletion n. 고갈, 소모

★★
□1527
define
[difáin]

ⓥ 정의하다; 규정하다

Different cultures **define** beauty quite differently. ● 09 전국연합
서로 다른 문화들은 아름다움을 서로 매우 다르게 정의한다.

definition n. 정의　　**definite** a. 명확한, 확실한
definitely ad. 명확히, 확실히(= certainly)
㊀ **define A as B** A를 B로 정의하다

★★
□1528
confine
[kənfáin]

ⓥ 한정하다; 가두다

Knowledge of writing was **confined** to professionals who
worked for the king or temple. ● 06 수능
글쓰기에 대한 지식은 왕이나 사원을 위해 일하는 전문가에게 한정되어 있었다.

confinement n. 제한; 감금　　= **limit, restrict** v. 한정하다
㊀ **confine A to B** A를 B에 한정하다

★
□1529
refine
[rifáin]

ⓥ 정제하다; 개선하다

Each day nearly a billion gallons of crude oil are **refined**
and used in the United States. ● 09 수능
미국에서는 매일 거의 10억 갤런의 원유가 정제되고 사용된다.

refinement n. 정제; 개선　　**refinery** n. 정제[정련]소
refined a. 정제된; 세련된

★★★
□1530
involve
[inválv]

ⓥ 수반[포함]하다; 참여시키다

All forms of physical activity **involve** a risk of injury.
모든 형태의 신체적 활동은 부상의 위험을 수반한다.

involvement n. 관련, 참여(= participation)
㊀ **be involved in** ~에 참여하다
　 be involved with ~와 관련되다

★★
□1531
revolve
[riválv]

ⓥ 회전하다; (천체) 공전하다

Many different types of artificial satellites **revolve** around
the earth.
많은 다른 종류의 인공 위성들이 지구 주위를 회전한다.

revolution n. 회전; 공전; 혁명
revolving a. 순환하는; (기계) 회전식의

★★
□ 1532
surface
[sə́ːrfis]

ⓝ 표면; 외관

About twenty percent of Earth's land **surface** is desert.

지구 지표면의 약 20%가 사막이다. ● 05 전국연합

㊚ **scratch the surface of** ~을 겉핥기 하다

★
□ 1533
preface
[préfis]

ⓝ 서문, 머리말 ⓥ 서문을 쓰다

The **preface** contains an apology for provoking misunderstanding and controversy.

서문에는 오해와 논쟁을 불러일으킨 데 대한 사과문이 쓰여 있다.

cf. foreword n. (저자 이외의 사람이 쓴) 서문

★★
□ 1534
assume
[əsúːm]

ⓥ 가정하다; 떠맡다; (태도를) 취하다

Some people **assume** that new technologies will always benefit us.

몇몇 사람들은 새로운 기술들이 항상 우리에게 이로울 것이라고 가정한다.

assumption n. 가정, 추측(= presumption) **= presume** v. 가정하다

★
□ 1535
resume
[rizúːm]

ⓥ 다시 시작되다[하다]; 되찾다

Play **resumed** after the wind subsided.

바람이 잦아든 후 경기가 다시 시작됐다.

resumption n. 재개; 되찾음 **cf. résumé** [rézumi] n. 이력서

★★★
□ 1536
occur
[əkə́ːr]

ⓥ 일어나다, 생기다; 머리에 떠오르다

Calmness can **occur** during a state of relaxation from accepting one's situation. ● 09 전국연합

침착함은 자신의 상황을 받아들이는 데서 오는 편안한 상태에서 생길 수 있다.

occurrence n. 발생, 사건 **occurrent** a. 현재 일어나고 있는
= happen, take place 발생하다

★
□ 1537
recur
[rikə́ːr]

ⓥ 재발하다, 다시 일어나다; (기억이) 되살아나다

Malaria can be treated with medication, but it may **recur** at any time.

말라리아는 약으로 치료할 수 있지만 언제든지 재발할 수 있다.

recurrence n. 재발; 회상 **recurring** a. 되풀이하여 발생하는
recurrent a. 재발하는

★★
☐ 1538
prescribe
[priskráib]

ⓥ (약을) 처방하다; 규정〔지시〕하다
Dr. Scott became the first to prescribe botulinum toxin,
or Botox. ● 07 전국연합
Scott 박사는 botulinum toxin, 즉 보톡스를 처방한 첫 번째 의사가 되었다.
prescription n. 처방(전); 규정

★
☐ 1539
subscribe
[səbskráib]

ⓥ (신문, 잡지 등을) 정기 구독하다
It's a good idea to subscribe to an English magazine
to improve your English.
영어를 향상시키기 위해 영어 잡지를 정기 구독하는 것은 좋은 생각이다.
subscription n. 정기 구독; 구독료

★★★
☐ 1540
describe
[diskráib]

ⓥ 묘사하다, 기술하다
Robin Hood has been described as a successful robber.
Robin Hood는 성공한 도둑으로 묘사되었다. ● 04 모의
description n. 묘사, 기술 **descriptive** a. 묘사하는, 서술하는

★★
☐ 1541
contribute
[kəntríbjuːt]

ⓥ 기부〔기증〕하다; 기여〔공헌〕하다
People who buy lottery tickets can enjoy themselves while
contributing to society.
복권을 산 사람들은 사회에 기여하면서 즐길 수 있다.
contribution n. 기부, 성금; 기여
❀ **contribute to** ~에 기부하다; 기여하다

★★
☐ 1542
distribute
[distríbjuːt]

ⓥ 분배하다, 배부하다; 유통시키다
The capacity to store and distribute information has
increased through the use of computers.
정보를 저장하고 분배하는 능력은 컴퓨터의 사용을 통해 향상되었다.
distribution n. 분배, 배부; 유통

★★
☐ 1543
attribute
[ətríbjuːt] ⓥ
[ǽtribjuːt] ⓝ

ⓥ ~의 탓〔덕〕으로 돌리다 ⓝ 자질, 속성
She attributed her success to her supervisors.
그녀는 그녀의 성공을 상사들 덕으로 돌렸다.
= **ascribe** v. ~의 탓으로 돌리다
❀ **attribute A to B** A를 B의 탓〔덕〕으로 돌리다

★★
□1544 **immature**
[ìmətjúər]

ⓐ 미숙한, 치기 어린

Adolescents are too immature to be independent.
청소년들은 독립하기에는 너무 미숙하다.

immaturity n. 미숙, 미성숙 ↔ **mature** a. 성숙한

★
□1545 **premature**
[prì:mətjúər]

ⓐ 너무 이른, 시기상조의; (아이가) 조산의

It is premature to conclude that the economy is in a recovery stage.
경제가 회복 단계에 놓여 있다고 결론짓기에는 너무 이르다.

cf. **premature birth**(baby) 조산(아)

★★
□1546 **efficient**
[ifíʃənt]

ⓐ 효율적인, 능률적인

Agriculture will become even more efficient by using new types of technology.
농업은 새로운 형태의 기술을 사용함으로써 훨씬 더 효율적이 될 것이다.

efficiency n. 효율, 능률(↔ **inefficiency** n. 비효율, 비능률)
↔ **inefficient** a. 비효율적인, 비능률적인

★★
□1547 **sufficient**
[səfíʃənt]

ⓐ 충분한

The city refuses to provide sufficient parking for cars.
시 당국은 자동차를 위한 충분한 주차 공간 제공을 거부한다. ●07 전국연합

suffice v. 충분하다; 만족시키다 ↔ **insufficient** a. 불충분한

★★
□1548 **deficient**
[difíʃənt]

ⓐ 부족한, 모자라는

When your body is deficient in water, the skin becomes dry, chapped and weak.
몸에 수분이 부족하면 피부는 건조해지고, 트고, 약해진다.

deficiency n. 부족, 결핍
deficit n. 적자, 부족액(↔ **surplus** n. 잉여, 흑자)

★★
□1549 **proficient**
[prəfíʃənt]

ⓐ 능숙한, 숙달된

My husband is proficient at reading maps and good with directions.
내 남편은 지도를 읽는 데 능숙하고 방향 감각이 좋다.

proficiency n. 숙달, 능수능란 = **skilled, adept** a. 숙달된

★★
□ 1550 **perceive**
[pərsíːv]

ⓥ 인지하다; 이해하다

When objects lie close together, people **perceive** the objects as a group. ● 08 전국연합
사물들이 가까이 모여 있으면, 사람들은 그것들을 하나의 그룹으로 인지한다.

perception n. 인지, 인식, 지각(력)　　= **recognize** v. 인지하다

★★★
□ 1551 **deceive**
[disíːv]

ⓥ 속이다, 기만하다

The advertiser that **deceived** customers through false information was accused.
허위 정보로 고객들을 속인 광고주가 고발되었다.

deception n. 속임수, 사기, 기만(= deceit)　　**deceitful** a. 속이는

★★
□ 1552 **profession**
[prəféʃən]

ⓝ (전문적인) 직업, 전문직; 공언

Teaching is a highly respected **profession**. ● 08 전국연합
교직은 매우 존경 받는 직업이다.

professional a. 직업의, 전문적인　　**profess** v. 공언(천명)하다

★★
□ 1553 **confession**
[kənféʃən]

ⓝ 고백, 자백

Her **confession** that she loved me embarrassed me a lot.
나를 사랑했다는 그녀의 고백이 나를 무척 당황스럽게 했다.

confess v. 자백하다, 고백하다　　**confessional** a. 자백의

★★
□ 1554 **precise**
[prisáis]

ⓐ 정확한, 정밀한

Data collected by the satellite will help researchers develop **precise** forecasts.
인공위성으로 수집한 자료는 연구자들이 정확한 예보를 하는 데 도움이 될 것이다.

precision n. 정확성(= accuracy)　　= **exact, accurate** a. 정확한

★
□ 1555 **concise**
[kənsáis]

ⓐ 간결한; 축약된

The marketing message to the consumers should be **concise** and correct. ● 06 전국연합
소비자들에게 보내는 판매 메시지는 간결하고 정확해야 한다.

concisely ad. 간결하게　　**concision** n. 간결, 간명

★★ **expel**
□1556 [ikspél]

ⓥ 퇴학시키다; 추방하다; (공기나 물을) 배출하다

Cooper went to Yale University but was **expelled** for misbehavior. ● 06 전국연합

Cooper는 Yale 대학에 들어갔으나 나쁜 품행으로 퇴학당했다.

 oom-in l **expel vs. exile**

expel ⓥ (권리, 자격을 박탈하여) 쫓아내다, (특히 학교에서) 퇴학시키다

exile ⓥ (정치적 이유 때문에 국외로) 추방하다 ⓝ 국외추방, 망명

★★ **compel**
□1557 [kəmpél]

ⓥ 강요〔강제〕하다, 억지로 ～ 하게 하다

He was strictly brought up by parents who **compelled** him to read books.

그는 책을 읽으라고 강요하는 부모님에 의해 엄격하게 키워졌다.

compulsory a. 의무적인　**compulsion** n. 강요

= **force, oblige** v. 강요하다

★★ **expose**
□1558 [ikspóuz]

ⓥ 노출시키다; 폭로하다

You had better **expose** your new ideas to the criticism of others. ● 07 수능

당신의 새로운 생각을 다른 사람들의 비판에 노출시키는 편이 낫다.

exposure n. 노출; 폭로　☜ **expose A to B** A를 B에 노출시키다

★★ **impose**
□1559 [impóuz]

ⓥ 부과하다; 강요하다

Free trade means that goods and services should be traded without tariffs **imposed** by governments.

자유 무역은 재화와 용역이 정부가 부과하는 관세 없이 거래되어야 하는 것을 의미한다.

☜ **impose A on B** B에게 A를 부과〔강요〕하다

★★ **oppose**
□1560 [əpóuz]

ⓥ ～에 반대하다

The vast majority of people **oppose** racism and all forms of discrimination.

대다수의 많은 사람들이 인종 차별과 모든 형태의 차별에 반대한다.

opposition n. 반대　= **object to** ～에 반대하다

☜ **as opposed to** ～와는 반대되는 것으로

TEST

A 다음 단어에 해당하는 영어 단어 또는 우리말을 쓰시오.

1. 선호 _____
2. 개혁하다 _____
3. 고갈시키다 _____
4. 정제하다 _____
5. 회전하다 _____
6. 서문 _____
7. 기부하다; 기여하다 _____
8. ~의 탓으로 돌리다 _____
9. 부족한 _____
10. 퇴학시키다 _____

11. conference _____
12. confine _____
13. surface _____
14. deceive _____
15. perceive _____
16. sufficient _____
17. subscribe _____
18. confession _____
19. proficient _____
20. oppose _____

B 네모 안에서 문맥상 알맞은 단어를 고르시오.

1. It took Johnson nine years to deplete / complete the dictionary.

2. Each day nearly a billion gallons of crude oil are defined / refined and used in the United States.

3. All forms of physical activity involve / revolve a risk of injury.

4. Some people resume / assume that new technologies will always benefit us.

5. She attributed / contributed her success to her supervisors.

6. My husband is deficient / proficient at reading maps and good with directions.

7. He was strictly brought up by parents who compelled / expelled him to read books.

Answer Keys

A 1. preference 2. reform 3. deplete 4. refine 5. revolve 6. preface 7. contribute 8. attribute 9. deficient 10. expel 11. 회의, 협의 12. 한정하다; 가두다 13. 표면; 외관 14. 속이다, 기만하다 15. 인지하다; 이해하다 16. 충분한 17. 정기 구독하다 18. 고백, 자백 19. 능숙한, 숙달된 20. ~에 반대하다 **B** 1. complete 2. refined 3. involve 4. assume 5. attributed 6. proficient 7. compelled

어휘⊕더하기 동의어·유의어 ⑨

도둑, 강도

thief vs. robber vs. burglar

- **thief** 폭력을 쓰지 않고 물건 등을 훔치기만 하는 도둑
- **robber** 대개 폭력을 행사하여 남의 것을 빼앗는 강도
- **burglar** 남의 집이나 건물에 불법적으로 침입하여 강도질을 벌이는 도둑

They were afraid of being held up by the **thief**.
그들은 도둑에게 보복을 당할까봐 두려웠다.

The three bank **robbers** were arrested.
세 명의 은행 강도들이 체포되었다.

I found a **burglar** attempting to break into my apartment.
나는 내 아파트에 침입하려고 시도하고 있는 강도를 발견했다.

여행

travel vs. trip vs. journey vs. tour vs. excursion

- **travel** 여행을 뜻하는 가장 일반적으로 말로, 특히 장기간의 여행
- **trip** 보통 놀이나 특정한 용무로 떠났다가 다시 돌아오는 짧은 여행
- **journey** 주로 멀리 떨어진 곳을 육로로 하는 긴 여행
- **tour** 주로 관광이나 시찰 등 계획을 짜고 하는 여행
- **excursion** 많은 사람이 함께 하는 짧은 여행

Traveling with cash isn't always a wise decision.
현금을 가지고 여행하는 것이 늘 현명한 결정은 아니다.

One winner will win a **trip** to three Asian countries.
한 명의 우승자는 아시아 3개국 여행권을 타게 됩니다.

Handel made a **journey** to Italy in 1706.
Handel은 1706년에 이탈리아로 여행을 떠났다.

A full factory **tour** takes approximately 75 minutes.
공장 전체 견학은 대략 75분이 걸린다.

The freshmen went on a school **excursion** to Japan.
신입생들은 일본으로 수학여행을 갔다.

DAY 40

어휘 더하기 : 동의어 · 유의어 ⑩

01	02	03	04	05	06	07	08	09	10
●	●	●	●	●	●	●	●	●	●

11	12	13	14	15	16	17	18	19	20
●	●	●	●	●	●	●	●	●	●

21	22	23	24	25	26	27	28	29	30
●	●	●	●	●	●	●	●	●	●

31	32	33	34	35	36	37	38	39	40
●	●	●	●	●	●	●	●	●	●

41	42	43	44	45	46	47	48	49	50

Day 39 | Review

앞에서 학습한 단어를 얼마나 기억하는지 체크해 보세요.
기억이 나지 않는 단어는 다시 한 번 학습하세요.

☐ conference ☐ recur
☐ preference ☐ immature
☐ complete ☐ premature
☐ deplete ☐ efficient
☐ define ☐ sufficient
☐ confine ☐ deficient
☐ refine ☐ proficient
☐ prescribe ☐ perceive
☐ subscribe ☐ deceive
☐ describe ☐ profession
☐ involve ☐ confession
☐ revolve ☐ precise
☐ surface ☐ concise
☐ preface ☐ expel
☐ occur ☐ compel

★★★ **sensible**
□ 1561 [sénsəbl]

ⓐ 분별 있는, 합리적인

Now is the time to emphasize sensible individual credit card use. ● 04 모의

지금이 분별 있는 개인 신용카드 사용을 강조해야 할 때이다.

sense n. 분별; 감각 v. 느끼다　**sensibility** n. 감각; 감수성(~ties)
cf. Sense and Sensibility 이성과 감성(Jane Austin의 소설)

★★★ **sensitive**
□ 1562 [sénsətiv]

ⓐ 민감한, 예민한

Of all the creatures on earth, snakes are perhaps the most sensitive to earthquake. ● 07 전국연합

지구상의 모든 생물체 중에서, 뱀이 아마도 지진에 가장 민감할 것이다.

sensitivity n. 예민함; 감수성　↔ **insensitive** a. 둔감한, 무감각한

 oom-in I **sense 관련 파생 어휘**

sensuous 오감을 만족시키는　　　sensory 감각의
sensual 관능적인, 관능주의의　　　sensational 지각의; 선정적인

★ **literal**
□ 1563 [lítərəl]

ⓐ 글자 그대로의, 문자의

You should not translate that sentence in the literal sense.

여러분은 그 문장을 글자 그대로의 의미로 해석해서는 안 된다.

literally ad. 글자 그대로, 사실상

★★ **literary**
□ 1564 [lítərèri]

ⓐ 문학적인, 문학의

Her father also became her literary adviser. ● 08 모의

그녀의 아버지도 그녀의 문학적 조언자가 되었다.

literature n. 문학
cf. literary work 문학 작품　　**literary criticism** 문학 비평

★★ **literate**
□ 1565 [lítərit]

ⓐ 글을 읽고 쓸 줄 아는

Parents are responsible for ensuring that their children are literate and numerate.

부모들은 아이들이 글을 읽고 쓸 줄 알고, 숫자를 셀 수 있게 할 책임이 있다.

literacy n. 읽고 쓸 줄 아는 능력(↔ illiteracy n. 문맹)
↔ **illiterate** a. 문맹의, 글자를 모르는
cf. computer illiterate 컴퓨터를 사용할 줄 모르는

★★★ **respectful**
□ 1566 [rispéktfəl]

ⓐ 공손한, 경의를 표하는
A gentleman is kind and respectful toward people with whom he disagrees.
신사는 의견이 다른 사람들에게 친절하고 공손하다.

respect v. 존경하다 n. 존경, 경의
= polite, well-mannered a. 공손한, 예의 바른

★★ **respectable**
□ 1567 [rispéktəbl]

ⓐ 존경할 만한, 훌륭한
John Locke was a respectable man and an ideal father.
John Locke는 존경할 만한 사람이었고 이상적인 아버지였다.

↔ disrespectable a. 존경할 가치가 없는

★ **respective**
□ 1568 [rispéktiv]

ⓐ 각각의, 저마다의
Christianity and Islam worship respective sacred works.
기독교와 이슬람교는 각각의 경전을 숭배한다.

respectively ad. 각각

★★★ **economic**
□ 1569 [ìːkənámik]

ⓐ 경제의, 경제학상의
Experts attribute the birth rate increase to economic recovery. ● 08 전국연합
전문가들은 출생률 증가를 경제 회복의 덕으로 돌린다.

economy n. 경제 economics n. 경제학

★★ **economical**
□ 1570 [ìːkənámikəl]

ⓐ 경제적인, 절약하는
You had better go there by ship. It'll be more economical.
너는 거기에 배로 가는 편이 낫겠다. 그게 더 경제적일 테니까. ● 08 전국연합

economically ad. 경제적으로, 알뜰하게 = frugal, thrifty a. 검소한
↔ extravagant a. 낭비하는, 사치스러운

---

 oom-in I **경제 관련 표현**

stock market 주식시장	skyrocket (물가가) 급등하다
plummet (주가가) 급락하다	fluctuate (가격이) 변동하다
domestic demand 내수	recession 불황, 침체
depression 불황, 공황	downturn 경기 하강
bailout (정부나 금융 기관에 의한) 긴급 구제 금융	

★★★ **successful**
□1571 [səksésfəl]

ⓐ 성공한, 출세한

To be **successful**, you must choose a specific area of study.
성공하기 위해서는 구체적인 연구 분야를 선택해야 한다.

success n. 성공 ↔ **unsuccessful** a. 실패한

★★ **successive**
□1572 [səksésiv]

ⓐ 계속적인, 연속적인

Despite **successive** attempts, he couldn't pass the bar exam.
계속적인 시도에도 불구하고 그는 변호사 시험에 합격하지 못했다.

succession n. 연속; 계승, 상속 **successor** n. 후임자, 후계자
= **consecutive** a. 계속적인, 연속적인

★★ **incredible**
□1573 [inkrédəbl]

ⓐ 놀라운, 믿을 수 없는

The insect's survival capability is **incredible**. ● 07 전국연합
곤충의 생존 능력은 놀라울 정도이다.

= **amazing, unbelievable** a. 놀라운, 믿을 수 없는

★ **incredulous**
□1574 [inkrédʒuləs]

ⓐ 믿지 않는, 의심 많은

Julia had an **incredulous** look on her face when her boss gave her a 50% pay raise.
Julia는 상사가 임금을 50% 인상해주었을 때 믿지 않는 표정이었다.

↔ **credulous** a. (남의 말을) 잘 믿는, 속기 쉬운

★★ **objection**
□1575 [əbdʒékʃən]

ⓝ 반대, 거부

There was no **objection** to women working in colonial North America.
식민지 시대의 북아메리카에서는 여자가 일하는 것에 대한 반대는 없었다.

object v. 반대하다 = **opposition** n. 반대
㊗ **have no objection to + 명사** ~에 이의(반대)가 없다

★★ **objective**
□1576 [əbdʒéktiv]

ⓐ 객관적인 ⓝ 목표, 목적

The book review should feature an **objective** description of the storyline. ● 08 전국연합
서평은 줄거리의 객관적인 서술이 특징이어야 한다.

objectivity n. 객관성
= **goal, end, aim, purpose** n. 목적 ↔ **subjective** a. 주관적인

★★
□ 1577
imaginary
[imǽdʒənèri]

ⓐ 상상의, 가상의

Young children often have fears of scary **imaginary**
creatures. ● 05 전국연합
어린 아이들은 흔히 무서운 상상의 대상에 대한 두려움을 가지고 있다.

imagine v. 상상하다　＝ **fictional** a. 허구의

★★
□ 1578
imaginative
[imǽdʒənətiv]

ⓐ 상상력이 풍부한, 창의적인

It is the highly superior and **imaginative** child who invents
the imaginary playmates. ● 10 수능
상상의 친구를 만들어 내는 아이는 매우 우수하고 상상력이 풍부한 아이이다.

imagination n. 상상(력)　　**imaginable** a. 상상할 수 있는
＝ **creative, original** a. 창의적인

★★
□ 1579
considerable
[kənsídərəbl]

ⓐ 상당한, 꽤 많은

A **considerable** amount of effort is required to change your
habit. ● 05 전국연합
습관을 고치기 위해서는 상당히 많은 노력이 필요하다.

considerably ad. 상당히　↔ **inconsiderable** a. 적은; 사소한, 하찮은

★★
□ 1580
considerate
[kənsídərit]

ⓐ 사려 깊은, 배려심이 많은

Even the most **considerate** people can make mistakes,
resulting in misunderstandings. ● 05 모의
가장 사려 깊은 사람들조차도 실수를 해서 오해를 불러일으킬 수 있다.

consideration n. 숙려, 심사숙고
↔ **inconsiderate** a. 남을 배려할 줄 모르는

★★
□ 1581
industrial
[indʌ́striəl]

ⓐ 산업의, 공업의

Nowadays, **industrial** robots are taking the place of human
workers. ● 10 모의
오늘날에는 산업 로봇이 인간 노동자를 대신하고 있다.

industry n. 산업; 근면　　**industrialize** v. 산업화하다
cf. **industrial accident** 산업 재해, 산재(産災)

★★
□ 1582
industrious
[indʌ́striəs]

ⓐ 부지런한, 근면한

He is really **industrious**. He gets up at four in the morning.
그는 정말로 부지런하다. 그는 아침 4시에 일어난다.　　● 05 전국연합

＝ **hardworking, diligent** a. 부지런한

★
□1583 **momentary**
[móuməntèri]

ⓐ 순간적인, 순식간의

There was a momentary silence in the classroom.
교실에는 순간적인 침묵이 흘렀다.

oom-in | '순간적인'의 뜻을 가진 어휘

momentary 극히 짧은 순간만 존재   a **momentary** impulse   순간적인 충동
temporary 임시적이고 곧 끝남   a **temporary** job   임시직
transient 일시적이며 곧 변함   **transient** side effects   일시적인 부작용

★
□1584 **momentous**
[mouméntəs]

ⓐ 중대한, 중요한

She will have to quickly make momentous decisions.
그녀는 중대한 결정을 빨리 내려야만 할 것이다.

= **crucial, critical, vital, significant**   a. 중요한, 중대한

★★
□1585 **emergence**
[imə́:rdʒəns]

ⓝ 출현, 발생

The emergence of the Internet accelerated the Information
Age. 인터넷의 출현은 정보화 시대를 앞당겼다.

emerge v. 나오다, 나타나다   **emergent** a. 나타나는; 위급한

★★
□1586 **emergency**
[imə́:rdʒənsi]

ⓝ 비상 (사태)

Take your cell phone in order to be prepared in case of
emergency. ● 05 전국연합
비상시를 대비해서 휴대 전화를 가지고 가세요.

㉿ **in case of emergency**   비상시에
cf. **ER(emergency room)** 응급실   **emergency call** 비상 소집

★★
□1587 **desirous**
[dizáiərəs]

ⓐ 원하는, 바라는

Participants were desirous of knowing the result as soon
as possible.
참가자들은 가능하면 빨리 결과를 알 수 있기를 원했다.

desire v. 몹시 바라다   n. 욕구, 욕망   ↔ **undesirous** a. 바라지 않는

★★
□1588 **desirable**
[dizáiərəbl]

ⓐ 바람직한

What is desirable in one culture may be viewed as a crime
in another. ● 06 전국연합
한 문화에서 바람직한 것이 다른 문화에서는 범죄로 여겨질 수도 있다.

desirably ad. 바람직하게   ↔ **undesirable** a. 바람직하지 못한

★★
□ 1589
numerous
[njúːmərəs]

ⓐ 수많은, 다수의

Costa Rica developed an agricultural economy made up of **numerous** small farmers. ● 10 모의

Costa Rica는 수많은 소규모 농장주들로 이루어진 농업 경제를 발전시켰다.

number n. 수; 번호 v. 번호를 매기다   **numeral** n. 숫자

★
□ 1590
numerical
[njuːmérikəl]

ⓐ 수의, 수에 관한

Graphs summarize **numerical** data efficiently.

그래프는 숫자로 된 데이터를 효과적으로 요약한다.

㊗ **in numerical order** 번호순으로

★★★
□ 1591
confident
[kánfidənt]

ⓐ 자신감 있는; 확신하는

Confident speakers know the importance of silence when they speak. ● 05 전국연합

자신감 있는 연설가들은 말할 때 침묵의 중요성을 알고 있다.

confidence n. 자신감; 신임; 비밀
confidently ad. 자신감 있게, 확신을 갖고

★
□ 1592
confidential
[kànfidénʃəl]

ⓐ 비밀의, 기밀의

The **confidential** research laboratory is open only to authorized personnel.

비밀 연구소는 오직 허가 받은 직원들만 출입이 가능하다.

cf. **strictly confidential** 극비 (편지 겉봉에 쓰는 말)

★★
□ 1593
childish
[tʃáildiʃ]

ⓐ 유치한; 어린 아이 같은

Much of kids' **childish** behavior and silliness is perfectly normal.

아이들의 유치한 행동과 어리석음의 많은 부분은 지극히 정상적이다.

★★
□ 1594
childlike
[tʃáildlàik]

ⓐ 어린 아이 같은, 순진한

As I finally put my step on the peak of the mountain, a **childlike** joy spread through me.

마침내 산 정상에 발을 내디뎠을 때, 어린 아이 같은 기쁨이 내 안에 퍼졌다.

★
□1595 **comparable**
[kámpərəbl]
ⓐ 비슷한; ~와 비교할 만한, ~에 필적하는

The high efficiency of PEM fuel cells is **comparable** to that of petroleum fuels.
PEM 연료 전지의 고효율은 석유 연료의 고효율과 비슷하다.

compare v. 비교하다, 비유하다
↔ **incomparable** a. 비교할 수 없는, 비길 데 없는(= matchless)

★
□1596 **comparative**
[kəmpǽrətiv]
ⓐ 비교의, 비교적인, 상대적인

She's carrying out a **comparative** study of health care costs in four OECD countries.
그녀는 OECD 4개국 의료 비용에 대한 비교 연구를 수행하고 있다.

comparatively ad. 비교적 = **relative** a. 비교적인, 상대적인
cf. comparative advantage 비교 우위

★★
□1597 **historic**
[histɔ́(ː)rik]
ⓐ 역사에 남을만한, 역사적으로 중요한

This year, world grain production is likely to set **historic** records.
올해 세계 곡물 생산량은 역사에 남을만한 기록을 세울 것같다.

cf. historic site 역사적으로 중요한 장소〔유적지〕

★★
□1598 **historical**
[histɔ́(ː)rikəl]
ⓐ 역사(상)의, (역사에) 실존하는

Collecting stamps shows children cultures or **historical** events of a country. ● 10 전국연합
우표 수집은 아이들에게 한 나라의 문화나 역사적인 사건을 보여준다.

cf. historical novel 역사 소설

★★
□1599 **competitive**
[kəmpétətiv]
ⓐ 경쟁을 하는; 경쟁력을 갖춘

Sport makes people too **competitive**. ● 08 전국연합
스포츠가 사람들을 너무 경쟁하게 만든다.

competitiveness n. 경쟁력   **competition** n. 경쟁; 경기

★★
□1560 **competent**
[kámpətənt]
ⓐ 유능한, ~할 능력이 있는

I'll choose a **competent** person to lead the team.
나는 팀을 이끌기 위해 능력있는 사람을 선택할 것이다.

competence n. 능력, 역량
↔ **incompetent** a. 무능한, 능력 없는(= incapable)

TEST

A 다음 단어에 해당하는 영어 단어 또는 우리말을 쓰시오.

1. 분별 있는 _____
2. 글자 그대로의 _____
3. 공손한 _____
4. 경제적인 _____
5. 의심 많은 _____
6. 상상력이 풍부한 _____
7. 순간적인 _____
8. 원하는, 바라는 _____
9. 비교의 _____
10. 경쟁력을 갖춘 _____

11. sensitive _____
12. literate _____
13. respective _____
14. objection _____
15. imaginary _____
16. considerable _____
17. desirable _____
18. emergence _____
19. confidential _____
20. numerical _____

B 네모 안에서 문맥상 알맞은 단어를 고르시오.

1. Now is the time to emphasize $\boxed{\text{sensible / sensitive}}$ individual credit card use.

2. Her father also became her $\boxed{\text{literal / literary}}$ adviser.

3. Christianity and Islam worship $\boxed{\text{respective / respectful}}$ sacred works.

4. The book review should feature an $\boxed{\text{objective / objection}}$ description of the storyline.

5. He is really $\boxed{\text{industrious / industrial}}$. He gets up at four in the morning.

6. There was a $\boxed{\text{momentary / momentous}}$ silence in the classroom.

7. Sport makes people too $\boxed{\text{competent / competitive}}$.

Answer Keys

A 1. sensible 2. literal 3. respectful 4. economical 5. incredulous 6. imaginative 7. momentary
8. desirous 9. comparative 10. competitive 11. 민감한, 예민한 12. 글을 읽고 쓸 줄 아는 13. 각각의, 저마다의
14. 반대, 거부 15. 상상의, 가상의 16. 상당한, 꽤 많은 17. 바람직한 18. 출현, 발생 19. 비밀의, 기밀의 20. 수의, 수에 관한
B 1. sensible 2. literary 3. respective 4. objective 5. industrious 6. momentary 7. competitive

사건, 사고

accident vs. event vs. incident[0585]
- **accident** 뜻하지 않게 일어나는 사고, 주로 교통사고
- **event** 의미 있는 중요한 사건이나 행사, 또는 운동 경기
- **incident** 큰 사건으로 발전할 가능성이 있는 폭력적이며 위험한 사건

The most common cause of car **accidents** is sleeping on the wheel.
자동차 사고의 가장 흔한 원인은 졸음운전이다.

The most significant **event** in Tristan's history was the 1961 volcanic eruption.
Tristan의 역사에서 가장 중요한 사건은 1961년의 화산 폭발이었다.

The tragic **incident** had negative effects on the history of the country.
비극적인 그 사건은 나라의 역사에 부정적인 영향을 끼쳤다.

승리

victory vs. win vs. triumph[0833]
- **victory** 승리를 뜻하는 가장 일반적인 말로, 전쟁·스포츠 등에서 다른 대상과 싸워서 이김
- **win** 경기·싸움·선거 등에서 이겨서 상이나 메달을 따는 것
- **triumph** 완전한 승리나 성공으로, 그 기쁨의 감정을 나타냄

Roosevelt congratulated an American general for winning a **victory**.
Roosevelt는 승리한 어느 미국인 장군에게 축하를 했다.

Linda Ho **won** the British Columbia "Young Poet of the Year" competition.
Linda Ho는 British Columbia 주의 '올해의 젊은 시인' 상을 받았다.

Art is the **triumph** over chaos.
예술은 혼돈에 대한 승리이다.

5 일마다 꿀꺽~

□ **adapt〔adjust〕(oneself) to** ~에 적응하다 → 1421

Insects **adapt to** changes in their surroundings very well.
곤충들은 환경의 변화에 매우 잘 적응한다.

□ **in addition to -ing / 명사** ~에 덧붙여, ~외에 또 → 1447

In addition to increased tourism, a new highway will create
many new jobs.
관광사업의 증가 외에, 새로운 고속도로는 많은 새로운 일자리를 창출할 것이다.

□ **be obsessed with〔by〕** ~에 집착하다, ~에 사로잡히다 → 1489

There is a great difference between having passion for something
and **being obsessed with** something.
무엇인가에 대한 열정을 갖는 것과 무엇인가에 집착하는 것 사이에는 큰 차이가 있다.

□ **inform A of B** A에게 B에 대해 알리다 → 1523

Patients have a right to get **informed of** their death.
환자들은 그들의 죽음에 대해서 알아야할 권리가 있다.

□ **be〔become/get〕involved in** ~에 참여하다 → 1530

More people wanted to **be involved in** helping solve social problems.
더 많은 사람들이 사회적인 문제들을 해결하는 데 참여하기를 원했다.

□ **be involved with** ~와 연관되다 → 1530

There are very few events on earth not **involved** in some way **with**
microorganisms.
지구상에서 발생하는 사건 중에 미생물과 어떤 식으로든 관련되지 않은 사건은 거의 없다.

□ **attribute** [**ascribe**] **A to B** A를 B의 탓 (덕)으로 돌리다 → 1543

Experts **attribute** the birth rate growth **to** economic recovery and the increase of real incomes.
전문가들은 출생률 증가는 경제회복과 실질수입의 증가 탓으로 본다.

□ **be exposed to** ~에 노출되다 → 1558

Miners who **are exposed to** uranium dust are more likely to get lung cancer.
우라늄 분진에 노출된 광부들은 폐암에 걸릴 가능성이 더욱 높다.

□ **impose A on B** B에게 A를 부과 (강요)하다 → 1559

The government should **impose** more taxes **on** the rich.
정부는 부자들에게 더 많은 세금을 부과해야 한다.

□ **as opposed to** ~와는 반대로 (대조적으로) → 1560

Many artists paint pictures **as opposed to** what they see with their eyes.
많은 미술가들은 자신들의 눈으로 보는 것과는 반대로 그림을 그린다.

□ **be likely to** ~ ~일 것이다, ~할 것 같다

Workers **are likely to suffer** serious health problems as a result of the noise.
노동자들은 소음의 결과로 오는 심각한 건강 문제로 고생할 것이다.

□ **put up with** 참다, 견디다(= endure, tolerate)

Some people simply **put up with** the situation.
어떤 사람들은 그저 참기만 한다.

□ **make up for** ~을 보충 (보상)하다(= compensate for)

We had to stay longer at school to **make up for** a missing class.
결손 수업을 보충하기 위해 학교에서 좀 더 오래 있어야 했다.

DAY
41

어휘 더하기 : 반의어 ❶

배만스물하나..
배만스물둘. 셋..

01	02	03	04	05	06	07	08	09	10
●	●	●	●	●	●	●	●	●	●

11	12	13	14	15	16	17	18	19	20
●	●	●	●	●	●	●	●	●	●

21	22	23	24	25	26	27	28	29	30
●	●	●	●	●	●	●	●	●	●

31	32	33	34	35	36	37	38	39	40
●	●	●	●	●	●	●	●	●	●

41	42	43	44	45	46	47	48	49	50
●									

Day 40 | Review

앞에서 학습한 단어를 얼마나 기억하는지 체크해 보세요.
기억이 나지 않는 단어는 다시 한 번 학습하세요.

□ sensible   □ imaginative
□ sensitive   □ considerable
□ literal   □ considerate
□ literary   □ momentary
□ literate   □ momentous
□ respectful   □ desirous
□ respectable   □ desirable
□ respective   □ numerous
□ economic   □ numerical
□ economical   □ confident
□ successful   □ confidential
□ successive   □ comparable
□ objection   □ comparative
□ objective   □ historic
□ imaginary   □ historical

Wow!!

★★★ **break**
□ 1601 [breik]

ⓥ 깨다, 부수다　ⓥ 고장 나다　ⓥ 어기다　ⓝ 휴식

Is it possible to break a glass by singing? ●99수능
노래를 불러서 유리잔을 깨는 것이 가능할까?

Computers often break down. ●97수능
컴퓨터는 종종 고장이 난다.

Zeus is known to punish those that break their promises.
Zeus는 약속을 어기는 사람들에게 벌을 주는 것으로 알려져 있다. ●05전국연합

a tea break 차 마실 잠깐의 휴식 시간

★★★ **produce**
□ 1602 [prədjúːs] ⓥ
[prádjuːs] ⓝ

ⓥ 생산[제조]하다　ⓝ 생산물, 농산물

The company produces goods vital to the nation's defense.
그 회사는 국가 방어에 필수적인 상품을 생산한다.

Cheese makers downgraded their produce because of
undetected faults. ●10모의
치즈 제조자들은 발견되지 않는 결함 때문에 생산품의 등급을 격하시켰다.

★★★ **present**
□ 1603 [prizént] ⓥ
[préznt] ⓝⓐ

ⓥ 제공하다, 주다　ⓝⓐ 현재(의)　ⓐ 참석한　ⓝ 선물

Growing as a person presents new challenges. ●00수능
한 사람으로 성장한다는 것은 새로운 도전을 제공한다.

Don't let the past destroy your present. ●98수능
과거가 너의 현재를 파괴하게 하지 마라.

all present company 참석자 일동

Christmas present 크리스마스 선물

★★★ **state**
□ 1604 [steit]

ⓝ 상태　ⓝ 나라, 주　ⓥ 진술하다

Energy can be transformed from one state to another.
에너지는 한 상태에서 다른 상태로 변형될 수 있다. ●08모의

Slavery was common in the southern states of America.
노예제도는 미국의 남부 주에서는 일상적인 것이었다. ●04모의

The report was stated somewhat vaguely.
보고서가 다소 막연하게 진술되었다.

★★★ **sound**
□ 1605 [saund]

ⓝ ⓥ 소리(가 나다)　ⓥ ~처럼 들리다　ⓐ 건전한, 건강한

The **sound** of car horns jangles my nerves.
자동차 경적 소리가 내 신경을 거슬리게 한다.

The number four **sounds** like the word for death.　● 05 전국연합
숫자 4는 죽음이라는 단어처럼 들린다.

A **sound** mind in a **sound** body.　건강한 육체에 건전한 정신.

★★★ **develop**
□ 1606 [divéləp]

ⓥ 발달[발전]시키다　ⓥ (병에) 걸리다　ⓥ (사진을) 현상하다

Physical exercise **develops** people's brain.　● 05 전국연합
육체적 운동은 사람들의 뇌를 발달시킨다.

The former president, R. Reagan **developed** Alzheimer.
전직 대통령인 R. Reagan은 알츠하이머 병에 걸렸다.

He **develops** film himself in his basement.
그는 지하실에서 손수 사진을 인화한다.

★★★ **last**
□ 1607 [læst]

ⓐ (순서상) 마지막의　ⓐ 지난　ⓥ 계속[지속]하다

My **last** class won't be over until 6.　● 02 수능
나의 마지막 수업은 6시가 지나야 끝날 것이다.

I studied English in Australia **last** year.　● 08 모의
나는 작년에 호주에서 영어를 공부했다.

English speaking contest **lasts** for two days.
영어 말하기 대회는 이틀 동안 계속된다.

★★★ **object**
□ 1608 [ábdʒikt] ⓝ
[əbdʒékt] ⓥ

ⓝ 물건　ⓝ 대상　ⓝ 목적　ⓥ 반대하다

a distant **object**　멀리 있는 물건
an **object** of experiments　실험 대상

What's the **object** of this experiment?
이 실험의 목적이 뭔가요?

No one **objects** to married women working.　● 06 전국연합
아무도 결혼한 여자가 일하는 것에 반대하지 않는다.

ⓢ **object to** ~에 반대하다

★★★ **cover**
□ 1609 [kʌ́vər]

ⓝ 표지, 덮개   ⓥ 덮다   ⓥ 감추다   ⓥ (연구 등을) 다루다

a book **cover** 책 표지

a table **covered** with a cloth 식탁보로 덮인 식탁

Some companies **covered** up their products' dangers.
몇몇 회사들은 상품의 위험 요소를 은폐했다.   ● 09 모의

A book review explains how an author has **covered** a specific topic. ● 08 전국연합
서평은 작가가 특정 주제를 어떻게 다루었는지를 설명해 준다.

★★★ **air**
□ 1610 [ɛər]

ⓝ 공기   ⓝ 방송   ⓝ 잘난 척(~s), 거드름

fresh **air** 신선한 공기

The drama will be on **air** before the evening news. ● 02 수능
그 드라마는 저녁 뉴스 전에 방송될 것이다.

The principal puts on **airs** when giving a speech.
그 교장 선생님은 연설할 때 잘난 척을 하신다.

★★★ **line**
□ 1611 [lain]

ⓝ 선   ⓝ 편지, (글자의) 행   ⓥ ~을 따라 줄을 세우다

Rope had to be made in a straight **line**. ● 01 수능
로프는 일직선 상태로 만들어져야 했다.

Drop me a **line** while traveling in Europe.
유럽 여행을 하는 동안 편지해라.

The walls are **lined** with pictures from her father.
그 벽에는 그녀의 아버지가 가져오신 사진들이 줄지어 있다.   ● 07 전국연합

㉫ **cut in line** 새치기 하다

★★★ **subject**
□ 1612 [sʌ́bdʒikt]

ⓝ 주제   ⓝ 과목, 학과   ⓝ 피실험자   ⓐ ~하기 쉬운

a **subject** for discussion 토론의 주제

a compulsory **subject** 필수 과목

The **subjects** forgot more of the information over time.
피실험자들은 시간이 지나면서 더 많은 정보들을 잊어버렸다.   ● 06 전국연합

The more sociable a person was, the less **subject** he was to contagion. ● 09 모의
사교적인 사람일수록 전염병에 덜 걸리기 쉽다.

㉫ **be subject to** ~하기 쉬운

★★★ **fine**
□ 1613 [fain]

ⓐ 멋진, 훌륭한   ⓐ 미세한, 가는   ⓝ ⓥ 벌금(을 부과하다)

The tray with a flower looks **fine**. ● 08 수능
꽃이 있는 쟁반이 멋있어 보인다.

Asthma is associated with exposure to **fine** particles.
천식은 미립자에 노출된 것과 관련이 있다.

a **fine** for illegal parking   불법 주차 벌금

★★★ **minute**
□ 1614 [mínit] ⓝ
[mainjúːt] ⓐ

ⓝ 분   ⓝ 순간   ⓐ 미세한

The next boat leaves in thirty **minutes**. ● 04 수능
다음 배는 30분 후에 떠난다.

for a **minute**   잠깐, 잠시 동안

He depicted the **minute** differences of the objects.
그는 그 물체들의 미세한 차이를 묘사했다.

★★★ **notice**
□ 1615 [nóutis]

ⓝ 공지, 통보   ⓝ ⓥ 주의(하다)   ⓥ 알아채다, 인지하다

Please remain inside until further **notice**. ● 01 수능
다른 공지가 있을 때까지 안에서 기다려주세요.

Please take **notice** that your application form shall be
turned in.
신청서 제출하는 것에 주의해주세요.

I didn't **notice** her coming in.
나는 그녀가 들어오는 것을 알아채지 못했다.

★★ **relative**
□ 1616 [rélətiv]

ⓝ 친척   ⓐ 상대적인, 비교상의

Most people often let **relatives** influence them. ● 04 모의
대부분의 사람들은 종종 친척들에게 영향을 받는다.

What do you think are the **relative** merits of the two
projects?
두 프로젝트의 상대적인 장점은 뭐라고 생각하니?

★★★ **sentence**
□ 1617 [séntəns]

ⓝ 문장   ⓝ ⓥ 선고 [판결] (하다)

Sophie taught him how to write **sentences**. ● 06 모의
Sophie는 그에게 문장 쓰는 방법을 가르쳤다.

Socrates was **sentenced** to death and got killed in prison.
Socrates는 사형을 선고받고 감옥에서 죽었다.
● 05 전국연합

identify
★★ □ 1618 [aidéntəfài]

ⓥ (신원, 사실 등을) 식별하다, 확인하다　ⓥ (~와) 동일시하다

I can you **identify** others' personality from the colors they like. ● 09 전국연합
나는 사람들이 좋아하는 색상으로 성격을 식별할 수 있다.

It is important for the viewers to **identify** themselves with the actors.
관객들이 스스로를 배우들과 동일시하는 것은 중요하다.

🔁 **identify with** ~와 동일시하다

reason
★★★ □ 1619 [ríːzn]

ⓝ 이유　ⓝ 이성　ⓥ 판단하다, 추론하다

The heart has its **reasons** that **reason** cannot know. ● 11 모의
감성은 이성이 알지 못하는 이유들을 가지고 있다.

He **reasoned** that she had become a slave to money.
그는 그녀가 돈의 노예가 되었다고 판단했다.

company
★★★ □ 1620 [kʌ́mpəni]

ⓝ 회사　ⓝ 친구, 동료; 교제

Steve had supervised his **company**'s warehouses. ● 98 수능
Steve는 회사 창고를 감독했다.

Everything in nature keeps you **company**. ● 11 모의
자연에 있는 모든 것들은 당신의 친구가 돼준다.

cell
★★★ □ 1621 [sel]

ⓝ 세포　ⓝ (교도소) 작은 방, 독방　ⓝ 전지

Each **cell** must obtain its energy from an outside source.
각각의 세포들은 외부 원천으로부터 에너지를 얻어야 한다. ● 08 모의

A prisoner escaped from the window of his **cell**.
죄수 한 명이 감방의 창으로 도망갔다.

a biological fuel **cell** 생체 연료 전지

interest
★★★ □ 1622 [íntərèst]

ⓝⓥ 흥미, 관심(을 갖게 하다)　ⓝ 이자, 이익

The number of foreigners **interested** in Korean has increased. ● 05 수능
한국어에 관심이 있는 외국인의 수가 증가해왔다.

As banks run short of money, **interest** rates go high.
은행이 돈이 부족하게 되면, 이자율이 올라간다. ● 05 전국연합

★★ **range**
□ 1623 [reindʒ]

ⓝ 다양성   ⓝ 범위   ⓥ ~의 범위에 걸치다

Magicians use a range of psychological weapons. ● 09 모의
마술사들은 다양한 심리적 무기들을 사용한다.

Music covers a whole range of emotions. ● 08 수능
음악은 감정의 전 범위를 아우른다.

The water's temperature ranges between 35°C and 36°C.
물의 온도가 35도나 36도 사이에 걸쳐 있다.

★★★ **character**
□ 1624 [kǽriktər]

ⓝ 성격, 성질   ⓝ 인격, 품성   ⓝ 등장인물   ⓝ 문자

The fault in John's character was a dislike of domestic duty.
John의 성격상의 결함은 가정적 의무를 싫어한다는 것이었다.   ● 05 모의

Every parent wants to raise a child with a strong character.
모든 부모는 강한 성격을 가진 아이를 기르고 싶어 한다.   ● 07 수능

Helen wanted the role of the most important character.
Helen은 가장 중요한 인물의 역할을 원했다.   ● 01 수능

Chinese characters 한자

★★ **appreciate**
□ 1625 [əprí:ʃièit]

ⓥ (진가를) 인정하다   ⓥ 감사하다   ⓥ 감상하다

My boss appreciates his employees highly.
사장은 직원들의 진가를 높게 인정한다.

Marathoners will appreciate any words of encouragement.
마라톤 선수들은 어떤 격려의 말에도 감사해 할 것이다.   ● 08 전국연합

Imaginative pleasure is the reason we appreciate poetry.
상상의 즐거움은 우리가 시를 감상하는 이유이다.   ● 02 수능

★★ **feature**
□ 1626 [fí:tʃər]

ⓝⓥ 특징, 특색(으로 삼다)   ⓝ 얼굴 생김새   ⓝ 특집 프로〔기사〕

A feature of water is that it expands, changing from a liquid to a solid. ● 05 전국연합
물의 특징은 액체에서 고체로 변할 때 팽창한다는 것이다.

a boy of fine features 용모가 반듯한 소년

do a feature on Korea 한국 특집 프로를 하다

cf. a feature film 장편 영화

★★★ **arm**
□ 1627 [ɑːrm]

ⓝ 팔　ⓝ 무기(~s)　ⓥ 무장시키다

She fell asleep in her mother's **arms**. ● 09 전국연합
그녀는 엄마의 품속에서 잠이 들었다.
illegal possession of **arms** 불법 무기 소지
Convert the vessels into **armed** merchant cruisers. ● 05 모의
배를 무장한 상선으로 개조하라.

★★★ **care**
□ 1628 [kɛər]

ⓝ ⓥ 걱정(하다)　ⓝ 주의, 조심　ⓝ 돌봄, 보살핌　ⓥ 돌보다

Care killed the cat. ● 09 전국연합
걱정은 몸에 해롭다. 〈속담〉
Parents should take **care** when sending their children to camp. ● 07 수능
부모들은 아이들을 캠프에 보낼 때 주의해야 한다.
medical **care** 의료 보험〔서비스〕
Government has to **care** for the homeless.
정부가 노숙자들을 돌봐야 한다.

★★★ **observe**
□ 1629 [əbzə́ːrv]

ⓥ 관찰하다, 지켜보다　ⓥ (규칙을) 준수하다, 지키다

We explore the universe by **observing** it with telescopes.
우리는 망원경으로 관찰함으로써 우주를 탐사하고 있다. ● 02 수능
There are many effective ways of dealing with students who don't **observe** the school rules.
학교 교칙을 지키지 않는 학생들을 다룰 많은 효과적인 방법이 있다.

★★★ **figure**
□ 1630 [fígjər]

ⓝ 숫자　ⓝ (사람의) 모습, 몸매　ⓝ (중요한) 인물
ⓥ 이해하다, 해결하다

double **figures** 두자리 수
human **figures** 인간의 형상
a prominent **figure** in the learned world 학계의 명사
The site will help you **figure** out what each plant needs.
그 사이트는 네가 각 식물에게 필요한 것을 이해하는 데 도움이 될 것이다.
㉠ **figure out** 이해하다

★★★ **sense**
□ 1631 [sens]

ⓝ 감각, 느낌, 지각   ⓝ 사려, 분별   ⓥ ~을 느끼다

We invent things that appeal to our senses. ● 10 모의
우리는 우리의 감각에 호소하는 것들을 발명한다.

a man of sense 사려 깊은 사람

Some animals can sense danger approaching.
어떤 동물들은 위험이 다가오는 것을 느낄 수 있다.

★★★ **complex**
□ 1632 [kəmpléks] ⓐ
[kámpleks] ⓝ

ⓐ 복잡한   ⓝ 복합건물   ⓝ 콤플렉스

I can't find the exit because this building has a complex structure.
이 건물은 복잡한 구조여서 내가 출입구를 찾을 수 없다.

Tancheon Sports Complex 탄천 종합 운동장

inferiority complex 열등감

★★★ **odd**
□ 1633 [ɑːd]

ⓐ 이상한, 기묘한   ⓐ 홀수의   ⓐ 한 짝의

My neighbor is an odd little man who seldom speaks.
나의 이웃은 좀처럼 말이 없는 이상하고 몸집이 작은 사람이다.

odd numbers 홀수 (↔ even numbers 짝수)

an odd boot 장화 한 짝

★★★ **close**
□ 1634 [klouz] ⓥⓝ
[klous] ⓐ

ⓥ 닫다   ⓝ 끝, 종결   ⓐ 가까운

Pick up my suit from the dry cleaner's before they close.
세탁소 문이 닫기 전에 내 양복을 찾아와라.   ● 07 수능

the close of the National Assembly 국회의 폐회

The moon is closer to the earth than the sun is. ● 04 모의
달은 태양보다 지구에 더 가까이 있다.

★★★ **case**
□ 1635 [keis]

ⓝ 상자   ⓝ 사건   ⓝ 경우   ⓝ 사실

a jewelry case 보석함

the case of injustice 부정 사건

In case the system breaks down, various techniques are used. ● 10 전국연합
시스템이 고장 났을 경우, 다양한 기술이 이용된다.

as is often the case 흔히 있는 일이지만

★★★ **tear**
□ 1636
[tiər] ⓝ
[tɛər] ⓥ

ⓝ 눈물(~s) ⓥ 찢다

Tears started falling down my cheeks. ● 05 수능
눈물이 내 뺨 위로 흘러내리기 시작했다.

By wearing **torn** jeans you belong to a group of people.
찢어진 청바지를 입음으로써 당신은 어떤 집단에 소속된다. ● 10 모의

★★★ **aggressive**
□ 1637
[əgrésiv]

ⓐ 공격적인, 침략적인 ⓐ 적극적인

His **aggressive** words caused the whole argument.
그의 공격적인 말이 모든 언쟁의 원인이 되었다.

I'm more **aggressive** than my older brothers and sisters.
나는 형들과 누나들보다 더 적극적이다. ● 09 수능

★★★ **major**
□ 1638
[méidʒər]

ⓐ 주요한, 큰 ⓥ 전공하다

Most of the world's **major** cities lie on the banks of rivers.
대부분의 세계 주요 도시들은 강을 끼고 있다. ● 05 전국연합

I think you should **major** in math or computer science.
나는 네가 수학이나 컴퓨터 과학을 전공해야 한다고 생각한다. ● 01 수능

㊞ **major in** ~을 전공하다

★★★ **due**
□ 1639
[dju:]

ⓐ ~할 예정인 ⓐ (지불, 제출) 기일이 된 ⓐ ~에 기인하는

The Kensington Opera House is **due** for a renovation.
Kensington 오페라 하우스가 새 단장을 할 예정이다. ● 08 전국연합

His chemistry report was **due** on Monday. ● 10 수능
그의 화학 리포트는 기한이 월요일까지였다.

The car accident was **due** to his carelessness.
그 자동차 사고는 그의 부주의에 기인했다.

★★★ **mark**
□ 1640
[mɑ:rk]

ⓝ 기호 ⓝ 점수 ⓝ 특징

a question **mark** 물음표

Shawn received the highest **mark** for his essays. ● 06 모의
Shawn은 에세이에서 최고 점수를 받았다.

The true **mark** of heroes lies in what they are willing to do
for others. ● 07 수능
영웅의 진정한 특징은 그들이 타인들을 위해 기꺼이 무언가를 한다는 데 있다.

A 다음 단어에 해당하는 영어 단어 또는 우리말을 쓰시오.

1. 고장 나다 _____
2. 참석한 _____
3. 마지막의; 지난 _____
4. ~을 따라 줄을 세우다 _____
5. 선고하다 _____
6. 동일시하다 _____
7. 이유; 이성 _____
8. 관찰하다; 준수하다 _____
9. 복잡한; 복합건물 _____
10. 흥미, 관심; 이자 _____

11. state _____
12. object _____
13. air _____
14. minute _____
15. relative _____
16. company _____
17. aggressive _____
18. close _____
19. major _____
20. mark _____

B 다음 각 문장의 빈칸에 공통으로 들어갈 말로 가장 알맞은 단어를 고르시오.

1. The Kensington Opera House is _____ for a renovation.

   His chemistry report was _____ on Monday.

   ① close   ② due   ③ odd   ④ fine   ⑤ major

2. Magicians use a _____ of psychological weapons.

   The water's temperature _____s between 35°C and 36°C.

   ① state   ② sound   ③ last   ④ change   ⑤ range

3. Marathoners will _____ any words of encouragement.

   Imaginative pleasure is the reason we _____ poetry.

   ① produce   ② present   ③ appreciate   ④ feature   ⑤ observe

Answer Keys _____

A 1. break 2. present 3. last 4. line 5. sentence 6. identify 7. reason 8. observe 9. complex
10. interest 11. 상태; 나라, 주; 진술하다 12. 물건; 대상; 목적; 반대하다 13. 공기; 방송; 잘난체 14. 분; 순간; 미세한
15. 친척; 상대적인, 비교상의 16. 회사; 친구, 동료 17. 공격적인; 적극적인 18. 닫다; 끝, 종결; 가까운 19. 주요한, 큰;
전공하다 20. 기호; 점수; 특징   B 1. ② 2. ⑤ 3. ③

0280
admit ⓥ 인정하다 ↔ **deny** ⓥ 부인하다

I **admitted** that we were easily beaten in the match.
나는 우리가 경기에서 쉽게 패배했다는 것을 인정했다.

He strongly **denied** having done such a mean thing.
그는 그렇게 비열한 행동을 했다는 것을 강하게 부인했다.

1449
attract ⓥ 주의를 끌다 ↔ **1450** **distract** ⓥ 주의를 산만하게 하다

Her looking and speech **attracts** other's attention.
그녀의 외모와 언변은 다른 사람들의 주의를 끈다.

They are using cell phone tones to **distract** the leopards.
그들은 표범의 주의를 산만하게 하기 위해 휴대폰 소리를 사용하고 있다.

---

presence ⓝ 존재, 출석 ↔ **0369** **absence** ⓝ 부재, 결석

Parents should never smoke in their child's **presence**.
부모들은 아이가 있으면 절대 담배를 피워서는 안 된다.

The man came back suddenly after an **absence** of two months.
그 남자는 두 달간의 부재 후에 갑자기 돌아왔다.

0554
guilty ⓐ 유죄의 ↔ **0696** **innocent** ⓐ 무죄의, 결백한

The jury decides whether an accused person is **guilty**.
배심원은 기소당한 사람이 죄가 있는지 없는지를 결정한다.

Innocent men, women, and children can be victims during the war.
전쟁 중에는 죄 없는 남자, 여자 그리고 아이들이 희생이 될 수 있다.

DAY 42

어휘 더하기 : 반의어 ❷

01	02	03	04	05	06	07	08	09	10
●	●	●	●	●	●	●	●	●	●

11	12	13	14	15	16	17	18	19	20
●	●	●	●	●	●	●	●	●	●

21	22	23	24	25	26	27	28	29	30
●	●	●	●	●	●	●	●	●	●

31	32	33	34	35	36	37	38	39	40
●	●	●	●	●	●	●	●	●	●

41	42	43	44	45	46	47	48	49	50
●									

Day 41 | Review

앞에서 학습한 단어를 얼마나 기억하는지 체크해 보세요.
기억이 나지 않는 단어는 다시 한 번 학습하세요.

□ break   □ identify

□ produce   □ reason

□ present   □ cell

□ state   □ interest

□ sound   □ range

□ develop   □ appreciate

□ object   □ feature

□ company   □ care

□ air   □ observe

□ line   □ figure

□ subject   □ complex

□ minute   □ odd

□ notice   □ close

□ relative   □ tear

□ sentence   □ mark

★★★ **grade**
□ 1641
[greid]

ⓝ ⓥ 등급(을 매기다)   ⓝ 학년   ⓝ 성적, 평점

The Education Ministry divides students into nine grades according to school records.
교육부는 성적에 따라 학생들을 9등급으로 나눈다.

Students sitting in the back are in sixth grade.
뒷줄에 앉은 학생들은 6학년이다.

The admission officers consider a student's grades.
입학 사정관들은 학생의 성적을 고려한다.

★★★ **plant**
□ 1642
[plænt]

ⓝ 식물   ⓝ 공장   ⓥ (식물을) 심다

Any contact between humans and rare plants can be disastrous for the plants. ● 08수능
인간과 희귀식물 사이의 어떤 접촉도 식물에게는 재앙이 될 수 있다.

ABC Motors is building an assembly plant in Egypt.
ABC 자동차는 이집트에 조립 공장을 짓고 있다.

The seeds he planted are beginning to sprout.
그가 심은 씨앗이 싹을 틔우기 시작하고 있다.

★★★ **rate**
□ 1643
[reit]

ⓝ 비율   ⓝ 시세   ⓝ 속도

Interest rates follow the law of supply and demand.
이자율은 공급과 수요의 법칙을 따른다.   ● 05 전국연합

The air fares are not off-season ticket rates. ● 07 전국연합
그 항공 요금이 비수기 항공표 시세는 아니다.

Asia's glaciers have been melting at an alarming rate.
아시아의 빙하는 놀라운 속도로 녹고 있다.   ● 06 모의

★★★ **account**
□ 1644
[əkáunt]

ⓝ ⓥ 설명(하다)   ⓝ (은행) 계좌   ⓥ (비율을) 차지하다

People have been using birth order to account for personality factors. ● 09수능
사람들은 성격 요인을 설명하기 위하여 출생 순서를 이용하고 있다.

We can have our bills automatically paid from our accounts.
우리는 청구서가 통장 계좌에서 자동으로 지불되도록 할 수 있다.   ● 09모의

About three percent of the weight of sea water is accounted for by salt. ● 10모의
해수 무게의 약 3%는 소금이 차지한다.

★★★ **cost**
□1645 [kɔːst]

ⓝ ⓥ 비용(이 들다)   ⓝ 희생, 손실   ⓥ ~을 희생시키다

Because of their manufacturing **cost**, silk ties are expensive. ●08모의
제작비용 때문에 실크 넥타이는 비싸다.

Planning for the future should not be at the **cost** of the present. ●09전국연합
미래를 위한 계획을 세우는 것 때문에 현재를 희생해서는 안 된다.

Malaria **costs** Uganda between 70,000 and 110,000 lives a year. ●09전국연합
말라리아는 Uganda에서 일 년에 7만 명에서 11만 명의 목숨을 앗아간다.

★★ **stroke**
□1646 [strouk]

ⓝ 강타, 타격   ⓝ 뇌졸중   ⓝ 쓰다듬기

Little **strokes** fell great oaks.
열 번 찍어 안 넘어가는 나무 없다. 〈속담〉

One musician suffered a **stroke**. ●94수능
한 음악가가 뇌졸중을 앓았다.

I felt happiness from the gentle **stroke** of her hand.
나는 그녀가 손으로 부드럽게 쓰다듬어주는 데서 행복을 느꼈다.

★★★ **credit**
□1647 [krédit]

ⓝ 신용 (거래)   ⓝ 자랑거리   ⓝ 학점   ⓥ ~에게 공을 돌리다

In my view, kids having **credit** cards is not a good thing.
내 생각에는 아이들이 신용 카드를 갖는 것은 좋은 일이 아니다. ●07전국연합

Writing for a college paper is no great **credit**. ●11모의
대학 신문에 글을 쓰는 것이 대단한 자랑거리는 아니다.

a three-**credit** subject 3학점짜리 과목

She **credits** breakdancing for keeping her flexible.
그녀는 유연성을 유지하는 비결을 브레이크댄스의 공으로 돌린다. ●06전국연합

★★★ **critical**
□1648 [krítikəl]

ⓐ 비판적인, 비평의   ⓐ 위태로운, 위독한   ⓐ 중대한, 결정적인

a **critical** essay 비판적인 에세이

It discloses to the doctor how **critical** the infection is.
그것은 감염이 얼마나 위태로운지 그 의사에게 보여준다. ●09전국연합

The threat of loss plays a **critical** role in decision-making.
상실의 위협은 의사 결정에서 중요한 역할을 한다. ●07모의

★★★ **party**
□1649 [pá:rti]

ⓝ 파티, 모임   ⓝ 일행, 무리   ⓝ 정당

The photo club is having a year-end **party** on December 28.
사진 클럽에서는 12월 28일에 송년회를 열 것이다.   ● 08 수능

The rescue **party** found only two survivors.
구조대는 오직 두 명의 생존자만을 찾아냈다.

the Democratic **Party** 민주당

★★★ **grave**
□1650 [greiv]

ⓝ 무덤   ⓐ 중대한, 중요한   ⓐ 엄숙한

from cradle to **grave** 요람에서 무덤까지
The failure to reduce poverty in Africa is a **grave** concern.
아프리카의 가난을 줄이는 데 실패한 것은 중대한 걱정거리이다.   ● 05 전국연합
We're going to have a **grave** ceremony for those who have died for our nation.
우리는 나라를 위해 죽어간 사람들을 위해 엄숙한 의식을 치를 것이다.

★★★ **settle**
□1651 [sétl]

ⓥ 정착하다   ⓥ (논쟁 등을) 해결하다   ⓥ 진정시키다

The ability to grow crops allowed people to **settle**.
작물을 재배할 수 있는 능력이 사람들을 정착하게 했다.   ● 05 전국연합
The case was **settled** out of court.   ● 05 전국연합
그 사건은 당사자 합의로 해결되었다.
I read my favorite book to **settle** my nerves.
나는 신경과민을 진정시키기 위하여 내가 가장 좋아하는 책을 읽는다.

★★ **spell**
□1652 [spel]

ⓥ 철자를 쓰다(말하다)   ⓝ 주문, 마법

I was confused about the **spelling** of the word.   ● 06 모의
나는 그 단어의 철자 쓰는 것이 헷갈렸다.
The witch cast a **spell** on the prince.
마녀는 왕자에게 주문을 걸었다.

★★ **concrete**
□1653 [kánkri:t]

ⓐ 구체적인   ⓝⓐ 콘크리트(로 된)

The prosecution had **concrete** evidence about the crime.
검찰은 그 범죄에 관한 구체적인 증거를 가지고 있었다.   ● 05 모의
The trees on the street are surrounded by **concrete**.   ● 10 모의
그 가로수들은 콘크리트로 둘러 싸여 있다.

★★ **facility**
□ 1654 [fəsíləti]

ⓝ (편의) 시설, 설비(~ties)   ⓝ 재능, 솜씨

Use of the **facilities** in this park is free.
이 공원에서의 시설 이용은 무료이다.

He has a great **facility** for playing wind instruments.
그는 관악기를 연주하는 데 대단한 재능을 가지고 있다.

★★★ **operate**
□ 1655 [ápərèit]

ⓥ 작동하다〔시키다〕   ⓥ 운영하다, 관리하다   ⓥ 수술하다

Humans are capable of **operating** equipment in space.
인간은 우주 공간에서 장비를 작동시킬 수 있다.   ● 10 수능

The airport **operates** during the summer period.   ● 09 전국연합
그 공항은 여름기간에 운영한다.

The doctor had to **operate** on his eyes last night.
그 의사는 지난밤에 그의 눈을 수술해야 했다.

★★★ **spot**
□ 1656 [spɑt]

ⓝ 점   ⓝ 현장   ⓥ 발견하다

A dice has a different number of **spots** on each side.
주사위는 각 면에 다른 수의 점들이 있다.   ● 05 수능

The special event will be an on-the-**spot** photo contest.
특별 행사는 현장〔즉석〕 사진 경연대회일 것이다.   ● 08 수능

Our van **spotted** a lion snoring in his sleep.   ● 05 전국연합
우리는 밴을 타고 가다가 코를 골면서 자고 있는 사자를 발견했다.

★★★ **plain**
□ 1657 [plein]

ⓐ 명백한, 쉬운   ⓐ 솔직한, 꾸밈없는   ⓝ 평원

The way to wealth is as **plain** as the way to market.   ● 94 수능
부로 가는 길은 시장가는 길만큼이나 명백하다.

To be **plain** with you, I broke your cup.
솔직히 말하면 내가 네 컵을 깼다.

the Great **Plains**   (로키산맥의) 대평원

★★★ **content**
□ 1658 [kəntént] ⓐ
[kántent] ⓝ

ⓐ 만족한   ⓝ 내용, 내용물, 목차(~s)

It is better to be **content** with half than to lose all.
모든 것을 다 잃는 것보다 절반으로 만족하는 것이 더 낫다.   ● 08 전국연합

The **contents** of a letter remain the property of the sender.
편지의 내용은 보낸 사람의 소유로 남는다.   ● 03 모의

★★ **label**
□1659 [léibl]

ⓝ 꼬리표, 라벨　ⓥ (부당하게) 딱지[꼬리표]를 붙이다

Natural objects do not come with labels. ● 09 수능
자연 물질에는 라벨이 붙지 않는다.

Tommy was labelled as a betrayer by his former co-workers.
Tommy는 이전 동료들에게서 배신자라는 꼬리표가 붙었다.

★★★ **direct**
□1660 [dirékt]

ⓐ 직접적인　ⓥ 감독하다　ⓥ 길을 안내하다

Museums can give us direct educational experiences.
박물관은 직접적인 교육경험을 제공할 수 있다.　　　　● 07 전국연합

You ordered the DVD directed by Baldwin. ● 09 모의
당신은 Baldwin이 감독한 DVD를 주문했다.

The girl directed her to a grave. ● 10 모의
그 소녀는 그녀에게 묘지로 가는 길을 안내했다.

★★★ **conduct**
□1661 [kəndʌ́kt] ⓥ
[kándʌkt] ⓝ

ⓥ 수행하다, 행동하다　ⓥ 지휘하다　ⓝ 행동, 처신

A survey is conducted after a plane crash. ● 10 수능
비행기 추락사고 후에 조사가 수행된다.

No degree is required to conduct an orchestra.
오케스트라를 지휘하는 데는 학위가 필요하지 않다.

a strict code of conduct 엄격한 행동 수칙

★★★ **issue**
□1662 [íʃuː]

ⓝ 문제(점), 논쟁(점)　ⓝ 발행(물), ~호　ⓥ 발표하다

Hunger is not an issue for people in faraway countries.
배고픔은 먼 나라에 있는 사람들의 문제가 아니다.　　　● 10 전국연합

the issue of a weekly magazine 주간 잡지의 발행
They issued a statement to the press.
그들은 언론에 성명을 발표했다.

★★ **current**
□1663 [kə́ːrənt]

ⓐ 지금의, 현재의　ⓐ 통용하는, 현행의　ⓝ 경향, 추세

Status in the current society rarely depends on an unchangeable identity. ● 09 모의
현 사회에서의 지위는 타고난 신분에 거의 좌우되지 않는다.

He sometimes uses words that are no longer current.
그는 가끔 더 이상 통용되지 않는 단어들을 사용한다.

the current of public opinion 여론의 추세

★★★ **mean**
□1664 [miːn]

ⓥ 의미하다, 의도하다 ⓐ 비열한 ⓝ 수단(~s)

Efficiency means achieving a specific end rapidly. ●10 모의
효율성이란 구체적인 목표를 신속하게 이루는 것을 의미한다.
It is mean of him to cheat his teacher.
선생님을 속이다니 그는 비열하다.
Reading is the means by which you acquire your ideas.
독서는 네가 아이디어를 얻는 수단이다. ●05 전국연합

★★★ **practice**
□1665 [prǽktis]

ⓝ 실행, 실천 ⓝ 관습, 관례 ⓝⓥ 연습(하다)

I'll put my new idea into practice.
나는 내 새로운 아이디어를 실행에 옮길 것이다.
The practice of graffiti is related to a sub-culture. ●06 전국연합
낙서라는 관습은 하위문화와 연관되어 있다.
People can practice the ability to memorize information.
사람들은 정보를 암기하는 능력을 연습할 수 있다. ●07 전국연합

★★★ **matter**
□1666 [mǽtər]

ⓝ 물질 ⓝ 문제 ⓥ 중요하다

Farmers put organic matter from animal in a big stack.
농부들은 동물에게서 나온 유기물을 더미로 쌓아놓는 ●08 전국연합
Hospitals are taking laughing matters seriously. ●94 수능
병원들은 웃음 문제를 진지하게 받아들이고 있다.
**With a threat to its supply, water can become the only
thing that matters.** ●02 수능
공급이 위협을 받으면, 물은 중요해지는 유일한 것이 될 수 있다.

★★★ **suit**
□1667 [suːt]

ⓝ 정장, 한 벌의 옷 ⓝ 소송 ⓥ 알맞다, 적합하다

It seems to be a current trend not to wear suits at work.
직장에서 정장을 입지 않는 것이 현재 유행인 것 같다. ●08 전국연합
The victims have to file a suit to retrieve their money.
그 피해자들은 돈을 되찾기 위해 소송을 제기해야 한다.
Make a plan for a bookcase that suits your own library.
당신의 서재에 알맞는 책장을 위한 계획을 세워라. ●00 수능

★★★ **charge**
□ 1668 [tʃɑːrdʒ]

ⓝ ⓥ 요금(을 청구하다)　ⓝ ⓥ 책임(을 지우다)　ⓝ ⓥ 고발(하다)

admission **charges** 입장료

She took **charge** of the company.
그녀가 그 회사를 책임지게 되었다.

The person **charged** with the crime must prove that he did not commit it. ● 06 전국연합
범죄로 고발당한 사람은 그가 그 범죄를 저지르지 않았다는 것을 증명해야 한다.

★★ **command**
□ 1669 [kəmǽnd]

ⓝ ⓥ 명령〔지시〕하다　ⓝ (언어) 구사력　ⓥ 내려다보(이)다

A guide dog must have the ability to obey **command**.
안내견은 명령에 복종하는 능력을 가져야 한다.

Players in the Premier League need to have a **command** of simple English. ● 08 전국연합
프리미어 리그 선수들은 간단한 영어 구사력을 갖춰야 한다.

I found a hotel **commanding** a fine view of the ocean.
나는 멋진 바다 전망이 내려다보이는 호텔을 하나 발견했다.

🈺 **take command of** ～을 관리하다, 지휘하다

★★★ **term**
□ 1670 [təːrm]

ⓝ 용어　ⓝ 관점, 측면　ⓝ 기간, 임기

Hikikomori is a **term** to refer to the adolescents who withdraw from social life. ● 06 전국연합
히끼꼬모리는 사회생활을 접은 청소년들을 일컫는 용어이다.

In **terms** of learning new skills, older people are at no disadvantage. ● 06 모의
새로운 기술을 배우는 점에서 보면, 나이든 사람들에게 불이익은 없다.

the long-**term** strategy for admission to the university
장기적인 대학 입시 전략

★★★ **face**
□ 1671 [feis]

ⓝ 얼굴　ⓝ 표면　ⓥ 직면하다

My **face** became red with embarrassment. ● 04 모의
내 얼굴은 당혹감 때문에 붉게 상기되었다.

The beaver was about to disappear from the **face** of the earth. ● 08 모의
비버는 지구 표면에서 사라지기 직전이었다.

The e-business industry is **faced** with a labor shortage.
전자상거래 사업은 노동력 부족에 직면해있다.　● 03 수능

★★★ **bond**
□ 1672 [bɑːnd]

ⓝ 유대, 결속   ⓝ 속박   ⓝ 채권   ⓥ 유대를 맺다

We form **bonds** with people whom we want to be like.
우리는 우리가 닮고 싶어 하는 사람들과 유대관계를 형성한다.   ● 09 모의
They struggled to free themselves from their **bonds**.
그들은 속박으로부터 스스로를 해방시키기 위하여 투쟁했다.
junk bond 정크본드(수익률은 높지만 위험이 큰 채권)
Eating together is the greatest way for people to **bond** with others.   ● 09 전국연합
함께하는 식사는 다른 사람과 유대를 맺게 해주는 가장 좋은 방법이다.

★★★ **flat**
□ 1673 [flæt]

ⓐ 평평한   ⓐ (가격 등이) 균일한   ⓐ (타이어가) 바람이 빠진

The beaver is a furry animal with a big **flat** tail.   ● 08 모의
비버는 크고 평평한 꼬리를 가진 모피 동물이다.
They use a **flat** price policy that allows limitless calls.
그들은 무제한 통화를 할 수 있게 하는 균일 요금제를 이용한다.
On the way back home, we had a **flat** tire.   ● 08 전국연합
집으로 돌아오는 길에, 우리 타이어가 바람이 빠졌다.

★★★ **branch**
□ 1674 [bræntʃ]

ⓝ 나뭇가지   ⓝ 지점, 지부   ⓝ 분과, 부문

The oak trees have large, wide-spreading **branches**.
오크나무에는 크고, 넓게 퍼진 나뭇가지들이 있다.   ● 08 모의
She was offered a job at another **branch**.
그녀는 다른 지점에 일자리를 제안 받았다.
Biology is divided into many **branches**.   ● 10 모의
생물학은 많은 분과로 나눠진다.

★★ **represent**
□ 1675 [rèprizént]

ⓥ 나타내다   ⓥ 대표[대리]하다   ⓥ 묘사하다

Driving **represents** freedom and independence for the elderly.   ● 07 전국연합
노인들에게 운전은 자유와 독립을 나타낸다.
60 participants **representing** 15 countries competed.   ● 10 수능
15개국을 대표하는 60명의 참가자들이 경쟁을 했다.
A globe **represents** the Earth as round rather than flat.
지구본은 지구를 평평하다기 보다는 둥근 것으로 묘사한다.   ● 08 모의

★★★ **meet**
□ 1676 [miːt]

ⓥ 만나다 ⓥ 충족시키다

It's difficult to **meet** people we aren't related to.
자신들과 관련이 없는 사람들을 만나는 것은 어렵다. ● 07 전국연합

We introduced Chinese into the curriculum to **meet** the students' needs. ● 07 모의
학생들의 욕구를 충족시켜주기 위해 중국어를 교과과정에 도입했다.

★★ **draft**
□ 1677 [dræft]

ⓝ 초안, 밑그림 ⓝ 외풍 ⓝ 신인선수 선발 제도

I can send you a first **draft** of our plan. ● 08 수능
당신에게 우리 계획의 초안을 보내드릴 수 있어요.

There was a **draft** coming in through the window.
창문 틈으로 들어오는 외풍이 있었다.

On **draft** day, I watched the **draft**. ● 09 전국연합
신인선수를 선발하는 날, 나는 신인선발을 시청했다.

★★ **compose**
□ 1678 [kəmpóuz]

ⓥ 구성하다 ⓥ 작곡하다 ⓥ (글을) 쓰다

23 players **composed** a soccer team for World Cup.
23명의 선수들이 월드컵을 위한 축구팀을 구성했다.

Irving Berlin **composed** "White Christmas." ● 10 전국연합
Irving Berlin은 '화이트 크리스마스'를 작곡했다.

People **composed** letters of protest against the policy.
사람들이 그 정책에 항의하는 편지를 썼다.

★★ **firm**
□ 1679 [fəːrm]

ⓐ 굳은, 확고한 ⓝ 회사

If your determination is **firm**, you will find peace of mind.
네 결심이 확고하다면, 너는 마음의 평안을 찾을 것이다. ● 03 수능

She refused a better offer from another **firm**.
그녀는 다른 회사로부터의 더 좋은 제안을 거절했다.

★★★ **drive**
□ 1680 [draiv]

ⓝ ⓥ 운전(하다) ⓝ 충동, 욕구 ⓥ (사람을) ~하게 만들다

Climbing sites sprang up within an hour's **drive** of city limits.
등반 장소가 도시 경계에서 차로 한 시간 이내의 거리에 생겨났다. ● 10 수능

Appetite is one of the basic human **drives**.
식욕은 기본적인 인간 욕구 중의 하나이다.

One thing that's **driving** me crazy is the noise at night!
나를 미치게 만드는 한 가지는 밤에 들리는 소음이다! ● 10 전국연합

A 다음 단어에 해당하는 영어 단어 또는 우리말을 쓰시오.

1. 등급을 매기다 ＿＿＿＿＿＿
2. 은행 계좌; 설명 ＿＿＿＿＿＿
3. 비용이 들다 ＿＿＿＿＿＿
4. 비판적인; 위태로운 ＿＿＿＿＿＿
5. 일행, 무리 ＿＿＿＿＿＿
6. 솔직한, 꾸밈없는 ＿＿＿＿＿＿
7. 행동, 처신 ＿＿＿＿＿＿
8. 통용하는; 현재의 ＿＿＿＿＿＿
9. 길을 안내하다 ＿＿＿＿＿＿
10. (가격 등이) 균일한 ＿＿＿＿＿＿

11. plant ＿＿＿＿＿＿
12. rate ＿＿＿＿＿＿
13. spot ＿＿＿＿＿＿
14. concrete ＿＿＿＿＿＿
15. spell ＿＿＿＿＿＿
16. matter ＿＿＿＿＿＿
17. stroke ＿＿＿＿＿＿
18. face ＿＿＿＿＿＿
19. firm ＿＿＿＿＿＿
20. meet ＿＿＿＿＿＿

B 다음 각 문장의 빈칸에 공통으로 들어갈 말로 가장 알맞은 단어를 고르시오.

1. If your determination is ＿＿＿＿＿＿, you will find peace of mind.

   She refused a better offer from another ＿＿＿＿＿＿.

   ① firm ② flat ③ mean ④ draft ⑤ issue

2. A survey is ＿＿＿＿＿＿ed after a plane crash.

   No degree is required to ＿＿＿＿＿＿ an orchestra.

   ① direct ② command ③ conduct ④ account ⑤ plant

3. Hospitals are taking laughing ＿＿＿＿＿＿s seriously.

   With a threat to its supply, water can become the only thing that ＿＿＿＿＿＿s.

   ① label ② term ③ bond ④ credit ⑤ matter

Answer Keys

A 1. grade 2. account 3. cost 4. critical 5. party 6. plain 7. conduct 8. current 9. direct 10. flat
11. 식물; 공장; 심다 12. 비율; 시세; 속도 13. 점; 현장; 발견하다 14. 구체적인; 콘크리트(로 된) 15. 철자를 쓰다; 주문, 마법
16. 물질; 문제; 중요하다 17. 강타, 타격; 뇌졸중; 쓰다듬기 18. 얼굴; 표면; 직면하다 19. 굳은, 확고한; 회사
20. 만나다; 충족시키다   B 1. ① 2. ③ 3. ⑤

0546 **absolute** ⓐ 절대적인 ↔ 1616 **relative** ⓐ 상대적인

Pen names are an **absolute** necessity for some authors.
필명은 몇몇 작가에게는 절대적으로 필요한 것이다.

We have to respect the **relative** values of other cultures.
우리는 다른 문화의 상대적인 가치를 존중해야 한다.

0668 **permit** ⓥ 허가(허락)하다 ↔ 0152 **prohibit** ⓥ 금지하다

Pets are not **permitted** in museums.
애완동물은 박물관에서는 허가되지 않는다.

Smoking is **prohibited** in all public facilities.
흡연은 모든 공공시설에서 금지된다.

natural ⓐ 자연의, 천연의 ↔ 1441 **artificial** ⓐ 인공적인

We all admired the **natural** beauty of the Grand Canyon.
우리 모두는 Grand Canyon의 자연미에 감탄했다.

We are able to create **artificial** organs.
우리는 인공 장기를 만들어낼 수 있다.

0084 **optimistic** ⓐ 낙관적인 ↔ **pessimistic** ⓐ 비관적인

Most people have **optimistic** expectations about their futures.
대부분의 사람들이 자신의 미래에 대해 낙관적인 기대를 가지고 있다.

A **pessimistic** mother can be a disaster for the child.
비관적인 엄마는 아이에게 재앙이 될 수 있다.

DAY 43

어휘 더하기 : 반의어 ❸

01	02	03	04	05	06	07	08	09	10
●	●	●	●	●	●	●	●	●	●

11	12	13	14	15	16	17	18	19	20
●	●	●	●	●	●	●	●	●	●

21	22	23	24	25	26	27	28	29	30
●	●	●	●	●	●	●	●	●	●

31	32	33	34	35	36	37	38	39	40
●	●	●	●	●	●	●	●	●	●

41	42	43	44	45	46	47	48	49	50
●	●	●							

Day 42 | Review

앞에서 학습한 단어를 얼마나 기억하는지 체크해 보세요.
기억이 나지 않는 단어는 다시 한 번 학습하세요.

☐ grade   ☐ issue

☐ rate   ☐ current

☐ account   ☐ practice

☐ stroke   ☐ matter

☐ credit   ☐ command

☐ critical   ☐ term

☐ party   ☐ bond

☐ settle   ☐ flat

☐ spell   ☐ branch

☐ concrete   ☐ represent

☐ facility   ☐ meet

☐ operate   ☐ firm

☐ content   ☐ draft

☐ direct   ☐ compose

☐ conduct   ☐ drive

★★★ **raise**
□ 1681 [reiz]

ⓥ 올리다   ⓥ (문제 등을) 제기하다   ⓥ 기르다   ⓥ (돈을) 모으다

Elephants raise their trunks to smell any threat.   ● 05 전국연합
코끼리는 어떤 위협적인 존재든지 간에 냄새를 맡기 위해서 코를 올린다.

Cloning raises many ethical questions.
복제는 많은 윤리적인 문제를 제기한다.

The florist raises various kinds of roses.
그 플로리스트는 여러 종류의 장미를 재배한다.

raise a scholarship fund 장학 기금을 모금하다

★★★ **view**
□ 1682 [vju:]

ⓝ 견해, 의견   ⓝ 경치, 전망   ⓝ 시야   ⓝ 목적   ⓥ ~라고 보다

Westerners admitted that their view toward the native cultures was biased.   ● 08 수능
서양인들은 토착 문화에 대한 그들의 견해가 편향되어 있었음을 인정했다.

a room with a fine view 전망 좋은 방

The forest came into view. 숲이 시야에 들어왔다.

It is not a good idea to eat only vegetables with a view to losing weight.
체중을 줄일 목적으로 채소만 먹는 것은 좋은 생각이 아니다.

㉿ **with A as B** A를 B로 보다
with a view to -ing ~할 목적으로

★★★ **volume**
□ 1683 [válju:m]

ⓝ 용량   ⓝ 양   ⓝ 책, 권   ⓝ 음량, 볼륨

bottles of different volumes 용량이 서로 다른 병들
the volume of business 업무량
the library over 20,000 volumes 2만권이 넘는 장서를 가진 도서관
the volume of the music 음악의 음량

★★ **shed**
□ 1684 [ʃed]

ⓥ (눈물을) 흘리다   ⓥ (허물 등을) 벗다   ⓥ (빛 등을) 발하다

Many politicians shed crocodile tears.
많은 정치인들이 거짓 눈물을 흘린다.   *crocodile tears: 거짓 눈물

It was a snake skin that had been shed by a snake.
그것은 뱀이 벗었던 뱀 허물이었다.   ● 08 전국연합

The candles shed a soft glow over the room.
촛불이 방 안 가득 부드러운 빛을 발했다.

★★★ **manner**
□ 1685 [mǽnər]

ⓝ 방식 ⓝ 태도 ⓝ 예의범절, 예절(~s)

Positive experiences can change your self-concept in
a dramatic manner. ● 05 전국연합
긍정적인 경험은 너의 자아상을 극적인 방식으로 변화시킬 수 있다.

His manner is marked by earnestness and simplicity.
그의 태도는 진지함과 수수함이 특징이다.

Manners help children interact with others better. ● 07 전국연합
예의범절은 아이들이 다른 사람들과 더 잘 상호작용하도록 돕는다.

★★ **suspend**
□ 1686 [səspénd]

ⓥ 매달다, 걸다 ⓥ (일시) 중지하다 ⓥ 연기〔유보〕하다

Cymbals are played with sticks while suspended on
a string. ● 08 전국연합
심벌즈는 줄에 매달려 있는 동안 막대로 쳐서 연주된다.

My colleague had his driver's license suspended for
drunken driving.
내 동료는 음주 운전 때문에 운전면허를 정지당했다.

My boss suspended his decision. 사장은 결정을 유보했다.

★★★ **measure**
□ 1687 [méʒər]

ⓥ 측정하다 ⓥ 평가하다 ⓝ 기준, 척도 ⓝ 조치, 대책(~s)

The ant measures the distance it has traveled. ● 07 전국연합
개미는 자신이 이동해 온 거리를 측정한다.

A person's life can only be measured at the end. ● 07 모의
한 사람의 인생은 마지막에 이르러서야 비로소 평가될 수 있다.

the measure of worth 가치의 척도

Drastic measures should be taken to solve traffic jams.
교통 혼잡을 해결하기 위해 과감한 조치가 취해져야 한다. ● 97 수능

★★ **strain**
□ 1688 [strein]

ⓝ ⓥ 긴장(시키다) ⓥ 노력하다, 애쓰다 ⓝ 변종

The strains of work do not necessarily rob people of joy.
일에 대한 긴장감이 반드시 사람들에게서 기쁨을 빼앗지는 않는다. ● 05 전국연합

Bill strained after success. Bill은 성공하려고 노력했다.

Strains of the virus change from year to year.
바이러스의 변종은 해마다 바뀐다.

★★★ **atmosphere** ⓝ 대기, 공기 ⓝ 분위기
□1689 [ǽtməsfìər]

Why does the Moon have no **atmosphere** at all? ● 05 전국연합
달에는 왜 대기가 전혀 없을까?

Good music played in the office changes the **atmosphere**.
사무실에 좋은 음악을 틀어 놓는 것은 분위기를 바꿔준다. ● 08 전국연합

★★ **seal** ⓝ 바다표범 ⓝ 인장, 도장 ⓝ 봉인 ⓥ (편지 등을) 봉하다
□1690 [siːl]

the campaign to protect **seals** 바다표범 보호 캠페인

the great **seal** 국새

My brother broke the **seal**. 내 남동생이 봉인을 뜯어버렸다.

All letters of recommendation should be **sealed** in an
envelope.
모든 추천서는 봉투에 봉해야 합니다.

★★★ **patient** ⓐ 참을성 있는 ⓝ 환자
□1691 [péiʃənt]

Be **patient**. Everyone's progress is different. ● 10 수능
참을성을 가져라. 모든 사람의 향상 정도는 다르다.

Maximum three visitors per **patient** are allowed at a time.
환자 한 명당 한 번에 최대 세 명의 방문객이 허용된다. ● 09 모의

★★★ **spare** ⓐ 여분의 ⓥ 할애하다 ⓥ (시간, 노력 등을) 아끼다
□1692 [spɛər]

a **spare** tire 여분의 타이어

I can't **spare** time for you at all. ● 05 전국연합
나는 당신에게 할애할 시간이 전혀 없습니다.

Spare the rod, and spoil the child.
매를 아끼면 아이를 망친다. 〈속담〉

★★★ **bar** ⓝ 막대기 ⓝ 장애(물) ⓝ 전문점, 술집 ⓥ 막다, 금하다
□1693 [bɑːr]

a **bar** of chocolate 막대 초콜릿

a **bar** to success 성공의 장애

a snack **bar** 스낵 전문점

Minors are **barred** from entering the **bar**.
미성년자들은 술집에 들어가는 것이 금지된다.

★★★ **match**
□ 1694
[mætʃ]

ⓝ 경기, 시합   ⓝ 경쟁 상대   ⓥ ~에 필적하다   ⓥ ~와 어울리다

a football match 축구 경기

Ronaldo is Messi's match. Ronaldo는 Messi의 경쟁 상대이다.

Few places can match Madagascar as an eco-tourism destination. ● 09 전국연합
친환경 관광지로 Madagascar에 필적할 만한 곳은 거의 없다.

Those shoes match up with blue pants.
그 신발은 파란색 바지와 어울린다.

★★★ **cast**
□ 1695
[kæst]

ⓥ 던지다   ⓥ (빛 등을) 드리우다   ⓥ 배역을 맡기다   ⓝ 깁스

A boy cast a stone at a target. 한 소년이 표적에 돌을 던졌다.

Candles cast a flickering glow. ● 08 전국연합
양초가 깜박거리는 불빛을 드리웠다.

You're going to be cast for the lead role. ● 02 수능
네가 주인공 역을 맡게 될 거야.

The doctor put a cast on my leg. ● 08 전국연합
의사는 내 다리에 깁스를 했다.

★★★ **absorb**
□ 1696
[əbzɔ́:rb]

ⓥ 흡수하다, 빨아들이다   ⓥ 열중(몰입)시키다

We can absorb all the vitamins and minerals contained in fruits. ● 09 모의
우리는 과일에 함유된 모든 비타민과 미네랄을 흡수할 수 있다.

Absorbed in their own thoughts, people do not see someone trying to greet them. ● 03 수능
자신만의 생각에 열중해서, 사람들은 누군가 자신에게 인사를 건네려고 하는 것을 보지 못한다.

★★★ **capital**
□ 1697
[kǽpitl]

ⓝ ⓐ 자본(의)   ⓝ ⓐ 수도(의)   ⓝ ⓐ 대문자(의)
ⓐ 아주 중대한, 주요한

foreign capital 외국 자본
Paris, the capital of France 프랑스의 수도 파리
a capital letter 대문자
a capital error 아주 중대한 실수

★★★ **degree**
□1698 [digríː]

ⓝ 정도, 단계　ⓝ 학위　ⓝ (온도 등의) 도(度)

"You are what you eat." This saying is true, to a certain degree. ● 06 전국연합
"당신은 당신이 먹는 것 자체이다." 이 말은 어느 정도 맞는 말이다.

She got a master's degree in physics.
그녀는 물리학에서 석사 학위를 받았다.

Summer temperatures in a city can be ten degrees higher than in rural areas. ● 06 전국연합
도시의 여름 기온은 시골 지역보다 10도나 더 높을 수 있다.

★★★ **release**
□1699 [rilíːs]

ⓥ 석방하다　ⓥ 개봉하다, 발매하다　ⓥ 발표하다

The policeman refused to release the prisoner.
경찰관은 죄수를 석방하는 것을 거절했다.

Vuorensola released "Star Wreck" in 2005 online for free.
Vuorensola는 2005년 영화 〈Star Wreck〉을 온라인 상에 무료로 개봉했다.
　　　　　　　　　　　　　　　*Vuorensola: 핀란드 영화감독

The list of employees to get promoted was released.
승진할 직원 명단이 발표되었다. ● 10 전국연합

★★★ **appeal**
□1700 [əpíːl]

ⓥⓝ 호소〔간청〕(하다)　ⓝⓥ 항소〔상고〕(하다)
ⓥ ~의 관심〔흥미〕을 끌다

Advertisers use language which appeals to emotions.
광고하는 사람들은 감정에 호소하는 언어를 사용한다. ● 96 수능

I have reached the conclusion not to appeal the case.
나는 그 사건을 항소하지 않기로 결론을 내렸다.

Bike riding appeals to a large number of people. ● 10 전국연합
자전거를 타는 것은 많은 사람들의 관심을 끈다.

★★★ **decline**
□1701 [dikláin]

ⓝⓥ 감소(하다)　ⓝⓥ 쇠락(하다)　ⓥ 사양〔거절〕하다

There has been a significant decline in parental authority.
부모의 권위가 상당히 감소되어 왔다. ● 07 전국연합

After half century of decline, the train station is back in fashion. ● 10 전국연합
반 세기의 쇠락 후, 그 철도역의 인기가 부활했다.

I must decline your offer at this time. ● 05 모의
나는 이번에 당신의 제의를 거절해야만 합니다.

★★★ **order**
□ 1702 [ɔ́:rdər]

ⓝ 순서, 차례　ⓝⓥ 명령〔지시〕(하다)　ⓝⓥ 주문(하다)

in alphabetical order 알파벳 순서로
We have orders not to let you back into your houses.
우리는 당신들을 집으로 돌아가지 못하게 하라는 명령을 받았다.　● 07 전국연합
I ordered 20 gift sets.　● 11 모의
나는 선물세트 20개를 주문했다.

★ **discharge**
□ 1703 [distʃá:rdʒ]

ⓥ 해고시키다　ⓥ 퇴원〔제대〕시키다　ⓝ ⓥ 배출(하다)

He was discharged for injustice. 그는 부정으로 해고되었다.
She was discharged from the hospital.
그녀는 병원에서 퇴원했다.
The committee required companies to report their toxic discharges.
그 위원회는 배출 유독 물질을 보고하라고 회사들한테 요구했다.

★★★ **host**
□ 1704 [houst]

ⓝ 주인, 주최자〔국〕　ⓝ 사회자　ⓝ 다수, 무리　ⓥ 주최하다

The host served him food and drink.　● 07 전국연합
주인은 그에게 음식과 음료수를 대접했다.
a talk show host 토크쇼의 사회자
a host of microbes 많은 미생물들
Korea hosted the Asian Games twice.
한국은 아시안 게임을 두 번 주최했다.

★★★ **spring**
□ 1705 [spriŋ]

ⓝ 샘　ⓝ 용수철　ⓥ 튀어 오르다

a hot spring 온천
On a weighing scale, you compress a spring inside it.
저울 위에서, 당신은 그 안에 있는 용수철을 누른다.　● 08 전국연합
He sprang out of the bed as soon as he heard the alarm.
그는 알람 소리를 듣자마자 침대에서 튀어나왔다.

★★ **vessel**
□ 1706 [vésəl]

ⓝ 선박, 배　ⓝ 용기, 그릇　ⓝ (동물의) 혈관, 관

a deep-sea fishing vessel 원양어선
an ancient bronze ritual vessel 고대 청동 제기
Exercise will make blood vessels healthy.　● 05 전국연합
운동은 혈관을 건강하게 만들 것이다.

★★★ **strike**
□1707 [straik]

ⓥ 치다, 때리다   ⓥ 발생하다   ⓥ 떠오르다   ⓝ 파업

Strike while the iron is hot.
쇠가 달았을 때 두드려라.(= 좋은 기회를 놓치지 마라.) 〈속담〉

One third of all U.S. tornadoes **strike** in Oklahoma, Texas, and Kansas. ● 05 전국연합
미국의 모든 토네이도의 3분의 1은 Oklahoma, Texas 그리고 Kansas에서 발생한다.

A terrible thought **struck** me. 무시무시한 생각이 내게 떠올랐다.

a general **strike** 총 파업

★★ **trial**
□1708 [tráiəl]

ⓝ 시도   ⓝ 시련, 고난   ⓝ 재판

Explorers, through their **trial**, have paved the way for us to follow. ● 07 수능
탐험가들은 시도를 통해, 우리가 따라 가야할 길을 닦아 놓았다.

We needed strength to endure the **trials** of the long journey.
우리는 긴 여행의 시련을 견뎌낼 힘이 필요했다.

a criminal **trial** 형사 재판

★★ **column**
□1709 [káləm]

ⓝ 기둥〔원주〕   ⓝ (신문 등의) 칼럼, 특정 기고란

The view from my seat is partially blocked by a **column**.
내 좌석에서 보는 시야가 기둥 때문에 부분적으로 가려진다.

At age 13 Theodore Taylor wrote a **column** on high school sports. ● 08 전국연합
13살에 Theodore Taylor는 고교 스포츠에 대한 칼럼을 썼다.

★★ **administer**
□1710 [ædmínistər]

ⓥ 관리〔운영〕하다   ⓥ 시행하다, 집행하다   ⓥ 투여하다

The lottery gains are spent on **administering** the lottery itself. ● 06 전국연합
복권 수익금은 복권 그 자체를 관리하는 데 쓰인다.

Researchers **administered** IQ tests to 219 adults.
연구자들은 성인 219명에게 IQ 테스트를 시행했다.

Inform people what medication to **administer** in case of an allergic reaction. ● 09 전국연합
알레르기 반응이 일어난 경우에 어떤 약물을 투여해야 하는지를 사람들에게 알려줘라.

★★★ **pose**
□1711 [pouz]

ⓝ ⓥ 자세〔포즈〕(를 취하다)　ⓥ 제기하다　ⓥ ~인 체하다

The actress posed for her fans.
그 여배우는 팬들을 위하여 포즈를 취했다.

The policy posed a threat to jobs in the coal industry.
그 정책은 석탄산업 직종에 위협을 제기했다.　● 05 모의

He was broke, but he posed as a rich man.　● 05 모의
그는 빈털터리지만 부자인 체했다.

★★ **declare**
□1712 [diklέər]

ⓥ 선언〔선고〕하다　ⓥ (세관에) 신고하다

He declared bankruptcy because of his debts.
그는 빚 때문에 파산을 선언했다.

I was asked if I had any items to declare.
나는 세관에 신고할 물건이 있는지 질문을 받았다.

★★★ **anxious**
□1713 [ǽŋkjəs]

ⓐ 걱정하는　ⓐ 갈망〔열망〕하는

After experiencing earthquakes, people tend to become
anxious about their future.
지진을 겪은 후, 사람들은 미래에 대해 걱정하게 되는 경향이 있다.

Japanese fans waited at the airport anxious to see the
Korean movie star.
일본 팬들은 한국의 스타 영화배우를 보고 싶은 열망으로 공항에서 기다렸다.

★★ **pupil**
□1714 [pjú:pil]

ⓝ 제자, 학생　ⓝ 동공, 눈동자

As a pupil, I stand at the grave of the greatest man.　● 99 수능
나는 제자로서, 가장 훌륭하신 분의 묘소에 서 있다.

Pupil size adjusts according to light intensity and
nearness.　● 06 전국연합
동공의 크기는 빛의 강도와 근접성에 따라서 조절된다.

★★ **locate**
□1715 [lóukeit]

ⓥ ~에 위치시키다　ⓥ (위치를) 찾아내다

Located among the hills, Pune lies some 457 meters above
sea level.　● 08 전국연합
언덕들 사이에 위치해 있는 Pune는 해발 고도 약 457미터에 있다.

GPS(Global Positioning System) was first used by the
military to locate troops.　● 06 전국연합
위치 추적 장치는 부대의 위치를 찾기 위해 군대에서 처음으로 사용되었다.

★★ **stable**
□1716 [stéibl]

ⓐ 안정된　ⓝ 외양간, 마구간

It's difficult to keep the sea water quality stable in an aquarium. ● 06 모의
수족관에서 바닷물의 수질을 안정된 상태로 유지하기는 어렵다.

It is too late to shut the stable door when the horse is stolen.
소 잃고 외양간 문을 고쳐봤자 너무 늦다. 〈속담〉

★★★ **occupy**
□1717 [ákjupài]

ⓥ 차지하다　ⓥ 거주하다　ⓥ ~에 전념하다, 종사하다

Each one occupies several different positions in society.
개개인은 사회 속에서 여러 다른 위치를 차지하고 있다. ● 01 수능

Hermit crabs occupy the empty shells of dead sea snails.
소라게는 죽은 바다 달팽이의 빈 껍질에 산다. ● 05 전국연합

He was occupied in translating Latin poetry.
그는 라틴 시 번역에 전념했다.

★★★ **medium**
□1718 [mí:diəm]

ⓐ 중간의　ⓝ 매체, 매개(물), 수단

Bushbucks are small to medium-sized antelopes.
Bushbuck은 작은 것부터 중간 크기까지의 영양이다. ● 08 전국연합

One of the features of the Internet as a medium is its interactivity. ● 06 전국연합
매체로서 인터넷이 갖는 특징들 중 하나는 상호작용성이다.

★★ **outlet**
□1719 [áutlet]

ⓝ (배)출구　ⓝ 상점, 아울렛

Rap gives many teenagers an outlet from their life problems. ● 08 전국연합
랩은 많은 십대들에게 삶의 문제들로부터의 출구를 제공한다.

The retail outlet is showcasing IT products.
그 소매점은 IT 상품을 전시하고 있다.

★★ **dictate**
□1720 [díkteit]

ⓥ 받아쓰게 하다, 구술하다　ⓥ 명령〔지시〕하다

Grandpa dictated a letter to his grandson.
할아버지는 손자에게 편지를 받아쓰게 했다.

No one can dictate what you make of your life at every moment.
어느 누구도 매순간 당신에게 어떻게 살라고 명령할 수 없다.

A 다음 단어에 해당하는 영어 단어 또는 우리말을 쓰시오.

1. 견해, 의견 _____
2. (일시) 중지하다 _____
3. 긴장시키다 _____
4. 흡수하다 _____
5. 배역을 맡기다 _____
6. 석방하다 _____
7. 해고시키다 _____
8. 순서, 차례 _____
9. 선언하다 _____
10. 안정된 _____

11. medium _____
12. manner _____
13. atmosphere _____
14. patient _____
15. spare _____
16. spring _____
17. degree _____
18. trial _____
19. anxious _____
20. outlet _____

B 다음 각 문장의 빈칸에 공통으로 들어갈 말로 가장 알맞은 단어를 고르시오.

1. Few places can _____ Madagascar as an eco-tourism destination.

   Those shoes _____ up with blue pants.

   ① fit ② match ③ order ④ suit ⑤ measure

2. The _____ served him food and drink.

   Korea _____ed the Asian Games twice.

   ① cast ② host ③ spring ④ view ⑤ bar

3. The policeman refused to _____ the prisoner.

   The list of employees to get promoted was _____d.

   ① pose ② declare ③ decline ④ discharge ⑤ release

Answer Keys _____

A 1. view 2. suspend 3. strain 4. absorb 5. cast 6. release 7. discharge 8. order 9. declare 10. stable
11. 중간의; 매체, 매개물, 수단 12. 방식, 태도 13. 대기, 공기; 분위기 14. 참을성 있는; 환자 15. 여분의; 할애하다; 아끼다
16. 샘; 용수철; 튀어 오르다 17. 정도, 단계; 학위; 도 18. 시도; 시련, 고난; 재판 19. 걱정하는; 갈망(열망)하는
20. 출구; 상점, 아울렛 **B** 1. ② 2. ② 3. ⑤

1163
damage ⓥ ~에 피해를 끼치다 ↔ **recover** ⓥ 회복하다 **1124**

Sitting behind a desk for hours can cause **damage** to our backs.
몇 시간 동안 책상에 앉아 있는 것은 우리 등에 해를 끼칠 수 있다.

My daughter's health **recovered** thanks to medical herbs.
약초 덕분에 내 딸의 건강이 회복되었다.

1733
contract ⓥ 수축하다 ↔ **expand** ⓥ 팽창하다 **1499**

Most liquids **contract** when they freeze.
대부분의 액체는 얼 때 수축한다.

Water **expands** when it changes from a liquid to a solid.
물은 액체에서 고체로 변할 때 팽창한다.

0694
identical ⓐ 동일한 ↔ **different** ⓐ 다른

Even **identical** twins don't have the same fingerprints.
일란성 쌍둥이들조차도 똑같은 지문을 갖고 있지는 않다.

Different plants require **different** environments.
서로 다른 식물들은 다른 환경을 필요로 한다.

favorable ⓐ 호의적인, 유리한 ↔ **hostile** ⓐ 적대적인 **1095**

Some celebrities fail to make a **favorable** impression.
몇몇 유명 인사들은 호의적인 인상을 주지 못한다.

Each tribe has its own culture and some are **hostile** to outsiders.
각각의 부족은 고유한 문화를 가지고 있으며 몇몇은 외부인에게 적대적이다.

DAY 44

어휘 더하기 : 반의어 ④

01	02	03	04	05	06	07	08	09	10
●	●	●	●	●	●	●	●	●	●

11	12	13	14	15	16	17	18	19	20
●	●	●	●	●	●	●	●	●	●

21	22	23	24	25	26	27	28	29	30
●	●	●	●	●	●	●	●	●	●

31	32	33	34	35	36	37	38	39	40
●	●	●	●	●	●	●	●	●	●

41	42	43	44	45	46	47	48	49	50
●	●	●	●						

Day 43 | Review

앞에서 학습한 단어를 얼마나 기억하는지 체크해 보세요.
기억이 나지 않는 단어는 다시 한 번 학습하세요.

- □ raise
- □ view
- □ volume
- □ shed
- □ manner
- □ suspend
- □ strain
- □ atmosphere
- □ seal
- □ spare
- □ bar
- □ match
- □ absorb
- □ capital
- □ degree

- □ release
- □ appeal
- □ decline
- □ order
- □ discharge
- □ host
- □ spring
- □ vessel
- □ strike
- □ trial
- □ administer
- □ pose
- □ locate
- □ occupy
- □ dictate

★★
□ 1721 **correspond**
[kɔ̀:rəspánd]

ⓥ 일치〔부합〕하다　ⓥ ~에 해당〔대응〕하다　ⓥ 서신 왕래하다

Female models' features do not correspond to many women's bodies. ● 10 전국연합
여성모델의 특징들은 많은 여성들의 신체와 일치하지 않는다.

Napoleon's height was 5 feet 2 inches, which corresponds to 1.57 meters. ● 06 전국연합
Napoleon의 키는 5피트 2인치였는데, 그것은 1.57미터에 해당한다.

We have corresponded for years but never met.
우리는 수년간 서신을 왕래했지만 만난 적은 없다.

★★★
□ 1722 **reflect**
[riflékt]

ⓥ 비치다, 반사하다　ⓥ 반영하다　ⓥ 숙고하다

He saw his face reflected in the glass. ● 05 모의
그는 자신의 얼굴이 유리에 비치는 것을 보았다.

This essay seems to reflect how he felt.
이 에세이는 그가 어떻게 느꼈는지를 반영하는 것 같다.

Humans reflect on the nature of things. ● 10 모의
인간은 사물의 본성에 대해 숙고한다.

★★★
□ 1723 **shoot**
[ʃuːt]

ⓥ (총, 활을) 쏘다　ⓝ ⓥ 촬영(하다)　ⓝ ⓥ 싹(트다)

In Australia, it is allowed to kill dingoes by shooting them.
호주에서는, dingo를 총으로 쏴서 죽이는 것이 허가된다. ● 05 전국연합
*dingo: 오스트레일리아 산 들개

Filmmakers shoot more film than is needed. ● 06 수능
영화제작자들은 필요한 것보다 더 많은 영화를 촬영한다.

Baboons eat grass, especially enjoying the tender shoots.
개코원숭이는 풀을 먹는데, 특히 부드러운 싹을 좋아한다. ● 06 전국연합

★★★
□ 1724 **scale**
[skeil]

ⓝ 규모, 정도　ⓝ (지도) 축척, 비율　ⓝ 저울　ⓝ 비늘

Our love for another person lifts our thoughts to a grander scale. ● 11 모의
다른 사람을 향한 우리의 사랑은 우리의 생각의 규모를 더 크게 해준다.

a map drawn to a scale one to twenty thousand
축척 20,000분의 1 지도

a weighing scale 체중계

a scale of a snake 뱀의 비늘

★★ **overlook**
□1725 [òuvərlúk]

ⓥ 간과하다, 눈감아 주다   ⓥ (경치 등을) 내려다보다

Parents shouldn't overlook the value of incidental learning experiences. ●09수능
부모는 우연히 일어나는 학습 경험의 가치를 간과해서는 안 된다.

Germany has magnificent castles overlooking the river.
독일에는 강을 내려다보는 웅장한 성들이 있다. ●09모의

★★ **occasion**
□1726 [əkéiʒən]

ⓝ 때, 경우   ⓝ 행사, 일(~s)   ⓝ 기회   ⓝ 이유

Delight hangs in the air for what is a special occasion.
특별한 때인 탓에 대기에는 기쁨이 감돌고 있다. ●02수능

Gift industries dictate what we give for special occasions. ●06전국연합
선물 산업은 특별한 행사를 위해 우리가 무엇을 주어야 하는지에 영향을 미친다.

an occasion for meeting movie stars
영화배우를 만날 기회

I have no occasion to apologize to you.
나는 네게 사과할 이유가 없다.

★★★ **article**
□1727 [áːrtikl]

ⓝ 기사   ⓝ 물건, 물품   ⓝ 조, 조항   ⓝ (문법) 관사

He came across an article in a scientific journal. ●08모의
그는 우연히 과학 잡지에 실린 한 기사를 보게 되었다.

Footwear has long been an article of necessity. ●07수능
신발은 오랫동안 필수품이었다.

Chapter 1, Article 1 of the Constitution 헌법 제1장, 제1조
the (in)definite article (부)정관사

★★ **generate**
□1728 [dʒénərèit]

ⓥ 만들어 내다   ⓥ (전기 등을) 발생시키다, 일으키다

Matter-of-fact attitude constricts one's capacity to generate new solutions. ●05전국연합
사무적인 태도는 새로운 해결책을 만들어 내는 능력을 저해한다.

Solar panels generate electricity.
태양 전지판은 전기를 발생시킨다.

㊌ generate more hit than light 사태를 (오히려) 악화시키다

★ ★ ★ **bear**
□ 1729 [bɛər]

ⓥ 낳다   ⓥ (열매를) 맺다   ⓥ (고통 등을) 참다, 견디다

Young people are **bearing** children without knowing how to be a good parent. ● 08 전국연합
젊은이들은 좋은 부모가 되는 방법을 모른 채 아이를 낳고 있다.

Their sweat and efforts finally **bore** fruit.
그들의 땀과 노력이 마침내 열매를 맺었다.

I couldn't **bear** the thought of going home to an empty apartment. ● 10 전국연합
나는 텅 빈 아파트로 귀가해야 한다는 생각에 참을 수 없었다.

★ ★ ★ **bound**
□ 1730 [baund]

ⓥ 튀어 오르다   ⓝ 경계(선)   ⓐ ~ 행(行)의

The baseball **bounded** against the left fence.
야구공이 왼쪽 담장을 맞고 튀어 올랐다.

bounds of heaven and earth   하늘과 땅의 경계

This ship is **bound** for New York.   이 배는 New York 행이다.

★ ★ ★ **claim**
□ 1731 [kleim]

ⓝ ⓥ 청구〔요구〕(하다)   ⓝ ⓥ 주장(하다)   ⓥ (목숨을) 빼앗다

The captain sank the ship to **claim** the insurance money.
그 선장은 보험금을 청구하기 위해 배를 침몰시켰다.   ● 08 전국연합

Sociologists **claim** that we like music because others enjoy it. ● 07 모의
사회학자들은 다른 사람들이 그것을 즐기기 때문에 우리가 음악을 좋아한다고 주장한다.

The plague **claimed** Mel's mother.   ● 08 모의
그 전염병이 Mel의 어머니의 목숨을 빼앗았다.

★ ★ **deposit**
□ 1732 [dipázit]

ⓥ 예금하다   ⓥ (물건을) 맡기다, 놓다   ⓥ 퇴적〔침전〕시키다

The old woman **deposits** 10 dollars to her bank every week.
그 할머니는 매주 10달러씩 은행에 예금한다.

Please **deposit** your valuables in the hotel's safety box.
귀중품은 호텔의 안전 보관함에 맡겨주세요.

The Nile River flooded each year, **depositing** soil on its banks. ● 09 수능
나일 강은 매년 범람하면서 둑 위에 흙을 퇴적시켰다.

★★ **contract**
□ 1733 [kántrækt]

ⓝ ⓥ 계약(하다)　ⓥ 수축[축소]하다　ⓥ (병에) 걸리다

He signed a **contract** with a different company.
그는 다른 회사와 계약을 맺었다.

Muscle cells can expand and **contract**. ● 06 전국연합
근육세포는 팽창하고 수축할 수 있다.

A friend of mine **contracted** a serious disease.
내 친구 중 한 명이 심각한 병에 걸렸다.

★★★ **dawn**
□ 1734 [dɔːn]

ⓝ 새벽　ⓥ (시대가) 밝다　ⓥ 분명해지다

It's always darkest just before the **dawn**.
새벽 직전이 가장 어둡다. 〈속담〉

A new information age has **dawned**. 새로운 정보의 시대가 밝았다.

It **dawned** on me that I had been spending too much money.
내가 돈을 너무 많이 썼다는 것이 분명해졌다.

★★★ **bill**
□ 1735 [bil]

ⓝ 청구서, 계산서　ⓝ 지폐　ⓝ 법안

an electricity **bill** 전기요금 청구서

a ten-dollar-**bill** 10달러짜리 지폐

the economic reform **bill** 경제개혁 법안

★★ **monitor**
□ 1736 [mánitər]

ⓝ 화면, 모니터　ⓥ 감시[감독](하다)

The a night guard stared at two strangers on the **monitor**.
야간 경비원이 화면에서 두 명의 낯선 사람들을 주시했다.

The technologies make it possible to **monitor** our
behaviors. ● 10 모의
과학기술이 우리의 행동을 감시하는 것을 가능하게 한다.

★★★ **hand**
□ 1737 [hænd]

ⓝ 일손, 도움　ⓝ 솜씨, 기술　ⓥ 건네주다

Many **hands** make light work. ● 06 모의
일손이 많으면 일이 가벼워진다. 〈속담〉

a **hand** for cookies 쿠키 만드는 솜씨

Our job as a parent is to **hand** children responsibility.
부모로서 우리가 할 일은 아이들에게 책임감을 건네주는 것이다. ● 08 모의

cf. an invisible **hand** 보이지 않는 손

ⓢ give A a big **hand** A에게 박수를 보내다　**hand in** 제출하다

★★★ **rule**
□1738 [ru:l]

ⓝ 규칙   ⓝ ⓥ 통치(하다)

Every **rule** has its exceptions. 모든 규칙에는 예외가 있다.

Democracy is often defined as "**rule** by the majority."

민주주의는 종종 '다수에 의한 통치' 로 정의된다.   ● 95 수능

㉦ **as a rule** 일반적으로

★★ **fancy**
□1739 [fǽnsi]

ⓝ ⓥ 생각〔공상〕(하다)   ⓐ 장식이 화려한   ⓐ 값비싼, 고급의

The girls **fancied** that they were characters from a movie.

소녀들은 그들이 영화 주인공이라고 생각했다.

a **fancy** neck tie 장식이 화려한 넥타이

a **fancy** price 값비싼 가격

★★ **capacity**
□1740 [kəpǽsəti]

ⓝ 수용량   ⓝ 재주〔재능〕, 역량   ⓝ 자격, 지위

The stadium has a **capacity** of 15,000 seats.

그 경기장은 15,000석의 수용량을 갖추고 있다.

a **capacity** for making money 돈 버는 재주

an advisory **capacity** 조언자 역〔자문 역〕

★★ **dwell**
□1741 [dwel]

ⓥ ~에 살다, 거주하다   ⓥ 곰곰이 생각하다

The runners are adapted for **dwelling** at high altitudes.

달리기 선수들은 높은 고도에 사는 것에 적응되었다.   ● 07 전국연합

Don't **dwell** on the past, just let it go.

과거를 곰곰이 생각하지 말고, 그냥 그것이 지나가게 해라.

㉦ **dwell on** 곰곰이 생각하다

★★ **rear**
□1742 [riər]

ⓝ ⓐ 뒤(의), 후방(의)   ⓥ (아이를) 기르다, 교육하다

He had a small kitchen at the **rear** of his store. ● 10 전국연합

그는 가게 뒤에 작은 부엌을 갖고 있었다.

We **reared** our children to respect others.

우리는 아이들이 다른 사람들을 존중하도록 길렀다.

★★
□ 1743
humble
[hʌ́mbl]

ⓐ 겸손한   ⓐ 비천한, 낮은   ⓐ 초라한, 보잘것없는

She is very **humble** in her manner.
그녀는 태도가 매우 겸손하다.

He chose to live as a **humble** writer among poor people.
그는 가난한 사람들 틈에서 비천한 삶을 사는 작가로 사는 것을 선택했다.

However **humble** it may be, there is no place like home.
아무리 초라해도 집같은 곳은 없다.

★★
□ 1744
extent
[ikstént]

ⓝ 넓이, 규모   ⓝ 범위, 정도

The vast **extent** of land was reclaimed by the government.
그 광대한 넓이의 땅은 정부에 의해 개간되었다.

Individuals with irritating personalities may be successful
to a certain **extent**.   ● 05 전국연합
화나게 하는 성격을 지닌 사람들은 어느 정도까지는 성공할 수 있을 것이다.

㊻ **to a certain extent** 어느 정도까지

★★★
□ 1745
tie
[tai]

ⓥ 매다, 묶다   ⓥ 연관〔관련〕시키다   ⓥ 구속〔속박〕하다

The child **tied** to his seat was uninjured.   ● 10 전국연합
좌석에 매어진 아이는 부상을 당하지 않았다.

For me, happiness is closely **tied** to my family.   ● 94 수능
나에게 행복은 내 가족과 밀접하게 연관되어 있다.

I don't want to be **tied** to particular time.
나는 특정 시간에 구속받고 싶지 않다.

cf. **a bow tie** 나비넥타이   **family ties** 가족 간의 유대

★★★
□ 1746
stick
[stik]

ⓝ 막대기, 스틱   ⓥ 찌르다, 박다   ⓥ 붙(이)다   ⓥ 고수하다

a hockey stick 하키용 스틱
Soon a nurse will **stick** the needle into my arm.
곧 간호사가 내 팔에 바늘을 찌를 것이다.

Students often **stick** gum to flat surfaces.   ● 09 전국연합
학생들이 종종 평평한 표면에 껌을 붙인다.

People tend to **stick** to their first impressions.   ● 07 수능
사람들은 첫인상을 고수하는 경향이 있다.

★★★ **bind**
□ 1747 [baind]

ⓥ 묶다   ⓥ (붕대 등을) 감다   ⓥ ~에게 의무를 지우다

They **bound** a prisoner to the stake. ● 08 전국연합
그들은 포로를 말뚝에 묶었다.

She **bound** up my wounds. 그녀는 나의 상처에 붕대를 감았다.

We are **bound** to obey the school rules.
우리는 교칙을 지켜야 할 의무가 있다.

ⓢ **be bound to** ~할 의무가 있다

★★★ **attend**
□ 1748 [əténd]

ⓥ 출석〔참석〕하다   ⓥ 돌보다   ⓥ ~에 주의를 기울이다

It is not a good idea for boys and girls to **attend** separate schools. ● 05 전국연합
남녀 학생들이 서로 다른 학교에 다니는 것은 좋은 생각이 아니다.

Nurses are suitable for **attending** sick passengers.
간호사는 아픈 승객을 돌보는 일에 적합하다.   ● 07 전국연합

John tends to **attend** to anybody's business. ● 05 모의
John은 어떤 사람의 일에든 주의를 기울이는 경향이 있다.

★★ **secure**
□ 1749 [sikjúər]

ⓐ 안정된, 안전한   ⓥ 보장하다, 확보하다   ⓥ 안전하게 하다

It is important to create a home that is emotionally **secure**.
정서적으로 안정된 가정을 만들어 내는 것이 중요하다.   ● 08 전국연합

The role of rulers is to **secure** the happiness of their people. ● 10 전국연합
지도자의 역할은 국민들의 행복을 보장해 주는 것이다.

I tried to **secure** her neck and stop the bleeding. ● 08 모의
나는 그녀의 목을 안전하게 하고 피를 멈추게 하려고 노력했다.

★★ **maintain**
□ 1750 [meintéin]

ⓥ 유지하다, 지속하다   ⓥ 주장하다   ⓥ (가족을) 부양하다

Note taking is dependent on one's ability to **maintain** attention. ● 08 전국연합
필기는 집중력을 유지할 수 있는 능력에 따라 달라진다.

Some players **maintain** that sports stars are role models for people. ● 04 수능
몇몇 선수들은 스포츠 스타들이 사람들에게 역할 모델이라고 주장한다.

He is trying to **maintain** his family by working two jobs.
그는 두 가지 일을 함으로써 가족을 부양하려고 노력하고 있다.

★★★ **offend**   ⓥ 화나게 하다   ⓥ (법을) 위반하다, 죄를 범하다
□ 1751 [əfénd]

When you have **offended** someone, you must take corrective actions. ● 09 전국연합
다른 사람을 화나게 했을 때는 바로 잡는 조치를 취해야 한다.

A list of the names of **offending** employers must be published on the Internet.
법을 위반한 고용주들의 명단이 인터넷에 공개되어야 한다.

★★★ **novel**   ⓝ (장편) 소설   ⓐ 새로운, 신기한
□ 1752 [nάvəl]

A lot of **novels** were rejected many times before they were published. ● 05 전국연합
많은 소설들이 출판되기 전에 여러 번 거절당했다.

The **novel** design yields energy-efficient air conditioner.
새로운 디자인은 에너지 효율이 좋은 에어컨을 만들어낸다.

★★ **submit**   ⓥ 제출하다   ⓥ 굴복〔항복〕하다
□ 1753 [səbmít]

All essays **submitted** become the property of the library.
제출된 모든 에세이는 도서관의 재산이 된다.   ● 10 전국연합

His team **submitted** to the rival this time.
그의 팀은 이번에는 경쟁 팀에 굴복했다.

★★★ **apply**   ⓥ 지원〔신청〕하다   ⓥ 적용〔해당〕되다   ⓥ ~을 바르다
□ 1754 [əplái]

To **apply** for university, she wrote an essay introducing herself. ● 10 전국연합
대학에 지원하기 위해, 그녀는 자신을 소개하는 에세이를 썼다.

Discounts **apply** only to members of the club.
할인은 오직 클럽의 회원에게만 적용됩니다.

Apply insect repellent to your child's skin and clothing.
해충 퇴치제를 아이의 피부와 옷에 발라라.   ● 10 전국연합

★★ **stem**   ⓝ 줄기   ⓥ ~에서 생기다, 발생하다
□ 1755 [stem]

The banana tree is without a woody **stem**. ● 08 모의
바나나 나무는 목질의 줄기가 없다.

Artists' painting styles mainly **stems** from their regional background. ● 09 전국연합
예술가들의 화풍은 주로 그들의 지역적 배경에서 생긴다.

★★
□1756
abuse
[əbjúːz] ⓥ
[əbjúːs] ⓝ

ⓝ ⓥ 남용〔오용〕(하다)   ⓝ ⓥ 학대(하다)   ⓝ 욕설, 매도

Drug **abuse** became a serious social problem.
약물 남용이 심각한 사회 문제가 되었다.

Well-planned parenting classes might reduce child **abuse**.
잘 짜인 육아 수업은 아동 학대를 줄일 수 있을 것이다.   ● 08 전국연합

Abuse is not allowed in the discussion.
토론에서 욕설은 허용되지 않는다.

★★★
□1757
address
[ǽdres] ⓝ
[ədrés] ⓥ

ⓝ 주소   ⓝ ⓥ 연설(하다)   ⓥ (문제를) 다루다

The staff check my name and **address** on the register.
직원들이 명부에 있는 내 이름과 주소를 확인한다.   ● 08 전국연합

Abraham Lincoln's **address** lasted less than five minutes.
Abraham Lincoln의 연설은 5분도 채 걸리지 않았다.

address the flooding problems   홍수 문제를 다루다

★★★
□1758
exhaust
[igzɔ́ːst]

ⓥ 지치게 하다   ⓥ 다 써버리다   ⓝ (자동차의) 배기가스

Hot weather **exhausted** art museum visitors.
더운 날씨는 미술관 방문객들을 지치게 했다.

They **exhausted** their supply of fuel.
그들은 비축한 연료를 다 써버렸다.

Automobile **exhaust** in the air creates a heat island effect.
공기 중의 자동차 배기가스는 열섬 효과를 일으킨다.   ● 06 전국연합

★★
□1759
dispose
[dispóuz]

ⓥ 정리〔배치〕하다   ⓥ 처분하다, 없애다

Your job as a volunteer is to **dispose** books in order.
자원봉사자로서 네 일은 책을 순서대로 정리하는 것이다.

Break the plastic rings before you **dispose** of drink cans.
음료수 캔을 처분하기 전에 플라스틱 고리를 떼라.   ● 05 전국연합

★★★
□1760
principal
[prínsəpəl]

ⓐ 주요한, 제일의   ⓝ 교장, (단체의) 장

He became a **principal** actor of the play, "Hamlet."
그는 연극 〈햄릿〉의 주연 배우가 되었다.

The **principal** congratulated all the players for their efforts.
교장 선생님께서 모든 선수들에게 그들의 노력에 대해 축하하셨다.   ● 05 전국연합

TEST

A 다음 단어에 해당하는 영어 단어 또는 우리말을 쓰시오.

1. 서신 왕래하다 _____
2. 간과하다 _____
3. 축적, 비율 _____
4. 기사; 물품 _____
5. 계약(하다) _____
6. 일손; 솜씨, 기술 _____
7. 겸손한 _____
8. 곰곰이 생각하다 _____
9. 굴복하다 _____
10. 연설(하다); 다루다 _____

11. bear _____
12. bill _____
13. dawn _____
14. monitor _____
15. extent _____
16. rule _____
17. bind _____
18. novel _____
19. stem _____
20. principal _____

B 다음 각 문장의 빈칸에 공통으로 들어갈 말로 가장 알맞은 단어를 고르시오.

1. He came across an _____ in a scientific journal.

   Footwear has long been an _____ of necessity.

   ① occasion　② extent　③ abuse　④ article　⑤ address

2. Please _____ your valuables in the hotel's safety box.

   The Nile River flooded each year, _____ing soil on its banks.

   ① deposit　② reflect　③ offend　④ exhaust　⑤ apply

3. The captain sank the ship to _____ the insurance money.

   Sociologists _____ that we like music because others enjoy it.

   ① generate　② submit　③ claim　④ hand　⑤ bind

Answer Keys _____

A 1. correspond 2. overlook 3. scale 4. article 5. contract 6. hand 7. humble 8. dwell 9. submit
10. address 11. 낳다; 맺다; 참다, 견디다 12. 청구서, 계산서; 지폐; 법안 13. 새벽; 밝다; 분명해지다 14. 화면, 모니터;
감시(감독)(하다) 15. 넓이, 규모; 범위, 정도 16. 규칙; 통치(하다) 17. 묶다; 감다; ~에게 의무를 지우다 18. 소설; 새로운,
신기한 19. 줄기; ~에서 생기다, 발생하다 20. 주요한, 제일의; 장, 교장　**B** 1. ④ 2. ① 3. ③

construct ⓥ 건설하다 ↔ destroy ⓥ 파괴하다

^0229 ^0294

Tall buildings were **constructed** as a way of showing off power.
큰 건물들은 권력을 과시하기 위한 한 방편으로 건설되었다.

Fences separate us, create loneliness, and **destroy** communities.
울타리는 우리를 갈라놓고, 외로움을 야기하며, 공동체를 파괴한다.

foreign ⓐ 외국의 ↔ domestic ⓐ 국내의

^1255

Lower prices are very attractive to **foreign** buyers.
더 낮은 가격은 외국의 구매자들에게 매우 매력적이다.

If the prices of imported goods are raised, the demand for **domestic** products is increased.
수입품의 가격이 오르면, 국산품의 수요는 증가한다.

abolish ⓥ 폐지하다 ↔ establish ⓥ 설립하다

^0822 ^0535

Smoking areas should be **abolished** at once.
흡연 구역은 즉시 폐지되어야 한다.

Because of the passion for learning, the city **established** a library.
배움에 대한 열망 때문에, 시 당국은 도서관을 설립했다.

integrate ⓥ 통합하다 ↔ separate ⓥ 분리하다

^0223

It is necessary to **integrate** history in the curriculum.
교과과정에 역사를 통합하는 것이 필요하다.

Costa Rica **separated** from Spain in 1821.
Costa Rica는 1821년 스페인으로부터 분리되었다.

DAY 45

어휘 더하기 : 반의어 **5**

01	02	03	04	05	06	07	08	09	10
●	●	●	●	●	●	●	●	●	●

11	12	13	14	15	16	17	18	19	20
●	●	●	●	●	●	●	●	●	●

21	22	23	24	25	26	27	28	29	30
●	●	●	●	●	●	●	●	●	●

31	32	33	34	35	36	37	38	39	40
●	●	●	●	●	●	●	●	●	●

41	42	43	44	45	46	47	48	49	50
●	●	●	●	●	●	●	●	●	●

Day 44 | **Review**

앞에서 학습한 단어를 얼마나 기억하는지 체크해 보세요.
기억이 나지 않는 단어는 다시 한 번 학습하세요.

□ correspond   □ stick

□ reflect   □ bind

□ scale   □ attend

□ overlook   □ secure

□ generate   □ maintain

□ bear   □ offend

□ bound   □ novel

□ deposit   □ submit

□ contract   □ apply

□ dawn   □ abuse

□ hand   □ address

□ fancy   □ exhaust

□ capacity   □ dispose

□ extent   □ stem

□ tie   □ principal

★★★ **change**
□1761 [tʃeindʒ]

Ⓥ 변하다, 변화하다　Ⓝ Ⓥ 교환(하다)　Ⓝ 거스름 돈, 잔돈

Efforts to change lead to improvement. ● 00 수능
변하려는 노력이 개선을 이끈다.

Can I change my seat for yours?
당신과 자리를 바꿀 수 있을까요?

A shop gave you change for $10 when you paid $5.
5달러를 냈는데 가게에서 네게 10달러에 대한 거스름돈을 주었다. ● 00 수능

★★★ **trap**
□1762 [træp]

Ⓝ 덫, 올가미　Ⓝ 함정　Ⓥ 가두다

The red foxes manage to dig up hidden traps. ● 08 모의
붉은 여우는 숨겨진 덫을 용케 파헤쳐낸다.

Don't be caught in the perfection trap. ● 08 수능
완벽함의 함정에 빠지지 마라.

Shackleton's ship "Endurance" became trapped in ice.
Shackleton의 배 'Endurance' 호는 얼음에 갇히게 되었다. ● 10 전국연합

★★★ **deal**
□1763 [diːl]

Ⓥ 다루다, 처리하다　Ⓝ 거래　Ⓝ 양

Music helps me deal with stress. ● 08 전국연합
음악은 내가 스트레스를 다루는 데 도움을 준다.

For a successful deal, you should be emotionally unattached. ● 10 전국연합
성공적인 거래를 위해, 감정적으로 얽매이지 않아야 한다.

a great deal of energy 엄청난 양의 에너지

★★★ **tune**
□1764 [tjuːn]

Ⓝ 가락, 곡조　Ⓝ 협조, 조화　Ⓥ (악기를) 조율하다

the tune of a song 노래 가락

The family system is in tune with the social institutions.
가족 체제는 사회 제도들과 조화를 이룬다. ● 09 모의

The band was beginning to tune up for a concert.
밴드가 음악회를 하려고 조율을 시작하고 있었다. ● 08 전국연합

㊉ **in tune with** ~와 조화를 이룬

★★ **spectacle**
□1765 [spéktəkl]

ⓝ 경관, 구경거리   ⓝ 안경(~s)

The tourists admired the magnificent spectacle.
관광객들은 장엄한 경관에 탄복했다.

The professor put on his spectacles to look into the report.
그 교수는 보고서를 검토하기 위해 안경을 썼다.

★★★ **lay**
□1766 [lei]

ⓥ 놓다, 두다   ⓥ 넘어뜨리다   ⓥ 알을 낳다
ⓐ 전문 지식이 없는, 문외한의

I would lay my bike down on my neighbor's driveway.
나는 내 자전거를 이웃의 차고 진입로에 놓아두곤 했다.   ● 08 전국연합

The strong wind laid the trees in my garden.
세찬 바람이 내 정원에 있는 나무를 넘어뜨렸다.

Do you know the cuckoo lays eggs in other birds' nests?
너는 뻐꾸기가 다른 새의 둥지에 알을 낳는 것을 아니?

lay public 전문 지식이 없는 대중

★★★ **even**
□1767 [íːvən]

ⓐd ~조차   ⓐd 훨씬, 더욱   ⓐ 평평한   ⓐ 짝수의   ⓐ 동등한

Even Homer sometimes nods.
Homer조차도 때로 존다. (= 원숭이도 나무에서 떨어질 때가 있다.) 〈속담〉

We worked even harder than usual.
우리는 평소보다 훨씬 더 열심히 일했다.

even country 평지

even numbers 짝수 (↔ odd numbers 홀수)

even shares 동등한 몫

★★★ **move**
□1768 [muːv]

ⓥ 움직이다   ⓥ 이사하다   ⓥ 감동시키다

If you pull the strings, the puppet moves.
줄을 잡아당기면, 인형이 움직인다.

He moved to Los Angeles and got a job.   ● 04 모의
그는 Los Angeles로 이사해서 취직했다.

She was moved by seeing people praying for hours.
그녀는 사람들이 몇 시간 동안 기도하는 것을 보고 감동받았다.   ● 07 전국연합

★★★ **grasp**
□ 1769 [græsp]

ⓥ 붙잡다　ⓥ 이해하다, 파악하다

He **grasped** a branch tightly.
그는 나뭇가지를 꽉 붙잡았다.

It is essential to **grasp** the sense of inferiority. ● 09 전국연합
열등감을 이해하는 것은 필수이다.

★★ **conceive**
□ 1770 [kənsíːv]

ⓥ (생각 등을) 마음속에 품다, 상상하다　ⓥ (아이를) 임신하다

The teacher **conceived** the theater festival to develop students' English.
그 선생님은 학생들의 영어를 향상시키기 위해 연극 축제를 생각해냈다.

She is 45 years old but **conceived** a baby.
그녀는 45세이지만 아이를 임신했다.

★★ **tackle**
□ 1771 [tǽkl]

ⓥ (문제 등을) 다루다, 씨름하다　ⓥ 공격하다, ~에 달려들다

Scientists **tackled** the mystery of how the ant measures distance. ● 07 전국연합
과학자들은 개미들이 거리를 측정하는 방법에 대한 신비를 다루었다.

The lion **tackled** his prey from behind. ● 05 전국연합
사자가 먹잇감을 뒤에서 공격했다.

★★★ **period**
□ 1772 [píəriəd]

ⓝ 기간　ⓝ 시대, 시기　ⓝ 주기

Books can be renewed once for the original loan **period**.
책은 원래 대여 기간 동안 (대출 기간이) 한 번 갱신될 수 있다. ● 07 수능

the Socratic **Period** 소크라테스 시대

period of rotation 자전 주기

★★ **note**
□ 1773 [nout]

ⓝ 메모, 편지, 쪽지　ⓝ 필기, 노트(~s)　ⓝ 음, 음표
ⓥ ~에 주목〔주의〕하다

I pinned a **note** to the door. ● 05 전국연합
나는 메모를 문에 붙였다.

lecture **notes** 강의 노트

high and low **notes** 높은 음과 낮은 음

It should be **noted** that the rapid growth of suburbs has created many problems. ● 05 전국연합
교외의 빠른 성장이 많은 문제를 만들어 냈다는 점에 주목해야 한다.

★★ **execute**
□1774 [éksikjù:t]

ⓥ 실행〔수행〕하다　ⓥ 처형하다

Jessica is in charge of **executing** the plan.
Jessica는 그 계획을 실행하는 책임을 맡고 있다.

The Greek philosopher Socrates was **executed** in 339 BC.
그리스의 철학자 소크라테스는 기원 전 339년에 처형당했다.　● 08 전국연합

★★★ **appoint**
□1775 [əpɔ́int]

ⓥ 임명〔지정〕하다　ⓥ 약속하다

They **appointed** him as captain of Korean team.
그들은 그를 한국 팀의 주장으로 임명했다.

You have to **appoint** your examination with a doctor.
너는 검사를 위해서 의사와 약속을 잡아야 한다.　● 08 모의

★★ **condemn**
□1776 [kəndém]

ⓥ 비난하다, 나무라다　ⓥ ~에게 형을 선고하다　ⓥ ~을 운명짓다

The UN Security Council **condemned** the attack on civilians.
유엔 안전 보장 이사회는 민간인에 대한 공격을 비난했다.

He was **condemned** to life imprisonment as a war criminal.
그는 전쟁 범죄자로 종신형을 선고받았다.

They were **condemned** to wander in the wilderness.
그들은 황야를 떠돌 운명이었다.

★★★ **desert**
□1777 [dézərt] ⓝ
[dizə́:rt] ⓥ

ⓝ 사막　ⓥ 버리다, 떠나다

We traveled into the **desert** over sand hills.　● 07 전국연합
우리는 모래 언덕을 넘어 사막으로 이동해갔다.

The swallow had **deserted** its nest.　● 98 수능
그 제비는 둥지를 버렸다.

★★★ **leave**
□1778 [li:v]

ⓥ 떠나다　ⓥ 남기다　ⓝ 휴가

We **leave** here tomorrow for the conference.　● 06 전국연합
우리는 회의를 위해 내일 여기를 떠난다.

The smells in a room can **leave** a strong impression.
방 안의 냄새는 강한 인상을 남길 수 있다.　● 09 전국연합

maternity **leave** 출산 휴가

accommodate
★★ □1779 [əkámədèit]

ⓥ 수용하다, 숙박시키다　ⓥ 편의를 도모하다
ⓥ 적응하다, 적응시키다

Siem Reap has many hotels that accommodate foreign tourists.
Siem Reap에는 외국인 관광객을 수용할 호텔이 많다.

Let's accommodate a colleague in need.
어려운 동료의 편의를 도모하자.

Open-minded students can accommodate themselves to the changing world.
열린 마음을 지닌 학생들은 변화하는 세계에 적응할 수 있다.

entitle
★★ □1780 [intáitl]

ⓥ 권리〔자격〕를 주다　ⓥ 제목을 붙이다

We are entitled to download songs.
우리는 노래를 다운받을 권리가 있다.

Her first novel was entitled "When Jeff Comes Home."
그녀의 첫 소설은 〈Jeff가 집에 올 때〉라는 제목이 붙여졌다.

long
★★★ □1781 [lɔːŋ]

ⓐ 긴　ⓥ 열망〔갈망〕하다

a long journey 긴 여행
Dr. Levy longs for going back to the old days.
Levy 박사는 옛날로 돌아가기를 열망한다.

withdraw
★★ □1782 [wiðdrɔ́ː]

ⓥ 물러나다, 철수하다　ⓥ 철회하다　ⓥ (예금 등을) 인출하다

Soldiers should withdraw to a safer area.
군인들은 좀 더 안전한 지역으로 철수해야 한다.

The plan should be withdrawn immediately. ● 09 전국연합
그 계획은 즉시 철회되어야 한다.

Thirty dollars had been withdrawn from his account.
30달러가 그의 계좌에서 인출되었다. ● 08 전국연합

utter
★ □1783 [ʌ́tər]

ⓐ 완전한, 전적인　ⓥ 말하다, (소리를) 내다

The separation rumor is utter nonsense.
그 결별 소문은 완전 말도 안 되는 소리다.

I was happy when my baby uttered the word "Mama."
내 아이가 '엄마' 라는 단어를 말했을 때 나는 행복했다.

★★ **toll**
□ 1784 [toul]

ⓝ 통행료　ⓝ 사상자 수　ⓝⓥ 종소리(를 울리다)

motorway tolls 고속도로 통행료

The death toll was estimated at over 5,000. ● 07 전국연합
사망자 수는 5,000명이 넘는 것으로 추정되었다.

The novel, "For Whom the Bell Tolls?" was written by Hemingway.
소설 〈누구를 위하여 좋은 울리나?〉는 Hemingway에 의해 쓰여졌다.

★★★ **stress**
□ 1785 [stres]

ⓝ 스트레스, 압박, 긴장　ⓝⓥ 강조(하다)

Stress comes from our thinking that there is not enough time. ● 04 수능
스트레스는 우리가 충분한 시간이 없다고 생각하는 데서 기인한다.

Colleges are placing much stress on extracurricular activities. ● 08 전국연합
대학은 과외활동을 많이 강조한다.

★★★ **refer**
□ 1786 [rifɔːr]

ⓥ 언급하다　ⓥ 참고[참조]하다　ⓥ 문의하다

Nobody refers to that incident any more.
아무도 그 사고에 대해서는 더 이상 언급하지 않는다.

You may have to refer to old books when there is a doubt.
의심스러운 것이 있을 때 오래된 책들을 참고해야 할지도 모른다. ● 10 전국연합

Peter, how was the auto repair shop I referred you to?
Peter, 네게 문의해보라고 한 자동차 수리 공장 어땠니? ● 10 모의

★★★ **chief**
□ 1787 [tʃiːf]

ⓝ (집단의) 장　ⓐ (지위, 계급에서) 최고의　ⓐ 주요한, 중요한

The fire chief decided it was safe there.
소방대장은 거기가 안전하다는 결론을 내렸다.

A CEO(Chief Executive Officer) took his managers to his house. ● 05 전국연합
한 최고 경영자가 경영간부들을 자기 집으로 초청했다.

The chief aim of education is to discipline the character.
교육의 주요 목표는 인성을 단련하는 것이다.

★★★ **general**
□1788 [dʒénərəl]

ⓐ 일반적인 ⓐ 개괄적인 ⓐ 종합적인 ⓝ 장군, 대장

Younger workers have more **general** skill. ● 09 모의
더 젊은 노동자들이 일반적인 기술을 더 많이 갖고 있다.

general outline 개요

a **general** hospital 종합병원

General Lee Sunshin 이순신 장군

★★ **commit**
□1789 [kəmít]

ⓥ (죄를) 범하다 ⓥ 맡기다 ⓥ 약속하다 ⓥ 헌신〔전념〕하다

commit theft 도둑질하다

He prayed, "Lord, into your hands I **commit** my spirit."
그는 "신이시여, 저의 영혼을 당신 손에 맡깁니다."라고 기도했다.

Labor and management **committed** themselves to resolve the dispute peacefully.
노사는 분쟁을 평화적으로 해결하기로 약속했다.

Ellison's mother was **committed** to his education.
Ellison의 어머니는 그의 교육에 헌신하셨다. ● 07 전국연합

★★★ **step**
□1790 [step]

ⓝ 발걸음 ⓝ 조치 ⓝ 단계 ⓥ (짧은 걸음을) 내딛다

I put my **step** on the ice-covered peak of the mountain.
나는 얼음으로 뒤덮인 산 정상에 발걸음을 내디뎠다. ● 10 전국연합

Government took **steps** to prevent crimes.
정부는 범죄를 예방하기 위한 조치를 취했다.

Inventing is seldom a series of logical **steps**. ● 08 전국연합
발명은 일련의 논리적 단계를 거의 따르지 않는다.

Step forward into the future. ● 08 전국연합
미래를 향해 발을 내딛어라.

★★★ **deliver**
□1791 [dilívər]

ⓥ 배달하다, 전하다 ⓥ 연설하다 ⓥ (아기를) 분만하다

Sue got up at 5:30 to **deliver** the newspapers. ● 01 수능
Sue는 신문을 배달하기 위해 5시 30분에 일어났다.

Peter will **deliver** a speech for the opening event. ● 08 수능
Peter는 개막 행사를 위해 연설을 할 것이다.

My wife lost consciousness as soon as she **delivered** a baby.
내 아내는 아기를 낳자마자 의식을 잃었다.

★★ **yield**
□ 1792 [jiːld]

ⓥ 낳다, 산출하다   ⓥ 굴복하다   ⓝ 수확(량)

Words can **yield** a variety of interpretations. ● 10 수능
말은 다양한 해석을 낳을 수 있다.

The Japanese **yielded** to the Americans upon seeing their warships. ● 05 전국연합
일본인들은 군함을 보자마자 미국인들에게 굴복했다.

crop **yields** 곡물 수확량

★★★ **stand**
□ 1793 [stænd]

ⓥ 서다   ⓥ 참다   ⓝ 노점, 스탠드   ⓝ 입장, 처지

He **stood** patiently in front of the door. ● 06 수능
그는 문 앞에 참을성 있게 서 있었다.

Human nature cannot **stand** the strain too long. ● 97 수능
인간의 본성은 긴장을 너무 오래 참을 수 없다.

There should be a food **stand** at the base. ● 10 전국연합
지하에 음식 노점이 있을 겁니다.

Government took a strong **stand** against the strike.
정부는 파업에 대해 강경한 입장을 취했다.

★★★ **project**
□ 1794 [prádʒekt] ⓝ
[prədʒékt] ⓥ

ⓝⓥ 기획〔계획〕(하다)   ⓥ 예상하다   ⓥ 투영하다

Your **projects** will be judged on originality. ● 11 모의
당신의 기획은 독창성으로 평가될 것이다.

South Asia's population is **projected** to swell to 2.5 billion.
남아시아의 인구는 25억 명으로 증가할 것으로 예상된다.   ● 08 전국연합

The size of the **projected** image is determined by the distance to the screen. ● 07 전국연합
투영된 이미지의 크기는 화면까지의 거리로 결정된다.

★★★ **count**
□ 1795 [kaunt]

ⓥ 세다, 계산하다   ⓥ 생각하다, 간주하다   ⓥ 중요하다

Before you do anything else, stop and **count** your blessings. ● 09 전국연합
다른 무언가를 하기 전에, 멈춰서 당신이 받은 축복을 세어보라.

I no longer **count** him as a friend.
나는 그를 더 이상 친구로 생각하지 않는다.

Human resourcefulness **counts** more than natural resources. ● 96 수능
인적 자원이 천연 자원보다 더 중요하다.

★★ **bow**
□1796 [bau] ⓥ
[bou] ⓝ

ⓥ 머리 숙여 인사하다, 절하다   ⓝ 활

He **bowed** and left the stage.
그는 머리 숙여 인사를 하고 무대를 떠났다.

If you keep a **bow** always bent, it will eventually break.
활을 언제나 굽혀진 상태로 놓는다면, 결국 부러질 것이다.

★★★ **treat**
□1797 [triːt]

ⓥ 대하다, 다루다   ⓥ 치료하다   ⓝⓥ 대접(하다)

He **treats** all students fairly.   ● 05 전국연합
그는 모든 학생들을 공정하게 대한다.

A company used cocoa to help **treat** diabetes.   ● 06 전국연합
한 회사가 당뇨병 치료를 돕기 위해 코코아를 사용했다.

I **treated** her to lunch.
내가 그녀에게 점심을 샀다.

★★★ **bridge**
□1798 [bridʒ]

ⓝ 다리   ⓥ (차이를) 좁히다, 다리를 놓다

Workers disassembled the **bridge**.   ● 07 수능
작업자들이 그 다리를 분해했다.

People want to **bridge** the gap between the upper and middle class.
사람들은 상류층과 중산층 사이의 차이를 좁히고 싶어 한다.

★★★ **accuse**
□1799 [əkjúːz]

ⓥ 고발〔고소〕하다   ⓥ 비난하다

DNA evidence can be used to find a person **accused** of a crime innocent.   ● 06 전국연합
DNA 증거는 범죄로 고소를 당한 사람의 무죄를 밝히는 데 이용될 수 있다.

He remained silent when I **accused** him of lying.
내가 그를 거짓말한다고 비난하자, 그는 아무 말도 하지 않았다.

★★★ **succeed**
□1800 [səksíːd]

ⓥ 성공하다   ⓥ 계승하다

No organization **succeeds** when its members don't get along with one another.   ● 05 전국연합
어떤 조직도 구성원들이 서로 사이좋게 지내지 못하면 성공하지 못한다.

Mandela, President of the Republic of South Africa, was **succeeded** by Mbeki.
Mbeki는 남아프리카공화국의 대통령 Mandela의 뒤를 계승했다.

TEST

A 다음 단어에 해당하는 영어 단어 또는 우리말을 쓰시오.

1. 가락, 곡조 _____
2. 전문 지식이 없는 _____
3. 동등한 _____
4. 마음 속에 품다 _____
5. 비난하다 _____
6. 수용하다 _____
7. 철회하다 _____
8. 참조하다 _____
9. (죄를) 범하다 _____
10. 대접하다 _____

11. spectacle _____
12. deal _____
13. trap _____
14. grasp _____
15. execute _____
16. desert _____
17. long _____
18. yield _____
19. accuse _____
20. succeed _____

B 다음 각 문장의 빈칸에 공통으로 들어갈 말로 가장 알맞은 단어를 고르시오.

1. I no longer _____ him as a friend.

   Human resourcefulness _____s more than natural resources.

   ① count ② conceive ③ deal ④ lay ⑤ appoint

2. He was _____ed to life imprisonment as a war criminal.

   They were _____ed to wander in the wilderness.

   ① treat ② desert ③ condemn ④ trap ⑤ refer

3. Words can _____ a variety of interpretations.

   The Japanese _____ed to the Americans upon seeing their warships.

   ① bow ② yield ③ utter ④ deliver ⑤ commit

Answer Keys

A 1. tune 2. lay 3. even 4. conceive 5. condemn 6. accommodate 7. withdraw 8. refer 9. commit
10. treat 11. 경관, 구경거리 12. 다루다, 처리하다; 거래; 양 13. 덫, 올가미; 함정; 가두다 14. 붙잡다; 이해하다, 파악하다
15. 실행(수행)하다; 처형하다 16. 사막; 버리다, 떠나다 17. 긴; 열망(갈망)하다 18. 낳다, 산출하다; 굴복하다; 수확(량)
19. 고발(고소)하다; 비난하다 20. 성공하다; 계승하다 B 1. ① 2. ③ 3. ②

0460
abstract ⓐ 추상적인 ↔ **concrete** ⓐ 구체적인
1653

The humanities is not an **abstract** learning that remotes from everyday life.
인문학은 일상생활과 동떨어진 추상적인 학문이 아니다.

You need to make your plan **concrete** to understand easily.
당신은 이해하기 쉽게 당신의 계획을 구체화해야 한다.

0857
conquer ⓥ 정복하다 ↔ **surrender** ⓥ 항복하다
1967

Europe was **conquered** by Chingiz Khan.
유럽은 칭기즈 칸에 의해 정복당했다.

The enemy shall **surrender** due to continuous attack.
계속되는 공격으로 적들은 항복하게 될 것이다.

---

conservative ⓐ 보수적인 ↔ **progressive** ⓐ 진보적인

The government sticks to **conservative** principles.
정부는 보수적인 원칙들을 고수한다.

The plans for our economy are quite **progressive**.
우리 경제를 위한 계획들이 꽤 진보적이다.

1312
permanent ⓐ 영구적인 ↔ **temporary** ⓐ 일시적인
0249

Air bags can cause **permanent** injuries when they burst.
에어백이 터질 때 영구적인 부상을 야기할 수 있다.

Students often find **temporary** jobs during their summer vacation.
학생들은 종종 여름방학 동안 임시 일자리를 찾는다.

숙어 꿀꺽 | Day 41 - Day 45

☐ **object to -ing** / 명사 ~에 반대하다(= **have an objection to**) → 1608

Environmentalists **object to building** a new airport near the city.
환경운동가들은 도시 근처에 새 공항을 짓는 것을 반대한다.

☐ **be subject to** ~의 영향을 받기 쉽다 → 1612

Art **is subject to** financial speculators.
미술은 재정 투기꾼의 영향을 받기 쉽다.

☐ **figure out** 1. 이해하다 2. 찾아내다, 해결하다 → 1630

Saying nothing gives you some time to **figure out** why you're so angry.
아무 말도 하지 않는 것은 당신이 왜 화가 났는가를 이해할 수 있는 시간을 갖게 해 준다.

Whenever possible, encourage your child to **figure out** his own solution.
가능할 때마다, 아이가 스스로의 해결책을 찾아내도록 격려하라.

☐ **make sense** 뜻이 통하다, 이치에 닿다 → 1631

The story needs to **make sense** in relation to what came before and what is likely to follow.
이야기는 앞서 나온 것과 뒤에 따라 나올 것과의 관계 속에서 뜻이 통해야만 한다.

☐ **major in** ~을 전공하다 → 1638

She **majored in** biology and graduated at the top of her class.
그녀는 생물학을 전공했고 학급에서 수석으로 졸업을 했다.

cf. minor in ~을 부전공하다

□ **on account of** ~ 때문에(= due to) → 1644

On account of his illness, he was absent from school.
그는 병 때문에 학교에 결석했다.

□ **account for** 1. 설명하다 2. (비율을) 차지하다 → 1644

People have been using birth order to **account for** personality factors.
사람들은 성격 요인을 설명하기 위하여 출생 순서를 이용해오고 있다.

Their orders account for 25 percent of our annual revenues.
그들의 주문량은 우리의 연매출의 25%를 차지한다.

□ **at the cost of** ~을 희생하여 → 1645

The present should not be **at the cost of** the future.
미래를 위해 현재를 희생해서는 안 된다.

□ **at all costs** 어떤 희생을 치르고서라도 → 1645

Parents try to protect their children from losing **at all costs**.
부모들은 어떤 희생을 치르고서라도 아이들이 실패하는 것을 막으려고 노력한다.

□ **in charge of** ~을 책임지고 있는, ~을 담당하고 있는 → 1668

I'm **in charge of** planning my school reunion this summer.
나는 이번 여름 동창회를 계획하는 책임을 맡고 있다.

□ **follow suit** 선례를 따르다 → 1667

Be consistent and conscientious, and your children will **follow suit**.
일관되고 양심적이 되어라, 그러면 당신의 아이들이 그렇게 따라할 것이다.

□ **but for** ~이 없(었)다면(= without)

But for my mother's sacrifice, I could not have
passed the bar exam.
어머니의 희생이 없었다면, 나는 사법 시험에 합격하지 못했을 것이다.

DAY 46

어휘 더하기 : 같은 발음 다른 뜻 ❶

01	02	03	04	05	06	07	08	09	10
●	●	●	●	●	●	●	●	●	●

11	12	13	14	15	16	17	18	19	20
●	●	●	●	●	●	●	●	●	●

21	22	23	24	25	26	27	28	29	30
●	●	●	●	●	●	●	●	●	●

31	32	33	34	35	36	37	38	39	40
●	●	●	●	●	●	●	●	●	●

41	42	43	44	45	46	47	48	49	50
●	●	●	●	●	●	●			

Day 45 | Review

앞에서 학습한 단어를 얼마나 기억하는지 체크해 보세요.
기억이 나지 않는 단어는 다시 한 번 학습하세요.

□ trap   □ long
□ deal   □ withdraw
□ tune   □ utter
□ spectacle   □ toll
□ lay   □ stress
□ grasp   □ refer
□ conceive   □ commit
□ tackle   □ yield
□ period   □ bridge
□ note   □ project
□ execute   □ count
□ appoint   □ bow
□ condemn   □ stand
□ leave   □ accuse
□ entitle   □ succeed

wow!!

★★
□ 1801 **infinite**
[ínfinət]

ⓐ 무한한, 셀 수 없는
We need **infinite** patience to accomplish this project.
우리가 이 프로젝트를 완수하기 위해서는 무한한 인내가 필요하다.
infinity n. 무한대　**infinitive** n. (문법) 부정사
= **limitless, boundless** a. 무한한　↔ **finite** a. 한정된, 유한의

★
□ 1802 **pendulum**
[péndʒuləm]

ⓝ (시계 등의) 추, 진자
Dutch astronomer Christian Huygens constructed the first
pendulum clock.　● 05 수능
네덜란드의 천문학자 Christian Huygens가 최초의 추시계를 만들었다.

★
□ 1803 **renounce**
[rináuns]

ⓥ 포기하다, 관계를 끊다
My father advised me to **renounce** wealth and worldly fame.
아버지는 내게 부와 세속적인 명예를 포기하라고 충고하셨다.
renouncement n. 포기

★
□ 1804 **coincidence**
[kouínsədəns]

ⓝ 우연의 일치; (일이) 동시에 일어남
I have been fascinated by the role that **coincidence** plays
in guiding our lives.　● 06 모의
나는 우연의 일치가 우리의 삶을 인도하는 역할을 하는 것에 매력을 느꼈다.
coincide v. 동시에 일어나다, 일치하다(with)

★
□ 1805 **retrospect**
[rétrəspèkt]

ⓝ 회상, 회고, 추억
In **retrospect**, I should have trained more.
되돌아보면, 나는 좀 더 연습을 했어야만 했다.
retrospective a. 회고적인, 추억에 잠기는　↔ **prospect** n. 전망, 가망
ⓢ **in retrospect** 되돌아보면

★★
□ 1806 **initiative**
[iníʃiətiv]

ⓝ 주도(권); 시작　ⓐ 처음의, 선도적인
Taking the **initiative** means recognizing our responsibility.
주도권을 잡는다는 것은 우리의 책임을 인식하고 있다는 것을 의미한다.　● 07 모의
initiate v. 시작하다; 비법(비결)을 전수하다
initial a. 처음의, 최초의 n. 머리글자　**initiator** n. 창시자; 전수자
ⓢ **take the initiative** 주도권을 쥐다

★
□ 1807 **solvent**
[sálvənt]

ⓝ 용매, 용제   ⓐ 녹이는; 지불 능력이 있는

Water is called the universal **solvent**.

물은 보편적인 용매라고 불린다.

solution n. 해결; 용해, 용액   ↔ **insolvent** a. 파산한 n. 파산자

★
□ 1808 **paradigm**
[pǽrədàim]

ⓝ 전형적인 예〔양식〕, 이론적 틀, 패러다임

The word **paradigm** stems from the Greek word
paradeigma, which means pattern.   ● 06 모의

paradigm이라는 단어는 패턴을 뜻하는 그리스어 *paradeigma*에서 유래되었다.

= **pattern** n. 패턴, 양식

★
□ 1809 **defy**
[difái]

ⓥ 도전하다, 공공연히 반항하다; 무시하다

If you attempt to **defy** tradition, you will be punished.

만약 당신이 전통에 도전한다면, 처벌을 받게 될 것이다.

defiance n. 도전, 반항; 무시   **defiant** a. 도전적인; 무시하는
= **resist, disobey** v. 저항하다   **disregard, ignore** v. 무시하다

★
□ 1810 **equilibrium**
[ìːkwəlíbriəm]

ⓝ 평형, 균형; 평정

A violin creates tension in its strings and gives each of
them an **equilibrium** shape.   ● 09 수능

바이올린은 줄에 장력을 만들어내고 각각의 줄에 평형 형태를 제공한다.

= **balance** n. 균형   ㊐ **lose one's equilibrium** 균형〔평정〕을 잃다

★★
□ 1811 **criteria**
[kraitíəriə]

ⓝ (판단의) 기준, 표준(criterion의 복수형)

It is hard to set legal limits on the **criteria** of annoyance
caused by noise.   ● 08 전국연합

소음에 의해 발생하는 불쾌감의 기준에 대해 법적 제한을 두는 것은 어렵다.

= **standard** n. 기준, 표준

---

 oom-in | 주의해야할 명사의 복수형

crisis – crises 위기   datum – data 자료   fungus – fungi 버섯
cactus – cacti 선인장   stimulus – stimuli 자극   alumnus – alumni 동창생
oasis – oases 오아시스   phenomenon – phenomena 현상

★
□ 1812
centralize
[séntrəlàiz]

ⓥ 집중하다, 중앙 집권화하다

Different public policies resulted in relatively **centralized** cities. ● 09 수능

여러 공공 정책들이 상대적으로 집중화된 도시라는 결과로 나타났다.

central a. 중심의, 중심적인
↔ **decentralize** v. (행정권, 인구 등을) 분산시키다

★★
□ 1813
margin
[má:rdʒin]

ⓝ 가장자리, 여백; 이익

Golden daffodils stretched in line along the **margin** of the lake.

황금빛 수선화들이 호숫가를 따라 줄지어 뻗어 있었다.

marginal a. 변두리의; 최저의   **marginalize** v. 사회에서 소외하다
= **edge** n. 가장자리   ⓢ **by a narrow margin** 아슬아슬하게, 간신히

★★
□ 1814
misconception
[mìskənsépʃən]

ⓝ 오해, 잘못된 생각

It's a common **misconception** that time heals all wounds.

시간이 모든 상처를 치료해준다는 것은 흔히 하는 오해이다.

cf. conception n. 개념, 생각

 oom-in | 혼동하기 쉬운 misconception vs. preconception
misconception ⓝ 오해, 잘못된 생각   preconception ⓝ 예상, 선입견

★★
□ 1815
incorporate
[inkɔ́:rpərèit]

ⓥ (부분으로) 집어넣다; 통합하다; 법인〔조직〕으로 만들다

Good joke tellers **incorporate** what happen around them into their jokes.

농담을 잘 하는 사람들은 그들 주변에 일어나는 일들을 농담 속에 버무려 넣는다.

incorporation n. 편입; 결합; 법인 조직
incorporated a. 합체한; 법인〔회사〕 조직의

★★
□ 1816
prevalent
[prévələnt]

ⓐ 만연한, 널리 퍼진

Overpopulation contributes to the poverty **prevalent** in some Latin American countries.

인구과잉은 일부 라틴 아메리카 국가에 만연한 가난의 원인이다.

prevail v. 만연하다, 보급되다, 유행이다
prevalence n. 널리 퍼짐, 유행, 보급

★★
□ 1817
artifact
[ɑ́ːrtəfæ̀kt]

ⓝ 유물; 공예품, 인공물

Stone tools, animal bones, arrowheads and other **artifacts** were uncovered in the village ● 07 전국연합
석기, 동물 뼈, 화살촉 그리고 다른 유물들이 그 마을에서 발견되었다.

★★
□ 1818
notion
[nóuʃən]

ⓝ 생각, 개념; 의견, 견해

Many people have a **notion** that life is like marathon.
많은 사람들이 인생은 마라톤과 같다는 생각을 한다.

cf. common notion 통념

★
□ 1819
momentum
[mouméntəm]

ⓝ 여세, 힘

The timeout can break the **momentum** and allows the coach to adjust the game plan. ● 08 모의
(경기의) 타임아웃은 여세를 끊을 수 있고, 코치가 경기계획을 조정하게 한다.

㊐ **gain〔gather〕momentum** 탄력을 받다, 세(勢)를 모으다

★★
□ 1820
nuisance
[njúːsəns]

ⓝ 성가신 존재, 불쾌, 성가심

During the summer, mosquitoes are a **nuisance**.
여름에 모기는 성가신 존재다.

= **inconvenience** n. 불편한 일, 폐가 되는 것
cf. What a nuisance! 정말 성가시네!

★
□ 1821
hierarchy
[háiərɑ̀ːrki]

ⓝ 계급제(도), 계층제, 위계

There's a very rigid social **hierarchy** in their society.
그들의 사회에는 매우 엄격한 사회 계급제도가 있다.

hierarchical a. 계층제의, 계급제도의   **hierarch** n. 권력자, 대제사장

★
□ 1822
elastic
[ilǽstik]

ⓐ 탄력 있는, 고무로 된

This is a cap with **elastic** pads that stiffen upon collision.
이것은 충돌 시 딱딱해지는 탄력성 있는 패드를 갖춘 모자이다. ● 07 모의

elasticity n. 탄력, 탄성   = **resilient** a. 탄력 있는

Ⓩoom-in | **elastic vs. flexible**
elastic 구부린 후에도 원래 형태로 되돌아가는   an **elastic** string 고무줄
flexible 구부려도 잘 부러지지 않고 신축성이 있는   a **flexible** wire 잘 휘어지는 철선

★
□ 1823
merger
[mə́:rdʒər]

ⓝ (조직체, 사업체 등의) (흡수) 합병

He is in charge of the merger of the two companies.
그는 그 두 회사의 합병에 책임을 지고 있다.

merge v. (2개 이상의 것을) 합병하다 　　= incorporation n. 합병
cf. mergers and acquisitions (기업의) 인수 합병(略 M&A)

★★
□ 1824
evaporation
[ivæpəréiʃən]

ⓝ 증발

The Chinese had used the principle of evaporation in
eighth century B.C. ● 08 모의
중국 사람들은 기원전 8세기에 증발의 원리를 이용했다.

evaporate v. 증발시키다, 수분을 빼다

★
□ 1825
aristocrat
[ərístəkræt]

ⓝ 귀족, 상류층 사람

The first settlers were either soldiers or aristocrats.
최초의 정착민들은 군인들이나 귀족들이었다. ● 06 전국연합

aristocratic a. 귀족의 　　aristocracy n. 귀족 정치

★
□ 1826
breakthrough
[bréikθrù:]

ⓝ 돌파(구); (과학 등의) 비약적 발전

An important breakthrough in meetings was achieved.
회의에서 하나의 중요한 돌파구가 마련되었다.

★
□ 1827
diffusion
[difjú:ʒən]

ⓝ 전파, 발산, 유포

Social contact plays a crucial role in the process of cultural
diffusion. ● 07 수능
사회적 접촉은 문화의 전파 과정에서 결정적 역할을 한다.

diffuse v. 퍼트리다(= disperse, scatter) a. 널리 퍼진

Ⓩoom-in | 혼동하기 쉬운 diffuse vs. defuse
diffuse ⓥ 퍼트리다 　　defuse ⓥ (위험 등을) 진정시키다

★
□ 1828
transaction
[trænsǽkʃən]

ⓝ 거래, 상거래(~s); 처리

Almost every commercial transaction has within itself an
element of trust. ● 09 전국연합
거의 모든 상업적 거래는 그 자체 내에 신용이라는 요소를 담고 있다.

★ **grotesque**
□ 1829 [groutésk]

ⓐ 괴상한, 그로테스크한

As soon as the **grotesque** monster showed up, the princess fainted.
괴상하게 생긴 괴물이 나타나자마자 공주는 기절했다.

= **strange, bizarre, weird** a. 괴기한, 이상한
↔ **normal, ordinary** a. 정상적인, 평범한

★★ **negotiation**
□ 1830 [nigòuʃiéiʃən]

ⓝ 협상, 교섭

The best form of communication with friends is, surprisingly, **negotiation**. ●08 모의
놀랍게도 친구들과 의사소통을 하는 가장 좋은 형태는 협상이다.

negotiate v. 협상〔교섭〕하다   **negotiator** n. 협상자
= **bargain** n. 교섭, 거래   ㊲ **under negotiation** 협상 중인

★ **duality**
□ 1831 [dju:ǽləti]

ⓝ 이중성, 이원성

Duality is an innate characteristic in humans.
이중성은 인간이 가진 타고난 특징이다.

dual a. 둘의, 이중의(= double, twofold)

★ **correlation**
□ 1832 [kɔ̀:rəléiʃən]

ⓝ 상관 관계, 상호 관계

Economist Paul Zak found a **correlation** between economic growth and trust levels. ●09 전국연합
경제학자인 Paul Zak은 경제 성장과 신용 수준 사이의 상관 관계를 밝혔다.

correlate v. 서로 관련시키다   **correlational** a. 상호 관계의

★ **inseparable**
□ 1833 [insépərəbl]

ⓐ 분리할 수 없는, 불가분의

As weeks passed, the two chimpanzees became **inseparable**.
몇 주가 지나자, 그 두 침팬지는 떼어낼 수 없는 사이가 되었다.

㊲ **inseparable from** ~와 불가분의

★ **oracle**
□ 1834 [ɔ́(:)rəkl]

ⓝ 신탁, 신의 계시

Greek heroes' fate was embodied in the **oracles**.
그리스 영웅들의 운명은 신탁 속에 구체화되어 있었다.

㊲ **consult〔deliver〕the oracle** 신탁을 청하다〔내리다〕

★
□ 1835
plague
[pleig]

ⓝ 전염병, 역병   ⓥ 역병에 걸리게 하다; 괴롭히다

The plague caused the death of millions in the country.
전염병은 그 나라에서 수백만이 죽은 원인이었다.

cf. black plague 흑사병(= pest)   **white plague** 폐결핵
Plague on it(him)! 제기랄! 빌어먹을!

★
□ 1836
undermine
[ʌndərmáin]

ⓥ 훼손(손상)시키다; ~의 밑을 파다

Students caught stealing undermined the school's reputation.
도둑질을 하다가 붙잡힌 학생들은 학교의 명성을 훼손시켰다.

★
□ 1837
surplus
[sə́:rplʌs]

ⓝ 잉여, 과잉, 나머지; 흑자

The government will provide poor countries with food surplus.
정부는 잉여식량을 가난한 국가에 제공할 것이다.

↔ **lack, shortage** n. 부족

★
□ 1838
specimen
[spésəmən]

ⓝ 표본, 견본, 샘플

Investigators collect specimens such as blood at a crime scene. ● 06 전국연합
조사관들이 범죄 현장에서 혈액과 같은 표본을 수거한다.

cf. stuffed specimen 박제 표본

★★
□ 1839
enthusiasm
[inθú:ziæzm]

ⓝ 열정, 열의, 열광

No previous experience is required, just your enthusiasm and commitment. ● 09 전국연합
이전의 경험은 필요 없습니다, 열정과 헌신만 있으면 됩니다.

enthusiastic a. 열렬한, 열광적인
㊄ **with enthusiasm** 열정적으로, 열광하여

★
□ 1840
preoccupy
[pri:ɑ́kjupài]

ⓥ 열중(몰두)하다; 먼저 점유하다, 선취(先取)하다

It is normal for adolescents to be preoccupied with how they look. ● 08 전국연합
사춘기 청소년들이 그들이 어떻게 보이는지에 집착하는 것은 정상적이다.

preoccupation n. 선취; 선입견; 집착
㊄ **be preoccupied with** ~에 집착하다(= be obsessed with(by))

TEST

A 다음 단어에 해당하는 영어 단어 또는 우리말을 쓰시오.

1. 무한한, 셀 수 없는 _____
2. 평형, 균형 _____
3. 용매; 지불 능력이 있는 _____
4. 도전하다; 반항하다 _____
5. 공예품 _____
6. 가장자리, 여백 _____
7. 우연의 일치 _____
8. 귀족 _____
9. 돌파구 _____
10. 전염병 _____

11. retrospect _____
12. hierarchy _____
13. pendulum _____
14. prevalent _____
15. momentum _____
16. merger _____
17. evaporation _____
18. oracle _____
19. specimen _____
20. enthusiasm _____

B 빈칸에 알맞은 단어를 〈보기〉에서 골라 쓰되, 문맥에 맞게 변형하시오.

| diffusion | surplus | correlation |
| nuisance | misconception | initiative |

1. During the summer, mosquitoes are a/an _____.

2. Taking the _____ means recognizing our responsibility.

3. The government will provide poor countries with food _____.

4. It's a common _____ that time heals all wounds.

5. Social contact plays a crucial role in the process of cultural _____.

6. Economist Paul Zak found a/an _____ between economic growth and trust levels.

Answer Keys _____

A 1. infinite 2. equilibrium 3. solvent 4. defy 5. artifact 6. margin 7. coincidence 8. aristocrat
9. breakthrough 10. plague 11. 회상, 회고, 추억 12. 계급제, 계층제, 위계 13. 추, 진자 14. 만연한, 널리 퍼진
15. 여세, 힘 16. (흡수) 합병 17. 증발 18. 신탁, 신의 계시 19. 표본, 견본, 샘플 20. 열정, 열의, 열광
B 1. nuisance 2. initiative 3. surplus 4. misconception 5. diffusion 6. correlation

어휘 + 더하기 같은 발음 다른 뜻 ①

[ɛər]	air ⑩ 공기	heir ⑩ 상속자
[ɔ́ːltər]	altar ⑩ 제단	alter ⓥ 변경하다
[əsént]	ascent ⑩ 상승	assent ⑩ 동의
[kɔːrs]	coarse ⓐ 목이 쉰	course ⑩ 진로
[kámplimənt]	complement ⑩ 보충물	compliment ⑩ 칭찬
[dizə́ːrt]	desert ⓥ 버리다	dessert ⑩ 디저트
[dai]	die ⓥ 죽다	dye ⓥ 염색하다
[djuː]	dew ⑩ 이슬	due ⓐ 만기의, 정당한
[flauər]	flour ⑩ 밀가루	flower ⑩ 꽃
[hiːl]	heal ⓥ 고치다	heel ⑩ (신발의) 굽
[áidl]	idle ⓐ 게으른	idol ⑩ 우상
[lésn]	lessen ⓥ 줄이다	lesson ⑩ 교훈, 수업

DAY 47

배만스물하나.
배만스물둘. 셋..

어휘 더하기 : 같은 발음 다른 뜻 **2**

01	02	03	04	05	06	07	08	09	10
●	●	●	●	●	●	●	●	●	●

11	12	13	14	15	16	17	18	19	20
●	●	●	●	●	●	●	●	●	●

21	22	23	24	25	26	27	28	29	30
●	●	●	●	●	●	●	●	●	●

31	32	33	34	35	36	37	38	39	40
●	●	●	●	●	●	●	●	●	●

41	42	43	44	45	46	47	48	49	50
●	●	●	●	●	●	●	●	●	●

Day 46 | **Review**

앞에서 학습한 단어를 얼마나 기억하는지 체크해 보세요.
기억이 나지 않는 단어는 다시 한 번 학습하세요.

□ infinite   □ elastic

□ pendulum   □ merger

□ renounce   □ evaporation

□ retrospect   □ aristocrat

□ initiative   □ breakthrough

□ solvent   □ grotesque

□ defy   □ negotiation

□ equilibrium   □ duality

□ criteria   □ inseparable

□ margin   □ oracle

□ incorporate   □ plague

□ prevalent   □ undermine

□ notion   □ surplus

□ momentum   □ specimen

□ hierarchy   □ preoccupy

wow!!

apparatus
☐ 1841 [æpəréitəs]

ⓝ 장치, 기계; 기구, 조직

Fighters must wear the breathing apparatus.
소방관들은 반드시 호흡 장치를 착용해야 한다.

= device, equipment, gadget n. 장치　organization n. 조직

★★ **paralyze**
☐ 1842 [pǽrəlàiz]

ⓥ 마비시키다; 무력〔무능〕하게 만들다

The car accident three years ago paralyzed Kevin's legs.
3년 전의 교통사고는 Kevin의 다리를 마비시켰다.

paralyzed a. 마비된　paralysis n. 마비

★★ **contradict**
☐ 1843 [kàntrədíkt]

ⓥ ~와 모순되다; 부정하다, 반박하다

Lie detectors measure bodily changes that contradict what a person says. ● 05 전국연합
거짓말 탐지기는 어떤 사람이 말하는 것과 모순되는 신체의 변화를 측정한다.

contradiction n. 모순　contradictory a. 모순되는(= conflicting)
contrary a. 반대의 n. 정반대

★ **replica**
☐ 1844 [réplikə]

ⓝ 복제(품), 사본, 원작의 모사(模寫)

Parents should not expect children to be replicas of them.
부모들은 아이들이 그들의 복제품이 될 것을 기대해서는 안 된다.　● 05 모의

replicate v. 복제〔모사〕하다　replication n. 복제, 복사

★ **unbeatable**
☐ 1845 [ʌnbíːtəbl]

ⓐ 무적의, 패배시킬 수 없는

Greg won almost every cycling race and became unbeatable.
Greg는 거의 모든 사이클 대회에서 우승했으며 적수가 없게 되었다.　● 09 모의

★ **counterpart**
☐ 1846 [káuntərpàːrt]

ⓝ 대응관계에 있는 사람〔물건〕, 상대, (한 쌍의) 한 쪽

The Foreign Minster called his Japan counterpart to protest.
외무부 장관이 일본 외무부 장관에게 항의하기 위해 전화를 걸었다.

Ⓩoom-in ǀ counter-(= against)가 포함된 어휘
counterattack ⓝⓥ 반격(하다)　counterfeit ⓐ 위조의 ⓥ 위조하다

★★
□ 1847
perseverance
[pə̀ːrsivíərəns]

ⓝ 인내(력), 끈기, 불굴(의 노력)

Most of the scientific discoveries represent a lot of
perseverance. ● 05 전국연합
대부분의 과학적 발견들은 많은 인내를 나타낸다.

persevere v. 인내하다　　= **patience** n. 인내, 참을성

★
□ 1848
erroneous
[iróuniəs]

ⓐ 잘못된, 틀린

He helped others let go of **erroneous** belief.
그는 다른 사람들이 잘못된 믿음을 버릴 수 있게 도와주었다.

error n. 잘못, 실수　　**cf. error correction** 오류 정정

★
□ 1849
impersonal
[impə́ːrsənl]

ⓐ 비인간적인; 일반적인

More rules can create a more **impersonal** school climate.
더 많은 규칙은 더욱 비인간적인 학교 분위기를 만들 수 있다.

impersonality n. 비인간성, 비인격성
cf. impersonal attitude 일반적인 태도

★
□ 1850
trade-off
[treid ɔːf]

ⓝ (타협을 위한) 거래; 교환 협정

Life is a **trade-off** between instant pleasure and long-term
reward. ● 06 전국연합
인생이란 순간적인 쾌락과 장기적인 보상 사이의 거래이다.

Ⓩ oom-in | **trade**가 포함된 표현

fair **trade** 공정 거래	**trade** agreement 무역 협정
trademark 상표	**trade** deficit(surplus) 무역 적자(흑자)

★★
□ 1851
suppress
[səprés]

ⓥ 참다, 억압(진압)하다, 억누르다

Suppressing a sneeze can burst an eardrum.
재채기를 참으면 고막이 터질 수도 있다.

suppression n. 억제, 진압; 은폐　　**suppressor** n. 억압자(탄압자)

★
□ 1852
outweigh
[àutwéi]

ⓥ (가치, 중요성이) 더 크다; ~보다 무겁다

The benefits of messy play far **outweigh** the
disadvantages of a few spots. ● 07 모의
어지르기 놀이의 이점은 약간의 얼룩이 묻는 손해보다 훨씬 더 가치가 크다.

cf. benefits outweigh disadvantages 손해보다 이득이 더 크다

★★ **duplicate**
□ 1853 [djúːplikèit] ⓥ
[djúːplikət] ⓐ ⓝ

ⓥ 복제〔복사〕하다   ⓐ 꼭 닮은, 사본의   ⓝ 사본, 복제(품)

The DNA molecule breaks in half right down the middle when it **duplicates** itself.

DNA 분자는 스스로 복제할 때 가운데가 딱 절반으로 갈라진다.

duplication n. 복사, 이중
cf. duplicating machine 복사기(= copy machine)

★★ **discard**
□ 1854 [diskάːrd]

ⓥ 버리다, 처분하다

The early drafts are not **discarded**, but are viewed as the initial steps. ● 07 모의

처음의 초안은 버려지는 것이 아니라, 초기 단계로 여겨진다.

= **get rid of, dispose** 버리다   ↔ **retain** v. 간직〔보유〕하다

★ **embody**
□ 1855 [imbάdi]

ⓥ 구현하다, 구체화하다

The Olympic Games **embody** the spirit of fair competition and mutual friendship.

올림픽 게임은 공정한 경쟁과 상호 우정의 정신을 구현한다.

embodiment n. 구현, 구체화   ㉑ **embody in** ~으로 구현하다

★ **subsequent**
□ 1856 [sʌ́bsikwənt]

ⓐ 다음의, 그 후의

In **subsequent** tests, the children praised chose to do a harder set of puzzles. ● 09 전국연합

다음 실험에서, 칭찬을 받은 아이들은 더 어려운 퍼즐을 푸는 것을 선택했다.

subsequently ad. 그 후에, 이어서   **subsequence** n. 이어서 일어남

★★ **prestigious**
□ 1857 [prestídʒəs]

ⓐ 명성이 있는, 고급의, 일류의

The "Tour de France" is the most **prestigious** cycling race in the world. ● 08 전국연합

'Tour de France'는 세계에서 가장 명성 있는 자전거 경주대회이다.

prestige n. 명성, 신망 a. 명성이 있는, 명문의

★ **picturesque**
□ 1858 [pìktʃərésk]

ⓐ 그림 같은, 그림같이 아름다운

The view from restaurants was **picturesque** beyond description. ● 05 모의

레스토랑에서 보는 전망은 형용할 수 없을 만큼 그림 같았다.

★★ **recruit**
□ 1859 [rikrú:t]

ⓥ 채용〔고용〕하다; 징집하다 ⓝ 신입 회원; 신병
We need to **recruit** competent people to boost sales.
매출을 높이기 위해서는 능력 있는 사람들을 채용해야 한다.

recruitment n. 신규〔신병〕 모집, 채용

★ **ferment**
□ 1860 [fə:rmént]

ⓥ 발효시키다; 들끓게 하다 ⓝ 소요, 소란
When sugar is **fermented**, it produces alcohol ● 07 모의
설탕이 발효될 때 알코올이 발생한다.

fermentation n. (액체의) 발효 ㊀ **in ferment** 어수선하여, 동요하여

★★ **oppress**
□ 1861 [əprés]

ⓥ 억압〔탄압, 압박〕하다
People believe that China **oppresses** the ethnic minorities.
사람들은 중국이 소수민족을 억압한다고 생각한다.

oppressed a. 억압당하는, 탄압받는 **oppression** n. 억압, 탄압

---

oom-in | -press(누르다)가 포함된 어휘

suppress ⓥ 억압하다, 진압하다   **express** ⓥ 나타내다, 표현하다
compress ⓥ 압축하다, 요약하다   **repress** ⓥ 억제하다, 진압하다
depress ⓥ 낙담시키다   **impress** ⓥ ~에게 깊은 인상을 주다

★ **nostalgia**
□ 1862 [nɑstǽldʒiə]

ⓝ 향수
During such periods of rapid change we become prone to
feelings of **nostalgia**. ● 05 모의
그처럼 급속한 변화의 시기 동안 우리는 향수를 느끼기 쉽게 된다.

cf. homesickness n. 향수병

★ **outfit**
□ 1863 [áutfit]

ⓝ 의복, 의상 (한 벌); 장비, 용품, 도구
Dressing rooms equipped with cameras allow her to
compare multiple **outfits** at the same time. ● 08 전국연합
카메라가 설치되어 있는 탈의실은 그녀가 동시에 많은 옷들을 비교할 수 있게
해 준다.

★ **degenerate**
□ 1864 [didʒénərèit]

ⓥ 퇴화〔퇴보〕하다
Our brain **degenerates** as we age until we die.
우리 뇌는 우리가 죽을 때까지 나이를 먹어가는 동안 퇴화한다.

degeneration n. 퇴보〔퇴화〕 **= deteriorate, decline** v. 퇴락하다
cf. generate v. 발생시키다 **regenerate** v. 갱생〔재생〕시키다

★
□ 1865
personalize
[pə́:rsənəlàiz]

ⓥ 개별화하다, 맞춤화하다

Doctors should identify root causes of disease to come up with a **personalized** treatment. ● 10 수능

의사들은 개별화된 치료법을 제시하기 위해 병의 근본 원인을 밝혀내야 한다.

= customize v. 맞춤화하다

★
□ 1866
categorize
[kǽtəgəràiz]

ⓥ 분류하다, 범주화하다

Categorizing countries as "developed" or "emerging" is dangerous. ● 06 수능

국가들을 '선진화된 (국가)' 이나 '신생의 (국가)' 와 같이 분류하는 것은 위험하다.

category n. 범주   **categorical** a. 범주에 속하는; 단정적인

㊂ **categorize A as B** A를 B로 분류하다

★
□ 1867
persecute
[pə́:rsikjù:t]

ⓥ 박해 [학대] 하다

Our goal is not to **persecute** people but to enforce laws.

우리의 목적은 사람들을 박해하는 것이 아니라 법을 시행하는 것이다.

persecution n. 박해, 학대   **= oppress** v. 박해하다

 oom-in l 혼동하기 쉬운 persecute vs. prosecute

persecute ⓥ 박해[학대]하다   prosecute ⓥ 기소[공소]하다

★
□ 1868
improvise
[ímprəvàiz]

ⓥ (연주 등을) 즉흥적으로 하다

In jazz, the performers often **improvise** their own melodies.

재즈에서는 공연자들이 종종 자신들의 멜로디를 즉흥적으로 연주한다. ● 07 수능

improvisation n. 즉석에서 하기, 즉흥곡 [시]

★★
□ 1869
elaborate
[ilǽbərət] ⓐ
[ilǽbərèit] ⓥ

ⓐ 정교한, 공들인   ⓥ 갈고 닦다; 상세히 말하다

Korean speakers use an **elaborate** system for addressing each other. ● 06 모의

한국어를 쓰는 사람들은 서로를 부를 때 정교한 어법체계를 사용한다.

elaboration n. 공들임, 정교함

㊂ **elaborate on** ~에 대해 상세히 설명하다

★★
□ 1870 **integral**
[íntigrəl]

ⓐ 없어서는 안 될, 필수의

Light is an integral element of all life. ● 10수능

빛은 모든 생명에게 없어서는 안 되는 요소이다.

= indispensable a. 필수불가결의

---

oom-in | 혼동하기 쉬운 integral vs. integration vs. integrity

integral ⓐ 없어서는 안 될, 필수의   integration ⓝ 통합

integrity ⓝ 완전(한 상태), 고결, 성실, 정직

★
□ 1871 **manipulate**
[mənípjulèit]

ⓥ 조작[조종]하다, 교묘하게 다루다

Magicians have to be able to manipulate people's
perception. ● 09모의

마술사들은 사람들의 인식을 조작할 수 있어야 한다.

manipulative a. 조작의, 다루는, 속임수의
manipulation n. 조작, 교묘한 처리

★
□ 1872 **reservoir**
[rézərvwà:r]

ⓝ 저장소, 저수지; (지식 등의) 저장, 보고

People have a large reservoir where they store information.

사람들은 정보를 저장하는 큰 저장고를 가지고 있다.   ● 08모의

cf. reservoir of knowledge[information] 지식[정보]의 보고

★
□ 1873 **alienation**
[èiljənéiʃən]

ⓝ 멀리함, 소원함, 소외(감)

Some parents experience a sense of alienation from their
children.

어떤 부모들은 자녀들과의 단절감을 겪는다.

alienate v. 소원하게 하다   **alien** a. 이질적인, 다른; 외국의
= estrangement n. 소원함, 불화

★★
□ 1874 **facilitate**
[fəsílətèit]

ⓥ 촉진시키다; ~을 용이하게 하다

The development of modern transportation systems
facilitated the growth of cities.

근대 운송체계의 발달은 도시의 성장을 촉진시켰다.

facilitation n. 촉진; 용이하게 함
= promote, further, encourage v. 촉진하다

---

oom-in | 혼동하기 쉬운 facilitate vs. facility

facilitate ⓥ 촉진시키다; ~을 용이하게 하다   facility ⓝ 재능; 시설(~s)

★★
□1875 **irrigation**
[ìrəgéiʃən]

ⓝ 관개, 물을 끌어들임

The drought conditions have triggered a huge increase in the use of lake water for **irrigation**. ● 09 전국연합
가뭄 상태가 관개를 위한 호숫물 사용의 막대한 증가를 초래했다.

irrigate v. 관개하다, 물을 대다

---

 oom-in | 혼동하기 쉬운 irrigation vs. irritation

irrigation ⓝ 관개, 물을 끌어들임   irritation ⓝ 짜증(나게 함)

★
□1876 **haven**
[héivən]

ⓝ 안식처, 피난처

The Korean Demilitarized Zone is a **haven** for wildlife.
한반도 비무장 지대는 야생생물들의 안식처이다.

= **shelter, harbor** n. 피난처

★
□1877 **assimilation**
[əsìməléiʃən]

ⓝ 융합, 동화; 흡수

The melting pot theory of **assimilation** in America is no longer relevant.
미국에서 용광로 융합이론은 더 이상 적절하지 않다.

assimilate v. 융합하다, 동화시키다; 자기 것으로 흡수하다
↔ **dissimilation** n. 부동화, 이화(異化)

★
□1878 **terminate**
[tə́ːrmənèit]

ⓥ 끝내다, 종결시키다

The president made every effort to **terminate** the war.
대통령은 전쟁을 끝내기 위해 모든 노력을 다했다.

termination n. 종료   **terminal** a. 끝의; (병이) 말기의 n. 종점
= **put an end (stop) to** 끝내다, 중지시키다

★
□1879 **supreme**
[supríːm]

ⓐ 최고의, 최상의   ⓝ 최고의 것

You are in a state of **supreme** delight. ● 05 수능
너는 최고로 기쁜 상태이다.

supremacy n. 최고, 주권   cf. **Supreme Court** 대법원

★★
□1880 **versus**
[və́ːrsəs]

ⓟ ~대(對), ~와 대비하여(略 vs.)

There was a soccer game, Spain **versus** Germany.
스페인 대 독일의 축구 경기가 있었다.

TEST

A 다음 단어에 해당하는 영어 단어 또는 우리말을 쓰시오.

1. 장치, 기계 _____
2. 대응관계에 있는 사람 _____
3. 인내력 _____
4. 구현하다 _____
5. 억압하다 _____
6. 발효시키다 _____
7. 정교한, 공들인 _____
8. 저장, 보고 _____
9. 관개 _____
10. 융합, 동화 _____

11. trade-off _____
12. erroneous _____
13. impersonal _____
14. discard _____
15. subsequent _____
16. nostalgia _____
17. persecute _____
18. degenerate _____
19. outweigh _____
20. haven _____

B 빈칸에 알맞은 단어를 〈보기〉에서 골라 쓰되, 문맥에 맞게 변형하시오.

| contradict discard facilitate improvise embody terminate |

1. In jazz, the performers often _____ their own melodies.

2. The president made every effort to _____ the war.

3. Lie detectors measure bodily changes that _____ what a person says.

4. The development of modern transportation systems _____ the growth of cities.

5. The Olympic Games _____ the spirit of fair competition and mutual friendship.

6. The early drafts are not _____, but are viewed as the initial step.

[pɛər]	pear ⓝ 배	pair ⓝ 한 쌍
[poul]	pole ⓝ 막대기	poll ⓝ 투표
[prei]	prey ⓝ 먹잇감	pray ⓥ 기도하다
[sait]	site ⓝ 장소	sight ⓝ 시야
[sou]	sow ⓥ 씨 뿌리다	sew ⓥ 바느질하다
[stɛər]	stare ⓥ 응시하다	stair ⓝ 계단
[stiːl]	steal ⓥ 훔치다	steel ⓝ 강철
[streit]	strait ⓝ 해협	straight ⓐ 똑바른
[swiːt]	sweet ⓐ 달콤한	suite ⓝ 스위트 룸
[tou]	tow ⓥ 견인하다	toe ⓝ 발가락
[vein]	vein ⓝ 정맥	vain ⓐ 헛된
[wɛər]	ware ⓝ 상품	wear ⓥ 입다

백만스물하나,
백만스물둘, 셋..

DAY
48

어휘 더하기 : 자동사/타동사

01	02	03	04	05	06	07	08	09	10
●	●	●	●	●	●	●	●	●	●

11	12	13	14	15	16	17	18	19	20
●	●	●	●	●	●	●	●	●	●

21	22	23	24	25	26	27	28	29	30
●	●	●	●	●	●	●	●	●	●

31	32	33	34	35	36	37	38	39	40
●	●	●	●	●	●	●	●	●	●

41	42	43	44	45	46	47	48	49	50
●	●	●	●	●	●	●	●		

Day 47 | Review ----------------------------------

앞에서 학습한 단어를 얼마나 기억하는지 체크해 보세요.
기억이 나지 않는 단어는 다시 한 번 학습하세요.

□ apparatus

□ paralyze

□ replica

□ unbeatable

□ counterpart

□ erroneous

□ impersonal

□ trade-off

□ suppress

□ duplicate

□ embody

□ subsequent

□ prestigious

□ picturesque

□ ferment

□ oppress

□ degenerate

□ personalize

□ persecute

□ improvise

□ elaborate

□ integral

□ manipulate

□ reservoir

□ alienation

□ facilitate

□ irrigation

□ haven

□ assimilation

□ versus

wow!!

outlook
★★ □1881
[áutlùk]

ⓝ 견해, ~관(觀); 전망, 조망, 경치
To maintain a positive **outlook** on life is constructive.
긍정적인 인생관을 계속 지닌다는 것은 건설적이다.
cf. an outlook on life〔the world〕 인생관〔세계관〕

reconciliation
★★ □1882
[rèkənsìliéiʃən]

ⓝ 화해, 조화
We must work to resolve conflicts in a spirit of
reconciliation. ● 10 수능
우리는 화해의 분위기 속에서 갈등을 해결하기 위해 일해야 한다.
reconcile v. 화해시키다; 일치시키다

anecdote
★ □1883
[ǽnikdòut]

ⓝ 일화, 기담
This story is based on an **anecdote** about my career as
a volunteer.
이 이야기는 봉사자로서의 나의 일에 관한 일화에 기반을 두고 있다.

Ⓩoom-in | 혼동하기 쉬운 anecdote vs. antidote
anecdote ⓝ 일화, 기담   antidote ⓝ 해독제, 교정 수단

hypothesis
★ □1884
[haipáθəsis]

ⓝ 가설, 가정, 추측
Scientists make a **hypothesis** to explain observations and
gather data.
과학자들은 관찰한 것을 설명하기 위해 가설을 세우고 데이터를 모은다.
hypothesize v. 가설을 세우다   **hypothetical** a. 가설의, 가정의

submerge
★ □1885
[səbmə́:rdʒ]

ⓥ 물속에 가라앉다〔잠그다〕; 몰두시키다
Brian partially **submerged** in the water.
Brian이 물속으로 일부 가라앉았다.
submerged a. 수몰된〔침수된〕   **submergence** n. 침수, 침몰

tariff
★ □1886
[tǽrif]

ⓝ 관세 ⓥ 관세를 부과하다
Imposing import quotas can be more effective than adding
tariffs. ● 05 전국연합
수입 할당량을 부과하는 것은 관세를 추가하는 것보다 더 효과적일 수 있다.
㊀**impose〔levy〕a tariff** 관세를 부과하다

★
□ 1887
intact
[intǽkt]

ⓐ 손상되지 않은, 온전한

A clip holds several sheets of paper together, leaving the paper **intact**. ● 05 전국연합
클립은 종이에 손상을 주지 않으면서 여러 장의 종이를 함께 묶는다.

= undamaged, uninjured a. 손상되지 않은
㊦ keep (leave) A intact A를 손대지 않고 그대로 두다

★★
□ 1888
equivalent
[ikwívələnt]

ⓝ 상당하는 것 ⓐ 동등한, 상당하는

A reduction of just 5% of global energy use would save us the **equivalent** of over 10 million barrels of oil a day.
세계 에너지 사용의 단 5%를 줄이면 하루에 원유 천만 배럴 이상에 상당하는 것을 절약하는 것이다. ● 06 전국연합

equivalence n. 등가, 등가성 ㊦ equivalent to ~에 상당하는

★
□ 1889
abstain
[əbstéin]

ⓥ 삼가다, 자제하다

Alex decided to **abstain** from smoking and drinking.
Alex는 담배와 술을 삼가기로 결심했다.

abstention n. 자제, 절제; (권리의) 기권
㊦ abstain from ~을 삼가다 (그만두다)

Ⓩoom-in ┃ 의미가 비슷한 abstain vs. refrain

abstain 특히 건강이나 도덕심의 이유로 '삼가다'
  abstain from smoking 금연하다
refrain 하고 싶은 어떤 행동이나 욕망을 잠시 억누르며 '삼가다'
  refrain from laughing 웃음을 참다

★
□ 1890
protagonist
[proutǽgənist]

ⓝ (이야기의) 주인공, (연극의) 주연

Every **protagonist** in his stories has trouble making friends.
그의 소설의 모든 주인공들은 친구를 사귀는 데 곤란을 겪는다.

↔ antagonist n. 적대자, (주인공과 대적하는) 적

★★
□ 1891
consensus
[kənsénsəs]

ⓝ (의견 등의) 합의, 일치

A **consensus** is forming among academics that the practices of plagiarism are wrong.
표절 관행이 잘못된 것이라는 합의가 학계에서 형성되고 있다.

= agreement n. 합의, 동의 ↔ dissensus n. 의견 불일치
㊦ reach a consensus 합의에 이르다

disclose ★★
□1892 [disklóuz]

ⓐ 폭로하다, 들추어내다

Correspondents **disclosed** violence and corruption in Zimbabwe.
특파원들은 Zimbabwe의 폭력과 부패를 폭로했다.

disclosure n. 폭로   = **expose** v. 폭로하다

---

engross ★
□1893 [ingróus]

ⓥ 열중〔집중, 몰두〕하게 하다

This task **engrosses** my whole time, efforts, and attention.
이 업무에 나의 시간, 노력, 그리고 주의를 모두 쏟고 있다.

engrossment n. 전념, 몰두
㉦ **be engrossed in** ~에 열중〔몰두〕하다(= be absorbed in)

---

tenant ★★
□1894 [ténənt]

ⓝ 세입자, 임차인

As a **tenant** of your apartment, I've paid the rent punctually.
당신의 아파트에 사는 세입자로서, 나는 꼬박꼬박 집세를 냈습니다.

↔ **landlord, landlady** n. 집주인

---

deteriorate ★
□1895 [ditíəriərèit]

ⓥ 더 나빠지다, 악화하다

As people grow older, their quality of sleep **deteriorates**.
사람은 나이가 더 들수록, 수면의 질이 더 나빠진다.

deterioration n. 악화, (가치의) 하락; 퇴보

---

condense ★★
□1896 [kəndéns]

ⓥ 응축〔응결〕하다, 압축하다

As vapor **condenses** into water, more heat is generated.
수증기가 물로 응결될 때, 더 많은 열이 발생된다.

condensation n. 응축, 압축   = **compress** v. 압축하다

---

evacuate ★
□1897 [ivǽkjuèit]

ⓥ 철수〔대피〕시키다, 비우다

Thousands of people had to be **evacuated**.
수천 명의 사람들이 대피해야만 했었다.

evacuation n. 피난, 대피, 철수   **evacuee** n. 피난자

---

oom-in ┃ 혼동하기 쉬운 evacuate vs. evaluate vs. excavate

evacuate ⓥ 철수〔대피〕시키다   evaluate ⓥ 평가하다
excavate ⓥ (구멍을) 파다, 발굴하다

★
□ 1898
apprentice
[əpréntis]

ⓝ 견습생[공], 도제; 초심자
The **apprentice** was more skilled than the master.
견습공이 장인보다 기술이 더 좋아졌다.

★★
□ 1899
activate
[ǽktivèit]

ⓥ 활성화하다, 작동시키다
TV **activates** an intrinsic response in the human brain.
TV는 인간 두뇌의 내재적 반응을 활성화시킨다.

activation n. 활성화　↔ **inactivate** v. 비활성화하다

★★
□ 1900
indispensable
[ìndispénsəbl]

ⓐ 필요 불가결한　ⓝ 필요 불가결한 것[사람]
Cell phones became an **indispensable** part of our lives.
휴대폰은 우리 삶에서 없어서는 안 될 한 부분이 되었다.

= **vital, essential, integral** a. 없어서는 안 되는

★
□ 1901
autonomous
[ɔ:tánəməs]

ⓐ 자율의, 자치권이 있는
Children turn into adults who see themselves as
autonomous individuals.　● 08 전국연합
아이들은 스스로를 자율적인 개인으로 보는 성인으로 성장한다.

autonomy n. 자치(권), 자율

Ⓩoom-in ❙ **auto-(= self)가 포함된 어휘**
　　automobile　자동차(의)　　**auto**matic　자동의　　　**auto**mation　자동화
　　autobiography　자서전　　**auto**graph　서명, 사인

★
□ 1902
plagiarism
[pléidʒiərìzm]

ⓝ 표절, 도용
Colleges took actions to root out **plagiarism**.
대학들은 표절을 뿌리 뽑기 위하여 조치를 취했다.

plagiarize v. 표절하다, 도용하다

★★
□ 1903
supplement
[sʌ́plmənt]

ⓥ 보충하다　ⓝ 보충, 추가
He **supplemented** his fixed incomes by delivering
newspapers.
그는 신문을 배달함으로써 그의 고정 수입을 보충했다.

supplementary a. 보충하는, 추가의　n. 추가된 사람[것]

★
□ 1904
dispatch
[dispǽtʃ]

ⓥ 파견하다; 신속히 처리하다　ⓝ 파견, 급파; 신속
Korea dispatched troops to Iraq.
한국은 이라크에 군대를 파견했다.
㉾ with dispatch 신속히, 재빠르게

★
□ 1905
assassinate
[əsǽsənèit]

ⓥ 암살하다
Dr. Martin Luther King Jr. was assassinated on April 4, 1968.
Martin Luther King Jr. 박사는 1968년 4월 4일 암살당했다.
assassination n. 암살　**assassin** n. 암살자, 자객

> **Z**oom-in ㅣ 범죄 관련 어휘
>
> | | | |
> |---|---|---|
> | domestic violence 가정폭력 | child abuse 아동 학대 | arson 방화 |
> | sexual assault 성폭행 | pickpocket 소매치기 | bribery 뇌물 수수 |
> | sexual harassment 성희롱 | vandalism 공공 시설물 파괴 | kidnap 유괴 |

★
□ 1906
versatile
[vɔ́ːrsətl]

ⓐ 다용도의, 다재다능한
Baking tomatoes makes them healthier and more versatile.
토마토를 구우면 더욱 건강에 좋아지고 쓸 곳이 더 많아진다.
= **all-round** a. 다방면에 걸친, 다재다능한
㉾ **be versatile at〔in〕** ~에 다재다능한

★★
□ 1907
exquisite
[ikskwízit]

ⓐ 매우 아름다운, 절묘한, 정교한
Everybody was touched by her exquisite performance.
모든 사람들이 그녀의 매우 아름다운 연기에 감동을 받았다.
= **delicate** a. 섬세한, 정교한

★
□ 1908
arbitrary
[áːrbitrèri]

ⓐ 임의의, 자의적인; 독단적인
Everything went wrong because of his arbitrary decision.
그가 임의로 내린 결정 때문에 모든 것이 잘못 되었다.
arbitrarily ad. 제멋대로, 독단적으로

★
□ 1909
amnesty
[ǽmnəsti]

ⓝ 사면, 특사　ⓥ 사면하다
He was released under a 2010 amnesty.
그는 2010년 사면으로 석방되었다.
cf. **Amnesty International** 국제 사면 위원회

★
□ 1910 **imminent**
[ímənənt]

ⓐ 곧 닥쳐올 것 같은, 절박한

Few people realize that climate change is an **imminent** threat.

기후 변화가 곧 닥쳐올 위협이라는 것을 깨닫는 사람은 거의 없다.

imminence n. 절박, 급박
= **impending, urgent** a. 임박한, 긴급한

★
□ 1911 **staple**
[stéipl]

ⓐ 주요한 ⓝ 주요 산물

Rice is a **staple** food for Asians.

쌀은 아시아 사람들의 주식이다.

 oom-in l **혼동하기 쉬운 staple vs. stable**

staple ⓐ 주요한 ⓝ 주요 산물   stable ⓐ 안정된

★
□ 1912 **outlaw**
[áutlɔ̀ː]

ⓥ 금지하다, 불법화하다 ⓝ 무법자

Slavery is **outlawed** in nearly all countries.

노예제도는 거의 모든 나라에서 금지되어 있다.

= **bar, ban, forbid, prohibit** v. 금지하다
↔ **allow, sanction** v. 허가(인가)하다

★
□ 1913 **implement**
[ímpləmənt]

ⓥ 시행(실행)하다 ⓝ 도구, 기구, 연장

Hawaii has **implemented** one of the nation's strictest no-smoking laws. ● 07 전국연합

Hawaii는 전국적으로 가장 강력한 금연법 중의 하나를 시행하였다.

implementation n. 이행, 실행   **implemental** a. 도구의

 oom-in l **'도구'의 뜻을 가진 어휘**

tool	직공 등이 쓰는 도구 또는 어떤 목적을 이루기 위한 도구(수단)
implement	흔히 바깥에서 일을 할 때 쓰이는 도구
instrument	전문적인 업무, 특히 정밀하고 과학적인 업무를 하기 위한 기구

★
□ 1914 **dehydrate**
[diːháidreit]

ⓥ 탈수하다, 수분을 빼다

If there is too little water in plants, they **dehydrate** and die.

식물에 물이 너무 적으면, 탈수하게 돼서 죽는다.

dehydration n. 탈수(증), 건조   **dehydrator** n. 탈수기

★
□1915 **imperialism**
[impíəriəlìzm]

ⓝ 제국주의

Imperialism had long-lasting effects in African colonies.
제국주의는 아프리카 식민지에 오랫동안 영향을 끼쳤다.

imperial a. 제국의, 황제의　**imperialist** n. 제국주의자

★
□1916 **inflict**
[inflíkt]

ⓥ (고통, 상해 등을) 가하다, (벌 등을) 주다

Hostile aggression is aimed at inflicting pain or injury.
적대적 공격은 고통이나 상해를 가하는 것을 목적으로 한다.　● 09 전국연합

infliction n. (고통, 벌, 타격을) 가함, 형벌
㊝ **inflict A on B** B에게 A를 가하다

★
□1917 **hypnosis**
[hipnóusis]

ⓝ 최면(술), 최면 상태

Hypnosis can be an effective way to relieve stress.
최면은 스트레스를 완화시키는 효과적인 방법일 수도 있다.

hypnotize v. ~에게 최면을 걸다　**hypnotic** a. 최면성의, 최면 상태의

★
□1918 **discreet**
[diskrí:t]

ⓐ 신중한, 분별 있는

Next time, you should be more discreet.
다음에는 더욱 신중하게 처신해야 한다.

discretion n. 신중, 분별　= **cautious, prudent** a. 신중한
↔ **indiscreet** a. 지각(분별) 없는, 경솔한(= imprudent)

 oom-in I 혼동하기 쉬운 **discreet** vs. **discrete**
　discreet ⓐ 신중한, 분별 있는　　discrete ⓐ 분리된, 별개의

★
□1919 **spontaneous**
[spɑntéiniəs]

ⓐ 자발적인, 자연히 일어나는

His spontaneous decision shocked his parents.
그의 자발적인 결심은 그의 부모님을 충격에 빠뜨렸다.

spontaneity n. 자발성　= **voluntary** a. 자발적인

★
□1920 **inherent**
[inhíərənt]

ⓐ 내재적인, 타고난

Every venture has its own inherent risks.
모든 모험에는 내재된 위험이 있다.

= **inborn, innate** a. 타고난　↔ **acquired** a. 후천적인

TEST

A 다음 단어에 해당하는 영어 단어 또는 우리말을 쓰시오.

1. 가설, 가정 _____
2. 관세를 부과하다 _____
3. 손상되지 않은 _____
4. 합의, 일치 _____
5. 다용도의 _____
6. 자치권이 있는 _____
7. 열중하게 하다 _____
8. 견습생, 도제 _____
9. 임의의, 자의적인 _____
10. 곧 닥쳐올 것 같은 _____

11. reconciliation _____
12. evacuate _____
13. anecdote _____
14. protagonist _____
15. disclose _____
16. plagiarism _____
17. assassinate _____
18. staple _____
19. imperialism _____
20. discreet _____

B 빈칸에 알맞은 단어를 〈보기〉에서 골라 쓰되, 문맥에 맞게 변형하시오.

supplement	deteriorate	implement
condense	abstain	activate

1. As people grow older, their quality of sleep _____.

2. As vapor _____ into water, more heat is generated.

3. TV _____ an intrinsic response in the human brain.

4. Hawaii has _____ one of the nation's strictest no-smoking laws.

5. Alex decided to _____ from smoking and drinking.

6. He _____ his fixed incomes by delivering newspaper.

Answer Keys _____

A 1. hypothesis 2. tariff 3. intact 4. consensus 5. versatile 6. autonomous 7. engross 8. apprentice 9. arbitrary 10. imminent 11. 화해, 조화 12. 철수시키다, 비우다 13. 일화, 기담 14. 주인공, 주연 15. 폭로하다, 들추어내다 16. 표절, 도용 17. 암살하다 18. 주요한; 주요 산물 19. 제국주의 20. 신중한, 분별 있는
B 1. deteriorates 2. condenses 3. activates 4. implemented 5. abstain 6. supplemented

run ㉒ 운행하다, 달리다   ㉤ 운영〔경영/관리〕하다

The shuttle will **run** every 10 minutes.
셔틀 버스가 매 10분마다 운행할 것이다.

My mom has **run** a bakery for 10 years.
엄마는 10년동안 빵집을 운영하고 있다.

stand ㉒ 서 있다   ㉤ 참다(= endure, tolerate)

My boss **stood** in the doorway, furious.
나의 사장은 화가 난 채로 문가에 서 있었다.

We could no longer **stand** the noise.
우리는 그 소음을 더 이상 참을 수가 없었다.

grow ㉒ 자라다   ㉤ 재배하다, 기르다

My friend **grew** up with five brothers and sisters.
내 친구는 다섯 명의 형제자매와 함께 자랐다.

Many farmers **grow** rice in Korea.
한국에서는 많은 농민들이 쌀을 재배한다.

count ㉒ 중요하다(= matter)   ㉤ 세다, 계산하다

What **counts** is whether you are happy or not.
중요한 것은 네가 행복하냐 아니냐는 것이다.

She **counted** all the change carefully.
그녀는 잔돈을 모두 조심스럽게 세어보았다.

move ㉒ 옮기다, 이사하다   ㉤ 감동시키다

He **moved** to Germany to study painting.
그는 그림 공부를 하기 위해 독일로 갔다.

I was **moved** by his simple gesture of thoughtfulness.
나는 그의 단순하지만 사려 깊은 동작에 감동을 받았다.

DAY 49

어휘 더하기 : 다양한 품사로 쓰이는 어휘 ❶

01	02	03	04	05	06	07	08	09	10
●	●	●	●	●	●	●	●	●	●

11	12	13	14	15	16	17	18	19	20
●	●	●	●	●	●	●	●	●	●

21	22	23	24	25	26	27	28	29	30
●	●	●	●	●	●	●	●	●	●

31	32	33	34	35	36	37	38	39	40
●	●	●	●	●	●	●	●	●	●

41	42	43	44	45	46	47	48	49	50
●	●	●	●	●	●	●	●	●	●

Day 48 | Review

앞에서 학습한 단어를 얼마나 기억하는지 체크해 보세요.
기억이 나지 않는 단어는 다시 한 번 학습하세요.

- ☐ reconciliation
- ☐ anecdote
- ☐ hypothesis
- ☐ submerge
- ☐ tariff
- ☐ intact
- ☐ equivalent
- ☐ protagonist
- ☐ consensus
- ☐ engross
- ☐ tenant
- ☐ deteriorate
- ☐ condense
- ☐ evacuate
- ☐ apprentice

- ☐ autonomous
- ☐ plagiarism
- ☐ supplement
- ☐ dispatch
- ☐ assassinate
- ☐ versatile
- ☐ exquisite
- ☐ arbitrary
- ☐ amnesty
- ☐ imminent
- ☐ staple
- ☐ inflict
- ☐ hypnosis
- ☐ discreet
- ☐ spontaneous

★
□1921 **skyrocket**
[skáirɑ̀kit]

ⓥ 급등하다, 급상승하다

In response to the economic policy, top executives' salaries **skyrocketed**.

경제 정책에 대한 반응으로, 최고 간부들의 봉급이 급등했다.

= **surge** v. 급등하다 ↔ **plummet** v. 곤두박질치다, 급락하다

★
□1922 **sovereignty**
[sάvərənti]

ⓝ 주권, 통치권

International law must be updated to reflect the reciprocal nature of **sovereignty**.

호혜적인 주권의 성격을 반영하기 위해서 국제법이 갱신되어야 한다.

sovereign n. 주권자 a. 주권을 가진, 독립의 = **reign** n. 통치(권)

★★
□1923 **anonymous**
[ənάnəməs]

ⓐ 익명의, 작자불명의

Internet users can remain **anonymous**.

인터넷 이용자들은 익명으로 남을 수 있다.

anonymity n. 익명, 작자불명 ↔ **onymous** a. 이름을 밝힌

★
□1924 **impair**
[impέər]

ⓥ 손상시키다, 해치다

It seems that violence **impairs** the memory of viewers.

폭력은 시청자들의 기억을 손상시키는 것 같다. ● 09 전국연합

impaired a. 악화된, 장애가 있는 = **damage** v. 상하게 하다

★★
□1925 **indulge**
[indʌ́ldʒ]

ⓥ 빠지다, 탐닉하다; (아이를) 버릇없이 기르다

It's understandable that kids are **indulged** in reading science fiction. ● 08 전국연합

아이들이 공상과학소설에 빠지는 것이 이해가 된다.

indulgence n. 탐닉; 마음대로 하게 함 **indulgent** a. 관대한
⊛ **indulge oneself in** ~에 빠지다, 탐닉하다(= be indulged in)

★
□1926 **inauguration**
[inɔ̀:gjuréiʃən]

ⓝ 취임, 취임식; 개회(식)

John F. Kennedy's **inauguration** speech was drafted by an aide. ● 08 전국연합

John F. Kennedy의 취임 연설문은 한 보좌관이 초안을 썼다.

inaugurate v. 취임식을 거행하다 **inaugural** a. 취임의, 취임식의
cf. the presidential inauguration 대통령 취임식

★
□ 1927
ascribe
[əskráib]

ⓥ ~의 덕〔탓〕으로 돌리다

Inventions are usually not **ascribed** to one individual.
발명품들은 보통 한 사람의 덕으로 만들어진 것은 아니다.

ⓢ **ascribe A to B** A를 B의 덕〔탓〕으로 돌리다
(= A is ascribed〔attributable〕to B)

★
□ 1928
scrutinize
[skrú:tənàiz]

ⓥ 자세히 조사하다, 철저히 검사하다

Legislators **scrutinized** the military's budgetary requests.
입법자들은 군의 예산 요구액을 자세하게 조사했다.

scrutable a. (조사에 의해) 해명할 수 있는   **scrutiny** n. 정밀조사
= **examine, inspect, investigate** v. 조사하다

★
□ 1929
obsolete
[àbsəlí:t]

ⓐ 사라진, 쓸모없게 된; 시대에 뒤처진

Thanks to modern technology, many learning disabilities
are virtually **obsolete**.
현대 과학기술 덕분에, 많은 학습 장애들이 사실상 사라졌다.

★
□ 1930
patent
[pǽtənt]

ⓝ 특허(품), 특허권   ⓐ 특허의   ⓥ 특허를 받다

Most **patents** are for improvements on existing technology.
대부분의 특허품들은 기존의 기술을 개선한 것이다.   ● 05 전국연합

cf. letters patent 특허권   **patent agent** 변리사

---

oom-in | **특허 관련 어휘**

copyright 저작권, 판권   licence 면허〔자격〕(증)
registered trademark 등록 상표   franchise 독점 판매권

★★
□ 1931
foster
[fɔ́(:)stər]

ⓥ 육성〔촉진〕하다; (수양 자식으로) 기르다   ⓐ 양(養) ~

Being in uniform **fosters** a sense of belonging to
a community.   ● 07 전국연합
제복을 입고 있다는 것은 한 공동체에 대한 소속감을 키워준다.

fosterage n. 육성, (수양 아이의) 양육   **cf. foster parent** 양부모

★
□ 1932
longevity
[lɑ:ndʒévəti]

ⓝ 장수

My grandfather's **longevity** is attributed to simple lifestyle.
우리 할아버지의 장수는 단순한 생활방식 덕분이다.

★★
□1933 **ponder** [pándər]

ⓥ 심사숙고하다, 곰곰이 생각하다

New year eve is a good time to ponder upon what you have done or failed to do.
새해 전날은 당신이 했던 일이나 못했던 일을 곰곰이 생각하기에 좋은 시간이다.

㊝ ponder on〔over, upon〕 ~을 곰곰이 생각하다

★
□1934 **sanitation** [sæ̀nətéiʃən]

ⓝ 공중위생, 위생 설비

Poor conditions in the urban areas worsen sanitation.
도시 지역의 열악한 상황이 공중위생을 악화시킨다.

sanitary a. 위생적인　　cf. sanitation worker 환경미화원

★★
□1935 **advocate** [ǽdvəkèit] ⓥ [ǽdvəkət] ⓝ

ⓥ 지지〔옹호〕하다　ⓝ 옹호자, 지지자

Gandhi advocated a boycott of British-made products.
Gandhi는 영국제 물건에 대한 불매운동을 지지했다.　● 09 전국연합

= support　v. 지지하다
cf. devil's advocate 일부러 반대 입장을 취하는 사람

★★
□1936 **immerse** [imə́ːrs]

ⓥ 담그다, 가라앉히다; ~에 몰두〔열중〕시키다

If you look at a pencil partly immersed in a glass of water, it appears crooked. ● 05 전국연합
물 컵 속에 일부분만 잠겨 있는 연필을 보면, 그것은 구부러져 보인다.

immersion n. 담금; 열중, 몰입
㊝ be immersed〔absorbed, engrossed〕in ~에 몰두하다

★
□1937 **alliance** [əláiəns]

ⓝ 동맹, 연합, 제휴

People in Syria rejected the alliance with Russia.
시리아 사람들은 러시아와의 동맹을 거부했다.

ally n. 동맹국 v. 동맹을 맺다　㊝ in alliance with ~와 연합〔동맹〕하여

★★
□1938 **intervene** [ìntərvíːn]

ⓥ 개입하다, 끼어들다

Police officers intervened to stop fights and disputes.
싸움과 분쟁을 멈추기 위하여 경찰들이 개입했다.

intervention n. 개입, 조정
= step in, interfere, intrude 개입〔간섭〕하다

★★ **evoke**
□1939 [ivóuk]

ⓥ (감정 등을) 일으키다, 되살려 내다, 불러내다

Dolls seem to **evoke** a warm feeling. ● 05 전국연합
인형은 따뜻한 감정을 일으키는 것 같다.

Ⓩoom-in | -voke가 포함된 어휘

in**voke** ⓥ 호소하다   re**voke** ⓥ 취소하다   pro**voke** ⓥ 일으키다, 화나게 하다

★ **harass**
□1940 [hərǽs]

ⓥ 괴롭히다, 귀찮게 굴다

She would not have been speeding through Paris if she had not been **harassed** by journalists.
기자들에게 괴롭힘을 받지 않았더라면, 그녀는 파리에서 속도를 내지 않았을 텐데.

harassment n. 괴롭히기, 희롱
= **bother, annoy, tease** v. 괴롭히다

★ **allocate**
□1941 [ǽləkèit]

ⓥ 배분하다, 할당하다

Principals must understand how to **allocate** resources in the most efficient way.
(단체의) 장은 자원을 가장 효율적으로 배분하는 방식을 이해해야 한다.

allocation n. 할당, 배당
= **allot, assign, distribute** v. 할당〔배분〕하다

★ **rehabilitate**
□1942 [rì:həbílətèit]

ⓥ 사회로 복귀시키다; 재활〔갱생〕 치료를 하다

Representatives will gather to search for ways to **rehabilitate** child soldiers.
소년병들을 사회로 복귀시키기 위한 방법을 찾기 위해 대표자들이 모일 것이다.

rehabilitation n. 사회 복귀, 갱생(= rehab)

★★ **speculate**
□1943 [spékjulèit]

ⓥ 깊이 생각하다; 투기하다

A researcher **speculates** that a person who lies is afraid of getting caught. ● 08 전국연합
한 연구원은 거짓말하는 사람은 (거짓말이) 발각되는 것을 두려워한다고 생각한다.

speculation n. 사색; 투기   **speculative** a. 사색적인; 투기의
ⓢ **speculate about** ～에 대해 사색하다   **speculate in** ～에 투기하다

★
□1944 **reciprocal**
[risíprəkəl]

ⓐ 상호의, 서로의

Respect is the core of reciprocal relationships.
존경은 상호 관계의 핵심이다.

reciprocate v. 주고받다, 보답하다
reciprocity n. 상호 관계, 호혜(互惠)주의　　= **mutual** a. 상호의, 서로의

★
□1945 **surpass**
[sərpǽs]

ⓥ ~보다 낫다, 능가하다

Nobody surpassed Plutarch in the writing of psychology.
심리적인 글쓰기에 있어서 아무도 Plutarch를 능가할 수 없다.　● 07 전국연합

surpassing a. 빼어난, 뛰어난　　= **excel, outdo** v. ~보다 잘하다
cf. unsurpassed a. 탁월한, 타의 추종을 불허하는

★★
□1946 **eccentric**
[ikséntrik]

ⓐ 별난, 괴짜인　ⓝ 별난 사람, 괴짜

Robert tried to protect his own secret from his eccentric
homeroom teacher.
Robert는 자신의 비밀을 괴짜 담임선생님으로부터 지키려고 애썼다.

eccentricity n. 별난 행동, 기행, 기벽(~s)　　↔ **ordinary** a. 평범한

 oom-in ┃ 어원으로 알아보는 eccentric
　　　ec(= ex, out)+centr(= center)+ic(형용사 접미사): 원의 중심에서 벗어난 → 별난, 괴짜의

★
□1947 **extravagant**
[ikstrǽvəgənt]

ⓐ 낭비하는, 사치스러운

Some women wear extravagant jewelry.
몇몇 여자들은 사치스러운 보석을 하고 있다.

extravagance n. 낭비, 사치
cf. extravagant price 터무니없는 가격

·★
□1948 **verify**
[vérəfài]

ⓥ 검증(입증)하다, 확인하다

Schools should use video games verified by educators.
학교는 교육자들에 의해 검증된 비디오 게임을 활용해야 한다.　● 09 전국연합

verification n. 입증(증명), 확인
= **prove, confirm, validate** v. 입증하다, 확인하다

★
□ 1949
aggravate
[ǽgrəvèit]

ⓥ 악화시키다

Exposure to fine particles can **aggravate** asthma.

미세한 입자에 노출되면 천식이 악화될 수 있다.

aggravation n. 악화

★
□ 1950
debris
[dəbríː]

ⓝ 쓰레기; 파편, 잔해

She found bottles and plastic **debris** scattered on the beach.

그녀는 해변에 널려 있는 병과 플라스틱 쓰레기를 발견했다.

= **remains** n. 잔해, 나머지

★
□ 1951
grudge
[grʌdʒ]

ⓝ 원한, 유감

She often gets mad, but she never holds a **grudge**.

그녀는 종종 화를 내지만, 원한을 품지는 않는다.

= **resentment** n. 원한

㉺ bear〔have, hold〕 a grudge against ~에게 원한을 품다

★★
□ 1952
prudent
[prúːdənt]

ⓐ 신중한, 현명한; 빈틈없는

She is very **prudent** when it comes to spending money.

그녀는 돈을 쓸 때 매우 신중하다.

prudential a. 신중한, 세심한   **prudence** n. 신중함, 조심, 사려 깊음

↔ **imprudent** a. 경솔한, 무분별한

★
□ 1953
renovate
[rénəvèit]

ⓥ 수리〔수선〕하다, 새것으로 만들다

Some old water pipes will be changed, and some facilities will be **renovated**. ● 08 전국연합

일부 낡은 수도관들은 교체되고, 일부 시설들은 수리될 것이다.

renovation n. 수리, 수선; 쇄신

★
□ 1954
retrieve
[ritríːv]

ⓥ 구해내다; 되찾다, 회수하다

Shackleton organized a rescue party to **retrieve** the rest of his crew. ● 10 전국연합

Shackleton은 나머지 대원을 구해내기 위해 구조대를 조직했다.

retrieval n. 회복, 복구

★
□1955 **eligible**
[élidʒəbl]

ⓐ ~할 자격이 있는, 적격의, 적합한   ⓝ 적임자

Students who get straight As are **eligible** for the scholarship.

모든 과목에서 A를 받은 학생들은 장학금을 받을 자격이 있다.

= **qualified** a. 자격이 있는
㊐ **be eligible for 명사〔to do〕** ~에〔~할〕 자격이 있다

★
□1956 **synthetic**
[sinθétik]

ⓐ 합성의; 종합의

Synthetic motor oils are better than natural petroleum oil.

합성 엔진 오일이 천연 원유보다 좋다.   ● 08 전국연합

synthesize v. 합성하다; 종합하다
synthesis n. 합성; 종합

★
□1957 **propaganda**
[prὰpəgǽndə]

ⓝ 선전, 선전 운동〔활동〕

Television must not be used as a medium for political **propaganda**.

TV가 정치 선전을 위한 수단으로 이용되어서는 안 된다.

propagate v. 선전하다; 번식시키다   **propagation** n. 선전; 번식

★★
□1958 **lethal**
[líːθəl]

ⓐ 치명적인, 죽음에 이르는

Lightning is one of the most **lethal** weather phenomena.

번개는 가장 치명적인 기후 현상 중 하나이다.   ● 06 전국연합

= **fatal, deadly** a. 치명적인   **cf. lethal dose** 치사량

★
□1959 **commemorate**
[kəmémərèit]

ⓥ 기념하다

The arts can be used to **commemorate** events or individuals. ● 09 전국연합

예술은 사건이나 사람을 기념하기 위해서 사용될 수 있다.

commemoration n. 기념, 기념행사
㊐ **in commemoration of** ~을 기념하여

★
□1960 **morale**
[mourǽl]

ⓝ 사기, 의욕

The best way to boost **morale** is to provide incentives to employees.

사기를 높일 수 있는 최고의 방법은 직원들에게 인센티브를 제공하는 것이다.

TEST

A 다음 단어에 해당하는 영어 단어 또는 우리말을 쓰시오.

1. 손상시키다 _____
2. 취임, 취임식 _____
3. 쓸모없게 된 _____
4. 특허권 _____
5. 적격의, 적합한 _____
6. ~에 몰두시키다 _____
7. 공중위생 _____
8. 되찾다, 회수하다 _____
9. 선전, 선전 운동 _____
10. 죽음에 이르는 _____

11. sovereignty _____
12. longevity _____
13. anonymous _____
14. alliance _____
15. allocate _____
16. harass _____
17. reciprocal _____
18. grudge _____
19. morale _____
20. commemorate _____

B 빈칸에 알맞은 단어를 〈보기〉에서 골라 쓰되, 문맥에 맞게 변형하시오.

ponder	scrutinize	intervene	verify	aggravate	foster

1. Exposure to fine particles can _____ asthma.
2. Police officers _____ to stop fights and disputes.
3. Legislators _____ the military's budgetary requests.
4. Being in uniform _____ a sense of belonging to a community.
5. Schools should use video games _____ by educators.
6. New year eve is a good time to _____ upon what you have done or failed to do.

rent ⓝ 집세, 임차료 ⓥ 빌리다, 임대하다

The landlord is going to raise the **rent**.
집주인이 집세를 올릴 것이다.

I'd like to **rent** a car while staying here.
여기 있는 동안 차를 빌리고 싶습니다.

collapse ⓝ 붕괴, 파탄 ⓥ 무너지다, 쓰러지다 ⁰⁷⁷⁵

The **collapse** of this building is related to terrorists.
이 건물의 붕괴는 테러리스트와 관련이 있다.

The ceiling **collapsed** in the men's bathroom.
남자 화장실에서 천장이 무너졌다.

range ⓥ 범위가 ～에 이르다 ⓝ 범위 ¹⁶²³

The race courses **range** in length from 1 to 5 km.
경기 코스는 길이 범위가 1~5km에 이른다.

He had a wide **range** of interests.
그는 광범위한 관심을 가지고 있었다.

volunteer ⓝ 자원봉사자 ⓥ 자원하다 ⓐ 자원하는

Campaigns need a lot of **volunteers**.
캠페인 활동에는 많은 자원봉사자가 필요하다.

She decided to **volunteer** for the Red Cross.
그녀는 적십자에 자원하기로 결심했다.

Many Americans fill their free time with **volunteer** work.
많은 미국인들은 여가 시간을 자원 봉사활동으로 채운다.

DAY 50

어휘 더하기 : 다양한 품사로 쓰이는 어휘 ❷

01	02	03	04	05	06	07	08	09	10
●	●	●	●	●	●	●	●	●	●

11	12	13	14	15	16	17	18	19	20
●	●	●	●	●	●	●	●	●	●

21	22	23	24	25	26	27	28	29	30
●	●	●	●	●	●	●	●	●	●

31	32	33	34	35	36	37	38	39	40
●	●	●	●	●	●	●	●	●	●

41	42	43	44	45	46	47	48	49	50
●	●	●	●	●	●	●	●	●	●

Day 49 | **Review**

앞에서 학습한 단어를 얼마나 기억하는지 체크해 보세요.
기억이 나지 않는 단어는 다시 한 번 학습하세요.

- ☐ skyrocket
- ☐ sovereignty
- ☐ impair
- ☐ indulge
- ☐ inauguration
- ☐ ascribe
- ☐ scrutinize
- ☐ obsolete
- ☐ patent
- ☐ ponder
- ☐ sanitation
- ☐ advocate
- ☐ immerse
- ☐ intervene
- ☐ harass

- ☐ allocate
- ☐ rehabilitate
- ☐ speculate
- ☐ reciprocal
- ☐ surpass
- ☐ eccentric
- ☐ extravagant
- ☐ verify
- ☐ debris
- ☐ grudge
- ☐ prudent
- ☐ retrieve
- ☐ propaganda
- ☐ lethal
- ☐ morale

★
□ 1961 **susceptible**
[səséptəbl]

ⓐ ~의 영향을 받기 쉬운, 감염되기 쉬운; ~의 여지가 있는

The busiest people are the most **susceptible** to boredom.
가장 바쁜 사람들이 권태에 빠지기 가장 쉽다.

susceptibility n. 감염되기(걸리기) 쉬움

★
□ 1962 **sanction**
[sǽŋkʃən]

ⓥ 승인(인가)하다　ⓝ 승인, 인가; 제재 (조치)(~s)

The committee **sanctioned** the new policy.
그 위원회는 새로운 정책을 승인했다.

★
□ 1963 **subsidize**
[sʌ́bsidàiz]

ⓥ 보조(장려)금을 지급하다

The government agreed not to **subsidize** plays.
정부는 연극에 보조금을 지급하지 않는 것에 동의했다.

subsidy n. (국가의) 보조금, 장려금　　**subsidiary** a. 보조의

Ⓩoom-in I sub-(= under, down)가 포함된 어휘

submit 복종하다　　　subordinate 하급자　　　subconscious 잠재의식
subdue 정복하다　　　submarine 잠수함(의)　　submerge 잠수하다

★★
□ 1964 **intrude**
[intrúːd]

ⓥ 침입하다; 방해하다; 들이 밀다

Install programs that prevent viruses from **intruding** your computer system.
당신의 컴퓨터 시스템에 바이러스가 침입하는 것을 막는 프로그램을 설치하라.

intrusion n. 침입(침범); 방해　　**intruder** n. 침입자
㊧ **intrude on(upon)** ~을 침해하다

★
□ 1965 **preliminary**
[prilímənèri]

ⓐ 예비의, 임시의　ⓝ 사전준비, 예선

Preliminary data will be ready by the end of the year.
예비 자료가 연말까지는 준비될 것이다.

★
□ 1966 **hygiene**
[háidʒiːn]

ⓝ 위생 (상태), 위생법

The Indian government decided to promote **hygiene**.
인도 정부는 위생 상태를 향상시키로 결정했다.　　● 08 전국연합

hygienic a. 위생학의, 위생적인　　**hygienics** n. 위생학

surrender
★★
□ 1967 [səréndər]

ⓥ 굴복[항복]하다; 넘겨주다

The one tool that reduces stress for me is to **surrender** to the situation. ● 08 전국연합

내가 스트레스를 줄이는 한 가지 방법은 상황에 굴복하는 것이다.

= **yield, give in, submit** ~에 굴복하다　↔ **resist** v. ~에 저항하다

intrigue
★
□ 1968 [intríːg]

ⓥ 흥미[호기심]를 자극하다; 음모를 꾸미다　ⓝ 음모

When something is highly **intriguing**, native speakers use "Terrific!" rather than "Interesting!"

매우 흥미로운 것이 있을 때, 원어민들은 'Interesting!' 보다는 'Terrific!'이란 말을 쓴다.

intriguing a. 흥미를 자아내는, 호기심을 자극하는

segregation
★
□ 1969 [sègrigéiʃən]

ⓝ 인종차별, 분리

We urge you to implement very strict rules on **segregation**.

우리는 당신에게 인종차별에 대해 매우 엄격한 규칙을 시행할 것을 촉구합니다.

segregate v. 차별대우하다, 분리하다
segregated a. 인종차별을 하는, 분리된
↔ **integration** n. 통합　**desegregation** n. 인종차별 폐지

treaty
★★
□ 1970 [tríːti]

ⓝ 조약, 협정

The diploma achieved popularity for brokering peace **treaties**.

그 외교관은 평화 조약의 중개로 인기를 얻었다.

= **pact** n. 조약, 협정
cf. **mutual nonaggression treaty** 상호 불가침 조약

detergent
★
□ 1971 [ditə́ːrdʒənt]

ⓝ 세제　ⓐ 깨끗이 씻어 내는

The use of **detergent** to clean fruits can cause additional water pollution. ● 07 수능

과일을 씻기 위해 세제를 쓰는 것은 추가적인 수질 오염을 일으킬 수 있다.

deterge v. 깨끗이 하다, 정화하다

---

 oom-in I 혼동하기 쉬운 detergent vs. deterrent

detergent ⓝ 세제 ⓐ 깨끗이 씻어 내는　deterrent ⓝ 방해물 ⓐ 방해하는

★★ **compromise**
□1972 [kámprəmàiz]

ⓝ 타협, 절충안   ⓥ 타협하다

The strike ended with a **compromise** without any ill feelings.

파업은 어떤 나쁜 감정도 남기지 않고 타협으로 끝이 났다.

= come to terms with ~와 타협하다
☺ compromise with ~와 타협하여 해결하다

★ **retarded**
□1973 [ritá:rdid]

ⓐ 지능 발달이 더딘

The children who doesn't receive loving care can become mentally **retarded**.

사랑의 보살핌을 받지 못한 아이들은 정신 지체가 될 수 있다.

retard v. 속력을 늦추다   ☺ in retarded ~에 늦어져
cf. tardy a. 더딘, 느린   mentally retarded child 정신 지체아

★★ **transparent**
□1974 [trænspέərənt]

ⓐ 투명한, 빤히 들여다보이는

The world is dominated by water which is formless, tasteless and **transparent**. ● 07 전국연합

세계는 형체가 없고, 맛도 없고, 투명한 물에 의해 지배되고 있다.

transparency n. 투명(성), 투명도   cf. semitransparent a. 반투명의

★ **mortgage**
□1975 [mɔ́:rgidʒ]

ⓝ (주택)융자, 담보대출

The interest rate of most **mortgage** payments remains relatively stable. ● 07 전국연합

대부분의 주택융자 상환금의 이율은 상대적으로 안정되어 있다.

cf. mortgage loan 주택 담보대출

★ **remorse**
□1976 [rimɔ́:rs]

ⓝ 후회, 자책

The young man didn't show any **remorse** for his behavior.

그 젊은이는 그의 행동에 대해 어떤 후회의 빛도 내비치지 않았다.

remorseful a. 후회하는, 양심의 가책을 받는
remorseless a. 뉘우치지 않는

★ **evade**
□1977 [ivéid]

ⓥ 피하다, (법적, 도덕적 의무 등을) 회피하다

There are people who continually find ways to **evade** paying taxes.

끊임없이 탈세 방법을 찾는 사람들이 있다.

evasion n. 기피, 회피

★
□ 1978
malnutrition
[mæ̀lnjuːtríʃən]

ⓝ 영양실조, 영양장애

The young boy was suffering from severe malnutrition.
그 어린 소년은 심각한 영양실조로 고통 받고 있다.　　　● 07 전국연합

malnourished a. 영양실조의

 oom-in ┃ **mal-(= bad)이 포함된 어휘**
　　　malfunction (기계 등의) 고장　　　**malpractice** (의사의) 의료사고
　　　maladjustment 부적응　　　　　**malformation** 기형
　　　malice 악의, 앙심　　　　　　　**maltreat** 학대하다(= abuse)

★★
□ 1979
provoke
[prəvóuk]

ⓥ 유발하다; 화나게 하다

These works have provoked a lot of debates.　● 05 전국연합
이 작품들은 많은 논쟁을 불러일으켜왔다.

provocation n. 도발, 자극　　**provocative** a. 도발하는

★★
□ 1980
prolong
[proulɔ́ːŋ]

ⓥ (기간을) 연장하다; (공간을) 늘이다

Those in favor of euthanasia insist physicians only prolong
the suffering of the patient.
안락사에 찬성하는 사람들은 의사들이 환자의 고통을 연장할 뿐이라고 주장한다.

prolonged a. 장기적인
= **extend, lengthen** v. 연장하다; 늘이다　↔ **shorten** v. 줄이다

★
□ 1981
eradicate
[irǽdəkèit]

ⓥ 근절시키다, 뿌리 뽑다

To eradicate corruption, we must punish both giver and
taker.
부패를 근절시키기 위해서는 주는 사람과 받는 사람 둘 다 처벌해야 한다.

eradication n. 근절, 박멸　= **root out** 뿌리를 뽑다

★
□ 1982
compatible
[kəmpǽtəbl]

ⓐ 양립할 수 있는, 조화하는; (컴퓨터) 호환성이 있는

Many nonprofit organizations do good works that are
compatible with the social values.　● 08 전국연합
많은 비영리 단체들은 사회적 가치와 양립할 수 있는 좋은 일을 한다.

compatibility n. 양립의 가능성; 호환성
↔ **incompatible** a. 양립할 수 없는

generalization
□ 1983 [dʒènərəlizéiʃən]

ⓝ 일반화; 종합, 개괄

"Hasty **Generalization**" is that you draw a conclusion when there are too few instances to support it.
'성급한 일반화'란 뒷받침할 예가 거의 없는데도 결론을 이끌어내는 것이다.

generalize v. 일반화하다, 종합하다

---

stamina
□ 1984 [stǽmənə]

ⓝ 지구력, 체력, 스태미나

I run every morning to improve my **stamina**.
나는 지구력을 향상시키기 위해 매일 아침 달리기를 한다.

= **staying power** 지구력, 내구력

---

parachute
□ 1985 [pǽrəʃùːt]

ⓝ 낙하산 ⓥ 낙하산으로 강하하다

The **parachute** jump is not as dangerous as you think.
낙하산 강하는 네 생각만큼 위험하지 않다.

cf. paratroops n. 공수부대

---

threshold
□ 1986 [θréʃhòuld]

ⓝ 문턱, 입구; 시작점, 출발점

The world is on the **threshold** of a medical revolution.
세계는 의학 혁명의 문턱에 와 있다.

㈜ **be on the threshold of** ~의 문턱에 있다

---

spur
□ 1987 [spəːr]

ⓥ 박차를 가하다, 격려하다 ⓝ 박차, 자극

Environmental concerns have **spurred** interest in finding alternative fuels.
환경에 대한 우려가 대체연료를 찾는 것에 대한 관심에 박차를 가해 왔다.

spurt v. 쏟아져 나오다, 내뿜다; (경기 막판) 전속력으로 달리다
= **put〔get〕spurs to** ~에 박차를 가하다

---

phase
□ 1988 [feiz]

ⓝ 단계, 국면; 양상 ⓥ 단계적으로 실행하다

A young child who is constantly saying "no" is in a significant **phase** of development. • 08 전국연합
계속해서 "아니오"라고 말하는 어린아이는 발달의 중요한 단계에 있는 것이다.

㈜ **phase out** 단계적으로 제거〔폐지〕하다

---

 oom-in ┃ 혼동하기 쉬운 phase vs. phrase
phase ⓝ 단계, 국면; 양상　　　phrase ⓝ 문구, 숙어

★
□1989
synchronize
[síŋkrənàiz]

ⓥ 동시에 일어나다; (시계 등의) 시간을 맞추다

The sound effect didn't **synchronize** with the action.
음향효과가 동작과 동시에 일어나지 않았다.

synchronization n. 동시성
㉮ **synchronize with** ~와 동시에 일어나다
cf. synchronized swimming 수중 발레

★★
□1990
oriental
[ɔ̀:riéntl]

ⓐ 동양의

These days westerns are really interested in **oriental** religion, Buddhism.
요즘 서양인들은 동양 종교인 불교에 정말 관심이 많다.

↔ **occidental** a. 서양의

★
□1991
hijack
[háidʒæ̀k]

ⓥ (비행기 등을) 공중 납치하다; 강탈하다

The military and the police rescued the **hijacked** plane.
군대와 경찰은 납치됐던 비행기를 구출해냈다.

hijacker n. 납치범

★
□1992
obstruct
[əbstrʌ́kt]

ⓥ 막다, 방해하다

Conservative critics continue to **obstruct** a revival of economic reforms.
보수주의적인 비평가들은 계속해서 경제 개혁의 부활을 막고 있다.

obstruction n. 방해, 장애물
= **bar, block, hinder, impede** v. 막다, 방해하다

★
□1993
petition
[pitíʃən]

ⓝ 탄원(서), 청원(서) ⓥ 청원〔탄원〕하다

A lot of citizens signed a **petition** to limit CO₂ emission.
많은 시민들이 이산화탄소 배출을 제한하라는 탄원서에 서명했다.

petitionary a. 청원〔탄원〕하는
= **plea, entreaty** n. 청원, 탄원

★
□1994
detrimental
[dètrəméntl]

ⓐ 해로운, 유해한

Some critics say environmental regulations are **detrimental** to the economy.
일부 비평가들은 환경 규제가 경제에 해롭다고 말한다.

detriment n. 상해, 손실   = **harmful** a. 해로운

★★
□1995
unanimous
[ju:nǽnəməs]

ⓐ 만장일치의, 일치한

The jury could not reach a **unanimous** decision in the trial.
배심원들은 재판에서 만장일치 판결에 이르지 못했다.

unanimously ad. 만장일치로   **unanimity** n. 만장일치

★
□1996
dormant
[dɔ́:rmənt]

ⓐ 휴면기의, 활동을 중단한; 잠자는

The resurrection plant can remain in a **dormant** state.
부활초는 휴면상태를 유지할 수 있다.

dormancy n. 휴면, 비활동 상태   = **inactive** a. 활동하지 않는

★★
□1997
monopoly
[mənápəli]

ⓝ 독점(권), 전매

The company maintained a **monopoly** on television broadcasting.
그 회사는 텔레비전 방송에 대한 독점권을 유지하고 있었다.

monopolize v. 독점하다, 독점권을 얻다

 oom-in l mono-(= one)가 포함된 어휘
monochrome 단색의   **mono**logue 독백   **mono**tonous 단조로운

★
□1998
plausible
[plɔ́:zəbl]

ⓐ (구실 등이) 그럴듯한, 진실 같은

The man came up with a **plausible** excuse for his tardiness.
그 남자는 지각에 대한 그럴듯한 변명거리를 생각해냈다.

plausibility n. 그럴듯함, 타당성
= **believable, credible** a. (이야기가) 그럴듯한, 믿을만한

★
□1999
decaffeinate
[di:kǽfiənèit]

ⓥ 카페인을 제거하다

Every process of **decaffeinating** starts with steaming the green beans. ● 09 수능
모든 카페인 제거 과정은 녹색 콩을 찌는 것으로부터 시작한다.

cf. caffeinated a. 카페인을 함유한

★
□2000
acupuncture
[ǽkjupʌ̀ŋktʃər]

ⓝ 침술

Acupuncture originated in China more than 2,000 years ago.
침술은 2,000년 보다 더 이전에 중국에서 비롯되었다.

TEST

A 다음 단어에 해당하는 영어 단어 또는 우리말을 쓰시오.

1. 그럴듯한, 진실 같은 _____
2. 침입하다 _____
3. 흥미를 자극하다 _____
4. 연장하다 _____
5. 승인, 인가 _____
6. 문턱, 입구 _____
7. 박차를 가하다 _____
8. 공중 납치하다 _____
9. 영양실조 _____
10. 유발하다 _____

11. treaty _____
12. remorse _____
13. preliminary _____
14. eradicate _____
15. mortgage _____
16. segregation _____
17. obstruct _____
18. detergent _____
19. monopoly _____
20. acupuncture _____

B 빈칸에 알맞은 단어를 〈보기〉에서 골라 쓰되, 문맥에 맞게 변형하시오.

dormant	susceptible	unanimous
retarded	compatible	detrimental

1. The busiest people are the most _____ to boredom.

2. The children who doesn't receive loving care can become mentally _____.

3. The jury could not reach a _____ decision in the trial.

4. Some critics say environmental regulations are _____ to the economy.

5. The resurrection plant can remain in a _____ state.

6. Many nonprofit organizations do good works that are _____ with the social values.

Answer Keys
A 1. plausible 2. intrude 3. intrigue 4. prolong 5. sanction 6. threshold 7. spur 8. hijack 9. malnutrition 10. provoke 11. 조약, 협정 12. 후회, 자책 13. 예비의, 임시의; 사전준비, 예선 14. 근절시키다, 뿌리 뽑다 15. (주택)융자, 담보대출 16. 인종차별, 분리 17. 막다, 방해하다 18. 세제; 깨끗이 씻어 내는 19. 독점(권), 전매 20. 침술
B 1. susceptible 2. retarded 3. unanimous 4. detrimental 5. dormant 6. compatible

intellectual ⓐ 지적인 ⓝ 지식인

Those products should be protected by intellectual property right.
이 상품들은 지적 재산권에 의해 보호를 받아야 한다.

In the 1930s many well-known intellectuals betrayed their country.
1930년대 많은 지식인들은 나라를 배신했다.

potential ⓐ 잠재력이 있는 ⓝ 잠재력 0178

Fatigue can create a potential health risk.
피로는 건강의 잠재적 위험을 야기할 수 있다.

Trust is the key to motivating them to reach their potential.
신뢰는 자신의 잠재력에 도달할 수 있도록 동기를 부여하는 비결이다.

function ⓝ 기능, 작용 ⓥ 역할을 하다, 기능하다 0488

In communicating with each other, the arts serve a vital function.
서로서로 소통함에 있어 예술은 대단히 중요한 기능을 한다.

The money I earn functions as a kind of financial aid.
내가 버는 돈은 일종의 재정적 도움의 역할을 한다.

routine ⓝ 일상, 일과 ⓐ 일상의, 정기적인 0939

Exercise is a lifetime routine.
운동은 평생 동안 지속되는 일상이다.

Some travelers are going abroad for routine surgeries.
어떤 여행자들은 일상적인 수술을 위해 해외로 가고 있다.

representative ⓝ 대표자 ⓐ 대표하는 0412

Most schools have student councils with elected representatives.
대부분의 학교에는 선출된 대표들로 구성된 학생회가 있다.

Researchers obtained a representative sample.
연구원들은 대표할 만할 표본을 얻었다.

5 일마다
꿀꺽~

숙어 꿀꺽 | Day 46 - Day 50

☐ **be engrossed in** ～에 열중(몰두)하다 → 1893

He **was engrossed in** reading a book on computer.
그는 컴퓨터에 관한 책을 읽는 데 몰두하고 있었다.

☐ **put an end〔stop〕to** ～을 없애다, 끝내다(= terminate) → 1878

David Harpp has developed a program which can help **put an end to** cheating.
David Harpp는 부정행위를 없앨 수 있는 프로그램을 개발했다.

☐ **view A as** A를 B로 보다〔여기다〕 → 1682

Children **view** both texts and pictures **as** vital to the meaning of the story.
아이들은 텍스트와 그림 둘 다를 이야기의 의미에 매우 중요한 것으로 여긴다.

☐ **as long as** ～하기만 하면 → 1781

One can access electronic books anytime and anywhere **as long as** the Internet is available.
인터넷을 활용할 수 있기만 하면, 언제 어디서든 전자책을 접할 수 있다.

☐ **in terms of** ～의 관점에서 → 1670

In terms of human relationships, don't expect to be returned.
인간관계의 관점에서는, 보상받을 거란 기대는 하지 마라.

☐ **be on good terms with** ～와 좋은 관계〔사이〕이다 → 1670

Some teenagers **are** not **on good terms with** their parents.
몇몇 십대들은 부모님들과 사이가 좋지 않다.

□ **with a view to -ing** ~할 목적으로 → 1682

It is not a good idea to skip meals **with a view to losing** weight.
살을 뺄 목적으로 식사를 거르는 것은 좋은 생각이 아니다.

□ **keep〔bear〕~ in mind** ~을 명심하다 → 1729

Keep in mind that, to leave a good impression, you should be polite.
좋은 인상을 남기기 위해서는 예의가 발라야 하는 것을 명심하라.

□ **make it a rule to ~** ~하는 것을 원칙으로 하다, 규칙적으로 ~하다 → 1738

I **make it a rule to take** a shower as soon as I get back home.
나는 집에 돌아오자마자 샤워를 하는 것을 규칙으로 삼고 있다.

□ **stand for** ~을 나타내다(= represent), ~을 상징하다(= symbolize) → 1675

IAD **stands for** Internet Addiction Disorder.
IAD는 인터넷 중독 장애를 나타낸다.

□ **be accustomed to -ing** / 명사 ~에 익숙하다(= be used to -ing)

We **are accustomed to** digital devices.
우리는 디지털 기기에 익숙해 있다.

□ **take pride in** ~에 자부심을 갖다

Most Koreans **take pride in** the skater who got World Champion Ship.
대부분의 한국 사람들은 세계선수권을 거머쥔 스케이터에게 자부심을 갖고 있다.

□ **mistake A for B** A를 B로 오인하다〔착각하다〕

The soldier **mistook** our army **for** the enemy.
군인들은 아군을 적군으로 오인했다.

50일.. 2000개 단어
완전정복 !!!

WORD POT
INDEX

branch	443	cast	451	civilization	350
break	424	catalog	230	claim	462
breakdown	314	categorize	500	clap	147
breakthrough	490	cause	009	clarify	366
breast	222	cease	217	classical	365
breathe	102	ceiling	216	classify	363
breed	332	celebrity	333	cleanliness	300
breeze	155	cell	428	cling	219
bridge	480	cemetery	014	clone	283
brief	145	censorship	344	close	431
brilliant	209	centralize	488	clue	086
broadcast	341	ceremony	096	clumsy	251
broaden	220	certificate	118	cognitive	362
browse	164	challenge	061	coherent	144
bruise	251	chamber	104	coincidence	486
budget	053	change	472	collaborate	325
bump	146	chant	184	collapse	206
bunch	039	chaos	230	collection	341
burden	084	character	429	collision	309
by-product	258	charge	442	colony	355
		charity	049	column	454
		charm	136	combat	122
		chase	195	combination	177
C		chat	189	comfort	008
		checkup	304	command	442
calculate	384	chemical	549	commemorate	522
camouflage	081	cherish	146	comment	361
canal	075	chew	146	commercial	351
candidate	229	chief	477	commit	478
capacity	464	childish	417	committee	028
capital	451	childlike	417	commonplace	218
capture	104	chilly	252	compact	136
carbon	270	choke	298	companion	322
care	430	chore	093	company	428
career	320	chronic	303	comparable	418
carefree	304	circulate	384	comparative	418
carve	133	circumstance	184	compare	326
case	431				

craft	060	debate	020	depict	153
crash	311	debris	521	deplete	402
crawl	200	debt	242	deposit	462
creature	038	decade	075	depression	096
credit	437	decaffeinate	532	deprive	384
creep	127	decay	143	deputy	292
criminal	188	deceive	407	derive	384
cripple	314	decent	236	descendant	332
criteria	487	decipher	258	describe	405
critical	437	decisive	206	desert	475
criticize	366	declare	455	deserve	373
crooked	154	decline	452	designate	241
crop	083	decorate	090	desirable	416
crucial	095	dedicate	257	desirous	416
crude	100	deed	180	despair	137
cruel	217	defect	177	desperate	311
crush	179	defense	200	despise	256
cultivate	198	deficient	406	despite	125
curiosity	143	define	403	destination	146
currency	351	definite	153	destiny	197
current	440	deform	259	destroy	082
curriculum	360	defy	487	destruction	054
curse	062	degenerate	499	detach	249
customary	354	degree	452	detailed	033
customer	064	dehydrate	511	detect	072
cynical	257	delay	145	detergent	527
		delegate	241	deteriorate	508
		deliberate	178	determination	187

D

		delicate	217	detour	309
		delighted	164	detrimental	531
damage	308	deliver	478	devastate	313
damp	105	deluxe	218	develop	425
dash	220	demand	138	device	060
dawn	463	democracy	354	devote	323
daydream	114	demonstrate	144	diabetes	298
deadline	207	dense	258	diagnose	301
deal	472	departure	102	dialect	204

literal	412	marvel	269	minister	195
literary	412	mass	011	minority	352
literate	412	masterpiece	344	minute	427
literature	366	match	451	miracle	219
litter	274	material	051	misconception	488
lively	054	mathematics	024	miserable	091
loan	094	matter	441	misleading	344
locate	455	mature	092	misplace	247
logical	112	meadow	274	mission	169
long	476	mean	441	misuse	220
longevity	517	meaningful	168	mixture	060
loose	167	meanwhile	063	mock	231
loss	312	measure	449	moderate	020
lottery	228	mechanical	082	modest	246
lure	262	mediation	398	modify	281
luxury	137	medication	398	moist	274
lyric	364	medicine	032	molecule	336
		medieval	289	momentary	416
		meditation	398	momentous	416
M		medium	456	momentum	489
		meet	444	monetary	355
magnificent	170	membership	147	monitor	463
magnify	156	memorial	239	monopoly	532
mainstream	113	memorize	113	monotonous	038
maintain	466	mention	123	monument	229
major	432	mentor	164	mood	157
majority	060	merchandise	021	moral	124
malnutrition	529	mercy	176	morale	522
manifest	251	mere	023	mortal	008
manipulate	501	merger	490	mortgage	528
manner	449	mess	011	mostly	074
manual	178	method	090	motivate	326
manufacture	167	metropolitan	117	mount	217
manuscript	364	migrate	204	move	473
margin	488	military	083	mow	052
marine	044	mimic	228	multiply	072
mark	432	minimize	113	mutual	324

parable	366	persecute	500	poisonous	302
parachute	530	perseverance	497	policy	290
paradigm	487	persist	142	polish	117
paragraph	113	personal	385	political	073
parallel	256	personality	102	poll	346
paralyze	496	personalize	500	pollution	271
parcel	115	personnel	385	ponder	518
participate	082	perspective	361	popularity	093
particle	280	perspiration	397	population	100
particular	023	persuade	135	portable	258
party	438	pesticide	270	portion	236
passion	247	petition	531	portrait	340
passive	091	pharmacy	303	pose	455
pat	199	phase	530	position	100
patent	517	phenomenon	021	positive	010
patient	450	philosophy	031	possession	393
patriot	240	photograph	342	postpone	205
patron	334	phrase	360	postscript	256
pavement	188	physics	280	potential	050
peak	042	picturesque	498	practice	441
peculiar	024	pill	300	pray	216
pedestrian	310	pillar	030	precaution	250
peel	010	pioneer	175	precede	392
peer	335	placebo	303	precious	375
penalty	114	plagiarism	509	precise	407
pendulum	486	plague	492	predator	335
penetrate	232	plain	439	predecessor	320
peninsula	271	plant	436	predict	281
perceive	407	plausible	532	preface	404
performance	019	plea	293	prefer	090
perfume	134	pleasure	341	preference	402
period	474	pledge	128	pregnant	322
perish	292	plenty	094	preliminary	526
permanent	345	plow	260	premature	406
permit	178	plumber	333	preoccupy	492
perpetual	240	plunge	242	prepare	050
perplex	240	poetry	361	prescribe	405

rectangular	148	remorse	528	restrain	231
recur	404	remote	101	restrict	292
recycle	268	remove	023	result	009
reduce	081	Renaissance	351	resume	404
refer	477	render	219	retain	209
referee	167	renew	308	retarded	528
refine	403	renounce	486	retire	324
reflect	460	renovate	521	retreat	115
reform	402	repair	049	retrieve	521
refresh	298	replace	040	retrospect	486
refrigerator	076	replica	496	reunion	169
refuge	238	represent	443	reveal	033
refund	168	representative	114	revenge	115
regard	175	reproach	248	reverse	073
regime	241	reproduce	096	review	123
region	126	republic	293	revise	148
register	032	reputation	030	revive	221
regret	178	require	032	revolution	134
regular	062	rescue	310	revolve	403
regulate	290	research	038	reward	052
rehabilitate	519	resemble	324	rid	074
rehearse	237	resentment	219	riddle	115
reign	256	reserve	373	ridiculous	082
reinforce	395	reservoir	501	rigid	237
reject	166	resident	167	ripen	103
relate	170	resign	326	risk	206
relationship	323	resist	382	ritual	184
relative	427	resolve	176	rival	330
release	452	resort	227	roam	247
reliant	325	resource	384	rob	051
relieve	089	respectable	413	rod	194
religious	092	respectful	413	rotate	189
reluctant	126	respective	413	rough	064
remain	138	respiration	309	routine	249
remark	167	respond	044	row	373
remedy	301	responsible	072	royal	226
remind	125	restore	272	rude	135

specialize	281	steady	117	subtle	127
species	332	steep	174	subtract	222
specific	008	steer	208	suburb	123
specimen	492	stem	467	succeed	480
spectacle	473	step	478	successful	414
speculate	519	stereotype	230	successive	414
spell	438	stick	465	suck	168
spill	239	stiff	188	sudden	014
spiral	228	stimulate	386	sufficient	406
spirit	176	stir	124	suggest	041
spit	210	stock	071	suit	441
split	117	strain	449	summarize	064
spoil	070	strategy	291	summit	269
spontaneous	512	strengthen	013	summon	294
spot	439	stress	477	superficial	382
spouse	322	strict	363	superior	080
sprain	314	strike	454	supernatural	353
spring	453	striking	180	superstition	355
sprout	236	string	019	supervision	288
spur	530	strip	196	supplement	509
squeeze	021	strive	195	supply	350
stable	456	stroke	437	support	063
staff	138	stroll	302	suppose	288
stain	239	structure	021	suppress	497
stamina	530	struggle	288	supreme	502
stand	479	stubborn	228	surface	404
standard	124	stuff	166	surge	116
staple	511	stun	169	surgery	232
stare	148	subject	426	surpass	520
starve	169	submerge	506	surplus	492
state	424	submit	467	surrender	527
static	282	subordinate	323	surround	274
stationary	373	subscribe	405	survey	040
stationery	373	subsequent	498	survive	174
statistics	116	subsidize	526	susceptible	526
statue	382	substance	200	suspect	289
status	382	substitute	186	suspend	449

upgrade	122	virtue	166	withhold	396
uphold	227	visible	084	withstand	396
urban	010	vision	343	witness	313
urge	074	vital	136	wonder	375
urgent	312	vivid	095	workload	326
utilize	227	vocabulary	365	worship	197
utter	476	vocation	374	worthwhile	142
		volcano	272	wound	311
		volume	448	wrinkle	303

V

		vomit	197		
		vow	050		
vacant	259	voyage	226		
vacation	374	vulgar	227		
vacuum	157	vulnerable	314		
vague	156				

Y

yearn	322
yeast	071
yell	134
yield	479

vain	190
valid	018
valuable	320
vanish	365
various	012
vast	094
vegetarian	330
vehicle	158
verify	520
versatile	510
version	092
versus	502
vertical	158
vessel	453
vibration	134
victim	310
view	448
viewpoint	208
vigorous	043
violate	310
violence	309
virtual	279

W

wage	262
wander	375
warranty	145
waterproof	261
weak	144
weary	222
weed	334
weird	116
welfare	352
whereas	040
whisper	136
wholesale	354
wicked	238
widespread	167
wilderness	230
wildfire	310
wildlife	333
wipe	154
withdraw	476